U0097089

古代歷史文化 研究輯刊

十三編

王明蓀 主編

第 13 冊

宋代官員懲治研究

陳駿程 著

國家圖書館出版品預行編目資料

宋代官員懲治研究／陳駿程 著 -- 初版 -- 新北市：花木蘭文化
出版社，2015〔民 104〕
目 2+316 面；19×26 公分
（古代歷史文化研究輯刊 十三編：第 13 冊）
ISBN 978-986-404-023-0（精裝）
1. 官制 2. 人事管理 3. 宋代
618   103026952

ISBN-978-986-404-023-0

9 789864 040230

古代歷史文化研究輯刊
十三編　第十三冊　　　　　　　ISBN：978-986-404-023-0

宋代官員懲治研究

作　　者　陳駿程
主　　編　王明蓀
總 編 輯　杜潔祥
副總編輯　楊嘉樂
編　　輯　許郁翎
出　　版　花木蘭文化出版社
社　　長　高小娟
聯絡地址　235 新北市中和區中安街七二號十三樓
　　　　　電話：02-2923-1455／傳眞：02-2923-1452
網　　址　http://www.huamulan.tw 信箱 hml810518@gmail.com
印　　刷　普羅文化出版廣告事業
初　　版　2015 年 3 月
定　　價　十三編 27 冊（精裝）台幣 52,000 元
版權所有·請勿翻印

宋代官員懲治研究

陳駿程　著

作者簡介

陳駿程，男，1969 年生於安徽省懷寧縣，法學碩士，歷史學博士，主要研究宋代政治史。

提　　要

　　宋朝是中國專制社會歷史上一個重要的轉折時期，隨著宋代政治大勢的發展，宋代官員懲治的基本趨勢也因之而發展變化。北宋初期，匡正吏治，尤嚴貪墨；中期吏治日漸寬弛；後期政治上變革與反變革鬥爭激烈，黨爭惡性循環，吏治由力圖革新而終至頹廢。南宋時期，官員懲治總體上變化起伏不大，官員懲治一般從輕，且受「和」與「戰」之爭的影響；同時，秦檜、韓侂胄、史彌遠、史嵩之、賈似道等權臣先後專政，並左右官員懲治，黨同伐異，順其者昌，逆其者懲。宋代懲治官員的原因主要有謀反謀叛、犯贓罪、效率低下、越職、曠職、失職、不稱職、濫用權力、違反軍法軍規、違反官員管理制度、違反經濟管理制度、違禮、連坐、黨爭失利，以及觸怒皇帝，得罪權臣，私自懲罰奴婢，私習天文、讖緯之術，交通皇親國戚、宦官，藏匿罪犯，誣陷他人或被他人誣陷，泄漏秘密等。宋代對官員的行政懲治方式主要有除名、貶降、勒停、物質處罰、精神處罰，以及落職、奪爵、剝奪恩賜恩蔭等，刑罰主要有決杖、死刑、編配、安置、居住，此外還有籍沒家財等財產罰，各種懲治方式的輕重程度不同，實踐上往往多種方式並用。宋代官員懲治深受監察、磨勘、考課、司法、赦宥等制度的影響，也深受皇帝、權臣、禮、血緣關係、官員自身原因等非制度因素的影響，這些因素影響到違法違規官員是否會受到懲罰、懲罰的具體方式和懲罰程度的輕重等。宋代懲治官員具有廣泛性，從開國功臣到新進官僚，從宰執到最基層官員，稍有不慎，即遭懲治。總體上而言，宋代寬以治官，同時又重懲謀反等政治性犯罪，常以文字、言語罪官。在懲治官員時往往選擇性執法，有法制而無法治，罪同罰異、輕罪重罰、重罪輕罰、以錢贖罪、以官當罪等現象大量存在。宋代官員懲治的歷史表明，治國必先治官，治官務必從嚴，並以一貫之，切不可虎頭蛇尾，吏治嚴明才有政治清明，才有國家和社會的長治久安。

目
次

導　論

　　宋朝是中國專制社會歷史上一個重要的轉折時期，其在政治、經濟、文化等方面都發展到一個新的高度，對中國歷史發展的影響深遠。近代著名思想家嚴復認為：「若研究人心政俗之變，則趙宋一代歷史最宜究心。中國所以成為今日現象者，為善為惡，姑不具論，而為宋人之所造就，什八九可斷言也。」〔註1〕著名歷史學家金毓黻先生也指出：「國史上民族文化政治制度之大轉折，凡有三時期：其一為秦漢，其二為隋唐，其三為宋遼金」；「宋代膺古今最劇之變局，為劃時代之一段」，「凡近代之民族文化、政治制度，幾乎無一不與之相緣，而莫能外，是宜大可注意者也。」〔註2〕著名宋史專家鄧廣銘先生更斷言：「宋代是我國封建社會發展的最高階段，兩宋期內的物質文明和精神文明所達到的高度，在中國整個封建社會歷史時期之內，可以說是空前絕後的。」〔註3〕同時，宋朝又被稱為是「積貧積弱」的專制王朝。這樣一個王朝何以立國達三百二十年之久呢？個中緣由固然很多，在筆者看來，宋代官僚制度在確保其統治秩序穩定的過程中發揮了非常重要的作用。囿於時間、精力和學識，本書只對宋代官僚制度的一個重要內容——官員懲治問題進行探討，以期更深刻認識和瞭解宋代的官僚制度，並從中得到借鑒。

〔註1〕嚴復：《嚴復集》第3冊，第668頁，中華書局，1986年版。

〔註2〕金毓黻：《宋遼金史》，第一冊第一章《總論》第三節《本期史之特點》，第4、
　　　　5頁，上海商務印書館，1946年版。

〔註3〕鄧廣銘：《關於宋史研究的幾個問題》，《社會科學戰線》1986年第2期。

一、宋代官員懲治研究現狀概論

在筆者開展本專題研究時，學術界對宋代官員懲治的主要研究成果，體現在以下幾個方面：

在通論性中國古代史研究方面有很多著作和論文涉及到宋代吏治問題，其中涉及到最多的是廉政和懲治腐敗問題。如單遠慕、劉益安著《中國廉政史》（鄭州：中州古籍出版社 1991 年版），彭安玉著《中國古代吏治研究》（南京：南京大學出版社 1995 年版），王曉勇《我國封建法律懲治行賄罪的規定及特點》（《史學月刊》1998 年第 5 期），孫光妍《略論中國古代的強政治吏》（《行政法學研究》1998 年第 4 期）等等（詳見附錄三「參考文獻」），由於這些學術成果是中國古代史方面的通論性研究，因此，涉及宋代吏治方面往往點到為止。

在宋代政治史研究方面涉及到宋代吏治，其中有關宋代官僚制度、懲治腐敗和黨爭等方面研究成果比較豐富。主要有：鄧小南著《宋代文官選任制度諸層面》（石家莊：河北教育出版社 1993 年版），對宋代官制、考課、磨勘、薦舉、辟舉、除授之制等作了探討，其中與官員懲治最密切的是第三章和第五章，對考課法及其實施情況和薦舉保任法作了論述，並例證官員違反保任法而受懲治。張其凡著《宋初政治探研》（廣州：暨南大學出版社 1995 年版），對宋初中書事權、宋初法制建設、宋初擇人用吏、宋太祖朝的用人，以及宋初政治的演進等進行了深入探討。苗書梅著《宋代官員選任和管理制度》（開封：河南大學出版社 1996 年 6 月版），對宋代官員選任及管理制度進行了深入研究，其中與官員懲治密切關聯的內容有：第三章第三節論述了違反薦舉制中的保舉連坐法而受懲治；第三章第四節談到宋代禁止官員在自己的所轄地「置買物業」，並舉例證明官員因違反地區迴避制度而受懲治；第四章第四節對黜降制度作了比較詳細的論述。賈玉英著《宋代監察制度》（開封：河南大學出版社 1996 年版），對宋代中央和地方的監察制度體系、職能職責、發展變化、作用與弊端，以及與宋代政治的關係等進行了比較全面的研究，並作了分析、總結。虞雲國著《宋代臺諫制度研究》（北京：中國社會科學出版社 2001 年版），其中第六章簡要論述了對臺諫官的升黜和獎懲。王春瑜主編《中國反貪史》宋代部分（成都：四川人民出版社 2001 年版），詳細論述了宋代貪污腐敗的情況、原因、危害，懲治腐敗的制度、法律和其他措施，以及反貪實踐，懲治腐敗的特點與成效，反貪文化等。有關宋代官吏管理制度、

監察制度和懲治腐敗等方面的研究論文相當多，如史旺成《宋初嚴法治貪官》（《法學》1983 年第 7 期）、宋采義《宋代懲治貪官的鬥爭》（《史學月刊》1990 年第 5 期）、龔延明《宋代官吏的管理制度》（《歷史研究》1991 年第 6 期）等等（詳見附錄三「參考文獻」，在此不一一列舉），從不同方面論述了宋代加強官吏管理、整頓吏治、懲治腐敗等情況。黨爭研究方面，何冠環《宋初朋黨與太平興國三年進士》（北京：中華書局 1994 年版）、羅家祥《朋黨之爭與北宋政治》（武漢：華中師範大學出版社 2002 年版）、沈松勤《北宋文人與黨爭》（北京：人民出版社 1998 年版）和《南宋文人與黨爭》（北京：人民出版社 2004 年版），以及李家驥《南宋和戰與黨爭商榷》（《華東師大學報》1981 年第 1 期），方健《從范仲淹的交遊看朋黨之爭》（《蘇州大學學報》1998 年第 4 期）等論文，對宋代黨爭問題進行了探討。

　　在宋代法制研究方面，成果比較多，但主要不是從官員懲治的角度研究宋代法制。這方面成果主要有：王雲海主編《宋代司法制度》（開封：河南大學出版社 1992 年版），其中與官員懲治密切相關的內容：第一章第四節中有關「雜議」、「制勘院」的論述中涉及到官員懲治；第二章簡要論述了對違反司法官選任制度的官員的懲治；第三章結合有關案例論述起訴制度，如「懲罰隱瞞不告」、「官司不糾者」，「對誣告及官司糾舉不實的處理」等；第八章研究執行制度，結合一些官員受懲治的案例論述了編管、死刑的執行等；第九章論述監獄管理制度時列舉了對因失職而導致犯人走失、劫獄而懲罰獄官的有關規定，但沒有例證；第十章結合案例論述了宋代司法監察制度和法官犯故出入人罪和失出入人罪的責任。郭東旭著《宋代法制研究》（保定：河北大學出版社 2000 年版），論述了行政法（如舉官連坐、黜降法、敘復法）、罪名法（如贓罪、賊盜），經濟法（如禁止官員經商，對官員在管理財政、鹽業、錢幣、金銀銅方面失職的懲罰等），婚姻家庭法，物權法，債權法（如禁止官吏放債取息），刑事訴訟法和民事訴訟法，以及監察制度、刑罰制度、禁止私自懲罰婢僕等與官員懲治有關的內容。此外，郭東旭還有論文集《宋代法律史論》（保定：河北大學出版社 2001 年版）。戴建國著《宋代法制初探》（哈爾濱：黑龍江人民出版社 2000 年版），是作者多年研究宋代法制的論文集，其中《宋代刑罰體系研究》、《宋代刑事審判制度研究》、《宋代詔獄制度述論》、《宋代贖刑制度述略》、《宋代的提點刑獄司》等文涉及官員懲治。趙曉耕著《宋代法制研究》（北京：中國政法大學出版社 1994 年版），也是一部論文集，

主要論述了宋代統治者的法律思想，宋代的行政法、民法、審計法、經濟法，以及宋代監察制度、司法制度和刑罰。趙曉耕還著有《宋代官商及其法律調整》（北京：中國人民大學出版社 2001 年版），對宋代官吏違法經商的懲處略有涉及。薛梅卿、趙曉耕主編《兩宋法制通論》（北京：法律出版社 2002 年版），論述了宋代行政律法、軍事律法、刑事律法、監察制度、司法制度、監獄制度，涉及到官員懲治，但很少有案例。薛梅卿著《宋刑統研究》，（北京：法律出版社 1997 年版），對《宋刑統》的發展變化情況作了論述，其中第十一部分《〈宋刑統〉懲貪偏寬的規定與宋朝矜貸贓吏之法的導向》對《宋刑統》懲貪規定與唐朝、明朝律法的比較、《宋刑統》懲貪偏輕原則的延伸、宋朝矜貸贓吏的法令、宋朝懲貪治贓的總趨勢導向等進行了比較詳細的論述。呂志興著《宋代法制特點研究》（成都：四川大學出版社 2001 年版），對宋代法制特點進行了論述，其中第二章中「強化對官吏的監督」，第四章中「刑罰制度趨於嚴酷」、「對官吏犯罪的處罰更為寬大」，第六章中「辦案期限制度」、「法官責任制度」、「對司法的監督和管理」等內容與官員懲治密切相關。楊鶴皋著《宋元明清法律思想研究》（北京：北京大學出版社 2001 年版），其中論述了宋代統治集團的法律思想。周密著《宋代刑法史》（北京：法律出版社 2002年版），純粹研究刑法條文，沒有例證。張晉藩主編《中國法制通史》（北京：法律出版社 1999 年版），其中第五卷專門論述宋代法制。此外，季懷銀《宋代司法中的限期督催制度》（《史學月刊》1991 年第 2 期）、殷嘯虎《北宋前期司法監督制度考察》（《中國史研究》1991 年第 2 期）、苗書梅《宋代官員考試任用法初論》（《史學月刊》1992 年第 2 期）、李俊清《宋代對政府官員的法律監督》（《中國行政管理》1998 年第 3 期）等論文（詳見附錄三「參考文獻」），均涉及宋代吏治問題。

在宋代經濟史研究方面涉及到官員懲治內容，主要論著有：汪聖鐸著《兩宋財政史》（北京：中華書局 1995 年版），對宋代財政發展史、財政收支情況、財政管理等作了比較深入的研究，其中第二編第四章第四節《賣官鬻牒》，第三編第五章第二節《財政監察和審計制度》、第三節《財務行政幾項重要制度》等章節論述了對財政的監察和審計、理財官吏的選拔和任用、在財政範圍內的官吏考課與獎懲、對贓吏的懲處等有關官員獎懲的情況。汪聖鐸著《兩宋貨幣史》（北京：社會科學文獻出版社 2003 年版），對宋代的貨幣發展情況作了深入研究，其中，第一編第四章《銅禁》、第五章《錢禁》，第五編第三章

第三節《金銀禁》，分別論及對官員違反銅禁、錢禁、金銀禁的懲罰。李華瑞著《宋代酒的生產和征榷》（保定：河北大學出版社 2001 年版），對宋代酒業情況、政府對酒業的監管等進行了研究，其中第七章對酒務監官的職責、賞格和處罰作了簡要論述，第十一章中論述了對官吏私營酒業的懲治。方寶璋著《宋代財經監督研究》（北京：中國審計出版社 2001 年版），對宋代吏治對財經監督的影響、宋代主要財經監督機構、財經監督制度等進行了研究，並對宋代財經監督作了評析。郭正忠著《宋代鹽業經濟史》（北京：人民出版社1990 年版），其中宋代鹽業管理的賞罰制度、圍繞鹽法的鬥爭等內容涉及到宋代官員懲治。郭正忠主編《中國鹽業史》（古代編）（北京：人民出版社 1997年版），其中第三章《宋遼夏金鹽業》論及宋代對鹽官的賞罰。漆俠著《宋代經濟史》（上海：上海人民出版社 1988 年版）、王棣著《宋代經濟史稿》（長春：長春出版社 2001 年版）等經濟史著作，在論述宋代對經濟貿易的管理時，略有涉及對官員的獎懲。史繼剛《兩宋對私鹽的防範》（《中國史研究》1990年第 2 期）、羅益章《宋代官吏的私鹽販賣》（《鹽業史研究》1995 年第 2 期）等論文論及對官員違反鹽業管理規定的處罰。

在直接研究宋代官員懲治方面，學術成果並不多。主要有：陳樂素先生《流放嶺南的元祐黨人》（載《求是集》第二集，廣東人民出版社 1984 年版）結合北宋末年的政治局勢，對流放嶺南的元祐黨人的生平，在嶺南的遭遇及其文化影響，作了詳細的考證和分析。苗書梅《宋代官員黜降法初探》（載《宋史研究論文集》，河南大學出版社 1993 年版）對宋代黜降法的適用範圍、主要類別，以及黜降官員的管理制度進行了分析。李興盛著《中國流人史》（哈爾濱：黑龍江人民出版社 1995 年版），其中第五章專門研究宋代流人，論述了宋代的流放制度、流人的類型、對流人的管理方式，對宋代不同時期的主要流放官員被流放的具體原因、流放期間的情況等作了論述。朱瑞熙《宋朝官員行政獎懲制度》（《上海師範大學學報》1997 年第 2 期）對宋代獎懲官員的行政方式等作了分析。山東大學 2003 屆博士高良荃的博士學位論文《宋初四朝官員貶謫研究》對宋初官員貶謫原因、特點、對官員的影響、宋初宰輔貶謫等進行了研究。張其凡、金強《宋朝「謫宦」類型分析》（《青海社會科學》2004 年第 2 期）對宋代貶官的類型進行了研究分析。暨南大學 2004 屆博士金強的博士學位論文《宋代嶺南謫宦研究》對宋代官員貶謫嶺南的原因、處罰方式等作了研究分析。譚平著《宋朝與明朝治官的對比研究》（成都：電

子科技大學出版社 2005 年版），對宋朝治官之寬、宋代治官的得失、宋代懲治腐敗等情況，與明朝作了比較研究。

　　此外，在宋朝斷代史專著中涉及到宋朝吏治，如金毓黻著《宋遼金史》（臺北：樂天出版社 1972 年版），周寶珠、陳振著《簡明宋史》（北京：人民出版社 1985 年版），何忠禮、徐吉軍著《南宋史稿》（杭州：杭州大學出版社 1999 年版），陳振著《宋史》（上海：上海人民出版社 2003 年版），張其凡著《宋代史》（澳門：澳亞周刊出版有限公司 2004 年版）等。還有宋史其它方面研究涉及到宋代吏治，如王曾瑜著《宋朝兵制初探》（北京：中華書局 1983 年版），對軍政腐敗等進行了論述；周寶珠著《宋代東京研究》（開封：河南大學出版社 1992 年版），對宋代東京的防火情況進行了分析，並涉及對違反防火規定官吏的懲治；曹家齊著《宋代交通管理制度研究》（開封：河南大學出版社 2002 年版），第二章第三節中論及對違反文書傳遞程限官員的懲處；張邦煒著《宋代婚姻家族史論》（北京：人民出版社，2003 年版），是作者的一部論文集，其中《宋代婚姻制度的種種特色》、《兩宋時期的性問題》論述了當時的婚姻及兩性關係問題，並論及違反婚姻及兩性倫理而受懲治的官員；祝建平《北宋官僚丁憂持服制度初探》（《學術月刊》1997 年第 3 期）論述丁憂制度的賞罰措施及成爲政治鬥爭的工具。

　　以上是筆者開展本專題研究時所收集到的相關學術研究成果的基本概括。總體看來，學術界有關宋代官員懲治問題的研究具有以下特點：第一，直接研究宋代官員懲治的學術成果不多，還沒有全面、系統、深入研究宋代官員懲治問題的成果問世。第二，研究宋代尤其是宋初懲治腐敗的成果比較多，也比較深入。第三，在有關宋代制度、法律等方面的研究成果中涉及到官員受懲治問題，但大多不是從官員懲治的角度研究相關問題。第四，運用政治學、行政學、法學及歷史學等多學科綜合研究不足。第五，理論分析與案例分析相結合研究不足，注重對法律、制度本身的體系、內容的研究，而對統治者如何具體運用法律、制度的研究則相對薄弱，成果亦很少見。基於上述綜合分析，對於宋代官員懲治問題，無論在深度，還是在廣度上，都有待進一步深入研究，這正是筆者選擇宋代官員懲治問題作爲博士學位論文課題最重要依據之一。前人的研究成果是本課題研究的重要基礎之一，對筆者具有參考價值和指導作用。已有成果的不足方面，正是筆者力求突破的重點、難點，也是本課題研究的價值之一，並期冀由此爲宋史研究添磚加瓦。同時，

「歷史的目的在將過去的眞事實予以新意義或新價值，以供現代人活動之資鑒。」〔註4〕所以，筆者也期冀本課題的研究能爲現代官員管理提供有益的參考和借鑒，這正是本課題研究的現實意義之所在。

在整理本書稿時，筆者又查閱了近年來相關學術研究成果，但爲了保持博士學位論文的基本原貌，新的學術成果在此不再一一列出。對新的學術成果未能吸納入本書稿，甚爲遺憾。

二、研究方法略論

研究歷史問題，應將問題放到一定的歷史範圍之內，盡可能弄清歷史事實和歷史聯繫。歷史研究不能脫離史料分析，歷史學作爲實證科學，史料具有無可爭議的重要性，離開了史料，歷史研究便是無本之木、無源之水。梁啓超先生在《中國歷史研究法》中指出：「史料爲史之組織細胞，史料不具或不確，則無復史之可言。」〔註5〕傅斯年先生認爲：「史學的對象是史料」，「史學的工作是整理史料」，「史學便是史料學」〔註6〕。史料的整理和研究既是歷史學研究的一個重要內容，又是進一步開展歷史學研究所不可或缺的基礎。基於此，筆者盡可能詳細地收集宋代官員懲治的相關史料，並對其進行認眞的梳理和分析。同時，史料的整理、研究不是史學研究的全部，也不是歷史學研究的終極。歷史學是關於人和人類社會的科學，是一門求眞的科學。歷史學研究是在史料的整理、研究的基礎上，追求歷史的眞實，揭示歷史活動的動因、過程和啓示。因此，筆者以對能夠收集到的有關宋代官員懲治的第一手史料的全面梳理爲研究的基礎，在實證研究和理性分析的基礎上得出結論。

人是社會的，人的活動不是孤立的，政府官員的活動尤其如此。「人的本質並不是單個人所固有的抽象物。在其現實性上，它是一切社會關係的總和。」〔註7〕官員處於複雜的社會關係中，官員懲治問題涉及到法律、政治、行政、經濟、社會等多方面的內容，所以，研究這個問題，還得運用政治學、行政學、經濟學、法學等多學科的方法，以力求盡可能接近歷史的眞實，並揭示歷史的啓迪。

〔註4〕梁啓超：《中國歷史研究法》，第123頁，河北教育出版社，2003年版。

〔註5〕《中國歷史研究法》，第38頁。

〔註6〕傅斯年：《傅斯年全集》第2卷，《史學方法導論》，第380頁，湖南教育出版，2003年版。

〔註7〕《馬克思恩格斯全集》第3卷，第5頁，人民出版社，1965年版。

三、內容和結構

本書專題研究兩宋時期的官員懲治問題，不涉及胥吏，故不用慣用的「官吏」一詞。吏不同於官。「吏者，謂官長所署，則今胥吏耳，非公卿百僚之例。」〔註 8〕按《漢語大詞典》：「吏人」是「官府中的胥吏或差役」〔註 9〕。官員是政治統治的主體，「政府當局的存在正是通過它的官員、軍隊、行政機關、法官表現出來的。如果拋開政府當局的這個肉體，它就只不過是一個影子，一個想像，一個虛名。」〔註 10〕皇帝和官員是中國專制社會最重要的兩大角色，二者結合，構成專制社會的統治集團。專制皇帝是軸心和最高主宰，不受任何懲治。官員是皇帝的臣僕，是專制國家權力的直接行使者和皇帝意志的具體執行者，他們只向皇帝和上司負責，不受民眾監督，不對下級和民眾負責，事君、理政、治民，是他們的三大職責，他們違規違法按規定應受到懲治。

本書在兩宋歷史發展的時空內，從官員懲治的基本趨勢入手，全面、系統探討宋代官員懲治問題。全書共分五章：第一章「宋代官員懲治的基本趨勢」，研究宋朝官員懲治在不同歷史階段的發展變化情況，從總體上勾勒兩宋官員懲治的發展概貌。第二章「宋代懲治官員的原因」，通過對宋代有關法律、制度和官員懲治案例的分析，深入探討宋代懲治官員的原因。第三章「宋代懲治官員的方式」，通過宋代有關法律、制度與官員懲治的案例結合分析，研究宋代對官員的行政懲治方式和刑事處罰方式。第四章「影響宋代官員懲治的因素」，通過具體史實研究宋代監察、磨勘、考課、司法、赦宥等制度因素和皇帝、權臣、禮、血緣關係、官員自身原因等非制度因素對官員懲治影響。第五章「宋代官員懲治的特點與不足」，在前四章研究的基礎上，綜合揭示宋代官員懲治的特點與不足，探討宋代對違規違法官員的懲治不徹底的原因，總結宋代官員懲治對今天的啓示。

〔註 8〕 劉昫等：《舊唐書》卷 119，《崔祐甫傳》，第 3439 頁，中華書局，1975 年版。
〔註 9〕 《漢語大詞典》第 1 卷，第 520 頁，漢語大詞典出版社，1986 年版。
〔註 10〕 《馬克思恩格斯全集》第 6 卷，第 330 頁，人民出版社，1965 年版。

第一章　宋代官員懲治的基本趨勢

「國家之敗，由官邪也。」〔註1〕如何治官，關係到一個政權的興衰成敗，是任何一個政權都要面對的重大課題，宋代也不例外。宋有天下三百二十年（960～1279年），分為北宋、南宋兩大歷史階段，貫穿北宋的政治主線是危機與變革，貫穿南宋的政治主線是生死存亡之爭〔註2〕。隨著宋代政治大勢的發展，宋代官員懲治的基本趨勢亦因之發展變化。本章據此對北宋、南宋官員懲治的基本趨勢作一總體概論。

第一節　北宋官員懲治的基本趨勢

北宋（960～1127年）167年的歷史中，歷經九個皇帝。張其凡先生指出，從政治的發展態勢看，北宋歷史分為三個時期，各具特點：前期（又可稱初期）歷太祖、太宗、真宗三帝，既是趙宋王朝政權建立和鞏固時期，又是危機醞釀和成熟期；中期歷仁宗、英宗二帝，為北宋政治變革的醞釀和嘗試時期；後期歷神宗、哲宗、徽宗、欽宗四帝，為政治上變革與反變革時期〔註3〕。隨著北宋政治的發展變化，北宋的官員懲治也充分體現了不同歷史時期的政治脈搏和特色。

一、宋初匡正吏治，尤嚴貪墨

公元960年，宋太祖趙匡胤發動陳橋兵變，從後周孤兒寡母手中奪取政

〔註1〕《左傳譯注》，《桓公二年》，第52頁，李夢生譯注，上海古籍出版社，2004年版。
〔註2〕張其凡：《兩宋歷史文化概論》，第57頁，廣東人民出版社，2002年版。
〔註3〕《兩宋歷史文化概論》，第61～65頁。

權，建立趙宋王朝。如何避免成爲五代以來第六個短命王朝，是宋太祖處心積慮要解決的最重大問題。太祖問計於趙普：「天下自唐季以來，數十年間，帝王凡易十姓，兵革不息，蒼生塗地，其故何也？吾欲息天下之兵，爲國家建長久之計，其道如何？」趙普答曰：「唐季以來，戰鬥不息，國家不安者，其故非他，節鎮太重，君弱臣強而已矣。今所以治之，無他奇巧也，惟稍奪其權，制其錢穀，收其精兵，天下自安矣。」〔註4〕於是，宋太祖推行強幹弱枝、重文抑武、虛外守內、上下相維、內外相制的統治政策。「因唐、五季之極弊，收斂藩鎮，權歸於上，一兵之籍，一財之源，一地之守，皆人主自爲之也。」〔註5〕「以文臣知州，以朝官知縣，以京朝官監臨財賦，又置運使，置通判，置縣尉，皆所以漸收其權，朝廷以一紙下郡縣，如身使臂，如臂使指，叱吒變化，無有留難，而天下之勢一矣。」〔註6〕同時，爲了趙宋政權的長治久安，趙宋王朝自太祖開國，就充分認識到法制對於鞏固其統治地位和治國安邦的重要性。他們深知，天下大亂，始於法制敗壞；天下大治，乃因屬行法制。宋太祖強調：「王者禁人爲非，莫先於法令。」〔註7〕宋太宗認爲：「夫刑法者，理國之準繩，御世之銜勒；重輕無失，則四時之風雨弗迷；出入有差，則兆人之手足何措？」〔註8〕正是基於上述思想，爲扭轉晚唐以來的混亂局面，安定天下，強化中央專制集權，鞏固趙宋王朝的統治地位，宋朝建立之初，就積極推動立法工作。宋太祖詔令富有經驗、通曉法律的竇儀等人，參照《唐律疏議》，制定了《宋刑統》，頒行天下。此後，爲適應專制主義中央集權統治的需要，宋初又陸續編撰並頒行《建隆編敕》、《太平興國編敕》、《淳化編敕》、《咸平編敕》、《景德編敕》等一批法律規範。此外，還確立了事親之法、事長之法、治內之法、待外戚之法、尚禮之法等「祖宗家法」，奠定了有宋一代的法制基礎，使得趙宋後世諸君「盡行家法，足以爲天下。」

〔註4〕司馬光：《涑水記聞》卷1，第11頁，中華書局，1989年版；李燾：《續資治通鑑長編》（以下簡稱《長編》）卷2，建隆二年七月，第49頁，文字略異，中華書局，2004年版。

〔註5〕葉適：《葉適集‧水心別集》卷10，第759頁，中華書局，1961年版。

〔註6〕呂中：《宋大事記講義》卷2，《處藩鎮收兵權》，第4頁，景印文淵閣《四庫全書》本。

〔註7〕《宋大詔令集》卷200，《改竊盜贓計錢詔》，第739頁，中華書局，1962年版。

〔註8〕徐松：《宋會要輯稿》（以下簡稱《宋會要》）選舉13之11，第4473頁，中華書局，1957年影印本。

〔註 9〕宋太祖曾對趙普說：「朕與卿平禍亂以取天下，所創法度，子孫若能謹守，雖百世可也。」〔註 10〕仁宗朝名臣富弼則總結說：「歷觀自古帝王理天下，未有不以法制爲首務。法制立，然後萬事有經而治道可必。宋有天下九十餘年，太祖始革五代之弊，創立法度；太宗克紹前烈，紀綱益明；眞宗承兩朝太平之基，謹守成憲。」〔註 11〕

在建立嚴密法制的同時，鑒於五代以來「州郡掌獄吏不明習律令，守牧多武人，率恣意用法」〔註 12〕的教訓；也鑒於五代以來官吏貪贓枉法，破壞中央集權統治秩序的狀況，宋太祖深深認識到擇官用人的重要性，「齊之以刑，豈若其自然耶？要當審擇其人耳。」〔註 13〕強調選用通吏道而又守規矩的忠厚之人做官，「貴家子弟，惟知飲酒琵琶耳，安知民間疾苦！」於是詔令：「凡以資蔭出身者，皆先使之監當場務，未得親民。」〔註 14〕「太宗勵精圖治，遣官分行郡縣，廉察官吏。」〔註 15〕宋初統治者深知「前代亂多治少，皆係帝王所爲」〔註 16〕，「世之治亂，在賞罰當否，賞罰當其功罪，無不治；或以爲飾喜怒之具，即無不亂。」〔註 17〕於是重視運用賞罰二柄，重典治官，撥五代之亂，嚴厲打擊各種危害其統治秩序的行爲。「太祖、太宗頗用重典，以繩奸慝」〔註 18〕；尤其「繩贓吏重法，以塞濁亂之源。」〔註 19〕宋初官員犯贓罪多被處死，這對官員的震懾作用相當大，以致「得鄰郡酒皆歸之公帑，換易答之，一瓶不敢自飲也。」〔註 20〕正如富弼所言：「祖宗朝，吏犯贓至死者未嘗貸，是國有定法，而犯者絕少。」〔註 21〕也如清人趙翼所評論：「宋以

〔註 9〕脫脫：《宋史》卷 340，《呂大防傳》，第 10843 頁，中華書局，1985 年版。

〔註 10〕《宋史全文》卷 18 上，《宋高宗五》，第 1083 頁；《中興兩朝聖政》卷 12，紹興二年十二月呂頤浩言，載《續修四庫全書》第 348 冊，第 357 頁，上海古籍出版社，2002 年影印本。

〔註 11〕《長編》卷 143，慶曆三年九月丙戌，第 3455 頁。

〔註 12〕《長編》卷 2，建隆二年五月，第 46 頁。

〔註 13〕《長編》卷 2，建隆二年九月戊子，第 54 頁。

〔註 14〕《涑水記聞》卷 1，《以資蔭出身者不得先親民》，第 19～20 頁。

〔註 15〕《宋史》卷 160，《選舉志六·考課》，第 3757 頁。

〔註 16〕《長編》卷 24，太平興國八年四月，第 543 頁。

〔註 17〕《長編》卷 24，太平興國八年十一月壬子，第 556 頁。

〔註 18〕《宋史》卷 199，《刑法志一》，第 4961 頁。

〔註 19〕《宋史》卷 3，《太祖三》，第 51 頁。

〔註 20〕王栐：《燕翼詒謀錄》卷 3，《公事庫不得私用》，第 30 頁，中華書局，1981 年版。

〔註 21〕佚名：《太平寶訓政事紀年》卷 1，《太祖皇帝》，第 12 頁，臺灣文海出版社，1981 年版。

忠厚開國，凡罪罰悉從輕減，獨於治贓吏最嚴。蓋宋祖親見五代時貪吏恣橫，民不聊生，故御極以後，用重法治之，所以塞濁亂之源也。」〔註22〕宋初在重典懲治不法官員的同時，又注重匡扶官場正氣，嘉獎、提拔重用剛正不阿、廉潔奉公的官員。如太祖開寶八年（975）五月壬申，「知桂陽監張侃發前官隱沒羨銀，追罪兵部郎中董樞、右贊善大夫孔璘，殺之，太子洗馬趙瑜杖配海島。侃受賞，遷屯田員外郎。」〔註23〕太宗淳化二年（991）五月丙辰，「左正言謝泌以敢言擢右司諫，賜金紫，錢三十萬。」〔註24〕經過宋初幾十年的努力，結束了唐末以來的混亂局面，扭轉了晚唐以來的頹敗之風，使社會走向安定，使國家由亂致治，趙宋王朝的統治得以鞏固。

　　宋初三朝既是趙宋王朝的建立和鞏固時期，也是其統治危機的醞釀和成熟期。由於政治統治的需要，宋初三朝實行黃老之治，黃老思想盛行。這一方面使民眾得以休養生息，國家和社會走向穩定；另一方面，又使官場和社會形成了因循緘默之風。宋初時的宰相，從太祖時的趙普到真宗時的李沆，都以不生事為原則。「宋初，在相位者多齷齪循默。」〔註25〕從太宗到真宗這種因循緘默之風逐漸加重。太宗在即位後第二天發佈詔書：「先皇帝創業垂二十年，事為之防，曲為之制，紀律已定，物有其常。謹當遵承，不敢逾越。」〔註26〕太宗後期，危機顯現。一方面，遼王朝的威脅日增，遼軍時常侵入宋境，邊防形勢趨向嚴峻；另一方面，內部矛盾日益尖銳，既有王小波、李順起義等民變、兵變迭起，又有統治集團內部的君臣矛盾和皇權隱憂，尤其是統治集團內部的姦邪使太宗深感隱憂。淳化二年（991年）八月，太宗對近臣說：「國家若無外憂，必有內患。外憂不過邊事，皆可預防；惟姦邪無狀，若為內患，深可懼也。帝王用心，常須謹此。」〔註27〕由此，宋王朝的防範重心由外轉內，對外甘於示弱，積弱之勢逐漸形成並日益加劇。至道三年（997）三月，真宗即位，面對太宗晚年以來的危局，繼續實行黃老之治，與民休養生息，謹守法制，安定皇室，選用良吏，廣開言路，加強邊防建設。景德元年（1004）十二月澶淵之盟，使宋遼間有了百年的和平局面，宋朝的政治危

〔註22〕　趙翼：《廿二史札記校證》卷24，《宋初嚴懲贓吏》，第525頁，王樹民校證，中華書局，1984年版。
〔註23〕　《宋史》卷3，《太祖三》，第44頁。
〔註24〕　《宋史》卷5，《太宗二》，第87頁。
〔註25〕　《宋史》卷256，《趙普傳》，第8940頁。
〔註26〕　《長編》卷17，開寶九年十月乙卯，第382頁。
〔註27〕　《長編》卷32，淳化二年八月丁亥，第719頁。

局得到明顯緩和。遺憾的是，澶淵之盟後，宋朝君臣上下、朝野內外以爲從此天下太平，結果導致了「天書封祀」的鬧劇，緘默之風蔓延，政治弊病難以及時得到革除，危機亦醞釀其中。其時，佞倖得寵，姦臣當道，王欽若、丁謂、林特、陳彭年和劉承規等時號「五鬼」〔註28〕，欺下罔上，敗壞吏治。景德二年（1005）二月，眞宗下詔「許入穀授官」，自入穀一千石授本州助教、文學，到一萬石授大理寺丞、供奉官，共分十等，按輸穀路程由遠及近相應增加進納之數〔註29〕，由此開啓了宋朝公開賣官的大門，納粟買官成爲有宋一代的常制。納粟官，又稱進納官。總體來看，納粟官的素質差，做官後自然想要獲得更爲豐厚的回報，必然助長吏治腐敗。「國家有三歲進士之外，由特科進者多昏耄，補進者多驕佚，由雜進者多舞文，由鬻爵進者多貪污。」〔註30〕

二、北宋中期官員懲治日漸寬弛

乾興元年（1023）二月，13歲的仁宗即位，由此，章獻劉太后垂簾聽政達十餘年之久。其間，周懷政、寇準、李迪、丁謂或被處死，或被貶，王曾、張知白、呂夷簡、魯宗道得到提拔重用。司馬光言：「章獻明肅皇太后保護聖躬，綱紀四方，進賢退奸，鎮撫中外，於趙氏實有大功。」〔註31〕明道二年（1033）三月，劉太后去世，仁宗親政。此後，「皇帝與士大夫共治天下」〔註32〕的政治局面逐漸形成，爲學統四起、百家爭鳴提供了較爲寬鬆的政治環境，仁宗朝能人輩出，如范仲淹、歐陽修、韓琦、富弼、文彥博、司馬光、曾公亮等。同時，宋朝的統治危機日益顯現。「西戎已叛，屢喪邊兵；契丹愈強，且增歲幣。國用殫竭，民力空虛，徭役日繁，率斂日重。官吏猥濫，不思澄汰；人民疾苦，未嘗省察。百姓無告，朝廷不與作主，不使叛而爲寇，復何爲哉？朝政不舉，都城無依，五代事形，已復萌露」。〔註33〕於是危機感在士大夫中流行，世之名士常患法之不變。以范仲淹爲代表的一批士大夫試圖滌蕩因循之風，提振士風，開啓慶曆新政，力圖有所變革，治理危機，

〔註28〕《長編》卷107，天聖七年三月戊寅，第2503頁。
〔註29〕《宋大詔令集》卷161，《許入穀授官制》，第609頁。
〔註30〕魏了翁：《鶴山先生大全文集》卷103，《御策一道》，第842頁，《四部叢刊初編》本。
〔註31〕司馬光：《溫國文正司馬公文集》卷25，《上皇太后疏》，第235頁，《四部叢刊初編》本。
〔註32〕張其凡：《「皇帝與士大夫共治天下」試析——北宋政治架構探微》，《暨南學報》2001年第6期。
〔註33〕《長編》卷143，慶曆三年九月，第3453頁。

澄清吏治。然而，由於遭到因循守舊勢力的強力反對，新政如曇花一現，吏治難有起色。新政失敗後，士大夫競相爭鬥，黨爭日趨激烈，「所謂正人賢士者紛紛引去，⋯⋯憂國之人莫不爲之寒心。」〔註34〕與此同時，對贓官的懲治逐漸鬆弛。天聖元年（1023）十一月詔：「比有貪污之徒，公爲奸蠹之弊，稽於明訓，合正重刑，尙貸微生，止投遠服。」〔註35〕吏治走向下坡路，腐敗逐漸加重。「上自公府省寺，諸路監司，州縣鄉村，倉場庫務之吏，詞訟追呼，租稅徭役，出納會計，凡有毫釐之事，關其手者，非賂遺則不行。」〔註36〕「官大者，往往交賂遺、營貲產，以負貪污之毀；官小者，販鬻、乞丐、無所不爲。」〔註37〕「三司掌天下利柄，人吏公然作過，上下蒙昧，隱盜官物，其因事發覺者，百無一二。」〔註38〕另一方面，賣官鬻爵日濫。「國法固許進納取官，然未嘗聽其理選。今西北三路，許納三千二百緡買齋郎，四千六百緡買供奉職，並免試注官。夫天下士大夫服勤至於垂死，不霑世恩，其富民猾商，捐錢千萬，則可任三子」。〔註39〕儘管如此，終仁宗之世，官員懲治尙未敗壞到不可收拾的地步。當其時，「凡命官犯重罪，當配隸，則於外州編管，或隸牙校。其坐死特貸者，多杖、黥配遠州牢城，經恩量移，始免軍籍。天聖初，吏同時以贓敗者數人，悉竄之嶺南，⋯⋯有平羌縣尉鄭宗諤者，受賕枉法抵死，會赦當奪官。⋯⋯特杖宗諤，配隸安州。其後數懲貪吏，至其末年，吏知以廉自飭，犯法者稍損於舊矣。」〔註40〕紹興五年（1135年），李綱上疏：「士風厚則議正而是非明，朝廷賞罰當功罪而人心服，考之本朝嘉祐、治平之前可知己。」〔註41〕由此可見，宋代人也比較認可中期吏治。

英宗在位不過四年，英年早逝，未能有多大作爲，在官員懲治上亦無特別建樹。故在此不予多述。

〔註34〕趙抃：《清獻集》卷7，《奏狀乞勿令歐陽修去職》，第16頁，景印文淵閣《四庫全書》本。

〔註35〕《宋大詔令集》卷192，《戒告貪污詔》，第705頁。

〔註36〕《溫國文正司馬公文集》卷23，《論財利疏》，第225頁。

〔註37〕王安石：《王安石全集》卷1，《上皇帝萬言書》，第7頁，上海古籍出版社，1999年版。

〔註38〕趙抃：《清獻集》卷7，《奏狀乞移司勘結三司人吏犯贓》，第9頁。

〔註39〕《宋史》卷314，《范純粹傳》，第10281頁。

〔註40〕《宋史》卷201，《刑法三》，第5017頁。

〔註41〕《宋史》卷359，《李綱傳》，第11268頁。

三、北宋後期官員懲治由力圖革新而終至敗廢

北宋後期，是政治上變革與反變革時期，其間，黨爭不斷激化，至蔡京當政，則凸顯權臣政治的特點。

治平四年（1067）正月，神宗即位，「每思祖宗百戰得天下，今以一州生靈，付一庸人，嘗痛心疾首。」〔註42〕於是，神宗力圖改革，整肅吏治。熙豐變革是這一時期最重大事件，改革使得宋朝政治面貌為之一新，對官員的獎懲也有了新氣象。史稱：「神宗即位，凡職皆有課，凡課皆責實。」〔註43〕元豐三年（1080）又規定：「御史臺六察按官，以所糾劾官司稽違失職事多寡為殿最，中書置簿以時書之，任滿，取旨升黜。」〔註44〕從懲治方式上看，此時官員懲治總體趨於從輕。熙寧二年（1069），比部郎中、知房州張仲宣巡檢體究金州金坑時坐枉法贓，應處絞刑，神宗採納知審刑院蘇頌之言，以刑不上大夫為由，免其杖、黥，流賀州〔註45〕。自是命官犯罪多不行杖、黥之法。

同時，由於政見的不同，熙寧變法引發了有宋一代最激烈的黨爭，並深深影響到官員懲治。熙寧變法之初，臺諫官以祖宗之法不可變為由，紛紛站到變法的對立面。臺諫官呂誨、劉述、劉琦、錢顗、孫昌齡、范純仁等交相論奏王安石，結果，呂誨以下全被貶黜〔註46〕。由於神宗明確支持變法，以王安石為首的變法派逐漸控制了臺諫，反變法者被排擠出朝廷。元豐八年（1085）三月，年僅 10 歲的哲宗即位。哲宗年幼，宣仁高太后垂簾聽政，採納司馬光提出的「以母改子」〔註47〕的建議，實行元祐更化，全盤否定新法。舊黨又開百年先河，將熙豐黨人流放嶺南，殘酷打擊變法派。正如元祐五年（1090）蘇軾所言：其時，「刑或不稱其罪，用或不當其人。」〔註48〕黨爭發展的結果，進一步激化了新舊黨派矛盾，由政見的爭論走向不問是非的全面對抗、仇視和打擊報復，黨同伐異無所不用其極，最終導致了北宋後期黨爭的惡性循環。主政的一派均將排斥打擊政敵作為執政的首要任務，以

〔註42〕江少虞：《宋朝事實類苑》卷5，《祖宗聖訓·神宗皇帝》，第49頁，上海古籍出版社，1981年版。

〔註43〕《宋史》卷160，《選舉志六·考課》，第3761頁。

〔註44〕《宋史》卷160，《選舉志六·考課》，第3762頁。

〔註45〕《宋史》卷201，《刑法志三》，第5018頁。

〔註46〕《宋史》卷14，《神宗一》，第271頁。

〔註47〕《宋史》卷336，《司馬光傳》，第11095頁。

〔註48〕蘇軾：《蘇軾全集·文集》卷31，《應詔論四事狀》，第1234頁，上海古籍出版社，2000年版。

致國策反覆和政治風雲變幻無常；官員的政治生命與黨爭息息攸關，從佐天子、總百官、事無不統的宰相到一般官員，隨著黨爭風雲的變幻而起起落落、或升或黜。元祐元年（1086）司馬光死後，舊黨內部矛盾加劇，並以籍貫分裂成以河北人劉摯為首的朔黨、以四川人蘇軾為首的蜀黨、以洛陽人程頤為首的洛黨，三黨互相攻擊、傾軋，加劇了北宋黨爭之勢，使得政局更加混亂。哲宗親政後，於 1094 年改元紹聖，名義上是紹述先聖神宗皇帝，恢復熙豐新法，實際上借「紹述」之名，打擊、迫害元祐舊黨。其時，「（章）惇為尚書左僕射兼門下侍郎，於是專以『紹述』為國是，凡元祐所革一切復之。引蔡卞、林希、黃履、來之邵、張商英、周秩、翟思、上官均居要地，任言責，協謀朋奸，報復仇怨，小大之臣，無一得免，死者禍及其孥。」〔註49〕如紹聖中，「貶元祐人蘇子瞻儋州，子由雷州，劉莘老新州，皆戲取其字之偏旁也。時相之忍忮如此。」〔註50〕又如貶謫劉安世時，「蔣之奇穎叔云：『劉某平昔人推命極好。』章惇子厚以筆於昭州上點之云：『劉某命好，且去昭州試命一巡。』」〔註51〕章惇等人對政敵的迫害，只為一己之私，已全無是非標準，根本無關國是。

元符三年（1100），徽宗即位。史稱徽宗「外事耳目之玩，內窮聲色之欲，徵發亡度，號令靡常」〔註52〕；「凡私意所欲為者，皆御筆行之」〔註53〕，「違者，以大不恭論」。〔註54〕徽宗時期，蔡京專權二十餘年，大肆推行崇寧黨禁，以一己之私，隨意懲治官員，不如其意者皆逃脫不了被懲治的命運。時人謂蔡京久在朝廷，「專以輕君罔上為能，以植黨任數為術，挾繼述之說，為自便之計，稍違其意，則以不忠不孝之名加之，脅持上下，決欲取勝而後已。」〔註55〕如張商英在熙豐變法時支持變法，反對元祐更化，崇寧初支持蔡京，由尚書右丞轉為尚書左丞，後又與蔡京議政不合，「數詆京『身為輔相，志在逢君。』」御史以為非所宜言，且取商英所作《元祐嘉禾頌》及《司馬光

〔註49〕《宋史》卷 471，《章惇傳》，第 13711 頁。

〔註50〕陸游：《老學庵筆記》卷 4，第 5 頁，中華書局，1979 年版。

〔註51〕張邦基：《墨莊漫錄》卷 1，《劉器之謫昭州》，第 38 頁，中華書局，2002 年版。

〔註52〕《宋史》卷 200，《刑法志二》，第 4990 頁。

〔註53〕《宋大事記講義》卷 22，《小人創御筆之令》，第 1 頁。

〔註54〕《宋史》卷 352，《吳敏傳》，第 11123 頁。

〔註55〕羅從彥：《豫章文集》卷 9，《陳瓘論蔡京》，第 17 頁，景印文淵閣《四庫全書》本。

祭文》，斥其反覆。罷知亳州，入元祐黨籍。」〔註56〕又如，蔡京守蜀時，黃庭堅在幕府與其相好，「及京還朝，欲引以爲己用，先令鄉人諭意，庭堅不肯往。京大恨，後遂列諸黨籍。又坐嘗談瑤華非辜事，編管虢州，再徙鼎州、象州。」〔註57〕蔡京更鹽鈔法，「凡舊鈔皆弗用，富商巨賈嘗齎持數十萬緡，一旦化爲流丐，甚者至赴水及縊死。提點淮東刑獄章縡見而哀之，奏改法誤民，京怒奪其官。」〔註58〕史稱：「崇寧、宣和之間，政在蔡京，罷不旋踵輒起，奸黨日蕃。一時貪得患失之小人，度徽宗終不能去之，莫不趨走其門。」〔註59〕蔡京「暮年即家爲府，營進之徒，舉集其門，輸貨僮隸得美官，棄紀綱法度爲虛器。患失之心無所不至，根株結盤，牢不可脫。卒致宗社之禍，雖讁死道路，天下猶以不正典刑爲恨。」〔註60〕

宋徽宗時，賣官鬻爵之亂達於極點。「六賊」蔡京、王黼、朱勔、李彥、童貫、梁師成呼朋引類，排斥異己，腐敗墮落，無惡不作，官員懲治毫無公正性可言，「除用士大夫，視官職如糞土，蓋欲以天爵市私恩。」〔註61〕「宣和中，有鄭良者，本茶商，交結閹寺以進，至秘閣修撰、廣南轉運使，恃恩自恣。」〔註62〕姦臣朱勔，「本一巨商，與其父殺人抵罪，以賄得免死。因循迹入京師，交結童（貫）、蔡（京），援引得官，以至通顯。」〔註63〕「王將明（王黼）當國時，公然受賄賂，賣官鬻爵，至有定價。故當時爲之語，曰『三千索，直秘閣；五百貫，擢通判。』」〔註64〕由此可見，北宋末期吏治敗壞到何等地步。

綜觀北宋後期政治，「始則邪正交攻，更出迭入，中則朋邪翼僞，陰陷潛詆，終則倒置是非，變亂黑白」，「朝廷善類無幾，心懷奸險者，則以文藻飾佞舌；志在依違者，則以首鼠持圓機」，以致形成「空國無君子，舉朝無公論」〔註65〕

〔註56〕《宋史》卷351，《張商英傳》，第11096頁。
〔註57〕《宋史》卷346，《張庭堅傳》，第10982頁。
〔註58〕《宋史》卷472，《蔡京傳》，第13723頁。
〔註59〕《宋史》卷351，《侯蒙傳》，第11114頁。
〔註60〕《宋史》卷472，《蔡京傳》，第13728頁。
〔註61〕洪邁：《容齋隨筆·四筆》卷15，《蔡京輕用官職》，第812頁，中華書局，2005年版。
〔註62〕王明清：《揮麈錄·後錄》卷8，第144頁，上海書店出版社，2001年版。
〔註63〕曾敏行：《獨醒雜誌》卷10，第95頁，上海古籍出版社，1986年版。
〔註64〕朱弁：《曲洧舊聞》卷10，《王將明賣官鬻爵有定價》，載《師友談記　曲洧舊聞　西塘集耆舊續聞》，第225頁，中華書局，2002年版。
〔註65〕《宋史》卷405，《劉黻傳》，第12245頁。

的局面。「自崇寧以來，不獨軍政不修，賞罰失當，亦導諛近習蔽欺以敗主德，卒致禍亂，宗社危於累卵。」〔註66〕一如《宋史》所評論的那樣：「自古人君玩物而喪志，縱慾而敗廢，鮮有不亡者，徽宗甚焉。」〔註67〕金兵南下，徽宗不知所措，慌亂中傳位欽宗。「靖康雖知悔悟，稍誅奸惡，而謀國匪人，終亦末如之何矣。」〔註68〕北宋王朝隨之傾覆於金兵的馬蹄之下。

第二節　南宋官員懲治的基本趨勢

南宋政權誕生於宋金戰爭的烽火之中，最後又亡於元軍的攻擊之下，共150餘年，歷經高宗、孝宗、光宗、寧宗、理宗、度宗、恭帝和二王等九個帝王，以寧宗嘉定元年（1208）宋金和議爲界，分爲前後兩個時期，前期爲宋金戰爭時期，後期爲宋蒙（元）戰爭時期〔註69〕。與北宋不同，由於戰爭不斷，生死存亡問題始終是南宋政治主線，南宋官員懲治的基本趨勢由此而呈現自身特色。如本章第一節所述，北宋三個不同時期的官員懲治各有特點，官員懲治的發展變化在每個時期都比較明顯。而在南宋的前後兩個時期，官員懲治總體上變化起伏不大，其區別並不像北宋那樣十分明顯，而共同點比較突出，即官員懲治總體上從輕，權臣專政並左右官員懲治。

一、南宋前後兩個時期官員懲治的基本情形

高宗時，「其於用法，每從寬厚，罪有過貸，而未嘗過殺。」〔註70〕高宗初期，在金兵的追擊下，南宋王朝處於風雨飄搖之中，爲穩定統治局勢，不得不起用主戰派，稍嚴吏治，但吏治沒有根本好轉。苗劉之變，內宦勢力遭受重創。紹興十一年（1141），宋金簽定「紹興和議」，宋金對峙局面基本穩定下來，南宋王朝得以在江南一隅站穩腳跟。紹興和議時，主和派不擇手段排斥打擊反對和議者，反對議和者一一被懲治，甚至以「莫須有」之名製造了岳飛冤案。秦檜專權時期，「忠臣不用，而用臣不忠；實事不聞，而聞事不實」〔註71〕；「法寺禁繫公事，並不遵用法律，唯視（秦）檜一時之私意，死則死

〔註66〕張守：《毗陵集》卷7，《論修德箚子》，第18頁，景印文淵閣《四庫全書》本。
〔註67〕《宋史》卷22，《徽宗四》，第418頁。
〔註68〕《宋史》卷200，《刑法志二》，第4991頁。
〔註69〕《兩宋歷史文化概論》，第65頁。
〔註70〕《宋史》卷200，《刑法志二》，第4991頁。
〔註71〕岳珂：《桯史》卷13，《任元受啓》，第153～154頁，中華書局，1981年版。

之，生則生之，笞杖徒流，一切希望風旨。」〔註72〕同時，賣官鬻爵泛濫成災。如紹興二十六年（1156）二月，進士單鍔說：「比年以來，爲奉使者，不問賢否，惟金多者備員而往。」〔註73〕紹興年間，海盜鄭廣在投降後作《上眾官詩》：「鄭廣有詩上眾官，文武看來總一般。眾官做官卻做賊，鄭廣做賊卻做官。」〔註74〕高宗時期的吏治由此可見一斑。

孝宗即位後，汲取秦檜擅權的教訓，比較注意用人，尤其重視選擇宰相，嚴防朋黨。他認爲：「用人之弊，人君患在乏知人之哲，寡於學而昧於道」，而用人之要，「在人君必審擇相，相必當爲官擇人，懋賞立乎前，誅戮設乎後」〔註75〕。於是，「孝宗懲創紹興權臣之弊，躬攬權綱，不以責任臣下。」〔註76〕孝宗在位二十六年，用相十七人，還包括史浩、陳康伯、梁克家等三人各兩次任相，任相時間最長者六年九個月，短者不過三個月。更有甚者，孝宗乾道元年（1165）二月陳康伯致仕後，十個月不除相；淳熙二年（1175）九月葉衡罷相後，虛相位達二年半之久。同時，孝宗頻繁更換地方守臣。頻繁易官，帶來顯著弊端，如時人周必大所言：「諸州長吏，倏來忽去，婺州四年易守者五，平江四年易守者四，甚至秀州一年而四易守，吏奸何由可察，民瘼何由可蘇？」〔註77〕孝宗用人的另一個特點是寵信近習之人。因爲不相信宰執、守臣，爲駕馭群臣，就必然要重用身邊的人。當其時，寵臣曾覿、龍大淵、王抃、甘昇先後用事。史稱：「時曾覿以使弼領京祠，王抃以知閣門兼樞密都承旨，（甘）昇爲入內押班，相與盤結，士大夫無恥者爭附之」〔註78〕；「所謂宰相、師傅、賓友、諫諍之臣，或反出入其門牆，承望其風旨」；「（曾）覿始與龍大淵相朋，及大淵死，則與王抃、甘昇相蟠結，文武要職多出三人之門」〔註79〕；「（曾）覿用事二十年，權震中外，至於譖逐大臣，貶死嶺外」

〔註72〕徐自明：《宋宰輔編年錄校補》卷16，紹興二十五年十月丙申，第1106頁，王瑞來校補，中華書局，1986年版。

〔註73〕李心傳：《建炎以來繫年要錄》（以下簡稱《繫年要錄》）卷171，紹興二十六年二月丙子，第23頁，景印文淵閣《四庫全書》本。

〔註74〕《桯史》卷4，《鄭廣文武詩》，第41頁。

〔註75〕李心傳：《建炎以來朝野雜記》（以下簡稱《朝野雜記》）乙集卷3，《孝宗論用人擇相》，第545頁，中華書局，2000年版；《宋史》卷396，《史浩傳》，第12068頁，文字略異。

〔註76〕《宋史》卷394，《林栗傳》，第12027頁。

〔註77〕《宋史》卷391，《周必大傳》，第11967頁。

〔註78〕《宋史》卷469，《甘昇傳》，第13673頁。

〔註79〕《宋史》卷470，《曾覿傳》，第13691頁。

〔註80〕；「（甘）昇用事二十年，招權市賄，黃由對策，亦頗及之。」〔註81〕正如朱熹所言：「宰相、臺省、師傅、賓友、諫諍之臣皆失其職，而陛下所與親密、所與謀議者，不過一二近習之臣也。此一二小人者，上則蠱惑陛下之心志，使陛下不信先王之大道，……下則召集天下士大夫之嗜利無恥者，文武彙分，各入其門。所喜則陰爲引援，擢置清顯；所惡則密行訾毀，公肆擠排。交通貨賂，則所盜者皆陛下之財；命卿置將，則所竊者皆陛下之柄。……使陛下之號令黜陟不復出於朝廷，而出於此一二人之門，名爲陛下之獨斷，實則此一二人者陰執其柄。」〔註82〕孝宗乾道、淳熙年間，圖想中興，整頓吏治，也收到一定成效。「乾道、淳熙間，有位於朝者，以餽及門爲恥；受任於外者，以苞苴入都爲羞。」〔註83〕「是時法令雖比國初稍輕，而從積玩之後有此整飭，風氣亦爲之一變。」〔註84〕但好景不長，整個孝宗時期的吏治並沒有根本起色。同時，高宗雖然退居太上皇，在繼續過著荒淫無度的生活的同時，還時而干預朝政，影響朝廷升黜官員。一次，高宗要孝宗將一因贓罪被劾罷的郡守官復原職，起初孝宗以該郡守罪行確鑿爲由而沒有答應，高宗由是大怒，最後孝宗只好將其官復原職，因爲「太上聖怒，朕幾無地縫可入，縱大逆謀反，也須放他。」〔註85〕

　　淳熙十六年（1189）二月，孝宗禪位給光宗，光宗在位不過短短五年。紹熙初政，光宗「臨決機務，自任太過」〔註86〕；「政事舉措，稍不循節奏，進退臣下，頗不事禮貌。意所欲用，雖給舍屢繳而不可回；意所不欲，雖臺諫彈擊而不可動。宦寺任職於中禁，而不用誥命；內廷取財於總司，而特免錄黃。……一時操縱自我，予奪自我。」〔註87〕光宗身體不好，紹熙二年（1191）十二月大病以後，皇后李氏攬權，「政事多決於后」〔註88〕，「自是政治日昏，孝養日怠，而乾、淳之業衰焉。」〔註89〕

〔註80〕　《宋史》卷470，《曾覿傳》，第13691頁。
〔註81〕　《宋史》卷469，《甘昇傳》，第13673頁。
〔註82〕　朱熹：《晦庵集》卷11，《庚子應詔封事》，第25～26頁，景印文淵閣《四庫全書》本。
〔註83〕　《宋史》卷437，《眞德秀傳》，第12961頁。
〔註84〕　《廿二史札記校證》卷24，《宋初嚴懲贓吏》，第526頁。
〔註85〕　田汝成：《西湖遊覽志餘》卷2，《帝王都會》，第12頁，上海古籍出版社，1998年版。
〔註86〕　《止堂集》卷1，《論雷雪之異爲陰盛侵陽之證疏》，第10頁。
〔註87〕　《止堂集》卷3，《論剛斷得失疏》，第18頁。
〔註88〕　《宋史》卷243，《李皇后傳》，第8654頁。
〔註89〕　《宋史》卷36，《光宗》，第710頁。

　　紹熙五年（1194）七月，寧宗即位。寧宗在位期間，「深居高拱」，「天下迫切之情無由上聞」，「端良者斥，諂諛者用。」〔註90〕寧宗「自即位以來，好出御筆，升黜之間，多爲不測」〔註91〕；「大臣進擬，不過畫可，謂之『請批依』。」〔註92〕寧宗開禧二年（1206），韓侂冑主持北伐，最後以失敗告終。寧宗嘉定期間，在史彌遠的策劃下，爲和議而誅殺韓侂冑，並函其首於金朝，韓黨勢力慘遭打擊。寧宗朝，權臣韓侂冑、史彌遠先後專政。「侂冑用事，內蓄群奸」，推行慶元黨禁，「至指正人爲邪，正學爲僞。」「彌遠擅權，幸帝耄荒，竊弄威福。」〔註93〕慶元黨禁和權臣專政使士風和官風迅速敗壞，「士大夫寡廉鮮恥，列拜於勢要之門」〔註94〕；「世俗毀方爲圓，變眞爲佞，而流風之弊有不可勝言者矣。」〔註95〕

　　理宗之世，權奸當道，政治更加昏暗。「史彌遠、丁大全、賈似道竊弄威福，相與始終」；〔註96〕閻妃、董宋臣、馬天驥之流相互勾結，表裏作奸，無惡不作。「所謀者嬪妃近習，所信者貴戚近親。」〔註97〕「士大夫之苟且不務任責者自若。朝廷有禁包苴、戒貪墨之令，而州縣之黷貨不知盈厭者自如。……紀綱法度，多頹弛而未張；賞刑號令，皆玩視而不肅。此皆陛下國內之臣子，猶令之而未從，作之而不應。」〔註98〕朝廷內外「貪濁成風，椎剝滋甚」；〔註99〕「賄賂公行，牧守監司斂百獻十，民力彫耗。」〔註100〕甚至連賈似道也說：「裕財之道，莫急於去贓吏。」〔註101〕爲治貪濁之風，理宗親撰《訓廉》、《謹刑》，戒飭百官〔註102〕；又親製《審刑名》，將官員犯入己

〔註90〕《宋史》卷405，《袁甫傳》，第12237頁。

〔註91〕彭龜年：《止堂集》卷5，《應詔論雷雨爲災奏》，第3頁，景印文淵閣《四庫全書》本。

〔註92〕葉紹翁：《四朝聞見錄》乙集，《寧皇二屏》，第64頁，中華書局，1989年版。

〔註93〕《宋史》卷40，《寧宗四》，第781頁。

〔註94〕《宋史》卷398，《倪思傳》，第12115頁。

〔註95〕佚名：《宋史全文》卷29上，《宋寧宗一》，第2005頁，黑龍江人民出版社，2004年版。

〔註96〕《宋史》卷45，《理宗》，第888頁。

〔註97〕《宋史》卷423，《李韶傳》，第12632頁。

〔註98〕《宋史》卷417，《喬行簡傳》，第12493頁。

〔註99〕《宋史全文》卷33，嘉熙四年十月丁酉，第2238頁。

〔註100〕《鶴山先生大全文集》卷19，《被召除禮部尚書內引奏事第四劄》，第187頁。

〔註101〕《宋史》卷42，《理宗二》，第815頁。

〔註102〕《宋史全文》卷33，淳祐四年正月壬寅，第2253頁。

贓與謀殺、故殺、放火等罪同列〔註103〕；還多次下詔申嚴贓吏之禁，官員貪贓者「並籍其家」〔註104〕；也實際懲治了一些貪官。如端平元年（1234）六月，知安慶府林棐「贓狀顯著」，「追三秩勒停，送撫州居住，委官究實追贓。」〔註105〕淳祐三年（1243）四月，前知嚴州李彌高、趙與汝皆因「侵取酒息」，各被奪官二秩；同年六月，嘉定知縣旨枹因贓罪被除名勒停，流一千里羈管〔註106〕。淳祐七年（1247）四月，知廣州張公明因貪暴不法而被貶至南安軍居住。〔註107〕但此時懲治贓官的力度已遠遠無法與宋初相比，與《宋刑統》的規定相去甚遠。終理宗之世，吏治江河日下，至度宗時期，已是病入膏肓，不可救藥了。

二、權臣專政，左右官員懲治

南宋時期，秦檜、韓侂冑、史彌遠、史嵩之、賈似道等權臣先後當政，形成了權臣政治。這些權臣以私意主政，廣植黨羽，黨同伐異，順其者昌，逆其者懲，致使南宋吏治千瘡百孔。

高宗時，秦檜專權，挾虜自重，獨攬朝政，權傾朝野，一心求和，粉飾太平，廣植黨羽，誅殺異己，專權誤國。秦檜「兩據相位，凡十九年，劫制君父，包藏禍心，倡和誤國，忘讎斁倫。一時忠臣良將，誅鋤略盡。其頑鈍無恥者，率為檜用，爭以誣陷善類為功，其矯誣也，無罪可狀，不過曰謗訕，曰指斥，曰怨望，曰立黨沽名，甚則曰有無君心。」〔註108〕「舉朝無非秦（檜）之人，高宗更動不得。」〔註109〕秦檜專權，黨同伐異不遺餘力。「士大夫之有名望者，悉屏之遠方。凡齷齪萎靡不振之徒，一言契合，率由庶僚一二年即登政府。仍止除一廳，謂之伴拜。稍出一語，斥而去之，不異奴隸。」〔註110〕如劉子羽知鎮江，上章言：「和好非久遠計，宜及閒暇為備。」秦檜大怒，即讓殿中侍御史羅汝楫論罷之〔註111〕。秦檜欲追諡其父，召禮官會

〔註103〕《宋史》卷200，《刑法二》，第4996頁。
〔註104〕《宋史全文》卷32，端平元年五月乙巳，第2193頁。
〔註105〕《宋史全文》卷32，端平元年六月丙子，第2195頁。
〔註106〕《宋史全文》卷33，淳祐三年四月甲戌、六月庚午，第2250頁。
〔註107〕《宋史全文》卷34，淳祐七年四月丁酉，第2276頁。
〔註108〕《宋史》卷473，《秦檜傳》，第13764頁。
〔註109〕黎靖德（編）：《朱子語類》卷131，《中興至今日人物上》，第3162頁，中華書局，1986年版。
〔註110〕《宋宰輔編年錄校補》卷16，紹興二十四年十一月丁卯，第1097頁。
〔註111〕《宋史》卷380，《羅汝楫傳》，第11723頁。

問，劉珙不至，「檜怒，風言者逐之。」〔註112〕秦檜打擊政敵，力圖斬草除根。史稱：「甚矣，秦檜之忍也！不惟王庶、胡銓、趙鼎、張浚、李光、張九成、洪皓、李顯忠、辛企宗之徒相繼貶竄，而呂頤浩之子擴、鼎之子汾、王庶之子荀、之奇，皆不免。蓋檜之心太恨愎，尤甚於章（惇）、蔡（京）。竄趙鼎而必置之死，殺張浚而猶及其家。」〔註113〕秦檜專權，流毒深遠，以致其死後，時人稱「一檜死，百檜生。」〔註114〕

　　寧宗前期，韓侂胄專權。韓侂胄為北宋名相韓琦曾孫，神宗之女齊國長公主之孫，其父韓誠娶高宗憲聖皇后女弟，其妻是憲聖女姪，寧宗皇后乃是他的姪孫女。韓侂胄與趙宋皇室的這種特殊親密關係，是其專權的最有利條件，為其他權貴、近幸所望塵莫及。「當是時，韓侂胄權勢震天下，其親幸者由禁從不一二歲而至宰輔，而不附侂胄者，往往沉滯不偶。」〔註115〕如韓侂胄欲以恢復起兵端，徐邦憲自處州召見，「以弭兵為言，忤侂胄意，削二秩。」〔註116〕韓侂胄專權與打擊政敵的伎倆主要有二：假借御筆，操縱臺諫。寧宗好用御筆內批，深得寧宗信賴的韓侂胄，以外戚的特殊身份，上下其手，使御筆成為其專權的尚方寶劍和護身符。他肆無忌憚地任用親信，培植黨羽。「夫臺諫之官，使誠出於天下之公選，人主之親擢，論議奏章，允叶人心，聽之可也。今專植私黨，任用匪人，凡有所言，無非陰授風旨，而每告陛下，輒謂臺諫公論，不可不聽，自是威福日盛，無復忌憚。」〔註117〕「韓侂胄用事，私臺諫之選為己羽翼，且欲得知名士，借其望以壓群言。」〔註118〕韓侂胄不是宰相，勝過宰相，「宰執以下，升黜在手。」「自侂胄貴，臺諫、給舍供隸役，彈劾、封駁皆具檢請命，意所欲者指授行之。侂胄殊不以望公，有論執，即時止。」〔註119〕當其時，「朝士悉趨其門」〔註120〕，「蹇衛衝風怯曉寒，也

〔註112〕《宋史》卷386，《劉珙傳》，第11849頁。

〔註113〕《繫年要錄》卷169，紹興二十五年十月辛卯條注引，第23頁。

〔註114〕《宋史》卷384，《葉義問傳》，第11817頁；《宋史》卷387，《王十朋傳》，第11883頁。

〔註115〕《宋史》卷394，《京鏜傳》，第12037～12038頁。

〔註116〕《宋史》卷474，《韓侂胄傳》，第13775頁。

〔註117〕黃淮、楊士奇：《歷代名臣奏議》卷184，衛涇《論太師平章軍國事韓侂胄右丞相兼樞密使陳自強乞賜貶竄疏》，第45頁，景印文淵閣《四庫全書》本。

〔註118〕《宋史》卷400，《楊大全傳》，第12158頁。

〔註119〕《葉適集·水心文集》卷21，《曾公墓誌銘》，第407頁。

〔註120〕《宋史》卷247，《彥橚傳》，第8767頁。

隨舉子到長安。路人莫作親王看，姓趙如今不似韓。」〔註121〕

　　寧宗後期至理宗前期，史彌遠專權。自嘉定元年（1208）年任相至紹定六年（1233）十月因病解政，史彌遠主政二十六年之久，其中，「相寧宗十有七年」，「立理宗，又獨相九年，擅權用事，專任憸壬。」時人謂之「一侂胄死，一侂胄生。」〔註122〕史彌遠「內擅國柄，外變風俗，綱常淪斁，法度墮弛，貪濁在位，舉事弊蠹，不可滌濯。」〔註123〕其結黨營私，心腹列於朝堂，親信布於四方，呼朋引類，到了登峰造極的地步。「以公朝爵祿而市私恩，取吏部之闕以歸堂除」〔註124〕，「所拔之士，非鄞則婺」（鄞縣人是其小同鄉，婺州人是其大同鄉）〔註125〕；「滿朝朱紫貴，盡是四明人。」〔註126〕「大臣所用非親即故，執政擇易制之人，臺諫用惛默之士，都司樞掾，無非親暱。」〔註127〕史彌遠當政期間，「決事於房闥，操權於床笫。……其上無人主，旁無同列，下無百官士民」〔註128〕，雖蔡京、秦檜、韓侂胄也不敢如此專權妄為。官員進退升黜，興廢政事，「天下皆曰此丞相意」，朝野「皆言相而不言君。」〔註129〕甚至，「皇儲國統，乘機伺間，亦得遂其廢立之私。」〔註130〕借清除反道學之名排斥異己，全面剷除韓黨集團，凡是附和開禧北伐者均列入韓黨而被斥逐。借更化之名，行黨同伐異之實。控制臺諫，以為鷹犬，臺諫「所彈擊，悉承風旨。」〔註131〕其死黨梁成大、李知孝、莫澤被稱為「三凶」〔註132〕，梁成大「天資暴狠，心術嶮巇，凡可賊忠害良者，率多攘臂為之」〔註133〕；李知孝「領袖庶頑，懷譖迷國，排斥諸賢殆盡。」〔註134〕正如殿中侍御史王遂

〔註121〕《桯史》卷6，《大小寒》，第62頁。
〔註122〕《宋史》卷405，《王居安傳》，第12252頁；《宋史》卷414，《史彌遠傳》，第12418頁。
〔註123〕《宋史》卷437，《魏了翁傳》，第12968頁。
〔註124〕《宋史》卷407，《杜範傳》，第12287頁。
〔註125〕劉克莊：《後村先生大全集》卷141，《丁給事神道碑》，第1233頁，《四部叢刊初編》本。
〔註126〕張端義：《貴耳集》卷下，第37頁，景印文淵閣《四庫全書》本。
〔註127〕《宋史》卷480，《陳宓傳》，第12310頁。
〔註128〕《鶴山先生大全文集》卷18，《應詔封事》，第169頁。
〔註129〕《宋史》卷411，《蔣重珍傳》，第12352頁、第12353頁。
〔註130〕《宋史》卷40，《寧宗四》，第781頁。
〔註131〕杜範：《清獻集》卷5，《入臺奏箚》，第13頁，景印文淵閣《四庫全書》本。
〔註132〕《宋史》卷422，《李知孝傳》，第12623頁。
〔註133〕《宋史》卷422，《梁成大傳》，第12621頁。
〔註134〕《宋史》卷422，《李知孝傳》，第12623頁。

上疏所言：「三十年來凶德參會，未有如李知孝、梁成大、莫澤肆無忌憚者。三凶之罪，上通於天。」〔註135〕

　　嘉熙三年（1239）至淳祐六年（1246），史嵩之專權。史嵩之爲史彌遠之姪，當國八年，其間極盡淫朋比德、排斥異己之能事。其「心術回邪，蹤迹詭秘。……以和議墮將士心，以厚貨竊宰相位。羅天下之小人，爲之私黨；奪天下之利權，歸之私室。」當時「里巷之小民猶知其奸」，朝廷所有重要職掌均爲其親信所把持，「臺諫不敢言，臺諫，嵩之爪牙也；給舍不敢言，給舍，嵩之腹心也；侍從不敢言，侍從，嵩之肘腋也；執政不敢言，執政，嵩之羽翼也。」「軍旅將校唯知有史氏，天下士大夫唯知有史氏，而陛下左右前後亦唯知有史氏。」「嵩之獨當國，一時正人如杜範、游侶、劉應起、李韶、趙汝騰等，皆以不合逐去。」〔註136〕

　　理宗後期及度宗時期，賈似道當權。賈似道早年不務正業，混迹江湖，後以父蔭補嘉興倉司，因姐姐爲理宗所寵，得以青雲直上，景定元年（1260）四月以右丞相兼樞密使，至德祐元年（1275），執掌朝政十五年。賈似道把持朝政，竊弄權柄，控制臺諫，胡作非爲。史稱：「似道雖深居，凡臺諫彈劾、諸司薦辟及京尹、畿漕一切事，不關白不敢行」〔註137〕；「小忤意輒斥，重則屏棄之，終身不錄。一時正人端士，爲似道破壞殆盡。」賈似道賣官鬻爵，肆無忌憚，「引薦奔競之士，交通賄賂」，「吏爭納賂求美職，其求爲帥閫、監司、郡守者，貢獻不可勝計。」〔註138〕其腐化墮落、放縱淫樂已到了無以復加的地步，「嘗與群妾踞地鬥蟋蟀，所狎客入，戲之曰：『此軍國重事邪？』」〔註139〕景定五年（1264）十月，理宗死，度宗即位。度宗時期，賈似道專權用事更甚，皇帝實爲傀儡，「每朝必答拜，稱之曰『師臣』而不名，朝臣皆稱爲『周公』。」〔註140〕此時的南宋王朝已處於滅亡的懸崖邊。

〔註135〕《宋史》卷415，《王逢傳》，第12461頁。
〔註136〕《宋季三朝政要》卷2，《理宗》，第11～12、15、15、15、1頁，景印文淵閣《四庫全書》本。
〔註137〕《宋史》卷474，《賈似道傳》，第13783頁。
〔註138〕《宋史》卷474，《賈似道傳》，第13782頁、第13783頁。
〔註139〕《宋史》卷474，《賈似道傳》，第13784頁。
〔註140〕《宋史》卷471，《賈似道傳》，第13783頁。

第二章　宋代懲治官員的原因

　　官員管理直接關係到專制王朝的治亂興衰。「君子得其人，則朝廷之疾痛，非其人則適以生疾矣。」﹝註 1﹞王安石認爲：「守天下之法者吏也。吏不良，則有法而莫守。」﹝註 2﹞司馬光亦言：「夫安危之本在於任人，治亂之機在於賞罰，二者不可不察也。若中外百官各得其人，賢能者進，不肖者退，忠直者親，讒佞者疏，則天下何得不安？任職之臣多非其人，賢能者退，不肖者進，忠直者疏，讒佞者親，則天下何得不危？」﹝註 3﹞由此可見，治官何等重要。官員不稱職，甚至違法犯罪，當予以懲治，以警省爲官者應守法守禮、盡職盡責。在宋代，官員受懲治的原因相當複雜，官員既會因違反法律、制度、倫理綱常等而受到懲治，也會因得罪權臣、血緣關係、職務關係、派別鬥爭等而受到懲治。本章即系統探討宋代懲治官員的原因。

第一節　謀反謀叛

　　家天下的統治是中國古代專制政治的一大特色，專制君主總會竭力維護其一家之天下，竭力維護其個人的統治地位，對任何危及自身統治地位的行爲都會予以嚴屬懲治，而絕不手軟。中國專制社會發展到五代之時，已是亂世紛呈。「當此之時，臣弒其君，子弒其父，而縉紳之士安其祿而立朝，充然

﹝註 1﹞《宋大事記講義》卷 17，《議新法者罷》，第 4 頁。
﹝註 2﹞《王安石全集》卷 34，《度支副使廳壁題名記》，第 309 頁。
﹝註 3﹞趙汝愚：《宋朝諸臣奏議》卷 26，《上慈聖皇后論任人賞罰要在至公名體禮數當自抑損》，第 249 頁，上海 古籍出版社，1999 年版。

無復廉恥之色者皆是也。」〔註4〕五代之君「爲國長者不過十餘年，短者三四年至一二年，天下之人，視其上易君代國，如更戍長無異。」〔註5〕就是在這樣一個亂世裏，「趙氏起家什伍，兩世爲裨將，與亂世相浮沉，姓字且不聞於人間。」〔註6〕趙匡胤乘後周孤兒寡母而君臨天下，既無蓋世武功以資立威，又無德澤使四方臣服。因此，如何結束晚唐以來戰亂不息，生民塗炭的亂世，消除武將專橫、兵強馬壯者爲天子的隱患，確保趙宋王朝的長治久安，是宋太祖立國之後首先要解決的最重大課題。實際上，宋太祖依靠實力，乘後周主幼之時取而代之，本身就是「篡臣」，故此，宋太祖非常害怕臣下傚仿自己黃袍加身，有其言行爲證：

　　石守信、王審琦等皆上故人，各典禁衛。（趙）普數言於上，請授以他職，上不許。普乘間即言之，上曰：「彼等必不吾叛，卿何憂？」普曰：「臣亦不憂其叛也。然熟觀數人者，皆非統御才，恐不能制伏其下，則軍伍間萬一有作孽者，彼臨時亦不得自由耳。」上悟。於是召石守信等飲，酒酣，屏左右謂曰：「我非爾曹之力，不得至此，念爾曹之德，無有窮盡。然天子亦大艱難，殊不如爲節度使之樂，吾終夕未嘗敢安枕而臥也。」守信等皆曰：「何故？」上曰：「是不難知矣，居此位者，誰不欲爲之。」守信等皆頓首曰：「陛下何爲出此言？今天命已定，誰敢復有異心。」上曰：「不然。汝曹雖無異心，其如麾下之人欲富貴者，一旦以黃袍加汝之身，汝雖不爲，其可得乎？」〔註7〕

　　正是由於對臣子不忠的深深憂慮，宋太祖始終對臣下保持高度的警惕，即位之初，時常微行，「欲陰察群情向背」〔註8〕。宋太宗說得更明白：「國家若無外憂，必有內患。外憂不過邊事，皆可預防；惟姦邪無狀，若爲內患，深可懼也。帝王用心，常須謹此。」〔註9〕可謂一語道破天機。宋眞宗認爲：「爲君難，爲臣不易」〔註10〕，「爲君之難，由乎聽受；臣之不易，在乎忠直。」〔註11〕鑒於五代以來的歷史教訓，爲避免重蹈五代以來王朝短命的覆轍，針

〔註4〕歐陽修：《新五代史》卷34，《一行傳序》，第369頁，中華書局，1974年版。
〔註5〕《新五代史》卷49，《王進傳》，第559頁。
〔註6〕王夫之：《宋論》卷1，第1頁，中華書局，1964年版。
〔註7〕《長編》卷2，建隆二年七月戊辰，第49頁。
〔註8〕《長編》卷1，建隆元年十二月，第30頁。
〔註9〕《長編》卷32，淳化二年八月丁亥，第719頁。
〔註10〕《長編》卷66，大中祥符元年正月壬申，第1520～1521頁。
〔註11〕《長編》卷79，大中祥符五年十月辛酉，第1799頁。

對五代以來臣子朝秦暮楚的狀況，宋代統治者將「死事一主」作爲評判臣僚的根本標準，褒揚忠節之士，嚴懲不忠之臣。陳橋兵變後，趙匡胤回師開封，後周侍衛親軍副都指揮使韓通準備抵抗，被王彥昇發現後追殺全家。趙匡胤怒責王彥昇，「終身不授節鉞」；同時，「贈韓通中書令，以禮葬之，嘉其臨難不苟也。」〔註12〕並因之下詔：「易姓受命，王者所以應期；臨難不苟，人臣所以全節。故周天平軍節度、檢校太尉、同中書門下平章事、侍衛親軍馬步軍副指揮使韓通，振迹戎伍，委質前朝，彰灼茂功，踐更勇爵。夙定交於霸府，遂接武於和門，艱險共嘗，情好尤篤。朕以三靈眷祐，百姓樂推，言念元勳，將加殊寵，蒼黃遇害，良用憮然。可贈中書令，以禮收葬。遣高品梁令珍護喪事。」〔註13〕又，建隆元年（960）十一月，南唐杜著、薛良投奔宋朝，宋太祖「疾其不忠，斬著下蜀市，配良廬州牙校。」〔註14〕後周宰相范質爲宋太祖所用，「居第之外，不植資產，眞宰相也。」〔註15〕然而，宋太宗卻如此評價范質：「宰輔中能循規矩、愼名器、持廉節，無出質右者，但欠世宗一死，爲可惜耳。」〔註16〕同樣，宋眞宗以「死事一主」的忠節標準否定了五代以來爲世人所推崇的名臣馮道，「馮道歷事四朝十帝，依阿順旨，以避患難，爲臣如此，不可以訓也。」〔註17〕

　　臣僚不忠，甚至謀反謀叛，是最高統治者最痛恨、最不能容忍的事情。正如趙匡胤所言：「臥榻之側，豈容他人鼾睡。」〔註18〕宋代統治者始終認爲，臣僚盡忠不二是本分。眞宗令人編修《冊府元龜》，極力宣揚忠君之道，強調以死盡忠。「抱公滅私，臣之道也；憂國忘家，有死無二，臣之節也」〔註19〕；「蓋臣之事君，能致其身而忘其死，斯之爲令德焉。」〔註20〕石介指出：「天下國家有患難，以死殉之，忠臣之節也」〔註21〕；「食人之祿，死人之事。」

〔註12〕《長編》卷1，建隆元年正月戊申，第6頁。
〔註13〕《宋史》卷484，《韓通傳》，第13970頁。
〔註14〕《宋史》卷1，《太祖一》，第8頁；《長編》卷1，建隆元年十一月庚申，第29頁。
〔註15〕《長編》卷5，乾德二年九月辛丑，第133頁。
〔註16〕《宋史》卷249，《范質傳》，第8796頁。
〔註17〕《長編》卷65，景德四年五月庚寅，第1461頁。
〔註18〕《桯史》卷1，《徐鉉入聘》，第3頁。
〔註19〕王欽若、楊億等：《冊府元龜》卷315，《宰輔部·公忠》，第1頁，景印文淵閣《四庫全書》本。
〔註20〕《冊府元龜》卷466，《臺省部·忠節》，第1頁。
〔註21〕石介：《徂徠石先生文集》卷8，第85頁，中華書局，1984年版。

〔註 22〕在他看來，即使在昏君統治下的亂世，臣子也應該死事一主，永葆忠節。「蓋爲臣之定分，惟忠是守；事君之大義，惟忠是蹈。雖世有治亂，君有昏明，爲臣之分，事君之義，有去就乎？忠有廢乎？」〔註 23〕程灝、程頤從哲學本體論上論述了忠孝的合理性，提出「君道即天道」〔註 24〕，「君臣父子間皆是理」，〔註 25〕「死事一君」就是實踐了天道、天理。「父子君臣，天下之定理，無所逃於天地之間」；「爲君盡君道，爲臣盡臣道，過此無理」〔註 26〕；「弒逆之罪，不以王法正之，天理滅矣。」〔註 27〕臣子要嚴守君臣之禮，臣子事君，只有不足，不會有餘，臣子功勞再大，也只是臣子，不能有非分之想，不能僭越其位。「蓋子之事父，臣之事君，聞有自知其不足者矣，未聞其爲有餘也。周公之功固大矣，然臣子之分所當爲也」。〔註 28〕「借使功業有大於周公，亦是人臣所當爲爾。……臣之於君，猶子之於父也。臣之能立功業者，以君之人民也，以君之勢位也」。〔註 29〕所以身爲臣子，食君之祿，就應當解君之難，死君之事。宋臣張詠言：「事君者廉不言貧，勤不言苦，忠不言己效，公不言己能，斯可以事君矣。」〔註 30〕宋代理學的集大成者朱熹進一步論述了忠孝倫理是天命秩序，人人都得無條件遵守。「如天之生物，物物有個分別，如『君君臣臣父父子子』。至君得其所以爲君，臣得其所以爲臣，父得其所以爲父，子得其所以爲子，各得其利，便是和。若臣處君位，君處臣位，安得和乎？……君尊於上，臣恭於下，尊卑大小，截然不可犯。」〔註 31〕所以，「君有不明，臣不可以不忠，豈有君而可叛者乎？」〔註 32〕

宋代統治者不僅始終強調臣僚盡忠，而且以法律爲武器，懲治謀反謀叛之臣，以改變五代以來「天子，兵強馬壯者當爲之」〔註 33〕的局面。趙匡胤

〔註 22〕《徂徠石先生文集》卷 8，第 86 頁。
〔註 23〕《徂徠石先生文集》卷 14，第 160 頁。
〔註 24〕程灝、程頤：《二程集·遺書》卷 11，第 118 頁，中華書局，2004 年版。
〔註 25〕《二程集·遺書》卷 19，第 247 頁。
〔註 26〕《二程集·遺書》卷 5，第 77 頁。
〔註 27〕《二程集·經說》卷 4，第 1101 頁。
〔註 28〕《二程集·遺書》卷 4，第 71 頁。
〔註 29〕《二程集·遺書》卷 18，第 235～236 頁。
〔註 30〕《宋史》卷 293，《張詠傳》，第 9804 頁。
〔註 31〕《朱子語類》卷 68，第 1707、1708 頁。
〔註 32〕《朱子語類》卷 79，第 2038 頁。
〔註 33〕薛居正等：《舊五代史》卷 98，《安重榮傳》，第 1302 頁，中華書局，1976 年版。

立國之初即命竇儀等人制定《宋刑統》，對謀反、謀叛行為規定了最嚴厲的法律制裁。《宋刑統・名例律》將謀反、謀叛列為「十惡」不赦之罪第一條。按照《宋刑統・名例律》，謀反、謀叛皆是直接危及專制政權的行為。謀反，即「謂謀危社稷」〔註34〕，是指企圖顛覆現行專制政權的行為。議曰：「王者居宸極之至尊，奉上天之寶命，同二儀之覆載，作兆庶之父母。為子為臣，惟忠惟孝，乃敢包藏兇惡，將起逆心，規反天常，悖逆人理，故曰謀反。」〔註35〕謀叛，即「謂謀背國從偽」〔註36〕，是指叛國投敵的行為。無論官民，犯謀反、謀大逆、謀叛罪皆處斬、絞等死刑，並施以連坐之法。《宋刑統・賊盜律》規定：「諸謀反及大逆者，皆斬，父子年十六以上皆絞，十五以下及母女、妻妾（子妻妾亦同）、祖孫、兄弟、姊妹，若部曲、資財、田宅並沒官，男夫年八十及篤疾，婦人年六十及廢疾者並免，伯叔父、兄弟之子，皆流三千里，不限籍之同異。即雖謀反，詞理不能動眾，威力不足率人者，亦斬。」「諸謀叛者絞，已上道者皆斬，妻子流二千里；若率部眾百人以上，父母、妻子流三千里。」〔註37〕

　　趙宋統治者以嚴刑峻法來懲治任何危及自身統治地位的行為。仁宗乾興元年（1022）二月戊辰詔：「為臣之方，罪莫大於懷貳；御邦之道，罰莫先於去邪。」〔註38〕在實際執法中，宋代官員謀反謀叛者多被處死。如開寶六年（973）二月丙戌朔，「棣州兵馬監押、殿直傅延翰謀反伏誅。」〔註39〕端拱元年（988）六月丙辰朔，「右領軍衛大將軍陳廷山謀反伏誅。」〔註40〕紹興二十三（1153）年八月丙寅，左宣教郎王孝廉謀據成都叛，事覺伏誅〔註41〕。實際上，官員犯謀反、謀叛罪者，不僅皆被處斬、絞等死刑，甚至被施用磔、腰斬、凌遲等酷刑，並行連坐之法，更有甚者被滅族。如乾德四年（966）九月，「虎捷指揮使孫進、龍衛指揮使吳瑰等二十七人，坐黨呂翰亂伏誅，夷進族。」〔註42〕開寶二年（969）十月庚寅，「散指揮都知杜延進等謀反伏誅，

〔註34〕竇儀等：《宋刑統》卷1，第6頁，中華書局，1984年版。
〔註35〕《宋刑統》卷1，第7頁。
〔註36〕《宋刑統》卷1，第6頁。
〔註37〕《宋刑統》卷17，第268頁、第272頁。
〔註38〕《宋大詔令集》卷192，《責曹瑋等諭中外敕》，第704頁。
〔註39〕《宋史》卷3，《太祖三》，第39頁。
〔註40〕《宋史》卷5，《太宗二》，第82頁。
〔註41〕《宋史》卷31，《高宗八》，第578頁。
〔註42〕《宋史》卷2，《太祖二》，第25頁。

夷其族。」〔註43〕太平興國三年（978）五月，秦州節度判官李若愚之子飛雄矯制謀叛，送秦州獄鞫得實，李飛雄坐要斬，夷其家；先與李飛雄善者何大舉等數輩，悉棄市〔註44〕。淳化五年（994）八月，「貝州言驍捷卒劫庫兵爲亂，推都虞候趙咸雍爲帥，轉運使王嗣宗率屯兵擊敗之，擒咸雍，磔於市。」〔註45〕熙寧八年（1075），沂州民朱唐告前餘姚主簿李逢謀反，連帶宗室秀州團練使世居、醫官劉育、河中府觀察推官徐革，神宗命中丞鄧綰、同知諫院范百祿與御史徐禧雜治，獄具，賜世居死，李逢、劉育及徐革並凌遲處死，將作監主簿張靖、武進士郝士宣皆腰斬。〔註46〕更有甚者，宋代官員有時即便被證明是被誣爲謀反，也會受到懲治。如明道二年（1033）七月，狂人王文吉誣告陳堯佐謀反，御史臺審出誣狀，但「堯佐猶坐是左降」，由知永興軍降爲知廬州〔註47〕。

宋代統治者對謀反謀叛者施以重罰和對忠節觀的宣揚，取得了明顯成效。這既在宋代皇帝幼年登基，江山穩坐，各大臣不僅不取而代之，而且盡力輔佐，還時刻提防太后、外戚僭位等方面得到展現，也在北宋末年的靖康之變、南宋末年的宋元戰爭中得到了體現，湧現了「寧作趙氏鬼，不爲他邦臣」〔註48〕；「生爲宋臣，死當爲宋鬼」〔註49〕；「人生自古誰無死，留取丹心照汗青」〔註50〕的諸多忠節之士。這與後周孤兒寡母被趙匡胤輕而易舉地取而代之形成了極其鮮明的對比。正如《宋史》所總結的那樣：「宋之初興，范質、王溥，猶有餘憾，況其他哉。藝祖首褒韓通，次表衛融，足示意向。厥後西北疆場之臣，勇於死敵，往往無懼。眞、仁之世，田錫、王禹偁、范仲淹、歐陽修、唐介諸賢，以直言讜論倡於朝，於是中外縉紳知以名節相高，廉恥相尚，盡去五季之陋矣。故靖康之變，志士投袂，起而勤王，臨難不屈，所在有之。及宋之亡，忠節相望，班班可書，匡直輔翼之功，蓋非一日之積也。」〔註51〕

〔註43〕《宋史》卷2，《太祖二》，第30頁。
〔註44〕《宋史》卷463，《劉文裕傳》，第13547頁。
〔註45〕《宋史》卷5，《太宗二》，第95頁。
〔註46〕《宋史》卷200，《刑法志二》，第4998頁。
〔註47〕《長編》卷112，明道二年七月癸未，第2622～2623頁。
〔註48〕《宋史》卷447，《楊邦乂傳》，第13195頁。
〔註49〕《宋史》卷450，《范天順傳》，第13250頁。
〔註50〕《宋史》卷418，《文天祥傳》，第12539頁。
〔註51〕《宋史》卷446，《忠義傳序》，第13149頁。

第二節　犯贓罪

韓非子曰：「居官無私，人臣之公義也。」〔註52〕然而，古往今來，眞正做到居官無私者寥寥無幾，而貪官污吏卻不絕於書。《詩經》：「貪人敗類。」〔註53〕《史記》：「貪夫徇財，烈士徇名」；「夫驕君必好利，而亡國之臣必貪於財。」〔註54〕《冊府元龜》：「徇財曰貪，玷官爲墨。」〔註55〕由此可見，所謂贓官，即是利用公共權力謀取非法私利的官員。透過中國歷史發展的一頁頁篇章，不難發現，自有國家和政府以來，官員腐敗就成爲中國官場的一個痼疾，嚴重損害國家和百姓的利益，敗壞吏治，破壞社會風氣，妨礙國家機器的正常運行，由腐敗而導致一次又一次劇烈的社會動蕩、王朝更替，整個國家和民族爲此付出了無比沉重的代價。在中國專制集權發展到新階段的宋朝，同樣也上演著腐敗的悲劇，官員因腐敗而受懲治者，亦是屢見不鮮。

一、宋代官員犯贓罪情況

北宋太祖、太宗及眞宗前期，爲鞏固趙宋王朝的統治地位，施行嚴刑峻法，吏治比較清明，貪官污吏相對較少。眞宗中後期，隨著承平日久，吏治漸趨鬆弛，至北宋後期貪贓之風愈演愈烈。南宋時，腐敗之風已是積弊難返。周必大言：當世「循良者十無二三，貪殘昏謬者常居六七。」〔註56〕宋代官員犯贓罪主要有以下形式：

1、貪污

宋代官員貪污如監守自盜，侵佔公錢公物，損公肥私、假公濟私等。「三司掌天下利柄，人吏公然作過，上下蒙昧，隱盜官物，其因事發覺者，百無一二。」〔註57〕「貪夫循利，廉恥道喪。亶以廣田宅，厚妻子爲計，谿壑無厭，漫不忌憚，

〔註52〕韓非：《韓非子新校注》卷5，第366頁，《飾邪》，陳奇猷校注，上海古籍出版社，2000年版。

〔註53〕《詩經・大雅・桑柔》，載《五經四書全譯》，第1040頁，中州古籍出版社，2000年版。

〔註54〕司馬遷：《史記》卷84《屈原賈生傳》，卷69《蘇秦傳》，第2500頁，第2267頁，中華書局，1959年版。

〔註55〕《冊府元龜》卷307，《外戚部・貪黷》，第9頁。

〔註56〕周必大：《文忠集》卷136，《答選德殿聖問奏》，第6～7頁，景印文淵閣《四庫全書》本。

〔註57〕趙抃：《清獻集》卷7，《奏狀乞移司勘結三司人吏犯贓》，第9頁。

甚者掩公帑之積，私倉庾之贏，賊民剝下，潛其膏血。」〔註58〕如王宗正爲眞定路安撫司指使，犯自盜贓，法當死，特貸命，除名，送賀州編管〔註59〕。

2、行賄受賄

在宋代，「士或玩法貪污，隨致小大循習，貨賂公行，莫之能禁。外則監司守令，內則公卿大夫，託公徇私，誅求百姓，公然竊取，略無畏憚。」〔註60〕南宋「貪吏肆虐，政以賄成，監司牧守，更相饋遺。戎師所駐，交賄尤腆，而諸司最多之處抑又甚焉。」〔註61〕天下「無復公道，紀綱隳廢，賄賂公行，仕者朘削民財以奉權臣，則美官可翹足而待；兵官克剝士卒以媚權臣，則將帥可計日而取，民力益竭，軍政大壞，今籍其家資，數累鉅萬，皆出於鞭箠膏血之餘。」〔註62〕

3、賣官鬻爵

當宋之世，「天下之買爵者，緡錢五千，高得一尉。」〔註63〕北宋末年，梁師成當道時，甚至科舉之廷試也可以錢買通，赴試者「益通賄謝，人士入錢數百萬，以獻頌上書爲名，令赴廷試，唱第之日，侍於帝前，囁嚅升降。」〔註64〕

4、公款請客送禮，宋代謂之苞苴、饋送

小官送大官，下級送上級，如此中飽私囊。官員「循例而受，多非清識之士，衰老者爲子孫之計，則志在苞苴，動皆循己；少壯者恥州縣之中，則政多苟且，舉必近名。」各級官衙幾乎都「別立名目，以爲饋送。」〔註65〕官員「多爲苞苴，遍遺權要」〔註66〕，「私縣官之贓以自入」，「公苞苴之貽以自富」〔註67〕。儘管朝廷多次申嚴互送之禁，但「如不許州郡監司饋送，幾

〔註58〕洪適：《盤洲文集》卷12，《戒戢贓吏詔》，第1～2頁，景印文淵閣《四庫全書》本。

〔註59〕《長編》卷482，第11464頁。

〔註60〕《宋會要》刑法2之92，第6541頁。

〔註61〕袁燮：《絜齋集》卷3，《論國家宜明政刑箚子》，第5頁，景印文淵閣《四庫全書》本。

〔註62〕《絜齋集》卷11，《資政殿大學士贈少師樓公行狀》，第24頁。

〔註63〕晁補之：《雞肋集》卷24，《上皇帝論北事書》，第148頁，《四部叢刊》初編本。

〔註64〕《宋史》卷468，《梁師成傳》，第13663頁。

〔註65〕《宋會要》食貨21之17，第5152頁。

〔註66〕《宋會要》職官72之7，第3991頁。

〔註67〕楊萬里：《誠齋集》卷89，《馭吏上》，第33頁，景印文淵閣《四庫全書》本。

番行下，而州郡監司亦復如前，但換名目，多是做忌日，去寺中焚香，於是皆有折送，其數不薄。間有甚無廉恥者，本無忌日，乃設爲忌日，焚香以圖饋送者。朝廷詔令，事事都如此無紀綱，人人玩弛。」〔註68〕苞苴之數目驚人，動輒萬緡，「成都三司互送，則一飯之費計三千四百餘緡。」〔註69〕南宋寧宗時，監司派屬官「分佈四出，惟利是圖，饋遺既足，他皆不問，曰下馬錢，曰發路錢，曰折送錢，曰特送錢，批勝既足，則又有夫腳錢」；「又有意外無厭之需，稍不滿欲，多端羅織。其間或有不法事件，不過增加饋遺，雖有過愆，置而不言。」〔註70〕正如宋人所言：「苞苴有昔所未有之物，故吾民罹昔所未有之害；苞苴有不可勝窮之費，故吾民有不可勝窮之憂。」〔註71〕

5、侵吞羨餘，中飽私囊

「爲將帥者，巧爲名色，頭會箕斂，陰奪取其糧賜以自封殖，而行貨賂於近習，以圖進用。彼此既厭足矣，然後時以薄少，號爲『羨餘』，陰奉燕私之費。」〔註72〕

6、交相請託

宋代官員交相請託盛行，連仁宗皇帝也不得不承認問題的嚴重性。皇祐二年（1050），仁宗指出：「臣庶之家，貴近之列，交通請託，巧詐營爲，陰致貨賕，密輸珍玩，寅緣結納，侵擾權綱。」〔註73〕

腐敗盛行，嚴重侵蝕趙宋王朝的統治基礎，激化社會矛盾。「夫貪吏臨民，其損甚大，或則屈法，或則濫刑，或因公以逼私，或緣事以行虐，使民受弊甚於蠹焉。蠹盛則木空，吏貪則民弊。」〔註74〕「天下郡縣至廣，官吏至眾，而贓污摘發，無日無之。……雖有重律，僅同空文，貪猥之徒，殊無畏憚。」〔註75〕「官亂於上，民貧於下，風俗日以薄，財力日以困窮。」〔註76〕「天下公私匱乏者，殆非夷狄爲患，全由官吏壞之。」〔註77〕官吏腐敗，致使貧困家庭鬻妻賣子，「而

〔註68〕《朱子語類》卷106，《外任》，第2649頁。
〔註69〕《朝野雜記》乙集卷12，《御筆嚴監司互送之禁》，第695頁。
〔註70〕《宋會要》職官79之24，第4221頁。
〔註71〕《宋史》卷411，《蔣重珍傳》，第12352頁。
〔註72〕《晦庵集》卷11，《戊申封事》，第37頁。
〔註73〕《宋會要》刑法2之30，第6510頁。
〔註74〕《長編》卷32，淳化二年九月庚子，第722頁。
〔註75〕《包拯集校注》卷3，《乞不用贓吏》，第230頁。
〔註76〕《王安石全集》卷1，《上時政書》，第14頁。
〔註77〕歐陽修：《歐陽修全集》卷103，《論乞止絕河北伐民桑柘箚子》，第1574頁。

鐘鳴鼎食之家，蒼頭盧兒，漿酒藿肉；琳宮梵宇之流，安居暇食，優游死生。」〔註78〕「官吏貪殘，自肆於法律之外，虐我黎庶，邦本傾搖。」〔註79〕

二、宋代統治集團的反腐倡廉思想

　　鑒於歷史的教訓和宋代的反貪實踐，宋代統治者形成了比較豐富的反腐倡廉思想。

　　一是主張以法治理腐敗。宋太祖指出：「吏不廉則政治削，祿不充則飢寒迫，所以漁奪小利，蠹耗下民，由茲而作矣。」〔註80〕因此，「王者禁人爲非，莫先於法令。」〔註81〕治國安邦當以法律嚴格約束「無厭之求」者，「若犯吾法，唯有劍耳。」〔註82〕尤其要「繩贓吏重法，以塞濁亂之源。」〔註83〕宋眞宗提出：「列辟任人，治民爲要，群臣受命，奉法居先。」〔註84〕宋代一些臣僚亦對以法治理腐敗提出了很有見地的論斷。淳化二年（991）九月御史中丞王化基：「貪夫臨民，其損甚大，或則屈法，或則濫刑，或因公以逼私，或緣事以行虐，使民受弊甚於蠹焉。蠹甚則木空，吏貪則民弊。若乃不求人德，不以法繩，則夷、齊不能守正廉之規，顏、閔不能持德行之操。」〔註85〕包拯：「法令者，人主之大柄，而國家治亂安危之所繫焉。……『朝廷法令行則易治』。誠哉，治道之要，無大於此。」「賞者必當其功，不可以恩進；罰者必當其罪，不可以幸免。邪佞者雖近必黜，忠直者雖遠必收。法令既行，紀律自正，則無不治之國，無不化之民。」〔註86〕司馬光：「王者所以治天下，惟在法令」，若治國無法，「雖堯舜不能以致治也。」〔註87〕葉適：「士人顧惜終身，畏法尚義，受財鬻獄必大減少。」〔註88〕

〔註78〕《宋史》卷174，《食貨志》，第4222頁。

〔註79〕《挈齋集》卷3，《論國家宜明政刑箚子》，第6頁。

〔註80〕《宋大詔令集》卷178，《幕職官置俸戶詔》，第639頁；《宋會要》職官57之20，第3661頁。

〔註81〕《宋大詔令集》卷200，《改竊盜贓記錢詔》，第739頁。

〔註82〕《長編》卷12，開寶四年十一月壬戌，第275頁。

〔註83〕《宋史》卷3，《太祖三》，第50頁。

〔註84〕《全宋文》第七冊，第129頁，巴蜀書社，1992年版。

〔註85〕《長編》卷32，第722頁。

〔註86〕包拯：《包拯集校注》卷2，《上殿箚子》，第97頁、第98頁，楊國宜校注，黃山書社，1999年版。

〔註87〕《溫國文正司馬公文集》卷48，《乞不貸故鬥殺箚子》，第369頁、370頁。

〔註88〕《葉適集·水心別集》卷14，《吏胥》，第809頁。

二是強調道德教化。宋太宗親自書寫《戒石銘》，告誡臣僚要戒貪奉廉。「『爾俸爾祿，民膏民脂。下民易虐，上天難欺。』太宗書此以賜郡國，立於聽事之南，謂《戒石銘》。」〔註89〕宋代一些名人亦提出諸多反腐倡廉的道德思想。包拯：「廉者，民之表也；貪者，民之賊也。」〔註90〕彭執中：「住世一日，則做一日好人；居官一日，則做一日好事。」〔註91〕岳飛：「文臣不愛錢，武臣不惜死，天下太平矣。」〔註92〕楊萬里：「用寬不若用法，用法不若先服其心，天下心服然後法可盡行，贓可盡禁也。」〔註93〕宣揚這些思想對於淨化官員的頭腦，促進廉政，有一定的積極作用。

三、宋代懲治贓官之法律和制度

宋代爲懲治腐敗制定了比較完備的法律和制度，概述如下：

（一）懲贓之法

1、《宋刑統》和《慶元條法事類》中有關懲贓規定

《宋刑統》對贓罪作了詳細的規定：「在律『正贓』唯有六色：強盜、竊盜、枉法、不枉法、受所監臨及坐贓。自外諸條，皆約此『六贓』爲罪。」〔註94〕

（1）行賄罪

即以錢物賄賂官吏，請官吏利用職權違法幫助行賄人謀取利益的行爲。《宋刑統・請求公事》明確規定，行賄與受賄同爲犯罪主體，雙方都要受到法律的制裁，只是雙方因責任不同、賄賂錢物的多少及情節的輕重而受刑罰有異。「諸有所請求者，笞五十（謂從主司請曲法之事，即爲人請者與自請同），主司許者與同罪。已施行者，各杖一百。所枉罪重者，主司以出入人罪論。他人及親屬爲請求者，減主司罪三等，自請求者加本罪一等。即監臨、勢要，爲人囑請者，各杖一百，所枉重者，罪與主司同。至死者減一等。」「諸受人財而爲請求者，坐贓論，加二等，監臨、勢要準枉法論。與財者坐贓論，減三等。若官人以所受之財分求餘官，元受者並贓論，餘各依已分法。」又議曰：「受人財而爲請求者，謂非監臨之官，坐贓論，加二等，即一尺以上笞四

〔註89〕《容齋隨筆・續筆》卷1，《戒石銘》，第220頁。
〔註90〕《包拯集校注》卷3，《乞不用贓吏》，第230頁。
〔註91〕羅大經：《鶴林玉露》甲編卷2，《好人好事》，第36頁，中華書局，1983年版。
〔註92〕《宋史》卷365，《岳飛傳》，第11394頁。
〔註93〕《誠齋集》卷89，《馭吏上》，第33頁。
〔註94〕《宋刑統》卷4，《名例律》，第62頁。

十，一匹加一等，罪止流二千五百里。監臨勢要準枉法論，即一尺以上杖一百，一匹加一等，罪止流三千里，無祿者減一等。與財者坐贓論，減三等，罪止徒一年半。若受他人之財許爲囑者，未囑事發者，止從坐贓之罪。」「諸有事以財行求得枉法者，坐贓論，不枉法者減二等。即同事共與者，首則並贓論，從者各依已分法。」〔註95〕

（2）受賄罪

此是官吏接收他人錢物賄賂而利用職權非法爲他人牟取利益的犯罪行爲。宋律區分爲枉法贓和不枉法贓，即受賄枉法與受賄不枉法。《宋刑統・職制律》規定：「諸監臨主司受財而枉法者，一尺杖一百，一匹加一等，十五匹絞。不枉法者，一尺杖九十，二匹加一等，三十匹加役流。無祿者各減一等，枉法者二十匹絞，不枉法者四十匹加役流。」〔註96〕按照宋律，無論有事無事、是否枉法，只要官吏收取當事人錢財，就是犯贓；即使事先沒有得到許諾而事後收受當事人錢財，只要該事枉法，即以枉法贓論罪。也就是說，不論是否枉法、不論行賄人的私利是否得到、不論是事前還是事後收取錢物，只要官吏收取他人的錢物，就要以贓論罪，即不影響犯罪的定性，而只是由於犯罪情節和後果的不同而具體量刑不同，即處罰的輕重不同而已。「諸有事先不許財，事過之後而受財者，事若枉，準枉法論。事不枉者，以受所監臨財物論。」〔註97〕

（3）受所監臨贓

《宋刑統》：「諸監臨之官受所監臨財物者，一尺笞四十，一匹加一等；八匹徒一年，八匹加一等，五十匹流二千里。與者減五等，罪止杖一百。乞取者加一等，強乞取者準枉法論。」「諸官人因使，於使所受送遺及乞取者，與監臨同。經過處取者減一等。即強取者，各與監臨罪同。」「諸貸所監臨財物者，坐贓論。若百日不還，以受所監臨財物論，強者各加二等。若買賣有贖利者，計利以乞取監臨財物論，強市者笞五十。有贖利者，計利準枉法論。即斷契有數，違負不還，過五十日者，以受所監臨財物論。即借衣服、器翫之屬，經三十日不還者，坐贓論，罪止徒一年。」「諸監臨之官私役使所監臨，及借奴婢、牛馬駝騾驢、車船、碾磑、邸店之類，各計庸賃，以受

〔註95〕《宋刑統》卷11，《請求公事》，第174、175、175、176頁。

〔註96〕《宋刑統》卷11，《枉法贓不枉法贓》，第176頁。

〔註97〕《宋刑統》卷11，《枉法贓不枉法贓》，第178頁。

所監臨財物論。即役使非供己者，（非供己，謂流外官及雜任應供官事者。）計庸坐贓論，罪止杖一百。其應供己驅使而收庸直者，罪如之。若有吉凶藉使所監臨者，不得過二十人，人不得過五日。其於親屬，雖過限及受饋乞貸者勿論。（親屬謂緦麻以上及大功以上婚姻之家。）營公廨藉使者，計庸賃坐贓論，減二等，即因市易賸利及懸欠者，亦如之。」「諸監臨之官受豬羊供饋，坐贓論，強者依強取監臨財物法。」又疏議曰：「強取者依強取監臨財物法，計贓準枉法論。其有酒食、瓜果之類而受者，亦同供饋之例，見在物徵還主。若以畜產即米麵之屬饋餉者，自從受所監臨財物法，其贓沒官。」「諸率斂所監臨財物饋遺人者，雖不入己，以受所監臨財物論。」「諸監臨之官，家人於所部有受乞、借貸、役使、賣買有賸利之屬，各減官人罪二等。官人知情與同罪，不知情者各減家人罪五等。其在官非監臨，及家人有犯者，各減監臨及監臨家人一等。」「諸去官而受舊官屬士庶饋與，若乞取、借貸之屬，各減在官時三等。」「諸因官挾勢及豪強之人乞索者，坐贓論，減一等，將送者為從坐。」〔註98〕

（4）監守自盜

《宋刑統》：「諸監臨主守自盜，及盜所監臨財物者（若親王財物而監守自盜亦同），加凡盜二等，三十匹絞。」〔註99〕據《長編》記載：大中祥符八年（1015年）以前，監臨主守自盜及盜所監臨財物者，「自五匹徒二年，遞加至二十五匹流二千五百里，三十匹即入絞刑」；大中祥符八年（1015）改為「三十匹為流三千里，三十五匹絞」〔註100〕。又按《慶元條法事類》：「諸監臨主守自盜財物，罪至流，配本州，三十五匹絞。」〔註101〕

（5）坐贓

《宋刑統》：「諸坐贓致罪者，一尺笞二十，一匹加一等，十匹徒一年，十匹加一等，罪止徒三年。」又疏議曰：「坐贓者，謂非監臨主司，因事受財，而罪由此贓，故曰坐贓。」〔註102〕

〔註98〕《宋刑統》卷11，《受所監臨贓》，第178～184頁。

〔註99〕《宋刑統》卷19，《監主自盜》，第304頁。

〔註100〕《長編》卷85，大中祥符八年閏六月癸巳，第1938頁。

〔註101〕謝深甫：《慶元條法事類》卷7，《監司巡歷》，載楊一凡、田濤主編《中國珍稀法律典籍續編》第一冊，第127頁，黑龍江人民出版社，2002年版。

〔註102〕《宋刑統》卷26，《坐贓》，第406頁。

（6）饋遺

《慶元條法事類》：「諸發運、監司，察訪司，外都水丞，應制提點、提舉官並朝廷省、臺、寺、監差官出外，（以上屬官同。）若經略安撫、總管、鈐轄司差本司官於所部幹辦，緣邊安撫出巡，於所轄並幹辦處越等及例外受供給、饋送者，以自盜論。」「諸監司不係置司去處，輒置買非日用供家之物者，徒二年。」「諸監司、知州，非任滿替移，雖有例冊輒饋送罷任之物及受之者，並坐贓論。」「諸帥司（監司守臣同）非法妄以犒設為名輒饋送及受之者，並以坐贓論。即兵官因按教而經由州軍輒以饋送準折錢物並受之者，罪亦如之。」「諸發運、監司巡歷，隨行吏人所在受例外供饋，以受所監臨財物論。」「諸帥臣、監司、守、令子弟及隨行親屬、門客，於所部干托騷擾，收受饋送及非所處飲宴者，杖八十。」〔註103〕

「諸發運、監司，在路受排頓者，徒二年。」「諸監司屬官，輒離本司出詣所部若行移文書下州縣，及差委幹辦公事不經詣所差處，並緣路見州縣官，若受饋送者，各徒二年。」「諸朝廷遣使出外及專差體量公事官，所至輒受供給、饋送者，以自盜論。」「諸品官以金繒珠玉、器用什物、果實醃醢之類送遺按察官及權貴若受之者，並坐贓論。」「諸內外見任官，因生日輒守所屬慶賀之禮（謂功德流、放生之類）及與之者，各徒一年，詩、頌等減一等；所守贓重者，坐贓論」「諸季點官，受所季點縣鎮寨官送遺者，徒二年。有公使而例外受者，準此。」「諸內侍官輒與見任主兵官交通，假貸饋送者，流二千里，量輕重取旨編置。其轉歸吏部內侍，輒往邊守及有上文違犯者，除名勒停。」「諸路帥臣，不因賞給將士，將犒賞錢物妄作名目饋送監司或屬官機幕及受之者，以坐贓論。」「諸發運、監司，若朝省所遣官至本路，輒以香藥饋送，（非以香藥，別為名目饋送者同。）徒二年，折計價值以自盜論。」〔註104〕

「諸緣邊州及鎮寨，於例外饋送，以違制論，受者準此。應幹辦官屬唯聽受到發、酒食，其餘供饋及一季內再至，雖酒食各不得受，違者，杖一百，所送官司罪亦如之。朝廷遣使或監司於例外受者，奏裁。」「諸州應供給、饋送監司（屬官、吏人同），輒於例外增給及創立則例者，以違制論。」「諸公使輒非法於額外營置錢物，或排頓若例外巧作名目饋送及受，並在任官月給有次而特送人，或以酒及應公使物饋送出本州界，各徒二年；若無名過有特

〔註103〕《慶元條法事類》卷9，《職制門六》，第166頁。
〔註104〕《慶元條法事類》卷9，《職制門六》，第167頁。

送，減二等。即以公使見錢、金帛珍寶遺人，準盜論減一等。知而受之並非果實食物更相遺送而入己，或知州、通判於月支供給外受時新折送之類，坐贓論。」〔註105〕

2、懲贓詔令

除懲贓之法外，宋代皇帝還多次詔令嚴懲官員贓罪。

太祖時嚴懲贓官，即使遇朝廷大赦，「十惡、殺人、官吏受贓者不原。」〔註106〕建隆三年（962）十一月詔：文武官員「今後奉命諸道，不得妄有請託，如違，重寘其罪。」〔註107〕開寶六年（973）十一月詔：「諸州長吏及監當官等無或隱庇得替人，事覺，當重寘其罪。」〔註108〕

太宗時，「諸職官以贓致罪者，雖會赦不得敘，永為定制。」〔註109〕即使遇朝廷大赦，「十惡、官吏犯贓至殺人者不赦。」〔註110〕太平興國二年（977）七月庚午詔：「諸庫藏敢變權衡以取羨餘者死。」〔註111〕又規定：「凡左藏及諸庫受納諸州上供均輸金銀、絲帛暨他物，令監臨官謹視之。欺而多取，主稱、藏吏皆斬，監臨官亦重置其罪。罷三司大將及軍將主諸州權課，命使臣分掌。掌務官吏虧課當罰，長吏以下分等連坐。」〔註112〕太平興國三年（978）六月己巳詔：「自太平興國元年乙卯以後，京朝、幕職、州縣官犯贓除名配諸州者，縱逢恩赦，所在不得放還；已放還者，有司不得敘用。」〔註113〕

真宗多次申嚴贓罪之法。大中祥符元年（1008）詔：「官吏犯贓，勿以赦原。」〔註114〕大中祥符六年（1013）七月詔：「屢降詔條，杜其請託。承寬漸久，為弊滋深。」「起今後，文武官、諸色人，如復敢於諸處囑求公事，保庇豪右者，並委所在官司具事以聞，文武官並行貶削，諸色人決配；情理重者，

〔註105〕《慶元條法事類》卷9，《餽送》，第168頁。
〔註106〕《宋史》卷2，《太祖二》，第28頁。
〔註107〕《宋大詔令集》卷190，《戒飭百僚奉命諸道不得妄有請託詔》，第695頁。
〔註108〕《長編》卷14，開寶六年十一月丁卯，第311頁。
〔註109〕《宋史》卷4，《太宗一》，第59頁。
〔註110〕《宋史》卷5，《太宗二》，第81頁。
〔註111〕《宋史》卷4，《太宗一》，第56頁。
〔註112〕《宋史》卷179，《食貨志》，第4348頁。
〔註113〕《長編》卷19，第431頁。
〔註114〕陳均：《九朝編年備要》卷7，大中祥符元年，第30頁，景印文淵閣《四庫全書》本。

自從重法。官司不即覺察，與犯者同罪。」〔註115〕大中祥符九年（1016）三月癸丑詔：「官吏犯贓被劾，有故延歲月以俟赦宥者，自今法寺勿以赦原。」〔註116〕天禧三年（1019）九月甲戌詔：「自今應犯贓注廣南、川陝幕職州縣官，委逐路轉運使常切覺察，如更犯贓罪，永不敘用。」〔註117〕

高宗建炎二年（1128）正月丙申詔：「自今犯枉法自盜贓者，中書籍其姓名，罪至徒者，永不敘用。」〔註118〕「犯枉法、自盜，罪至死者，籍其貲。」〔註119〕

孝宗時，「詔戒兵將官交結內侍，公行苞苴，自今有違戾，必罰無赦。」〔註120〕

光宗時，「官吏贓罪顯著者，重罰毋貸。」〔註121〕

理宗時，「詔嚴贓吏法。」〔註122〕

度宗咸淳七年（1271）正月乙丑，「詔戒貪吏。」〔註123〕

（二）懲贓制度

宋代官員選任制度、監察制度、磨勘制度、考課制度、司法制度、致仕制度等都有明確的懲贓規定。

1、官員選任制度中的懲贓規定

宋代官員選任制度主要有考任、保任、蔭補等，均有對贓罪的規定。按《宋史・選舉志》，「貢不應法及校試不以實者，監官、試官停任。受略，則論以枉法，長官奏裁。」〔註124〕太祖建隆三年（962）二月詔：「翰林學士、文班常參官曾任幕職州縣者，各舉堪爲幕職令錄一人。……除官之日，仍列舉主姓名。或在官貪濁不公、畏懦不理、職務廢闕、處斷乖違，量輕重連坐。」〔註125〕太宗雍熙二年（985）正月詔：「翰林學士、兩省、御史臺、尚書省官

〔註115〕《宋大詔令集》卷 199，《禁約不得囑求公事保庇豪右仍貸今日以前詔》，第 735～736 頁。

〔註116〕《長編》卷 86，第 1977 頁。

〔註117〕《宋大詔令集》卷 192，《戒約犯贓官詔》，第 703 頁。

〔註118〕《宋史卷》25，《高宗二》，第 453 頁。

〔註119〕《朝野雜記》甲集卷 6，《建炎至嘉泰申嚴贓吏之禁》，第 147 頁。

〔註120〕《宋史全文》卷 24（下），乾道三年八月乙未，第 1694 頁。

〔註121〕《宋史》卷 36，《光宗》，第 695 頁。

〔註122〕《宋史》卷 43，《理宗三》，第 832 頁。

〔註123〕《宋史》卷 46，《度宗》，第 906 頁。

〔註124〕《宋史》卷 155，《選舉志一》，第 3605 頁。

〔註125〕《宋會要》選舉 27 之 1，第 4662 頁。

保舉京官、幕職、州縣官可升朝者各一人。所舉人若強明清白，當旌舉主；若犯贓賄及疲弱不理，亦當連坐。」〔註126〕眞宗大中祥符六年（1013）正月丙午詔：「使臣犯入己贓徒以上罪，敘用已至本職降兩資者止；犯入己贓杖罪及元斷徒以上，該恩特停官者，敘用至元職降一等止。縱逢赦命，不得敘進」；「又詔援赦敘理選人，入曾犯贓及酷刑害命者，令流內銓責其再犯當永不敘用如委狀。」〔註127〕天禧四年（1020）規定：所薦舉官員須素無贓濫，「若遷擢後犯贓，並當同罪；不如所舉，亦從連坐。」〔註128〕高宗時規定：「受贓者，不許堂除及親民。犯枉法自盜者，籍其名中書，罪至徒即不敘，至死者，籍其貲。諸文臣寄祿官並帶『左』、『右』字，贓罪人則去之。」〔註129〕理宗時規定：「歲舉廉吏或犯奸贓，保任同坐，監司守臣其申嚴覺察。」〔註130〕

2、監察制度中的懲贓規定

在中央，宋朝設立臺諫之制。「諫官、御史，為陛下耳目」〔註131〕，彈劾官員犯贓罪是御史、諫官的職責之一。宋制規定：御史臺「掌糾察官邪，肅正綱紀，大事則廷辯，小事則奏彈。」〔註132〕「臺官職在繩愆糾謬，自宰臣至百官，三省至百司，不循法守，有罪當劾，皆得糾正。」〔註133〕以規諫諷諭為專職的諫官，在宋代以前是規諫皇帝的，宋代則由規諫皇帝轉向監督百官。「諫官職事，凡執政過舉，政刑差謬，皆得彈奏」〔註134〕；「凡朝政闕失、大臣至百官任非其人，三省至百司事有違失，皆得諫正」；「諫官之職，凡發令舉事，有不便於時，不合於道，大則廷議，小則上封。」〔註135〕

在地方，宋代採用分割權力的辦法來加強對官員的監督和控制。在路一級設四司，即經略安撫司（又稱帥司），掌管一路軍政，兼理民政；轉運司（又稱漕司），掌管一路財賦，兼司民政、治安、監察；提點刑獄司（又稱憲司），

〔註126〕《宋會要》選舉27之3-4，第4663～4664頁。
〔註127〕《長編》卷80，大中祥符六年正月丙午，第1815頁。
〔註128〕《宋會要》選舉27之18，第4671頁。
〔註129〕《宋史》卷200，《刑法志二》，第4991頁。
〔註130〕《宋史》卷41，《理宗一》，第791頁。
〔註131〕《宋史》卷311，《呂夷簡傳附公子弼傳》，第10213頁。
〔註132〕《宋史》卷164，《職官志四》，第3869頁。
〔註133〕《宋史》卷164，《職官志四》，第3872頁。
〔註134〕《長編》卷389，元祐元年十月壬辰，第9463頁。
〔註135〕《宋史》卷161，《職官志一》，第3778頁。

掌管一路司法、監察；提舉常平司（又稱倉司），掌管一路賑災、鹽鐵茶酒之權，兼管吏治。四司各自直接對朝廷負責，互不統屬，各有職掌而又職責交叉，互相牽制。四司主要職責在監督地方，故又統稱監司。「監司者，刺舉之官也。」〔註136〕「朝廷外置監司以爲耳目之官，提振綱紀。天下官吏有貪墨而不廉者，有違越而無操者，有殘毒而害民者，有偷惰而弛職者，一切使之檢察其實以聞，朝廷所賴以廣聰明於天下而行廢黜。」〔註137〕寶元二年（1039）規定：轉運使副、提點刑獄到任百日，知州、通判到任逾月，「而部吏犯贓者，始坐失按舉之罪。」〔註138〕紹興十一年（1141）九月規定：「凡監司容縱贓吏並不按勘，而爲臺諫彈奏，勘鞫有實者，其監司亦坐之，輕從降秩，重或免所居官。」〔註139〕嘉定二年（1209），寧宗詔令諸路監司「劾守令之貪殘者。」〔註140〕理宗時規定：「監司率半歲具劾去贓吏之數來上，視多寡爲殿最，行賞罰。守臣助監司所不及，以一歲爲殿最，定賞罰。本路、州無所劾，而臺諫論列，則監司守臣皆以殿定罰。」〔註141〕

3、磨勘、考課制度中的懲贓規定

宋代規定，「文臣五年、武臣七年無贓私罪始得進秩。曾犯贓罪，則文臣七年、武臣十年，中書、樞密院取旨。」〔註142〕景德初，眞宗「令諸道辨察所部官吏能否，爲三等：公勤廉幹惠及民者爲上，幹事而無廉譽、清白而無治聲者爲次，畏懦貪猥爲下。」〔註143〕寧宗時，「於御史臺別立考課一司，歲終各以能否之實聞於上，以詔升黜。其貪墨、昏懦致臺諫奏劾者，坐監司、郡守以容庇之罪。」〔註144〕

4、司法制度中的懲贓規定

宋代統治者承繼唐律精神，嚴禁越級訴訟。《宋刑統》規定：「諸越訴及受者，各笞四十。」「諸色詞訟，及訟災沴，並須先經本縣，次詣本州、本府，仍是逐處不與申理，及斷遣不平，方得次第陳狀，及詣臺省，經匭進狀。其

〔註136〕《宋會要》刑法2之83，第6537頁。

〔註137〕《長編》卷410，元祐三年五月己酉，第9988頁。

〔註138〕《長編》卷124，寶元二年八月丙寅，第2920頁。

〔註139〕《宋會要》職官45之20，第3401頁。

〔註140〕佚名：《續編兩朝綱目備要》卷11，第205頁，中華書局，1995年版。

〔註141〕《宋史》卷45，《理宗五》，第876頁。

〔註142〕《宋史》卷160，《選舉志六・考課》，第3757頁。

〔註143〕《宋史》卷160，《選舉志六・考課》，第3759頁。

〔註144〕《宋史》卷160，《選舉志六・考課》，第3765頁。

有驀越詞訟者，所由司不得與理，本犯人準律文科罪。」〔註145〕乾德二年（964）正月詔：「設官分職，委任責成，俾郡縣以決刑，見朝廷之致理，若從越訴，是紊舊章。自今應有論訴人等，仰所在曉諭，不得驀越訴狀。違者，先科越訴之罪，即送本屬州縣，據所訴依理區分。」〔註146〕然而，對官員貪贓枉法，宋朝卻許人越訴。端拱元年（988）七月，依虞部郎中張佖所言，「自今除官典犯贓、襖訛劫殺、灼然抑屈州縣不治者，方許詣登聞院……自餘越訴，並準舊條施行。」〔註147〕徽宗政和七年（1117）五月，以監司州縣共為奸贓，「許民徑赴尚書省陳訴。」〔註148〕紹興元年（1131）十一月詔：「命官犯入己贓，許人越訴。其監司守倅不即究治，並行黜責。」〔註149〕權貴及市舶官員利用職權非法和買藩商貨物，許外商越訴。官吏假公濟私，名曰和買，實則不給一分錢，宋王朝對此嚴加禁絕。寧宗開禧三年（1207）正月七日，「前知南雄州聶周臣言：『泉、廣各置舶司以通藩商，比年藩船抵岸，既有抽解，合許從便貨賣。今所隸官司，擇其精者，以售低價。諸司官屬復相囑託，名曰和買。獲利既薄，怨望愈深，所以比年藩船頗疏，征稅暗損。乞申泉、廣市舶司照條抽解、和買入官外，其餘貨物不得毫髮拘留，巧作名色，違法抑買。如違，許藩商越訴，犯者計贓坐罪，仍令比近監司專一覺察』。從之。」〔註150〕為防止越訴人遭打擊報復，紹興十二年（1142）五月六日詔：「帥臣諸司州軍自今受理詞訴，輒委送所訟官司，許人戶越訴，違法官吏並取旨重行黜責。」〔註151〕

5、致仕制度中的懲贓規定

真宗大中祥符九年（1016）正月乙亥詔：「京朝、幕職、州縣官求致仕者，令審官院、吏部銓檢勘歷任具有無贓私以聞。」〔註152〕仁宗時規定：「諸致仕官嘗犯贓者，毋推恩子孫。」〔註153〕神宗熙寧三年（1070）規定：「歷任有入

〔註145〕《宋刑統》卷24，《越訴》，第378頁，第379～380頁。
〔註146〕《宋大詔令集》卷198，《禁越訴詔》，第729頁。
〔註147〕《宋會要》職官3之62，第2428頁。
〔註148〕《宋史》卷21，《徽宗三》，第398頁。
〔註149〕《宋會要》刑法3之25，第6590頁；《繫年要錄》卷49，紹興元年十一月乙巳，第10頁，文字略異。
〔註150〕《宋會要》職官44之33-34，第3380頁。
〔註151〕《宋會要》刑法3之26，第6590頁。
〔註152〕《長編》卷86，大中祥符九年正月乙亥，第1970頁。
〔註153〕《宋史》卷10，《仁宗二》，第205頁。

己贓，不得乞親戚恩澤，仍不遷官。」〔註154〕南宋時規定：「諸中大夫至中散大夫，因罪犯體量致仕及責降分司，（已分司而致仕同。）或歷任兩犯私罪情重，及曾犯入己贓並因事衝替而致仕者，並不得陳乞恩澤。」〔註155〕

四、宋代懲治贓官的情況

宋代不同時期對官員犯贓罪的處罰因政治形勢的發展變化和犯贓情節輕重而有所不同；從懲治方式上看，則有一個從處死到杖脊刺配再到編管以至奪職罷祠的變化過程。

宋初，官員犯贓當死，多被杖殺和棄市，據《宋史・本紀》表列如下：

表一　宋初因贓罪被處死官員表

序號	官　員	時　間	原　因	懲治方式	史料出處
1	商河縣令李瑤	建隆二年四月己未	坐贓	杖死	《宋史》卷1《太祖一》，第9頁
2	供奉官李繼昭	建隆二年五月庚寅	盜賣官船	棄市	《宋史》卷1《太祖一》，第9頁
3	大名府永濟主簿郭顗	建隆二年八月	坐贓	棄市	《宋史》卷1《太祖一》，第10頁
4	職方員外郎李岳	乾德三年四月癸丑	坐贓	棄市	《宋史》卷2《太祖二》，第22頁
5	殿直成德鈞	乾德三年八月戊午	坐贓	棄市	《宋史》卷2《太祖二》，第22頁
6	太子中舍王治	乾德三年十月己未	受贓殺人	棄市	《宋史》卷2《太祖二》，第23頁
7	光祿少卿郭玘	乾德四年五月甲戌	坐贓	棄市	《宋史》卷2《太祖二》，第24頁
8	倉部員外郎陳郾	乾德五年九月壬辰	坐贓	棄市	《宋史》卷2《太祖二》，第26頁
9	右領軍衛將軍石延祚	開寶三年十一月癸丑	監倉與吏爲奸贓	棄市	《宋史》卷2《太祖二》，第32頁
10	右千牛衛大將軍桑進興	開寶四年正月丁未	坐贓	棄市	《宋史》卷2《太祖二》，第32頁

〔註154〕《長編》卷218，熙寧三年十二月辛巳，第5310頁。
〔註155〕《慶元條法事類》卷12，《致仕》，第223頁。

11	監察御史閭丘舜卿	開寶四年四月壬辰	坐前任盜用官錢	棄市	《宋史》卷2《太祖二》，第33頁
12	太子洗馬王元吉	開寶四年十月庚午	坐贓	棄市	《宋史》卷2《太祖二》，第33頁
13	殿中侍御史張穆	開寶五年三月乙酉	坐贓	棄市	《宋史》卷3《太祖三》，第38頁
14	右拾遺張恂	開寶五年七月己未	坐贓	棄市	《宋史》卷3《太祖三》，第38頁
15	內班董延諤	開寶五年十二月甲寅	坐監務盜窃粟	杖殺	《宋史》卷3《太祖三》，第39頁
16	太子中舍胡德沖	開寶七年三月乙巳	坐隱官錢	棄市	《宋史》卷3《太祖三》，第41頁
17	兵部郎中董樞	開寶八年五月	隱沒羨銀	殺	《宋史》卷3《太祖三》，第44頁
18	右贊善大夫孔璘	開寶八年五月	隱沒羨銀	殺	《宋史》卷3《太祖三》，第44頁
19	宋州觀察判官崔絢	開寶八年六月丁未	坐贓	棄市	《宋史》卷3《太祖三》，第44頁
20	錄事參軍馬德休	開寶八年六月丁未	坐贓	棄市	《宋史》卷3《太祖三》，第44頁
21	殿直霍瓊	太平興國三年正月	坐募兵劫民財	腰斬	《宋史》卷4《太宗一》，第57頁
22	泗州錄事參軍徐璧	太平興國三年二月丙寅	坐監倉受賄出虛券	棄市	《宋史》卷4《太宗一》，第58頁
23	監海門戌、殿直武裕	太平興國三年三月辛丑	坐姦贓	棄市	《宋史》卷4《太宗一》，第58頁
24	侍御史趙承嗣	太平興國三年四月辛巳	坐監市徵隱官錢	棄市	《宋史》卷4《太宗一》，第58頁
25	中書令史李知古	太平興國三年七月壬子	坐受賕擅改刑部所定法	杖殺	《宋史》卷4《太宗一》，第59頁
26	詹事丞徐選	太平興國三年八月癸酉	坐贓	杖殺	《宋史》卷4《太宗一》，第59頁
27	監察御史張白	太平興國六年十一月丁酉	坐知蔡州日假官錢糴糶	棄市	《宋史》卷4《太宗一》，第67頁
28	忠州錄事參軍卜元幹	雍熙元年十月戊戌	坐受賕枉法	杖殺	《宋史》卷4《太宗一》，第73頁

| 29 | 殿前承旨王著 | 雍熙二年四月己丑 | 坐監資州兵為奸贓 | 棄市 | 《宋史》卷5《太宗二》，第75頁 |
| 30 | 知榮州褚德臻 | 咸平五年五月壬寅 | 坐盜取官銀 | 棄市 | 《宋史》卷6《真宗一》，第117頁 |

　　隨著趙宋政權的穩固及承平日久，自真宗朝起，逐漸放寬了對貪官的懲治，官員犯贓當死者多處以決配。大中祥符八年（1015），真宗謂宰相曰：「數有人言官吏犯贓者多，蓋朝廷緩於懲戒。」〔註156〕大中祥符九年（1016），比部員外郎、知齊州范航坐受財枉法，罪當死，真宗特貸之，杖脊、鯨面，配沙門島〔註157〕。仁宗明道二年（1033）詔：「凡命官犯重罪當配隸，則於外州編管，或隸牙校。其坐死特貸者，多杖、黥配遠州牢城，經恩量移，始免軍籍。」〔註158〕犯贓官員雖有杖脊、配沙門島及遠惡州軍牢城者，但免杖鯨而代之以編管者越來越多。如景祐四年（1037），真定府路總管夏守恩，因枉法犯贓當處死，特除名，配連州編管〔註159〕。天聖元年（1023）十一月，「都官員外郎、知漣水軍鄧餘慶受枉法贓；閤門祗候、三陽寨主荊信監倉，自糶粟入中；殿直、監興平縣酒稅何承勳，監進賢鎮酒稅易著明，並自盜官物，各貸死，杖脊，配廣南牢城。」〔註160〕天聖八年（1030）十一月，監翰林司閤門副使郭承祐監主自盜金銀雜物計贓141匹，依法當處極刑，仁宗特貸命，免決刺，除名，配岳州牐前編管〔註161〕。慶曆四年（1044）三月癸酉，「祠部郎中、集賢校理錢仙芝貸命決配沙門島，坐知秀州受枉法贓，罪當死，特貸之。」〔註162〕神宗熙寧二年（1069），比部郎中、知房州張仲宣巡檢體究金州金坑時坐枉法贓，應絞，神宗免其杖、黥，流賀州，自是命官犯贓罪多無杖、黥之法〔註163〕。徽宗年間，蔡京等「六賊」當政，吏治廢弛，庇奸養貪。「紹聖以來，連起黨獄，忠良屏斥，國以空虛。徽宗嗣位，外事耳目之玩，內窮聲色之欲，徵發亡度，號令靡常。於是蔡京、王黼之屬，得以誣上行私，變亂法制。……由是吏因緣為奸，用法巧文浸深，無復祖宗忠厚之志。窮極奢

〔註156〕《長編》卷85，大中祥符八年閏六月，第1938頁。
〔註157〕《長編》卷87，大中祥符九年六月辛巳，第1994頁。
〔註158〕《宋史》卷201，《刑法志三》，第5017頁。
〔註159〕《宋史》卷290，《夏守恩傳》，第9715頁。
〔註160〕《長編》卷101，第2342頁。
〔註161〕《宋會要》刑法6之12，第6699頁。
〔註162〕《長編》卷147，慶曆四年三月癸酉，第3556頁。
〔註163〕《宋史》卷201，《刑法志三》，第5018頁。

侈，以竭民力，自速禍機。靖康雖知悔悟，稍誅奸惡，而謀國匪人，終亦末如之何矣。」〔註164〕

　　南宋統治集團偏安江南一隅，大多時間是權臣當政。高宗初期，「申嚴真決贓吏法」〔註165〕；「犯枉法自盜贓罪至死者，籍其貲。」〔註166〕建炎四年（1130）秋詔：「自今犯贓免死者，杖脊流配。」同年冬，「湖口令孫咸坐贓，黥隸連州」，「但行之數人而止。」〔註167〕紹興三年（1133）三月癸酉，「東流令王鮪坐贓抵死，除名，編管新州，自是贓吏罕復鯨配矣。」〔註168〕紹興七年（1137）九月，永嘉令李處謙坐贓當絞，「特貸死，籍其貲，自是以為例。」〔註169〕孝宗時，力圖整肅吏治，懲贓力度有所加大。如淳熙十年（1183）夏，「詔自今自盜枉法贓罪至死者，籍其貲，仍決配。」〔註170〕乾道、淳熙年間一度出現了「有位於朝者以饋及門為恥，受任於外者以苞苴入都為羞」〔註171〕的局面，吏治有了明顯好轉。光宗時，雖然也詔「官吏贓罪顯著者，重罰毋貸」〔註172〕，但貪風日熾，吏治廢弛。慶元年間，「達官貴人贓以萬計，監司、臺諫按發，不過放罷。」嘉泰年間，「臣僚贓累鉅萬，具載章疏，投閒數月，便得祠祿。」〔註173〕理宗時，官員犯贓多從輕懲治，甚至僅處以奪職罷祠。如紹定六年（1233），「差提舉千秋鴻禧觀梁成大暴狠貪婪，苟賤無恥，詔奪成大祠祿。」〔註174〕寶祐元年（1253），「陳垓貪贓不法，竄潮州。」〔註175〕「前福建漕臣高斯得已奪職鐫官，其贓百餘萬嚴限徵償，以懲貪吏。」〔註176〕景定五年（1264），「馬天冀以臺臣劾其貪贓，奪職罷祠，其子時桵削一秩，罷新任。」〔註177〕「內侍李忠輔以臺臣劾其貪肆欺罔，削兩秩放罷。」〔註178〕

〔註164〕《宋史》卷200，《刑法志二》，第4990〜4991頁。

〔註165〕《宋史》卷200，《刑法志二》，第4991頁。

〔註166〕《宋史》卷25，《高宗二》，第454頁。

〔註167〕《朝野雜記》甲集卷6，《建炎至嘉泰申嚴贓吏之禁》，第147頁。

〔註168〕《繫年要錄》卷63，第24頁。

〔註169〕《朝野雜記》甲集卷6，《建炎至嘉泰申嚴贓吏之禁》，第147頁。

〔註170〕《朝野雜記》甲集卷6，《建炎至嘉泰申嚴贓吏之禁》，第147頁。

〔註171〕《宋史》卷437，《真德秀傳》，第12961頁。

〔註172〕《宋史》卷36，《光宗》，第695頁。

〔註173〕《朝野雜記》甲集卷6，《建炎至嘉泰申嚴贓吏之禁》，第148頁。

〔註174〕《宋史》卷41，《理宗一》，第799頁。

〔註175〕《宋史》卷43，《理宗三》，第847頁。

〔註176〕《宋史》卷44，《理宗四》，第862頁。

〔註177〕《宋史》卷45，《理宗五》，第887頁。

〔註178〕《宋史》卷45，《理宗五》，第888頁。

度宗咸淳七年（1271）六月，「臺臣劾朱善孫督綱運受贓四萬五千，詔特貸死，配三千里，禁錮不赦。」〔註179〕

　　與此同時，宋代懲貪法令不一，統治者自壞其法，時而申嚴贓吏法，時而又行赦宥令。即使是太祖、太宗時，雖然多次申嚴官員犯贓罪不予赦原，實際上卻又開恩赦免。如開寶六年（973）「特赦諸官吏奸贓」〔註180〕；淳化五年（994）九月，又將「諸官先犯贓罪配隸禁錮者放還」〔註181〕。淳化五年（994），宋太宗對宰相呂蒙正說：「倖門如鼠穴，何可塞之！但去其甚者，斯可矣。」呂蒙正答曰：「水至清則無魚，人至察則無徒。」〔註182〕宋代在懲貪的同時，往往又放縱、默許權貴重臣、佐命功臣的腐敗行為。宋太祖立國之初，為了避免五代以來政權短命的命運，費盡心機，沒有採取屠殺功臣的辦法，而是以「利欲」來淡化官員的「權欲」，讓支持其黃袍加身的重臣解除手中的兵權。太祖對石守信等重臣說：「人生駒過隙爾，不如多積金、市田宅以遺子孫，歌兒舞女以終天年。」〔註183〕「（石）守信累任節鎮，專務聚斂，積財鉅萬。」〔註184〕「太祖時，趙韓王普為相，車駕因出，忽幸其第。時兩浙錢俶，方遣使致書及海物十瓶於韓王，置在左廡下。會車駕至，倉卒出迎，不及屏也。上顧見，問何物，韓王以實對。上曰：『此海物必佳。』即命啟之，皆滿貯瓜子金也。韓王皇恐，頓首謝曰：『臣未發書，實不知；若知之，當奏聞而卻之。』上笑曰：『但取之，無慮。彼謂國家事皆由汝書生耳。』因命韓王謝而受之。」〔註185〕張鐸為彰義節度使，私取馬值，擅借公帑，侵用官曲，事發後，詔回京師，太祖「以鐸宿舊，詔釋不問，但罷其旄鉞而已。」〔註186〕

　　專制統治者一方面懲貪，另一方面又放縱官員貪贓，這似乎是一個悖論。實際上宋太祖已經給出了這個問題的答案。宋太祖曾對宰相趙普說過一段肺腑之言：「五代方鎮殘虐，民受其禍，朕令選儒臣幹事者百餘，分治大藩，縱皆貪濁，亦未及武臣一人也。」〔註187〕宋太祖可謂一語道破天機，專制統治

〔註179〕《宋史》卷46，《度宗》，第907頁。
〔註180〕《宋史》卷3，《太祖三》，第40頁。
〔註181〕《宋史》卷5，《太宗二》，第95頁。
〔註182〕《長編》卷35，淳化五年二月己酉，第774頁。
〔註183〕《宋史》卷250，《石守信傳》，第8810頁。
〔註184〕《宋史》卷250，《石守信傳》，第8811頁。
〔註185〕《涑水記聞》卷3，第41頁。
〔註186〕《長編》卷17，開寶九年十月，第377頁。
〔註187〕《長編》卷13，開寶五年十二月乙卯，第293頁。

者最在乎的是其統治地位的穩固，而不是國家的發展和人民的幸福，權貴重臣貪贓昏濁，專制君主就會安心、放心，不用擔心自己的皇位被權臣篡取，只要腐敗不危及到其統治，都是可以容忍、接受的。總結唐末以來的教訓，武臣擁兵自重，才是對趙宋政權的最大危害，由於文臣無兵，因此即使縱皆貪濁，也不會危及到趙宋王朝的統治。正是從這個意義上講，文臣縱皆貪濁，當然不及武臣一人了。王亞南先生對此曾作過深刻的分析：「聰明的統治者，往往不但破格賜贈以結臣下的歡心，甚或鼓勵貪污侵佔以隳野心者的壯志。漢高祖對『蕭何強買民田數千萬』所表示的優容安慰心情；宋太祖勸石守信等『多積金帛田宅，以遺子孫』的深謀遠慮打算，皆說明專制官僚社會統治者對其臣下，或其臣下對於僚屬所要求的，只是『忠實』，不是『清廉』，至少兩者相權，寧願以不清廉保證『忠實』。」〔註188〕

第三節　效率低下

　　效率就是為完成預定的任務，達到預定的目標，而所耗費的人力、物力、財力、時間等（投入）與獲得的效果（產出）之間的比率。在宋代，官員辦事效率低下，如制書稽緩、驛使稽程、公事稽留等，依法應受到懲治。乾德二年（964年）太祖詔：刑部和大理寺官有「善於其職者，滿歲增秩；稽違差失者，重寘其罪。」〔註189〕《宋刑統》規定：「諸稽緩制書者，一日笞五十，一日加一等，十日徒一年。其官文書稽程者，一日笞十，三日加一等，罪止杖八十。」〔註190〕「諸驛使稽程者，一日杖八十，二日加一等，罪止徒二年。若軍務要速，加三等，有所廢闕者，違一日加役流，以故陷敗戶口、軍人、城戍者絞。」〔註191〕

　　宋代還規定，官員必須及時赴任，不得無故稽留，之官違限要受處罰。按《宋刑統》：「諸之官限滿不赴者，一日笞十，十日加一等，罪止徒一年。即代到不還，減二等。」〔註192〕大中祥符七年（1014）三月詔：「在京授差遣及外州移任文武官，除驛程外，在道屬疾者，所至遣官驗視，給公據，俟達本任，

〔註188〕王亞南：《中國官僚政治研究》，第82頁，中國社會科學出版社，1981年版。
〔註189〕《長編》卷5，乾德二年正月甲辰，第120頁。
〔註190〕《宋刑統》卷9，第156頁。
〔註191〕《宋刑統》卷10，第166頁。
〔註192〕《宋刑統》卷9，第148頁。

委長吏驗問，如設詐妄滿百日者，不得放上，具名以聞，並用違制論。當任遠官，託故不赴任者，從本法。監軍、巡檢、監當使臣，自今除程限一月辦裝，其事緣急速馳驛者不在此限。代還者準上條罪減二等。」〔註193〕又據《慶元條法事類》：「諸之官，限滿無故不赴者，罪止杖一百」；「諸下班祗應之官而無故違限者，一日杖六十，十日加一等，罪止徒一年」；「諸副尉已授在外差遣，應起發而無故違程限者，杖一百」；「諸之官限滿不赴所屬，不依限申尚書吏部者，杖一百。吏人三犯仍勒停，所委官奏裁。若故為隱漏，展磨勘二年，吏人依三犯法。即應再申而不申，若置籍銷注於令有違者，杖一百。」〔註194〕宋代對之官赴任的限期也有明確規定：「諸之官者，川、廣、福建路，限六十日；餘路，三十日」；「諸副尉受在外差遣，起發限十日，若河防軍期及有定日立界開場之類，皆不給限。」「諸之官限滿不赴，每月終（一千里以上每季終），州委通判，帥守、監司委屬官，實封差人齎申尚書吏部，當廳投下。（京官、選人、大小使臣須各具狀。）仍令所委官置籍銷注，帥守、監司常切檢察。」〔註195〕

宋代因稽緩、稽留、之官違限而受懲治者時有所見。如仁宗時，知杭州司馬池被轉運使江鈞、張從革奏劾，「決事不當十餘條，及稽留德音，降知虢州。」〔註196〕哲宗時，「右僕射蘇頌坐稽留除書免，（范）百祿以同省罷為資政殿學士、知河中。」〔註197〕徽宗政和五年（1115），提舉河東給地牧馬尚中行「以奏報稽違，且欲擅更法，詔授遠小監當官。」〔註198〕理宗時，知黃州兼淮西安撫使、本路提刑李壽朋，「被命三月，不即便途之官，遂還私舍，詔削三秩，送建昌軍居住。」〔註199〕

臧否所屬郡守是監司、帥臣的重要職責之一，若監司、帥臣上奏臧否稽緩者要受處罰。「淳熙十二年（1185）六月丁丑，浙東安撫使鄭丙、提舉常平等事句昌泰，皆坐奏臧否稽緩降官。……十四年（1187）六月癸未，江西提刑馬大同坐臧否稽緩降秩。時夔州路安撫楊輔所奏亦久不至，己丑，詔詰之，尋貶秩。」〔註200〕

〔註193〕《長編》卷82，大中祥符七年三月丁未，第1869頁。
〔註194〕《慶元條法事類》卷5，《之官違限》，第52頁。
〔註195〕《慶元條法事類》卷5，《之官違限》，第53頁。
〔註196〕《宋史》卷298，《司馬池傳》，第9905頁。
〔註197〕《宋史》卷337，《范百祿傳》，第10793頁。
〔註198〕《宋史》卷198，《兵志十二·馬政條》，第4945頁。
〔註199〕《宋史》卷42，《理宗二》，第814頁。
〔註200〕《朝野雜記》甲集卷5，《淳熙臧否郡守》，第131～132頁。

　　宋代對獄案審判規定有嚴格的期限。太平興國六年（981）三月己未規定州級審判期限為：「大事四十日，中事二十日，小事十日，有不須追捕而易決者，不過三日。」〔註201〕又定令：「決獄違限，準官書稽程律論，逾四十日則奏裁。」〔註202〕淳化初，始置諸路提點刑獄司，「凡管內州府十日一報囚帳，有疑獄未決，即馳傳往視之。州縣稽留不決，按讞不實，長吏則劾奏，佐史、小吏許便宜按劾從事。」〔註203〕景德元年（1004）八月明確規定：「審刑院詳斷案牘之限：大事十日，中事七日，小事五日。」〔註204〕至道二年（996）又規定：大理寺判決天下案牘，限大事二十五日，中事二十日，小事十日；審刑院詳覆案件，限大事十五日，中事十日，小事五日〔註205〕。元祐二年（1087）規定中央司法機關審判公案期限為：大事「限三十五日，斷二十四日，議十一日」；中事「限二十五日，斷十七日，議八日」；小事「限十日，斷七日，議三日」〔註206〕。紹興二十一年（1151）八月十六日規定：「內外路並右治獄，大案斷議限三十日，中案斷議限二十二日，小案斷議限七日；臨安府大案斷議限二十五日，中案斷議限十二日，小案斷議限七日。」〔註207〕

　　宋代案件大小以案狀紙張多寡計算，不同時期標準有所不同。元祐二年（1087）規定：以卷宗厚薄為標準，二百紙以上為大事，十紙以上為中事，不滿十紙為小事。〔註208〕孝宗乾道二年（1166）十二月二日詔大理寺：「今後獄案到寺，滿一百五十張為大案，一百五十張以下為中案，不滿二十張為小案。」〔註209〕

　　宋代官員應在規定的時間內完成判決，違者要負斷獄稽違的責任。按《宋刑統》，「諸公事應行而稽留，及事有期會而違者，一日笞三十，三日加一等，過杖一百，十日加一等，罪止徒一年半。即公事有限主司符下乖期者，罪亦

〔註201〕《長編》卷22，太平興國六年三月己未，第491頁；馬端臨：《文獻通考》卷166刑考5，第1444頁，中華書局，1986年影印本。
〔註202〕《宋史》卷199，《刑法志一》，第4968頁。
〔註203〕《宋史》卷199，《刑法志一》，第4972頁。
〔註204〕《長編》卷57，景德元年八月己巳，第1253頁。
〔註205〕《文獻通考》卷166刑考5，第1445頁；楊仲良：《續資治通鑑長編紀事本末》（以下簡稱《長編紀事本末》）卷14《聽斷》，第1冊，第333頁，北京圖書館出版社，2003年版。
〔註206〕《長編》卷405，元祐二年九月庚戌，第9861頁。
〔註207〕《宋會要》職官24之28，第2906頁。
〔註208〕《長編》卷405，元祐二年九月庚戌，第9861頁。
〔註209〕《宋會要》職官24之28，第2906頁。

如之。若誤不依題署，及題署誤以致稽程者，各減二等。」〔註210〕太平興國七年（982）閏十二月規定，「諸州犯徒、流罪人等並配所在牢城，勿復轉送闕下，仍不得輒以案牘聞奏，稽留刑獄，違者論其罪。」〔註211〕

實際上，宋代官員斷獄稽違，多處以貶降、展磨勘、罰銅等。如太宗淳化三年（992 年），知陳州田錫、通判郭謂因張矩殺人案繫獄殆逾兩個月而不問，以致稽留，分別被責授海州、鄆州團練副使，不簽署州事〔註212〕。又如，真宗時，眉州大姓孫延世偽造證券，侵佔族人田產，九隴知縣章頻按治，逾期未能結案，責降監慶州酒〔註213〕。次又，神宗元豐三年（1080）九月丁卯，判刑部杜紘、詳斷官李世南因建州百姓張勝案一年有餘而未決，被罰銅十斤〔註214〕。再又，高宗紹興七年（1137）十月，邵州官員根勘舒邦彥贓罪案和廣州官員根究林智乞取他人錢物案分別經十次、二十九次催促而未結絕，高宗特降詔將知州和勘官各降一官，其餘當職官展磨勘二年〔註215〕。

第四節　失職

失職，即行政管理者沒有認真履行好法律或行政命令規定其應履行的職責，給國家、社會、行政相對人造成一定損失的行為。各級官員都應忠於職守，盡職盡責，這是行政管理的基本要求，若失職，則應受到相應的懲處。有宋一代始終都存在官員失職行為，其表現形式多種多樣，如貢舉不當、諸事應奏而不奏、監察官失察、司法官斷案失誤等，因失職而受懲處者也不絕於書，而官員實際受到的懲處與相關規定往往有出入。

一、考任不當

選薦官員是人事管理的重要內容，選薦什麼樣的官員，直接關係到行政效果及吏治清明與否。宋代高度重視選任官員，對官員考任不當規定了明確的處罰。按《宋刑統‧職制律》：「諸貢舉非其人，及應貢舉而不貢舉者，一

〔註210〕《宋刑統》卷 10，第 171 頁。
〔註211〕《長編》卷 23，太平興國七年閏十二月丁酉，第 532 頁。
〔註212〕《宋大詔令集》卷 203，《責田錫等詔》，第 756 頁；《宋史》卷 5，《太宗二》，第 89 頁；《宋史》卷 293，《田錫傳》，第 9790 頁。
〔註213〕《宋史》卷 301，《章頻傳》，第 9992 頁。
〔註214〕《長編》卷 308，元豐三年九月丁卯，第 7480 頁。
〔註215〕《宋會要》刑法 3 之 77～78，第 6616 頁。

人徒一年，二人加一等，罪止徒三年。若考校、課試而不以實，及選官乖於舉狀，以故不稱職者，減一等。（負殿應附而不附，及不應附而附，致考校有升降者，罪亦同。）失者各減三等，承言不覺者又減一等，知而聽行與同罪。」〔註216〕在實際執法時，多給以貶降處分。如乾德二年（964）九月甲戌，「《周易》博士奚嶼責乾州司戶，庫部員外王貽孫責左贊善大夫，並坐試任子不公。」〔註217〕乾德三年（965）正月戊子，「吏部郎中鄧守中坐試諸司吏書判考覆不當」，貶秩為員外郎。〔註218〕開寶六年（973）三月，在進士考中，翰林學士、權知貢舉李昉用情，取捨失當，錄用「材質最陋」的同鄉武濟川為進士，因而被責授太常少卿。〔註219〕景德二年（1005）四月丁酉，「樞密直學士劉師道責授忠武軍行軍司馬，右正言、知制誥陳堯咨單州團練使，俱坐考試不公。」〔註220〕天禧三年（1019）三月癸未，「翰林學士、工部尚書錢惟演等坐知舉失實，降一官。」〔註221〕

二、災害發生不即時上奏及救災

宋代規定發生災害時，官員應即時上奏並組織救災，否則，要受懲罰。《宋刑統》規定：「諸事應奏而不奏，不應奏而奏者，杖八十。應言上而不言上，不應言上而言上，……應行下而不行下，及不應行下而行下者，各杖六十。」〔註222〕

對於水旱災害，《慶元條法事類》規定：「諸水旱，監司、帥臣奏聞不實或隱蔽者，並以違制論。」〔註223〕如開寶四年（971）十一月，河決澶州，毀壞民田，「上怒官吏不時上言，遣使按鞫」，通判、司封郎中姚恕因而棄市，知州、左驍衛大將軍杜審肇也因此被「免歸私第」〔註224〕。又如，熙寧中，王靖「為司農主簿，使行淮、浙振旱蝗，究張若濟獄，劾轉運使王廷老、張靚失職，皆罷之。」〔註225〕孝宗乾道五年（1169）十月戊子，「振溫、臺二州

〔註216〕《宋刑統》卷9，第144頁。
〔註217〕《宋史》卷1，《太祖一》，第18頁。
〔註218〕《長編》卷6，乾德三年正月戊子，第145頁。
〔註219〕《長編》卷14，開寶六年三月辛酉，第297～298頁。
〔註220〕《宋史》卷7，《真宗二》，第128頁。
〔註221〕《宋史》卷8，《真宗三》，第166頁。
〔註222〕《宋刑統》卷10，第161頁。
〔註223〕《慶元條法事類》卷4，《職制門・上書奏事》，第38頁。
〔註224〕《長編》卷12，開寶四年十一月庚戌，第273頁。
〔註225〕《宋史》卷320，《王靖傳》，第10405頁。

被水貧民，以守臣、監司失職，降責有差。」〔註226〕

對於火災，《宋刑統》規定：「諸於山陵兆域內失火者，徒二年。延燒林木者，流二千里。……其在外失火而延燒者，各減一等。」「諸庫藏及倉內皆不得燃火，違者徒一年。」「諸於官府廨院及倉庫內失火者，徒二年。在宮內加二等。」「諸故燒官府廨舍及私家捨宅若財物者，徒三年。」「諸見火起，應告而不告，應救而不救，減失火罪二等。其守衛宮殿、倉庫及掌囚者，皆不得離所守救火，違者杖一百。」〔註227〕《慶元條法事類》則規定：「諸因燒田野致延燒係官山林者杖一百，許人告。其州縣官司及地分公人失覺察，杖六十。」「諸在州失火，都監即時救撲，通判監督，違者，各杖八十。」〔註228〕如建隆三年（962）二月乙未，「滑州節度使張建豐坐失火，免官。」〔註229〕又如，熙寧七年（1074）十一月，「元絳為三司使，宋迪為判官。迪一日遣使煮藥，而遺火嚴燒計府，自午至申，焚傷殆盡。方火熾，神宗御西角樓以觀，是時，章惇以知制誥判軍器監，遽部本監役兵往救火，經由閣樓以過。上顧問左右，以惇為對。翌日，迪奪官勒停，絳罷使，以章惇代之。」〔註230〕同時，「馬軍副都指揮使賈逵、舊城左廂巡檢孫吉、右廂巡檢張忠各降一官，步軍副都指揮使宋守約、新城裏左廂巡檢顧興、右廂巡檢石龠、開封府判官吳幾復、勾當舊城左廂公事魏中孚各罰銅四十斤，坐不能救三司火也。」〔註231〕

三、監察官失察

宋代的監察官主要包括臺諫官、封駁官和監司。監察官本應「制姦邪之謀於未萌，防政令之失於未兆。」〔註232〕但實際上，監察官往往失於監察，以致不能預防官員違法犯罪行為。對於監察官失察，宋代明文規定要予以懲罰。

真宗景德四年（1007）詔：提點刑獄官如對「刑獄枉濫不能摘舉，官吏曠弛不能彈奏，務從畏避者，置以深罪。」〔註233〕大中祥符二年（1009）十一月詔：「諸路官吏有蠹政害民，辨鞫得實，本路轉運使、提點刑獄官不能舉

〔註226〕《宋史》卷34，《孝宗二》，第646頁。
〔註227〕《宋刑統》卷27，《失火》，第434、435、436、436、437頁。
〔註228〕《慶元條法事類》卷80，《雜門‧失火》，第913頁。
〔註229〕《宋史》卷1，《太祖一》，第11頁。
〔註230〕魏泰：《東軒筆錄》卷5，第53頁，中華書局，1983年版。
〔註231〕《長編》卷258，熙寧七年十一月壬寅，第6290頁。
〔註232〕《長編》卷408，元祐三年二月條引劉安世疏，第9946頁。
〔註233〕《文獻通考》卷166刑考5，第1445頁。

察者，論其罪。」〔註234〕

仁宗天聖四年（1026）二月詔：「官吏犯贓至流，而按察官不舉者，並劾之。」〔註235〕寶元二年（1039）八月丙寅詔：「轉運使副、提點刑獄至所部百日，知州、通判一月，而部吏犯贓者，始坐失按舉之罪。」〔註236〕寶元二年（1039）閏十二月詔：「自今轉運使副、提點刑獄，若部內知州軍、通判、知縣、兵馬部署、都監、監押、幕職官一員，餘官二員，……犯贓至流而失於按察，以至朝廷採訪、民吏訴訟或御史臺彈劾者，方聽旨施行。」〔註237〕皇祐元年（1049）六月「詔轉運使、提點刑獄，所部官吏受贓失覺察者，降黜。」〔註238〕

神宗元豐三年（1080）八月詔：夔、利、成都路轉運司「應副瀘州軍前係軍馬所由道路，即辦具應付，非所由者不得輒有計置，即應急速者並以官給，勿取於民，毋致騷擾，提刑司其覺察以聞。失覺舉者與同罪。」〔註239〕

徽宗時規定，地方有「魔教」傳習，「州縣官並行停廢，以違御筆論；廉訪使者失覺察，監司失按劾，與同罪。」〔註240〕

高宗建炎二年（1128）正月乙未詔：「自今犯枉法自盜贓人，令中書省籍記姓名，罪至徒者永不敘用；按察官失於舉劾者，並取旨科罪，不以去官原免。」〔註241〕同年二月規定，官吏有犯贓而監司失察者，「並科違制之罪，不以去官原免。」〔註242〕建炎四年（1130）規定，凡州縣官吏犯入己贓罪，「其監司、守令不即按治，並行黜責。」〔註243〕紹興二年（1132）十二月規定：監司部內有犯入己贓者，如果「不因按發，因事冒罣，每一人降一官，或展磨勘，三人加等。」〔註244〕對於監司失按贓罪以外的犯罪的處罰則不同，如紹興五年（1135）四月詔：「諸州違法，監司失按舉而被按於臺諫，各察治得實者，並減犯人罪五等；犯人係公罪，又減二等，並不以去官原免，著為令。」〔註245〕

〔註234〕《宋史》卷7，《真宗二》，第142頁。
〔註235〕《長編》卷104，天聖四年二月甲寅，第2401頁。
〔註236〕《長編》卷124，寶元二年八月丙寅，第2920頁。
〔註237〕《宋大詔令集》卷192，《誡約按察官詔》，第707頁。
〔註238〕《宋史》卷11，《仁宗三》，第227頁。
〔註239〕《長編》卷307，元豐三年八月甲辰，第7461～7462頁。
〔註240〕《宋會要》刑法2之79，第6535頁。
〔註241〕《繫年要錄》卷12建炎二年正月乙未，第9頁。
〔註242〕《繫年要錄》卷13建炎二年二月辛未，第11頁。
〔註243〕《宋史全文》卷17（下），第1013頁。
〔註244〕《繫年要錄》卷61紹興二年十二月辛卯，第7頁。
〔註245〕《繫年要錄》卷88紹興五年四月丙午，第5頁。

孝宗乾道九年（1173）八月十四日規定，「凡州縣守令輒因公事科罰百姓錢物者，許諸色人越訴，坐以私罪」；「贓入己者，官吏送監司根勘以聞。監司察州郡，州郡察縣鎮。監司不能不能覺察，御史臺彈奏；若因事發覺，其監司與守臣並一等罪。」〔註246〕

光宗紹熙二年（1191）四月十一日規定，對監司一任內「全無按刺，與一路之間官吏有不治之迹，因事自彰而失於按刺者，以不職之罪罪之。」〔註247〕

寧宗嘉泰二年（1202）十一月十九日規定：「今後臺諫或論及所部守臣通及三名，許御史覺察，將本路監司量行責罰。」〔註248〕

從懲治方式看，監察官失察，多處以貶降、罰銅等。如天禧四年（1022）九月壬戌，「給事中朱巽、工部郎中梅詢坐不察朱能奸謫官。」〔註249〕慶曆四年（1044）三月，祠部郎中、集賢校理錢仙芝因知秀州時犯枉法贓罪貸死，「前兩浙轉運使王琪降知婺州，兩浙轉運使邵飾降知洪州，並坐按發（錢）仙芝在諫官奏劾之後也。」〔註250〕仁宗時，益州路轉運使明鎬坐失察知陵州楚應幾贓罪，降知同州〔註251〕。高覿為京西轉運使，徙益州，「坐失察嘉州守張約受賕，貶通判杭州。」〔註252〕張存入知開封府，使河北，「王則反，坐失察，降知汀州。」〔註253〕尚書刑部員外郎蕭貫「坐前使江東不察所部吏受賕，降知饒州。」〔註254〕仁宗皇祐五年（1053）八月，知常州邵必誤斷犯人徒刑，知江陰縣陳合複審時又誤斷杖刑，二人分別被降職、勒停，同時前提點刑獄蘇舜元、同提點刑獄常鼎、提點刑獄苗振各被罰銅十斤〔註255〕。神宗元豐四年（1081）六月，監察御史裏行王祖道、滿中行因失察司農寺「未了文字二千四百餘件，未了帳七千餘道，失催罰錢三百九十餘千，未架閣文字七萬餘件」，分別罰銅十斤、六斤〔註256〕。元豐六年（1083）五月辛巳，兩浙路監司蘇獬、胡宗師、朱明之「坐不舉發知秀州

〔註246〕《宋會要》職官47之37-38，第3436～3437頁。
〔註247〕《宋會要》職官45之35，第3408頁。
〔註248〕《宋會要》職官45之40，第3411頁。
〔註249〕《宋史》卷8，《真宗三》，第169頁。
〔註250〕《長編》卷147，慶曆四年三月癸酉，第3556頁。
〔註251〕《宋史》卷292，《明鎬傳》，第9769頁。
〔註252〕《宋史》卷301，《高覿傳》，第10001頁。
〔註253〕《宋史》卷320，《張存傳》，第10414頁。
〔註254〕《宋史》卷442，《蕭貫傳》，第13072頁。
〔註255〕《長編》卷175，皇祐五年八月乙丑，第4231頁。
〔註256〕《長編》卷313，元豐四年六月戊辰，第7587頁。

吳安世贓罪」，各罰銅二十斤〔註257〕。南宋高宗時，陳規知德安府，坐失察吏職，被鐫兩官〔註258〕。

四、斷案失誤

徒法不足以自行。法律的執行關鍵在於司法官，先賢對此已有深刻的認識。「法官之任，人命所懸。」〔註259〕「天下之患，莫深於獄。敗法亂止，離親塞道，莫甚乎治獄之吏。」〔註260〕如何使司法官奉公執法，成為古代統治者絞盡腦汁要解決的問題。《禮記》曰：「決獄訟，必端平。戮有罪，嚴斷刑。」「乃命有司，申嚴百刑。斬殺必當，毋或枉橈，枉橈不當，反受其殃。」〔註261〕司法官在斷決罪人時必須按實其所犯之罪，嚴明公正；若違法曲斷，出入人罪，應重乃輕，應輕更重，要承擔責任。出入人罪，是司法官在審理案件時故意或過失造成被告人在量刑上輕重失當，或者故意放縱有罪而冤濫無辜。出人罪指有罪判無罪或重罪輕判；入人罪指無罪判有罪或輕罪重判。故出入人罪是故意枉法行為，因受賄、受請託而故出入人罪是貪贓枉法，這在犯贓罪中已有論述，這裡只論及失出入人罪。

有宋一代對失出入人罪規定有明確的處罰。太祖時始定制：「應斷獄失入死刑者，不得以官減贖，檢法官、判官皆削一任，而檢法仍贖銅十斤，長吏則停任。」〔註262〕《宋刑統》規定：「諸斷罪應決配之而聽收贖，應收贖而決配之，若應官當而不以官當，及不應官當而以官當者，各依本罪減故失一等。」「諸斷罪應絞而斬，應斬而絞，徒一年，自盡亦如之。失者減二等。即絞訖別加害者，杖一百。」〔註263〕神宗時規定：「失入死罪，已決三人，正官除名編管，貳者除名，次貳者免官勒停，吏 配隸千里。二人以下，視此有差。不以赦降、去官原免。未決，則比類遞降一等；赦降、去官，又減一等。令審刑院、刑部斷議官，歲終具嘗失入徒罪五人以上，京朝官展磨勘年，幕職、州縣官展考，或不與任滿指射差遣，或罷，仍即斷絕支賜。」「官

〔註257〕《長編》卷335，元豐六年五月辛巳，第8063頁。
〔註258〕《宋史》卷377，《陳規傳》，第11644頁。
〔註259〕《長編》卷47，咸平三年六月乙亥，第1021頁。
〔註260〕班固：《漢書》卷51，《路溫舒傳》，第2370頁，中華書局，1962年版。
〔註261〕《禮記·月令》，載《五經四書全譯》，第198頁、第200頁，陳襄民等注譯，中州古籍出版社，2000年版。
〔註262〕《宋史》卷199，《刑法志一》，第4971頁。
〔註263〕《宋刑統》卷30，《斷獄律·斷罪不當》，第496頁。

司失入人罪，而罪人應原免，官司猶論如法，即失出人罪；若應徒而杖，罪人應原免者，官司乃得用因罪人以致罪之律。」〔註264〕南宋時，《慶元條法事類》規定：「諸官司失入死罪，一名，爲首者，當職官勒停，吏人千里編管；第二從，當職官衝替，事理重，吏人五百里編管；第三從，當職官衝替，事理稍重，吏人鄰州編管；第四從，當職官差替，吏人勒停；二人，各遞加一等，爲首者，當職官追一官勒停，吏人二千里編管；三人，又遞加一等，爲首者，當職官追兩官勒停，吏人配千里，並不以去官赦降原減。未決者，各遞減一等。」〔註265〕「諸官司失出入罪者，依因罪人以致罪法。」「諸斷罪應決徒、流而編配，應編配而決徒、流，各減出入罪二等。出入重者，計所剩以全罪論。」〔註266〕

宋代對官員失出入人罪的懲治方式主要有：一是貶降。如太宗淳化元年（990）正月，「殿中丞清豐晁迥通判鄂州，坐失入囚死罪，削三任，有司以殿中丞、右贊善大夫並上柱國通計之。」〔註267〕眞宗咸平年間，陳文顯知徐州，「坐用刑失入，責授左武衛大將軍、知漣水軍。」〔註268〕二是落職。如高宗紹興六年（1136），資政殿學士富直柔知衢州，「以失入死罪，落職奉祠。」〔註269〕三是勒停。如眞宗大中祥符六年（1013）十一月，「同谷縣民句知友妻張縊殺其夫，其子婦杜因省親言於其父，父聞於州」，都官員外郎、知成州劉晟，推官時群，錄事參軍孫汝弼等，「論杜告其夫父母，罪流三千里，仍離之；張同自首，原其罪」；「轉運司移鄰州檢斷，張準律處斬，杜無罪」，初審官劉晟、時群、孫汝弼並勒停〔註270〕。四是衝替。如神宗熙寧七年（1074）十一月，「權知楚州、駕部員外郎龐元禮，通判州事、屯田員外郎魏應臣，錄事參軍盧良臣各追一官勒停，司法參軍張裕衝替，坐失入徒配賣私鹽凡五十六人。」〔註271〕五是展磨勘年。如神宗熙寧八年（1075）五月，三司判官杜訢、檢法官買種民「坐斷犯倉法人從杖罪」，分別展二年磨勘和衝替〔註272〕。六是降差

〔註264〕《宋史》卷201，《刑法志三》，第5022頁。
〔註265〕《慶元條法事類》卷73，《出入罪》，第752頁。
〔註266〕《慶元條法事類》卷73，《出入罪》，第753頁。
〔註267〕《長編》卷31，淳化元年正月，第699頁。
〔註268〕《宋史》卷483，《陳氏世家》，第13964頁。
〔註269〕《宋史》卷375，《富直柔傳》，第11618頁。
〔註270〕《長編》卷81，大中祥符六年十一月甲午，第1852頁。
〔註271〕《長編》卷258，熙寧七年十一月，第6291頁。
〔註272〕《宋會要》食貨56之19，第5782頁。

遣。如神宗時，呂公孺知鄆州，「坐失入死刑，責知蔡州。」〔註273〕七是罰銅。如仁宗景祐三年（1036），知蘄州王蒙正坐故入林宗言死罪而責洪州別駕，錄事參軍尹化南、司法參軍胡揆沒能駁正該案，各罰銅五斤〔註274〕。

五、其他失職行為

失計置遼使路驛亭。元豐四年（1081）六月癸酉，「提點開封府界諸縣鎮公事葉溫叟及祥符、長垣、韋城知縣、縣丞、主簿、尉、監驛使臣十四人罰銅有差，內祥符縣主簿王容、韋城縣主簿姜子年仍差替，入內殿頭吳從禮、張積、史革各展磨勘二年，並坐失計置遼使路驛亭也。」〔註275〕

修城不謹致戰棚倒塌。咸平三年（1000）十一月庚寅，「供備庫使賈繼勳除名流汝州，洛苑副使錢守信、左侍禁楊繼並削兩任，配隸許、滑州，坐天雄軍修城不謹，戰棚圮故也。」〔註276〕

部屬犯罪，長官失察。仁宗時，石元孫為文思副使、勾當法酒庫，坐失察部吏盜酒，追二官〔註277〕。

出使失職。紹聖中，時彥為右司員外郎，「使遼失職，坐廢。」〔註278〕

訓導失職。徽宗時，張邦昌為大司成，「以訓導失職，貶提舉崇福宮，知光、汝二州。」〔註279〕

鎮壓盜賊不力。《宋刑統》規定：諸強盜及殺人賊發，「主司不即言上，一日杖八十，三日杖一百。官司不即檢校捕逐，及有所推避者，一日徒一年。竊盜各減二等。」〔註280〕仁宗至和元年（1054）四月詔：「賊盜發而不以聞者，其州縣長官並以違制論。」〔註281〕高宗紹興三年（1133）五月壬申，「詔守、令、尉、佐，境內妖民聚集不能覺察致亂者，並坐罪。」〔註282〕如徽宗宣和三年（1121）四月甲戌，「青溪令陳光以盜發縣內棄城，伏誅。」〔註283〕

〔註273〕《宋史》卷311，《呂公孺傳》，第10215頁。
〔註274〕《宋會要》刑法4之73，第6658頁。
〔註275〕《長編》卷313，元豐四年六月癸酉，第7591頁。
〔註276〕《長編》卷47，咸平三年十一月庚寅，第1032頁。
〔註277〕《宋史》卷250，《石元孫傳》，第8814頁。
〔註278〕《宋史》卷354，《時彥傳》，第11168頁。
〔註279〕《宋史》卷475，《張邦昌傳》，第13789～13790頁。
〔註280〕《宋刑統》卷24，《鬥訟律》，第380頁。
〔註281〕《長編》卷176，至和元年四月丁酉，第4256頁。
〔註282〕《宋史》卷27，《高宗四》，第505頁。
〔註283〕《宋史》卷22，《徽宗四》，第407頁。

第五節　濫用權力

官員本應依法依規正確行使自己手中掌握的公共權力，但實際上，專制王朝的官員往往將自己手中掌握的權力視為私有工具，以自己的喜怒哀樂和一己之私而濫用權力，為自己謀取不正當利益，並對專制王朝的統治造成危害。宋代官員濫用權力的行為多種多樣，受到的懲罰也因情節輕重不同等因素的影響而有所差異。

一、濫施刑訊

鑒於五代以來「州郡掌獄吏不明習律令，守牧多武人，率恣意用法」〔註284〕的教訓，宋代禁止濫施刑訊。

第一，規定不得對 70 歲以上老人、15 歲下少年和殘疾者進行拷訊，「違者以故失論。」〔註285〕

第二，規定了拷訊所用之杖的標準。拷訊之杖「皆削去節目，長三尺五寸。訊囚杖大頭徑三分二釐，小頭二分二釐。常行杖大頭二分七釐，小頭一分七釐。笞杖大頭二分，小頭一分半。」「諸決罰不如法者，笞三十；以故致死，徒一年。即杖粗細長短不依法者，罪亦如之。」〔註286〕宋代還下令毀棄非法訊具，如宋真宗景德四年（1007）詔：「應有非法訊囚之具，一切毀棄，提點刑獄司察之」〔註287〕；紹興十一年（1141）四月，高宗詔令各地將「訊囚非法之具並行毀棄，尚或違戾，委御史臺彈劾以聞。」〔註288〕

第三，規定不得由胥吏擅行拷訊。「諸應訊囚者，必先以情審察辭理，反覆參驗，猶未能決，事須訊問者立案，同判然後拷訊，違者杖六十。」〔註289〕「其當訊者，先具白長吏，得判乃訊之。凡有司擅掠囚者，論為私罪。」〔註290〕太平興國六年（981 年）詔：「自今繫囚如證佐明白而捍拒不伏合訊掠者，集官屬同訊問之，勿令胥吏拷決。」〔註291〕仁宗天聖八年（1030）五月詔：「大辟公事，自今令長吏躬親問逐，違慢致有出入，長吏信憑人吏擅行拷

〔註284〕《長編》卷2，建隆二年五月，第46頁。
〔註285〕《宋刑統》卷29，《不合考訊者取眾證為定》，第472頁。
〔註286〕《宋刑統》卷29，《決罰不如法》，第481頁。
〔註287〕《長編》卷67，景德四年十月乙卯，第1500頁。
〔註288〕《宋會要》職官55之20，第3608頁。
〔註289〕《宋刑統》卷29，《不合考訊者取眾證為定》，第474頁。
〔註290〕《宋史》卷199，《刑法志一》，第4968頁。
〔註291〕《文獻通考》卷166刑考5，第1444頁。

決，當重行朝典。」〔註292〕

　　第四，明確規定了拷訊程度和次數及對違反規定濫施刑訊的處罰。《宋刑統》規定：「諸拷囚不得過三度，數總不得過二百，杖罪以下不得過所犯之數。拷滿不承，取保放之。若拷過三度，及杖外以他法拷掠者，杖一百。（杖）數過百，反坐所剩。以故致死，徒二年。即有病，不待差而拷者，亦杖一百。若決杖笞者，笞五十；以故致死者，徒一年半。」〔註293〕「有挾情託法、枉打殺人者，宜科故殺罪。」〔註294〕「諸監臨之官，因公事自以杖捶人致死，及恐迫人致死者，各從過失殺人法。若以大杖及手足毆擊，折傷以上，減斷殺傷罪二等。雖是監臨主司，於法不合行罰，及前人不合捶拷而捶拷者，以斷殺傷論，至死者加役流。即用刃者，各從斷殺傷法。」〔註295〕太宗太平興國九年（984）規定：「自今諸道敢有擅掠囚致死者，悉以私罪論。」〔註296〕仁宗景祐元年（1034）六月詔：「州縣官非理科決罪致死，雖係公罪者，本處未得批罰，奏聽裁。」〔註297〕

　　宋代上述有關禁止濫施刑訊的規定在一定程度上得到了執行，因違反有關刑訊規定而受懲治的官員並不鮮見。如太祖開寶元年（968），右拾遺梁周翰在通判眉州日決人至死，被奪官兩任〔註298〕。又如，高宗紹興十二年（1142），「御史臺點檢錢塘、仁和縣獄具，錢塘大杖，一多五錢半。仁和枷，一多一斤，一輕半斤。」兩縣縣官因而被各降一官〔註299〕。

　　從懲治方式看，宋代因濫施刑訊而被懲治者有以下幾種情形：

　　一是杖配。如太宗太平興國七年（982）閏十二月，新建縣令朱靖因怒決部民致死而被杖脊配沙門島〔註300〕。二是勒停。如眞宗景德四年（1007），黃梅縣尉潘義方考訊朱凝，遣獄卒以濕牛革巾蒙其首，朱凝不勝痛楚而自誣，事發後，潘義方被勒停〔註301〕。三是衝替。如神宗時，知滑州俞希旦因拷無

〔註292〕《宋會要》刑法6之54，第6720頁。
〔註293〕《宋刑統》卷29，《不合考訊者取眾證爲定》，第475～476頁。
〔註294〕《宋刑統》卷29，《不合考訊者取眾證爲定》，第477頁。
〔註295〕《宋刑統》卷30，《監臨官捶迫人致死》，第483頁。
〔註296〕《文獻通考》卷170刑考9，第1474頁。
〔註297〕《長編》卷114，景祐元年五月乙酉，第2677頁。
〔註298〕《長編》卷9，開寶元年三月甲寅，第201頁。
〔註299〕《宋史》卷200，《刑法志二》，第4993頁。
〔註300〕《長編》卷23，太平興國七年閏十二月甲午，第532頁。
〔註301〕《長編》卷67，景德四年十月乙卯，第1500頁。

罪人致死而被衝替〔註302〕。四是降官。如哲宗元符三年（1100）五月，京西北路提舉常平方宙體量到河南府諸處送到盜賊一百三十多名，知府孫覽濫施刑訊，「斃於捶楚者十人」，因而被降二官〔註303〕。五是情節嚴重者被處以杖殺。如眞宗大中祥符三年（1010）九月，入內高品江守恩因違制市青苗、私役軍士、擅董丁夫及笞捶役夫致死等罪而被眞宗下詔杖殺，「論者以謂朝廷至治，行罰不私，中外莫不悚慶。」〔註304〕

二、其它濫用權力行爲

濫殺。如太祖開寶元年（968）九月癸未，「監察御史楊士達坐鞫獄濫殺，棄市。」〔註305〕又如，太宗太平興國二年（977），比部郎中張全超知靈州，「全超部送歲市官馬，賂所過藩族物粗惡，戎人恚怒不受。全超捕得十八人殺之，沒入其兵仗、羊馬，戎人大擾。……上怒，詔全超下獄，鞫之。丁酉，決杖流海島。」〔註306〕再如，哲宗元祐三年（1088）二月乙巳，廣東兵馬都監童政坐擅殺無辜伏誅。〔註307〕

濫用權力公報私仇。如神宗熙寧三年（1070）八月，光祿卿苗振知明州時因與知奉化縣裴士堯有仇隙，以私怨械繫裴士堯下獄，被責降復州團練副使〔註308〕。

擅自賦斂。《宋刑統》：「諸差科賦役違法及不均平，杖六十。若非法而擅賦斂，及以法賦斂而擅加益，贓重入百官者，計所擅坐贓論；入私者以枉法論；至死者加役流。」「如有兩稅合徵錢物，數外擅加率一錢一物，州縣長吏並同枉法論。」〔註309〕如開寶七年（974）八月戊戌，「殿中丞趙象坐擅稅，除名。」〔註310〕

擅自矯制免稅。如開寶六年（973），杜彥圭爲饒州團練使，加領本州防禦使，「坐市竹木矯制免算，責授洛苑使、饒州刺史。」〔註311〕又如，太平興

〔註302〕《長編》卷345，元豐七年四月丙戌，第8277頁。
〔註303〕《宋會要》職官67之30，第3902頁。
〔註304〕《長編》卷74，大中祥符三年九月癸巳，第1689～1690頁。
〔註305〕《宋史》卷2，《太祖二》，第27頁。
〔註306〕《長編》卷18，太平興國二年二月，第397頁。
〔註307〕《宋史》卷17，《哲宗一》，第326頁；《長編》卷408，第9941頁。
〔註308〕《長編》卷214，熙寧三年八月辛酉，第5199頁。
〔註309〕《宋刑統》卷13，《戶婚律》，第211頁、第212頁。
〔註310〕《宋史》卷3，《太祖三》，第42頁。
〔註311〕《宋史》卷463，《杜彥圭傳》，第13538頁。

國五年（980），左衛上將軍張永德「坐市秦、隴竹木所過矯制免關市算，降為本衛大將軍。」〔註312〕

擅用公物。如乾德五年（968）正月甲午，「供奉官王漢英決杖，配隸蔡州牙前，坐為新津監押日擅用官米。」〔註313〕又，真宗時，湖北轉運使梅詢，「擅假驛馬與邵曄子省親疾而馬死，奪官一級，降通判襄州。」〔註314〕

擅自立賞捕賊。如太平興國二年（977）四月，「殿中丞劉珝勒停，仍永不敘用，坐知劍州有盜官物者，珝募人告獲，上言乞賞告者。朝廷以珝不用心捕賊，擅立賞捕人，故有是命。」〔註315〕

擅興工役。如乾道四年（1168）八月丁未，「主管殿前司公事王琪傳旨不實，擅興工役，降三官放罷。」〔註316〕

擅自任命官員。如真宗時，王欽若「擅除（王）懷信等官，坐是，罷樞密使」。〔註317〕又，淳熙二年（1175）正月癸巳，「前宰相梁克家、曾懷坐擅改堂除，克家落觀文殿學士，懷降為觀文殿學士。」〔註318〕

擅自釋放罪犯。如真宗時，邠寧環慶路副都部署兼知邠州陳興「坐擅釋劫盜，罷軍職，改敘州防禦使、知懷州。」〔註319〕

擅自處理外交事宜。仁宗時，范仲淹「以擅覆元昊書」，降知耀州〔註320〕。

擅改法律。徽宗時，吳擇仁出為顯謨閣直學士、知熙州，從永興軍，「走馬承受藍從熙言其擅改茶法，奪職，免。」〔註321〕

第六節　曠職　越職　不稱職

官員曠職、越職、不稱職都會對行政管理和政治統治造成負面後果，是行政管理中不允許有的行為。在宋代，官員曠職、越職、不稱職等應受懲治。

〔註312〕《宋史》卷255，《張永德傳》，第8917頁。
〔註313〕《長編》卷8，乾德五年正月甲午，第186頁。
〔註314〕《宋史》卷301，《梅詢傳》，第9985頁。
〔註315〕《長編》卷18，太平興國二年四月，第403頁。
〔註316〕《宋史》卷34，《孝宗二》，第644頁。
〔註317〕《宋史》卷283，《王欽若傳》，第9562頁。
〔註318〕《宋史》卷34，《孝宗二》，第658頁。
〔註319〕《宋史》卷279，《陳興傳》，第9484頁。
〔註320〕《宋史》卷292，《王堯臣傳》，第9773頁。
〔註321〕《宋史》卷322，《吳擇仁傳》，第10443頁。

一、曠職

曠職，即官員擅自離開本職崗位，致使職事廢弛。按《宋刑統》：「諸刺史、縣令、折衝、果毅私自出界者，杖一百。」〔註322〕「諸在官無故亡者，一日笞五十，三日加一等，過杖一百，五日加一等。邊要之官加一等。」〔註323〕又，《慶元條法事類》規定：「諸監司屬官，輒離本司出詣所部者，徒二年。」「諸在官無故亡，（擅去官守，亦同亡法。）計日，輕者徒二年，有規避或致廢闕者加二等；主兵之官，各加一等；緣邊主兵官，又加二等。統轄官司知而聽行者，減犯人一等。」「諸主兵武臣，非公事出城者，杖一百。」〔註324〕對擅離職守，宋代皇帝亦有詔令。仁宗天聖七年（1029）五月詔：「諸知州軍、通判、部署、鈐轄、都監、監押、巡檢、寨主，不俟詔而輒去官者，從『監臨擅離場務敕』加二等；計日重者，從『在官無故亡律』，餘官減敕條二等。即有規避及致廢事，加一等。」〔註325〕高宗建炎元年（1127）九月甲寅詔：「行在及東京百司官如擅離任所，並停官根捕就本處付獄根勘。」〔註326〕寧宗開禧二年（1206）年五月癸未，「禁邊防官吏擅離職守。」〔註327〕

宋代對曠職、擅離職守者的懲治，在實際執法過程中，因情節輕重而懲治程度不同，一般要處以降級、落職、降差遣等。如真宗咸平三年（1000）十一月乙亥，「靈州副部署、慶州團練使孫進，都監、內殿崇班張鍜，擅離所任赴闕，進責授復州團練副使，鍜許州教練使。」〔註328〕大理寺丞易延慶「嘗司建安市徵，及母葬有期，私歸營葬，掩壙而返。知軍扈繼升言其擅去職，坐免所居官。」〔註329〕仁宗嘉祐二年（1057）八月，知襄州、兵部員外郎、知制誥賈黯因父親病重，請解官就養，沒等詔准就棄官而去，被降知郢州〔註330〕。寧宗紹熙五年（1194）十月己丑，右諫議大夫張叔椿劾留正擅去相位，留正遂落觀文殿大學士〔註331〕。曠職、擅離職守情節嚴重者被判

〔註322〕《宋刑統》卷9，《刺史縣令私自出界》，第146頁。
〔註323〕《宋刑統》卷28，《在官無故逃亡》，第459頁。
〔註324〕《慶元條法事類》卷9，《擅離職守》，第160頁。
〔註325〕《長編》卷108，天聖七年五月辛巳，第2514頁。
〔註326〕《繫年要錄》卷9建炎元年九月甲寅，第23～24頁。
〔註327〕《續編兩朝綱目備要》卷9，第162頁。
〔註328〕《長編》卷47，咸平三年十一月乙亥，第1031頁。
〔註329〕《宋史》卷456，《易延慶傳》，第13393頁。
〔註330〕《長編》卷186，嘉祐二年八月乙巳，第4486頁。
〔註331〕《宋史》卷37，《寧宗一》，第716頁。

處刑罰，最重者甚至處以死刑。如太平興國二年（977）七月壬戌，「斬宦者周延峭，坐齎詔至宋州視官羅，擅離羅所出城飲酒，遺失詔書故也。」〔註332〕雍熙四年（987）十七日，劉廷讓因任雄州兵馬總管時「以疾上聞，不待報，擅離治所」，被「除削在身官爵，送商州安置。」〔註333〕

二、越職

　　越職，即官吏超越自身職責範圍行使權力，是侵犯他職的違法違規行政行為。越職行為，不符合各司其職的行政原則，影響他人正常行使自身職權，容易造成行政混亂。宋代明確規定這種行政行為違法，對越職者要予以一定的懲處。《宋刑統》規定：「越司侵職者，杖七十。」〔註334〕又疏議：「越司侵職者，謂設官分職，各有司存，越其本局，侵人職掌，杖七十。」〔註335〕宋代禁止越職言事。按《宋刑統》：諸事「不由所管而越言上」者杖六十〔註336〕。仁宗景祐三年（1036）五月詔「戒百官越職言事」〔註337〕。徽宗崇寧三年（1102）六月二十四日詔：「今後內外百官，不得越職論事、僥倖奔競、不循分守。違者，仰御史臺彈奏。」〔註338〕宋代還規定：「諫官、御史論事有限，毋得越職。」〔註339〕官員因越職言事而被處罰者亦不乏其人。如元豐八年（1085）四月甲申，「水部員外郎王諤非職言事，坐罰金。」〔註340〕寧宗時，諫官王居安因御史中丞雷孝友論其越職，遂奪一官並罷〔註341〕。

　　宋代規定有權受理控告的機構非所統屬不得直接受理，如果直接受理非所統屬的獄訟，就是越職，要受到懲治。《宋刑統》規定：「諸越訴及受者，各笞四十。」〔註342〕如天聖三年（1025）九月，洛苑使、知石州高繼昇因受

〔註332〕《長編》卷18，太平興國二年七月壬戌，第407頁。
〔註333〕《宋會要》職官64之6，第3823頁。
〔註334〕《宋刑統》卷10，《出使不返制命》，第162頁。
〔註335〕《宋刑統》卷10，《出使不返制命》，第162～163頁。
〔註336〕《宋刑統》卷10，第161頁。
〔註337〕《宋史》卷10，《仁宗二》，第201頁。
〔註338〕《宋大詔令集》卷196，《戒約內外官不得越職言事詔》，第721頁；《宋史》卷19，《徽宗一》，第370頁。
〔註339〕《宋史》卷344，《孫覺傳》，第10927～10928頁。
〔註340〕《宋史》卷17，《哲宗一》，第319頁。
〔註341〕《宋史》卷405，《王居安傳》，第12253頁。
〔註342〕《宋刑統》卷24，《越訴》，第378頁。

理延州茭村族軍主李都㖃等訴訟，法當追一官勒停，「上特寬之」，降爲洛苑副使，仍知石州。〔註343〕

三、不稱職

不稱職，即由於個人工作能力有限，不能勝任所擔任的職務。官員不稱職，嚴重影響行政效率，使得政府行政無法達到預期目的。因此，也應該受到一定的處分。宋代皇帝多次詔令查處不稱職官員。眞宗曾謂宰相曰：「執法之吏，不可輕授。有不稱職者，當責舉主，以懲其濫。」〔註344〕仁宗慶曆六年（1046）六月庚戌，詔夏竦與河北監司察帥臣、長吏之不職者〔註345〕；皇祐五年（1053）六月乙未詔：「河北薦饑，轉運使察州縣長吏能招輯勞來者，上其狀。不稱職者，舉劾之」〔註346〕；嘉祐五年（1060）三月壬子詔：「以蝗潦相仍，敕轉運使、提點刑獄督州縣振濟，仍察不稱職者。」〔註347〕神宗元豐五年（1082）正月詔：「聞知管城縣陸宣職事不修」，令開封府提點司「體量事實以聞。」〔註348〕高宗紹興十五（1145）年七月戊午，「命監司審察縣令治狀顯著及老儒不職者，上其名以爲黜陟。」〔註349〕

宋代官員不稱職，多被降級、罷免等。如太平興國二年（977）五月壬戌，「河南府法曹參軍高丕、伊闕縣主簿翟嶙、鄭州榮澤縣令申廷溫皆坐罷軟不勝任，惰慢不親事，免官。」〔註350〕眞宗時，知制誥張茂直「晚年多疾，才思梗澀不稱職。改秘書少監，出知潁州。」〔註351〕仁宗時，「樞密使王德用、翰林學士李淑不稱職，皆罷去。」〔註352〕紹熙元年（1190），淮南運判兼淮東提刑許及之「以鐵錢濫惡不職，貶秩，知廬州。」〔註353〕

〔註343〕《長編》卷103，天聖三年九月辛巳，第2389頁。
〔註344〕《宋史》卷199，《刑法志一》，第4972頁。
〔註345〕《宋史》卷11，《仁宗三》，第222頁。
〔註346〕《宋史》卷12，《仁宗四》，第234～235頁。
〔註347〕《宋史》卷12，《仁宗四》，第245頁。
〔註348〕《長編》卷322，元豐五年正月己亥，第7761頁。
〔註349〕《宋史》卷30，《高宗七》，第563頁。
〔註350〕《長編》卷18，太平興國二年五月壬戌，第404頁。
〔註351〕《宋史》卷296，《張茂直傳》，第9862頁。
〔註352〕《宋史》卷316，《趙抃傳》，第10322頁。
〔註353〕《宋史》卷394，《許及之傳》，第12042頁。

第七節　違反官員管理制度

官員管理制度是確保官員為專制統治服務的必要條件，官員管理制度若得不到有效執行，勢必造成管理混亂、官僚隊伍渙散、吏治腐敗。所以，為維護正常的官員管理秩序，對違反管理制度者予以懲治是必要的。在宋代，因違反官員管理制度而受懲治者不絕於書，在此僅以違反迴避制度、臺參臺謝臺辭制度、禁謁制度、致仕制度為例進行探討。

一、違反迴避制度

在中國專制社會裏，鄉土地緣關係、宗法血緣關係的影響根深蒂固、無所不在，為了擺脫這些關係對政治統治的影響，古代統治者在總結統治經驗的基礎上創立了迴避制度，並在實踐中不斷加以調整完善，以防止拉幫結派，鞏固專制統治。在宋代，迴避制度得到空前的發展，形成了比較完備的任官迴避和司法迴避制度。

（一）親嫌迴避，即有親屬關係的官員不能同時在同一部門任職事相當或互相統屬的職務，防止官員利用血緣宗親關係和職務之便拉幫結派、營私舞弊、貪贓枉法等。宋太祖立國之初，由於急需治國理政之才，求賢心切，詔令舉賢「毋以親為避」。〔註354〕太宗時，一切走上正軌，開始實行迴避制度。仁宗康定二年（1041年）正月頒佈《詳定服紀親疏在官迴避條制》，正式以法律的形式將迴避制度確定下來，規定「本族緦麻以上親及有服外親、無服外親並令迴避。」〔註355〕神宗熙寧三年（1070）十一月避親法規定：「應內外官事局相干，或系統攝，若本族同居無服以上親，異居祖免以上親，親姑、姊妹、姪女、孫女之夫（凡言親者，堂、從不避），其子婿、子婦之父及其親兄弟，母、妻親姊妹之夫，親姨之子，親外孫、外甥女之夫（母本服大功親，若嫡繼慈母亡，即不避），皆令奏請迴避。」〔註356〕南宋《慶元條法事類》規定：「親，謂同居，或祖免以上親，或緦麻以上親之夫、子、妻，或大功以上婚姻之家，或母、妻大功以上親之夫、子、妻，或女婿、子婦緦麻以上親，或兄弟妻及姊妹夫之期以上親；嫌，謂見任統屬官或經為授業師，或曾相薦舉，有仇怨者，其緣親者，仍兩相避。」〔註357〕「諸職事相干或統攝有親戚

〔註354〕《宋史》卷160，《選舉志六‧保任》，第3739頁。
〔註355〕《宋會要》職官63之2，第3813頁。
〔註356〕《宋會要》職官63之4，第3814頁。
〔註357〕《慶元條法事類》卷8，《親嫌》，第151頁。

者，並迴避。」對不主動申請迴避者，明確規定處罰：「諸應避親而之官者，杖一百，仍不理爲在任月日。」「諸在任避親應移注或罷而不依限申陳，及官司行遣稽程者，各加官文書稽程二等，內不自申陳，通元限滿三十日，杖一百。」〔註358〕

按照上述宋代迴避制度，御史臺長官與屬官之間應避親嫌，違反者要受到懲治。如仁宗寶元二年（1039年），孔道輔任御史中丞，侍御史王素爲孔道輔所薦舉，王素的嫂嫂是孔道輔的同族，王素被「薦爲臺官，不以親聞」，沒有請求迴避，同年十二月，被降爲都官員外郎、知鄂州〔註359〕。

（二）籍貫和產業迴避，即官員任職要避開本貫（原籍）和寄居地以及自家產業和妻家產業所在地。太宗太平興國七年（982）十二月詔：「應見任文武官悉具鄉貫、歷職、年紀，著籍以聞，或貢舉之日解薦於別州，即須兼敍本坐鄉貫，或不實者，許令糾告，當置其罪。自今入官者皆如之，委有司閱視。內有西蜀、嶺表、荊湖、江浙之人，不得爲本道知州、通判、轉運使及諸事任。」〔註360〕徽宗政和元年（1111）四月規定：「河南、京兆府、鄆、蘇州有產業者，雖非本貫，亦不注親民。」〔註361〕政和三年（1113）年閏四月詔：「今後監司不許任本貫或產業所在路分。」〔註362〕宣和二年（1120年）十二月規定：官員「不得差在本貫及有產業並見寄居、舊曾寄居處」〔註363〕。高宗紹興二年（1132）二月詔：「自今監司不得任本貫。其見在任者，皆移之。」〔註364〕紹興七年（1137）五月詔：「監司除授依祖宗法施行，內本貫係置司州軍者，即行迴避。」〔註365〕紹興二十六年（1156年）十月規定：「命官田產所在州，或寄居及七年，並不許注擬差遣。」〔註366〕孝宗乾道五年（1169）九月，令監司避本貫法〔註367〕。淳熙九年（1182年）二月規定：「諸注官（不釐務非）不注本貫州。（因父祖改用別州戶貫者同，應注帥司、監司屬官於置

〔註358〕《慶元條法事類》卷8，《親嫌》，第149頁。
〔註359〕《宋會要》職官64之39，第3840頁。
〔註360〕《長編》卷23，第531頁。
〔註361〕《宋會要》職官48之31，第3471頁。
〔註362〕《宋會要》職官45之9，第3395頁。
〔註363〕《宋會要》職官48之32，第3471頁。
〔註364〕《繫年要錄》卷51紹興二年二月庚辰，第22頁。
〔註365〕《宋會要》職官45之19，第3400頁。
〔註366〕《繫年要錄》卷175紹興二十六年十月丙子，第4頁。
〔註367〕《宋史全文》卷25（上），第1714頁。

司州繫於本貫者皆準此。）不繫本貫而寄居及三年，或未及三年而有田產物力，雖非居住處亦不注。（宗室同。）「寄居不必及七年，有田產不必及三等，凡有田產及寄居州縣，並不可注授差遣。」〔註368〕寧宗慶元三年（1197）八月規定：「諸路屬官今後並不作差注本貫及居業在本路者。」〔註369〕宋代有違反上述規定而受懲治者。如眞宗時，知華州崔端因於部內置買物產而被懲處，「置之散秩，擯棄終身。」〔註370〕仁宗時，知會稽縣曾公亮因其父「買田境中」，被貶爲監湖州酒〔註371〕。

　　（三）司法迴避。宋代司法迴避有以下情形：一是親嫌迴避。《宋刑統》規定：「諸鞫讞官與被鞫人有五服內親，及有大功以上婚姻之家，並受業師，經爲本部都督、刺史、縣令」者，「皆須聽換」〔註372〕。審理案件的複審官與前審官之間如有親戚關係，須自報迴避，「後來承勘司獄與前來司獄有無親戚，令自陳迴避。不自陳者，許人告。」〔註373〕同一案件、同一系統的同級或上下級審訊官如有親戚關係，必須依法迴避。按《慶元條法事類》：「諸職事相干或統攝有親戚者，並迴避。（雖非命官而任使臣差遣者亦是。）其轉運司帳計官於諸州造帳官，提點刑獄司檢法官於知州、通判、簽判、幕職官、司理司法參軍，（錄事、司戶兼鞫獄、檢法者同。）亦避。」〔註374〕「諸州推、法司於提點刑獄司吏人有親戚者，並自陳迴避。」〔註375〕「諸被差請鞫獄、錄問、檢法而與罪人若干係人有親嫌應迴避者，自陳改差，所屬勘會，詣實保明，及具改差訖因依申刑部，仍報御史臺。即錄問、檢法與鞫獄，若檢法與錄問官吏有親嫌者，準此。」〔註376〕「諸州推、法司與提點刑獄司吏人有係親戚而不自陳乞迴避者，杖一百。」〔註377〕「諸被差鞫獄、錄問、檢法官吏，事未畢與監司及置司所在官吏相見，或錄問、檢法與鞫獄官吏相見者，各杖八十。」〔註378〕二是在司法過程中，法官與被審人有同科同年關係者須

〔註368〕《宋會要》職官 8 之 42，第 2578 頁。
〔註369〕《宋會要》職官 8 之 51，第 2583 頁。
〔註370〕《包拯集校注》卷 1，《請法外斷魏兼》，第 34 頁。
〔註371〕《宋史》卷 312，《曾公亮傳》，第 10232 頁。
〔註372〕《宋刑統》卷 29 引《獄官令》，第 475 頁。
〔註373〕《宋會要》刑法 3 之 70，第 6612 頁。
〔註374〕《慶元條法事類》卷 8，《親嫌》，第 149 頁。
〔註375〕《慶元條法事類》卷 8，《親嫌》，第 150 頁。
〔註376〕《慶元條法事類》卷 8，《親嫌》，第 151 頁。
〔註377〕《慶元條法事類》卷 8，《親嫌》，第 149 頁。
〔註378〕《慶元條法事類》卷 9，《饋送》，第 168 頁。

迴避。眞宗景德二年（1005）九月詔：應差推勘、錄問官，同年同科目及第依元敕迴避。〔註379〕天禧元年（1017）又規定：「臺直所劾公事」，有同科同年及第者迴避。〔註380〕三是避籍貫。太宗至道元年（993）十一月二十九日詔：「審官院不得差京朝官往本鄉里制勘勾當公事」，「御史臺亦依此指揮。」〔註381〕四是避嫌犯。臺諫官與刑法官不得「接見雪罪敘勞之人。」〔註382〕五是避仇隙，防止以公報私仇。《宋刑統》規定諸鞫讞官與被鞫人有仇嫌者，「須聽換。」〔註383〕宋代官員因違背上述司法迴避規定而被懲處者，史書亦有所載。如仁宗時，監察御史裏行閻詢與御史臺主簿楚泰因與被勘對象王素聯姻，而「初不以聞」，事覺，悉罷臺職，閻詢監河陽酒稅，楚泰送流內銓注外任官〔註384〕。

二、違反臺參、臺謝、臺辭制度

臺參、臺謝、臺辭是宋代審查官員健康狀況的制度。「百官應赴臺參謝辭者，以拜跪、書箚體驗其老疾。」〔註385〕所謂臺參，即外官任滿到闕，必須先到正衙，御史臺「視其言辭儀矩，驗其能否盛衰，然後就郡差注，」「給關子付之，以憑參部」；所謂臺謝，指「所有在京除授及轉官」，應赴正衙參見御史臺；所謂臺辭，指赴外任差遣者到正衙參見，御史臺「給關子付本官照應。」〔註386〕熙寧二年（1069）以前，官員臺參、臺謝、臺辭的程序為：「先赴三院御史幕次，又赴中丞幕次拜揖，得以體按老疾之人。」〔註387〕熙寧二年（1069）改為：御史臺「每日令御史一人接見，詳加詢察，遇有老病昏懦之人，即白丞、雜，再同審核，若委實不堪釐務者，並許彈奏。」〔註388〕熙寧三年（1070）十一月恢復舊制〔註389〕。寧宗嘉定四年（1211）規定：凡在外任差遣者，任滿入朝，先赴臺參，經御史審驗，發給關子，然後憑關子參部；出外任者，必須赴臺辭，御史臺發給關子，「付

〔註379〕《宋會要》刑法3之55，第6605頁。
〔註380〕《長編》卷90，天禧元年十一月辛丑，第2085頁。
〔註381〕《宋會要》刑法3之52、53，第6603～6604頁。
〔註382〕《包拯集校注》卷1，《七事》，第205頁。
〔註383〕《宋刑統》卷29，第475頁。
〔註384〕《長編》卷156，慶曆五年六月丁巳，第3784頁。
〔註385〕《宋史》卷164，《職官志四‧御史臺》，第3871頁。
〔註386〕《宋會要》職官55之28，第3612頁。
〔註387〕《長編》卷217，熙寧三年十一月庚寅，第5272頁。
〔註388〕《宋會要》職官55之9，第3603頁。
〔註389〕《長編》卷217，熙寧三年十一月庚寅，第5272頁。

本官照應。」〔註390〕宋代統治者比較重視臺參、臺謝、臺辭制。太宗即位之初，即詔令「中外官除拜出入，自今並於正衙辭謝，違者，有司議其罰。」〔註391〕淳化二年（991）規定：「出使急速免衙辭者，亦須具狀報臺，違者罰一月俸。」〔註392〕徽宗政和六年（1116）詔：「在京職事官與外任按察官，雖未升朝，並赴臺參謝辭。」〔註393〕宋代官員不赴臺參、臺謝、臺辭者要受責罰。如淳化三年（992），「李繼隆受命河朔征討，不赴臺辭，（御史中丞李）昌齡糾之，遣吏追還，罰俸。」〔註394〕又如，大中祥符元年（1008）十二月，「復州防禦使、駙馬都尉蔡宗慶遇恩，自康州移復州，不告謝，為有司所舉，以違制論，當贖銅三十斤，有詔末減，罰兩月俸。」〔註395〕

三、違反禁謁制度

為了保證公事公辦和官僚系統正常運作，避免將私人感情牽扯公事之中，預防腐敗，宋代實行禁謁制度。「百司門首謁禁者，不許接客也。若大理寺官，則又加禁謁，及亦不許出謁也。」〔註396〕「謁禁者，人來謁見則有禁；禁謁者，禁其謁人也。」〔註397〕宋代禁謁制度內容廣泛，包括禁止宰執、臺諫官及審刑院、大理寺、刑部、開封府等政府機構的官員私自接見賓客，以防請託；臺諫非公事不得與宰執私相往來，防止臺諫與宰執交通往還，結黨營私，如此等等。

淳化二年（991）四月，右司諫知制誥王禹偁上言：「請自今庶官候謁宰相，並須朝罷於政事堂，樞密使預坐接見，將以杜私請。」太宗起初採納了這個建議，但遭到左正言直史館謝泌的反對，他認為，「伏睹明詔，不許宰相、樞密使見賓客，是疑大臣以私也。《書》曰：『任賢勿貳，去邪勿疑。』張說謂姚元崇曰：『外則疏而接物，內則謹以事君。此真大臣之體。』今天下至廣，萬幾至繁，陛下以聰明寄於輔臣，自非接下，何以悉知外事？若令都堂候見，則庶官請見咨事，略無解衣之暇。今陛下囊括宇宙，總攬英豪，朝廷無巧言之士，方面無姑息之臣，奈何疑執政，為衰世之事乎。」太宗隨即追還前詔

〔註390〕《宋會要》職官55之28，第3612頁。
〔註391〕《長編》卷17，開寶九年十一月丁卯，第384頁。
〔註392〕《宋史》卷116，《禮志十九·賓禮一·常朝儀條》，第2759頁。
〔註393〕《宋史》卷164，《職官志四·御史臺》，第3872頁。
〔註394〕《宋史》卷287，《李昌齡傳》，第9653頁。
〔註395〕《長編》卷70，大中祥符元年十二月，第1582頁。
〔註396〕趙升：《朝野類要》卷四，《禁謁》，第90頁，中華書局，2007年點校本。
〔註397〕俞樾：《茶香室叢鈔》卷6，《禁謁》，第153頁，中華書局，1995年版。

〔註398〕。實際上，宰執私自接見賓客的弊端顯而易見，危害甚大。於是，「二府乞朝退時聚廳見客，以杜請謁。從之，卒如元之（王禹偁）之言。」〔註399〕眞宗景德四年（1007）六月詔：「自今外任得替到闕及在京掌事官有公事，許已前至中書、樞密院聚廳相見……非公事不許到廳。」〔註400〕仁宗景祐三年（1036）二月，「詔三司、御史臺、開封府，舊制不得接見賓客，其申明之。」〔註401〕寶元二年（1039）十二月規定：審刑院、大理寺、刑部自今無得通賓客，犯者，以違制論〔註402〕。慶曆三年（1043）九月丁丑詔：「執政大臣非休假不許私第受謁。」〔註403〕慶曆七年（1047）四月己巳規定：「諫官除朝參外，非公事不得出入請謁。」〔註404〕至和二年（1055）七月，採納翰林學士歐陽修建議，規定兩制、兩省以上官非公事不得與執政相見，及不許與臺諫官往還，「如有公事，許就白於中書、密院。」〔註405〕神宗熙寧九年（1076）正月詔：刑部、大理寺、審刑院官員雖假日亦禁止出謁，違者並接見之人各徒二年〔註406〕。元豐三年（1080）十月，「侍御史知雜事何正臣言：『大理寺法，本寺官不許看謁，仍不得接見賓客。府司、軍巡兩院，推勘公事不減大理，而休務日乃得看謁，亦或非時造詣稟白，不惟妨廢職事，亦恐未免觀望請託之弊。欲乞並依大理寺條施行。』從之。」〔註407〕元豐四年（1081）四月壬午，御史知雜事舒亶言：「執政大臣接見賓客，已有約束，而子弟往還看謁、交接賓友，未之禁止，實於事體未安。」遂詔中書立法，「執政官在京本宗有服親非職相干及親屬，不得往還看謁，違者並往還之人各杖一百。」〔註408〕高宗紹興十一年（1141）十一月丁未，「申嚴戚里宗室謁禁。」〔註409〕「中興

〔註398〕《宋史》卷306，《謝泌傳》，第10094頁；《長編》卷32，淳化二年四月，第715～716頁，文字有異。

〔註399〕王辟之：《澠水燕談錄》卷5，第61頁，中華書局，1981年版。

〔註400〕《長編》卷65，景德四年六月丙申，第1462頁；宋敏求：《春明退朝錄》卷中，第32頁，中華書局，1997年版。

〔註401〕《長編》卷118，景祐三年二月乙卯，第2776頁。

〔註402〕《長編》卷125，寶元二年十二月庚申，第2945頁。

〔註403〕《宋史》卷11，《仁宗三》，第216頁。

〔註404〕《長編》卷160，慶曆七年四月己巳，第3873頁。

〔註405〕《長編》卷180，至和二年七月癸亥，第4356頁。

〔註406〕《長編》卷272，熙寧九年正月甲申，第6668頁。

〔註407〕《長編》卷309，元豐三年十月甲申，第7509頁。

〔註408〕《長編》卷312，元豐四年四月壬午，第7571頁。

〔註409〕《宋史》卷29，《高宗六》，第551頁。

以來，深懲內侍用事之弊，嚴前後省使臣與兵將官往來之禁，著內侍官不許出謁及接見賓客之令。」〔註410〕孝宗淳熙二年（1175）十一月甲戌詔：「侍從、兩省官，三省、樞密院屬官有職事，於聚堂取稟。」〔註411〕

　　《慶元條法事類》對有關地方官及內侍的禁謁制度作出了詳細規定，如下表：

表二　《慶元條法事類》禁謁制度表

序號	類　　別	處　罰	史料出處
1	諸路分兵官將副、緣邊都監、武臣知縣或鎮寨長官、押隊、部隊將輒出謁及見賓客，並見之者	各徒二年	卷4《禁謁》，第32頁
2	諸州有徒以上囚禁，而獄官輒出謁及見賓客，並見之者	並依路分併官法	卷4《禁謁》，第33頁
3	諸知州、通判、縣令、非假日輒出謁及賓客受謁者，（臣僚經過，依令不應迎送而迎送，及見之者同。）	各徒一年	卷4《禁謁》，第33頁
4	諸監當官於所監倉庫非職事相干輒見賓客，及見之者	各徒二年	卷4《禁謁》，第33頁
5	諸錢監監官、監門官非假日輒出謁迎送者	杖一百	卷4《禁謁》，第33頁
6	諸監司屬官輒離本身出詣所部若行移文書下州縣，及差委幹辦公事，不經諸所差處，並緣路見州縣官若受饋送者	各徒二年	卷4《禁謁》，第33頁
7	諸帥臣（監司守貳同）輒令隨行子弟和親屬接見所部官員，並見之者	各杖八十	卷4《禁謁》，第33頁
8	諸內侍官輒與外朝官非親往還，或出謁接見賓客者	流二千里，量輕重取旨編置。	卷4《禁謁》，第33頁
9	諸發運、監司（屬官同）在州縣者，非假日不得出謁。		卷4《禁謁》，第34頁
10	諸知州、通判、縣令非假日不得出謁。		卷4《禁謁》，第34頁
11	諸責授散官願於他州居者，聽，不得輒離本處。其長史以下，知州非時不許接見。		卷4《禁謁》，第34頁

〔註410〕《宋史》卷166，《職官志六·入內內侍省內侍省》，第3941頁。
〔註411〕《宋史全文》卷26（上），第1789頁。

　　宋代的禁謁制度還可以從有關官員的論奏中得到佐證。如包拯有言：「中書、樞密院止許旬假見客，及不許百官巡廳，臺諫官不得私謁。」〔註412〕陳次升指出：「臺諫官不得與執政官相見，有著令。」〔註413〕神宗時，御史裏行朱服論劾執政章惇時稱：「執政之於御史，不應交通。」〔註414〕《宋史·上官均傳》亦載：「自熙寧以來，京師百司有謁禁。」〔註415〕

　　雖然宋代禁謁制度內容廣泛而詳細，但間有罷廢，並非一以貫之。如仁宗時，一度「復分廳見客。」〔註416〕嘉祐四年（1059）五月詔：「君臣同德，以成天下之務。而過設禁防，疑以私暱，非朕意也。舊制，兩制臣僚不許詣執政私第，執政嘗所薦舉，不得為御史，其悉除之。」〔註417〕所以宋人稱「皇祐、嘉祐中未有謁禁。」〔註418〕神宗元豐五年（1082）五月詔：六曹、寺、監長貳以下諸官，「如有公事己見不同，許獨至執政聚廳處具事狀申議。」〔註419〕哲宗元祐年間，宣仁太后聽政，「罷謁禁之制」〔註420〕。此外，在蔡京、秦檜、韓侂冑、史彌遠、賈似道等權臣當政期間，禁謁制度也如同空文。

　　儘管沒有以一貫之，但從總體上看，有宋一代禁謁制度在一定程度上得到了執行，諸多史實亦可證明之。如富弼在相位，稱疾家居，范純仁言：「弼受三朝眷倚，當自任天下之重，而恤己深於恤物，憂疾過於憂邦，致主處身，二者胥失。弼與先臣素厚，臣在諫省，不敢私謁以致忠告，願示以此章，使之自省。」〔註421〕富、范兩家本是世交，且不敢私謁，可見禁謁制度得到執行。又如，「（陳）執中在中書八年，人莫敢干以私，四方問遺不及門，惟殿前都指揮使郭承祐數至其家，為御史所言，遂詔中書、樞密自今非聚廳無見賓客。」〔註422〕

〔註412〕《包拯集校注》卷1，《七事》，第205頁。

〔註413〕陳次升：《讜論集》卷3，《奏彈曾布》第三，第19頁，景印文淵閣《四庫全書》本。

〔註414〕《長編》卷310，元豐三年十二月辛巳，第7527頁。

〔註415〕《宋史》卷355，《上官均傳》，第11178頁。

〔註416〕《春明退朝錄》卷中，第32頁。

〔註417〕《長編》卷189，嘉祐四年五月戊成，第4564～4565頁。

〔註418〕吳處厚：《青箱雜記》卷2，第18頁，中華書局，1985年版。

〔註419〕《長編》卷226，元豐五年五月癸卯，第7855頁。

〔註420〕《宋史》卷17，《哲宗一》，第322頁。

〔註421〕《宋史》卷314，《范純仁傳》，第10283～10284頁。

〔註422〕《宋史》卷285，《陳執中傳》，第9604頁。

　　宋代因違反禁謁制度而受懲治者亦時見於史書。如熙寧十年（1077）十一月己酉，「詔右千牛衛將軍世獎等五人免追官勒停，聽罰金，坐私接賓客，罪至徒二年，上特寬之。」〔註423〕元符元年（1098）三月戊辰，「吏部郎中方澤等坐私謁後族宴聚，罰金補外。」〔註424〕高宗時，御史臺主簿陳祖禮因「日登大臣之門」，遂被罷黜〔註425〕。

四、違反致仕制度

　　致仕，即退休。退休制度是官僚隊伍吐故納新，保證官僚隊伍生機活力的一項重要制度安排。按《禮記》：「大夫七十而致仕。」〔註426〕宋代之制，亦是七十而致仕。如王安石有言：「大夫七十而致仕，其禮見於經，而於今成爲法。」〔註427〕眞宗咸平五年（1002）五月詔：「文、武官年七十以上求退者，許致仕。」〔註428〕「若未及七十，但昏老不勝其任，亦奏請之，故曰引年。」〔註429〕《慶元條法事類》規定：「諸承直郎以下在任老病昏懦不堪釐務者，監司或知州、通判體量實狀奏。其廉貧悼獨而無可歸者，保明乞除官致仕。」〔註430〕

　　儘管宋朝對官員退休作了明確規定，但有很多官員不願意退休，甚至「有年近八十，尚在班行」者，其「鐘鳴漏盡，未悟夜行之非；日暮途窮，多作身後之計。」〔註431〕正如包拯所言：「人臣之義，七十致仕，著在《禮經》，卓爲明訓，……本朝典故，尤所重之。凡曰引年，莫非延世，推之半祿，待以優恩。……然而近歲寖成敝風，縉紳之閒，貪冒相尙，但願子孫之計，殊惕羞惡之心，馳末景於桑榆，負厚顏於鍾漏，不知其過，自以爲得。」〔註432〕

　　官員多不願退休，原因很簡單，人情冷暖，世態炎涼，在位與否，如天壤之別。「今一日辭事還其廬，徒御散矣，賓客去矣，百物之順其欲者不足，

〔註423〕《長編》卷285，熙寧十年十一月己酉，第6987頁。
〔註424〕《宋史》卷18，《哲宗二》，第349頁。
〔註425〕《繫年要錄》卷69紹興三年十月甲申，第2頁。
〔註426〕《禮記・曲禮上》，《禮記譯注》第4頁。
〔註427〕《王安石全集》卷13，《孫戾中允致仕》，第104頁。
〔註428〕《長編》卷52，咸平五年五月丙申，第1130頁。
〔註429〕《朝野類要》卷五，《引年致仕》第102頁。
〔註430〕《慶元條法事類》卷12，《致仕》，第219頁。
〔註431〕《長編》卷104，天聖四年九月，第2422頁。
〔註432〕《包拯集校注》卷3，《論百官致仕》，第182頁。

人之群嬉屬好之交不與，約居而獨遊，散棄乎山虛林莽、陌巷窮閭之間，如此，其於長者薄也，亦曷能使其不欲然於心邪？」〔註433〕「今之人則不然，仕非爲道也，而爲食也；非爲君也，而爲己也；非爲國也，而爲家也。是以進不知止，而困不知恥也。」〔註434〕

爲了保證官僚隊伍的生命力，鼓勵官員按時退休，宋代實行致仕加官和致仕恩蔭之制。「凡文武朝官、內職引年辭疾者，多增秩從其請，或加恩其子孫。」〔註435〕「人臣非有罪惡，致仕而去，人君遇之如在位時，禮也。近世致仕並與轉官，蓋以昧利者多，知退者少，欲加優恩，以示勸獎。」〔註436〕如太宗時，劉載「告老，改工部侍郎致仕，乃賜一子出身。」〔註437〕孔承恭「授將作監致仕，以其子玢同學究出身，爲登封縣尉，俾就祿養。」〔註438〕眞宗天禧元年（1017），祠部郎中胡旦以秘書少監致仕，「又以其子粲書試秘書省校書郎」。〔註439〕眞宗以後，致仕蔭補規範化制度化。仁宗天聖四年（1026）十月壬辰詔：「郎中以上致仕，賜一子官。」〔註440〕明道元年（1032）二月甲子詔：「員外郎以上致仕者，錄其子校書郎，三丞以上齋郎。」〔註441〕明道二年（1033）又詔：「三丞以上致仕無子者，聽官其嫡孫若弟、侄一人，仍降子一等。」〔註442〕南宋《慶元條法事類》對致仕恩蔭作了更具體的規定：「諸中大夫至朝奉郎及武功至武翼大夫乞致仕而不願轉官者，受敕三日內，本州取索文狀保明連奏，聽補本宗緦麻以上親一名。中大夫至中散大夫，武功至武翼大夫帶遙郡者，蔭補外聽陳乞親戚一名恩澤。即正侍至武翼郎見有身自蔭補人，及訓武修郎、閤門祗候見理親民，並承議、奉議郎聽陳乞緦麻以上親恩澤，準此。」〔註443〕「臣僚致仕，陳乞緦麻以上親恩澤，曾任執政官以上，

〔註433〕曾鞏：《曾鞏集》卷14，《送周屯田序》，第220頁，中華書局，1984年版。
〔註434〕劉敞：《公是集》卷37，《致仕議》，第6頁，景印文淵閣《四庫全書》本。
〔註435〕《宋史》卷170，《職官志十·雜制》，第4088頁。
〔註436〕《宋史》卷170，《職官志十·雜制》，第4091頁。
〔註437〕《宋史》卷262，《劉載傳》，第9082頁。
〔註438〕《宋史》卷276，《孔承恭傳》，第9390頁。
〔註439〕《宋會要》職官77之33，第4149頁。
〔註440〕《宋史》卷9，《仁宗一》，第182頁；《長編》卷104，天聖四年十月壬辰，第2424頁。
〔註441〕《宋史》卷10，《仁宗二》，第193頁；《宋史》卷170，《職官十·雜制》，第4089頁。
〔註442〕《長編》卷112，明道二年正月庚寅，第2604頁。
〔註443〕《慶元條法事類》卷12，《致仕》，第222頁。

二人；太中、右武大夫以上，及曾任諫議大夫以上及侍御史不願轉官，一名。」〔註444〕

　　對於不自請致仕者，宋代許御史臺糾察以聞，並特令致仕，且剝奪不願致仕者的致仕恩蔭特權〔註445〕。「文武官年七十以上不自請致仕者，許御史臺糾劾以聞。」〔註446〕宋代還規定，文武百官年七十而不願致仕者，「令上表自陳，特與轉官致仕。」〔註447〕「外任大使臣年七十以上，令監司體量，直除致仕者，更不與子孫推恩。」〔註448〕如治平四年（1067），神宗即位之初，「以果州團練使何誠用、惠州防禦使馮承用、嘉州團練使劉保吉、昭州刺史鄧保壽皆年七十以上至八十餘，並特令致仕，以樞密院言，致仕雖有著令，臣僚鮮能自陳故也。」〔註449〕宋代甚至對不按時致仕者予以降官致仕。如太祖建隆三年（962）八月丙戌，特詔年過七十而無意退休的大理卿（從三品）劇可久以光祿卿（從四品）致仕，被連降兩級〔註450〕。神宗時規定：「應年及而不退者，自知州以下，皆降爲監當。」〔註451〕南宋高宗建炎元年六月，知筠州楊允因「昏耄貪祿忘歸」，被降三官致仕〔註452〕。

第八節　違反軍法軍規

　　軍隊是國家統治的暴力機器，是維護專制統治必不可少的工具。軍人應絕對效忠君主，服從軍令是將士的天職。宋代是一個外患十分嚴重的王朝，北宋時主要是遼、金、西夏的威脅，南宋時主要是金、蒙（元）的威脅；同時，內部兵變、民變亦多，軍隊對維護趙宋專制王朝的統治至關重要。爲了避免晚唐以來藩鎮割據局面，防禦外患，鎮壓內亂，宋代採取了一系列措施來強化對軍隊的控制，嚴懲違反軍法軍規的官員。

〔註444〕《慶元條法事類》卷12，《致仕》，第226頁。
〔註445〕《長編》卷118，景祐三年六月甲戌，第2791頁。
〔註446〕《宋史》卷170，《職官志十‧雜制》，第4089頁。
〔註447〕《長編》卷104，天聖四年九月，第2422頁。
〔註448〕《宋史》卷14，《神宗一》，第270頁。
〔註449〕《宋史》卷170，《職官志十‧雜制》，第4090頁。
〔註450〕《長編》卷3，建隆三年八月丙戌，第70頁；《宋會要》職官77之28，第4146頁。
〔註451〕《宋朝諸臣奏議》卷74，呂公著《上神宗乞致仕官給四分俸錢》，第806頁。
〔註452〕《宋會要》職官77之64，第4164頁。

一、擅發兵

按《宋刑統‧擅興律》：「諸擅發兵，十人以上徒一年，百人徒一年半，百人加一等，千人絞。給予者，隨所給人數，減擅發一等。」「急須兵者，得便調發。雖非所屬，比部官司亦得調發、給與，並即言上。若不即調發及不即給與者，準所須人數，並與擅發罪同；其不即言上者，亦準所發人數，減罪一等。」〔註453〕宋代因擅發兵而受懲治者時有所見，視情節輕重不同而處以貶降、編管、配隸等。

表三　宋代懲治「擅發兵」官員表

序號	官　員	時　間	懲治原因	懲治方式	史料出處
1	楊光智	大中祥符七年八月丁巳	擅領兵出寨，又誣軍中謀殺司馬張從吉	配隸鄧州	《宋史》卷8《真宗三》，第156頁
2	環慶路都監宋沆	咸平中	與知環州張從古擅發兵襲敵	責授供奉官	《宋史》卷287，第9646頁
3	集賢校理尹洙	仁宗時	擅發兵	降通判濠州	《宋史》卷295《尹洙傳》，第9834頁
4	知慶州李復圭	熙寧三年十月丙子	擅興兵敗績，誣裨將李信、劉甫、種詠以死	貶保靜軍節度副使	《宋史》卷15《神宗二》，第277頁
5	環慶路兵馬副總管王機	建炎二年正月	坐開邊隙	除名象州編管	《繫年要錄》卷12建炎二年正月，第10頁

二、逗撓不進、觀望不救

誓師征討，國之大事，凡調發兵馬征戰，貴在神速，否則會貽誤戰機，造成嚴重後果。宋代規定，調發兵馬遲緩為乏軍興，違者，不論故意與過失，皆斬。按《宋刑統》：「諸乏軍興者斬，故、失等。不憂軍事者杖一百。」〔註454〕「即臨軍征討而稽期者，流三千里，三日斬。」〔註455〕在戰爭中，「如逗撓觀望不即赴救，致有陷失者，本隊委擁隊軍校，次隊委本轄隊將，審觀不救所由，斬之。」〔註456〕實際上，宋代對官員在戰爭中逗撓不進、觀望不救者多有責罰，情節重者甚至處以死刑。

〔註453〕《宋刑統》卷16，《擅興律》，第250頁。
〔註454〕《宋刑統》卷16，《擅興律‧乏軍興》，第256頁。
〔註455〕《宋刑統》卷16，《擅興律‧徵人稽留》，第257頁。
〔註456〕《宋史》卷195，《兵志九‧陣法》，第4864頁。

表四　宋代懲治「逗撓不進」官員表

序號	官　員	時　間	懲治原因	懲治方式	史料出處
1	龍捷指揮石進	建隆元年十月乙酉	坐不救	棄市	《宋史》卷 1《太祖一》，第 7 頁
2	光州刺史史珪	太平興國四年	坐所部逗撓失律	責授定武行軍司馬	《宋史》卷 274《史珪傳》，第 9358 頁
3	清遠軍都監劉文質	咸平中	坐逗撓	奪官雷州安置	《宋史》卷 324《劉文質傳》，第 10492 頁
4	定州鈐轄李繼宣	咸平六年夏	坐逗遛不進	降爲如京副使	《宋史》卷 308《李繼宣傳》第 10147 頁；卷 22《楊延昭傳》第 9307 頁
5	鄜延副總管趙振	仁宗時	坐擁兵不救	貶白州團練使、知絳州	《宋史》卷 323《趙振傳》，第 10462 頁；卷 304《方偕傳》，第 10070 頁
6	韓存寶	元豐四年秋七月甲辰	討瀘夷無功，以逗撓罪	誅之	《宋史》卷 329《何正臣傳》，第 10613 頁；卷 16《神宗三》第 304 頁
7	鳳州團練使種諤	元豐五年八月	以行軍迂道	降授文州刺史	《宋史》卷 16《神宗三》，第 308 頁

三、臨陣先退

　　宋代對將士臨陣先退規定了嚴厲的處罰。按《宋刑統》：「諸主將以下，臨陣先退者斬。」〔註457〕《武經總要》：「臨陣先退者，斬。」〔註458〕如眞宗咸平六年（1003），鎭州副部署李福、拱聖軍都指揮使王升坐望都之戰臨陣退衄，「福坐削籍流封州，升決杖配隸瓊州。」〔註459〕寧宗嘉定元年（1208）正月，知隋州林璋因「虜騎犯城，望風先遁，退居紫山，居民驚散」，遂降三官，送永州居住〔註460〕。

〔註457〕《宋刑統》卷 16，《擅興律・臨陣先退》，第 258 頁。
〔註458〕曾公亮、丁度：《武經總要》前集卷 14，《罰條》，第 11 頁，景印文淵閣《四庫全書》本。
〔註459〕《宋史》卷 278，《王超傳》，第 9465 頁。
〔註460〕（宋會要）職官 74 之 27，第 4064 頁。

四、殺降

宋代禁止殺害敵方投降之人。《宋刑統》規定：「若寇賊對陣，捨仗投軍，及棄賊來降而輒殺者斬。即違犯軍令，軍還以後，在律有條者依律斷，無條者無論。」〔註461〕如乾德三年（965）十一月乙未，「劍州刺史張仁謙坐殺降，貶宋州教練。」〔註462〕又如，乾德五年（967）正月甲寅，「王全斌等坐伐蜀黷貨殺降，全斌責崇義軍節度使，崔彥進責昭化軍節度使。」〔註463〕再又，宋初，王仁贍為鳳州路行營前軍都監，奉命興師討蜀，「蜀平，坐沒入生口財貨、殺降兵致蜀土擾亂，責授右衛大將軍。」〔註464〕

五、主將不固守城

《宋刑統》規定：「諸主將守城，為賊所攻，不固守而棄去，及守備不設，為賊所掩覆者，斬。若連接寇賊，被遣斥候，不覺賊來者，徒三年；以故致有覆敗者，亦斬。」〔註465〕即遇到敵人攻擊時，守城主將不固守城池，或棄城、棄軍而去，或不積極設防，或巡查警戒不嚴等而導致城池失守者，一律處斬。實際上宋代戰爭頻繁，官員因作戰不力，隨意棄軍、棄城而被懲治者不絕於書，主要被處以死刑、杖配、安置、勒停、貶降等，如下表。

表五　宋代懲治「不固守城」官員表

序號	官　員	時　間	懲治原因	懲治方式	史料出處
1	鄜延路兵馬都監黃德和	康定元年四月丙午	坐棄軍	腰斬	《宋史》卷10《仁宗二》，第208頁
2	青溪令陳光	宣和三年四月甲戌	以盜發縣內棄城	伏誅	《宋史卷22《徽宗四》，第407頁
3	劉韐	靖康元年閏十一月	坐棄軍	降五官予祠	《宋史》卷23《欽宗》，第433頁
4	知鎮江府趙子崧	建炎二年二月戊寅	坐前棄鎮江	單州團練副使南雄州安置	《宋史》卷25《高宗二》，第454頁

〔註461〕《宋刑統》卷16，《擅興律‧臨陣先退》，第258頁。
〔註462〕《宋史》卷2，《太祖二》，第23頁。
〔註463〕《宋史》卷2，《太祖二》，第25頁。
〔註464〕《宋史》卷257，《王仁贍傳》，第8957頁。
〔註465〕《宋刑統》卷16，《擅興律‧主將不固守城》，第258頁。

5	越州守郭仲荀	建炎三年	寇至棄城遁，過行在不朝	貶廣州	《宋史》卷 200《刑法志二》，第 5002 頁
6	淮西守將孔福	乾道元年正月	棄城	伏誅	《宋史》卷 33《孝宗一》，第 630 頁
7	通州守臣杜霆	淳祐二年十二月己未	棄城弗守載其私帑渡江以遁遂致民被屠戮	先奪三秩，後追毀出身以來文字，竄南雄州	《宋史》卷 42《理宗二》，第 824 頁
8	瑞州守臣陳昌世	景定元年二月甲寅	兵至民擁之以逃，棄城失守	削三秩勒停	《宋史》卷 45《理宗五》，第 872 頁
9	知衢州謝墍	景定五年六月甲辰	因寇焚掠常山縣，棄城遁	削三秩，褫職不敘	《宋史》卷 45《理宗五》，第 887 頁

六、不服從指揮差遣

　　按《武經總要》：「不服差遣者，斬」。〔註466〕如高宗紹興三年（1133）六月甲申，「統制巨師古坐違韓世忠節制，除名，廣州編管。」〔註467〕又如，理宗時，淮兵有警，步帥王鑒出師，請鈐轄崔福同行，崔福不樂爲王鑒所用，遇敵不擊，又託以葬女擅歸，亦不聞於制置司，遂坐以軍法〔註468〕。

七、治軍無方，軍紀鬆弛

　　軍隊紀律嚴明才有戰鬥力。若將官治軍無方，軍隊紀律鬆弛，軍隊就難以勝任其使命。宋代規定，軍隊紀律鬆弛，造成不良後果者，官員要受懲罰；情節嚴重者，甚至要被處以死刑。如眞宗大中祥符元年（1008）八月庚寅詔：「東封路軍馬無得下道蹂踐禾稼，違者罪其將領。」〔註469〕《武經總要》規定：「奸犯居人婦女，及將婦女入營者，斬。」〔註470〕宋代官員因軍隊紀律鬆弛，造成不良後果而受懲治者亦不鮮見。如太宗太平興國四年（979）八月壬子，「西京留守石守信坐從征失律，貶崇信軍節度使。」〔註471〕眞宗景德二年（1005）三月戊午，「鄭州防禦使魏能坐歸師不整，責授右羽林將軍。」〔註472〕高宗紹興二年（1132）十二月，「江西兵馬副鈐轄張忠彥坐縱

〔註466〕　《武經總要》前集卷 14，《罰條》，第 14 頁。
〔註467〕　《宋史》卷 27，《高宗四》，第 505 頁。
〔註468〕　《宋史》卷 419，《崔福傳》，第 12564 頁。
〔註469〕　《長編》卷 69，第 1553 頁。
〔註470〕　《武經總要》前集卷 14，《罰條》，第 16 頁。
〔註471〕　《宋史》卷 4《太宗一》，第 63 頁。
〔註472〕　《宋史》卷 7《眞宗二》，第 128 頁。

暴不法，斬於潭州。」〔註473〕理宗時，京西忠順統制江海、襄陽同統制郭勝，「因所部兵行劫，坐不發覺，除名，廣州拘管。」〔註474〕

八、詐稱戰功

針對奏功冒濫的情況，高宗建炎二年（1128）正月規定，奏功不實者，「官員坐欺罔之罪，軍曹司等編管遠惡州軍，仍令御史臺覺察。」〔註475〕如紹興二年（1132）九月，武功大夫、貴州團練使、新知橫州陳晟因「居婺州，詐稱戰功，冒請眞俸」，遂除名、雷州編管〔註476〕。

九、違反兵器、軍用物資管理制度

「師旅所須，最先糧草。」〔註477〕人糧馬料是冷兵器時代最重要的軍需物資，糧草等軍用物資的供應是最重要的軍事後勤保障工作。爲了保障軍糧供應，防止各種弊病，宋代作出了明確規定。一是在發糧前要進呈糧樣，經檢驗合格後再行發放。如仁宗天聖七年（1029）十月三司有言：「舊條，凡給糧有諸班、諸軍祿與諸司之別，皆糧料院預以樣進呈，三司定界分倉廠支給，用年月爲次。」〔註478〕二是實行糧草發放現場監督制度，發放軍糧時，諸倉監官等都必須親臨現場監督，以保證發放軍糧的質量和數量。如嘉祐八年（1063）九月詔：「自今提點倉場臣僚，每月詣倉點檢，令依樣潔淨。如稍違，監官及提點臣僚坐罪。」〔註479〕三是規定非軍人自願，不得抑勒坐倉，違者重罰。眞宗時規定：「諸軍月給無得減克，違者至死。」〔註480〕徽宗政和元年（1111）五月三十日詔：「諸軍月糧、口食，雖食用有餘，不取情願而抑令坐倉收糴者，徒二年。」〔註481〕所謂坐倉，即每逢發放軍人月糧口食之日，官府就倉回糴軍人食不完之餘糧，使糧不出倉而軍人獲錢。按照規定，須是軍士食用豐足之外，方許情願者坐倉，依和糴價支錢，「不得抑勒」〔註482〕。四

〔註473〕《宋史》卷27《高宗四》，第502頁。
〔註474〕《宋史》卷41，《理宗一》，第800頁。
〔註475〕《繫年要錄》卷12建炎二年正月戊戌，第10頁。
〔註476〕《繫年要錄》卷58紹興二年九月辛未，第8頁。
〔註477〕《繫年要錄》卷54紹興二年五月丙戌，第20頁。
〔註478〕《宋會要》職官5之66，第2495頁。
〔註479〕《宋會要》職官26之27，第2933頁。
〔註480〕《長編》卷67，景德四年十一月甲戌，第1504頁。
〔註481〕《宋會要》食貨62之58，第5977頁。
〔註482〕《長編》卷385，元祐元年八月丁酉，第9381頁。

是規定調發雜物供給軍事要上報，違者受罰。按《宋刑統》：「諸應調發雜物供給軍事者，皆先言上待報，違者徒一年，給與者減一等。若事有警急，得便調發、給與並即言上。或不調發及不給與者，亦徒一年；不即言上者，各減一等。」〔註 483〕宋代官員因違反軍糧供應有關規定而受懲罰者亦大有人在。如建隆三年（962）八月癸巳，「蔡河務綱官王訓等四人坐以糠土雜軍糧，磔於市。」〔註 484〕仁宗時，知冀州蔣偕「坐擅率糧草，降知霸州。」〔註 485〕

　　宋代為了保證戰馬的供給，對買馬有年指標（歲額）和質量要求，對不能按質按量完成任務者施以一定處罰。高宗紹興十四年（1144）規定：「諸買馬司幹辦公事官任滿，催督諸場買馬，歲額敷辦，提舉司保明，與減二年磨勘；不及八分，展二年磨勘。」〔註 486〕孝宗乾道四年（1168）規定：「買馬不及九分以上，展磨勘三年，知通並令赴本司批書，候馬額足日放行。庶幾州郡有所懲勸，不致有誤馬政。」〔註 487〕如神宗元豐七年（1084）七月五日，「提舉陝西買馬官展二年磨勘，以有司言歲買馬不及額也。」〔註 488〕高宗紹興四年（1134），廣西買馬司所市馬「不堪披帶」，紹興五年（1135）正月，提舉李預因此被降兩官，其他相關官員各被降一官資〔註 489〕。

　　宋代禁止私蓄、私造兵器和私自買賣兵器。按《宋刑統》：「諸私有禁兵器者，徒一年半；（謂非弓、箭、刀、盾、短矛者。）弩一張加二等；甲一領及弩三張流二千里；甲三領及弩五張絞。私造者各加一等。（甲謂皮鐵等，具裝與甲同。即得闌遺，過三十日不送官者，同私有法。）造未成者減二等。即私有甲弩非全成者杖一百，余非全成者勿論。」〔註 490〕又據《慶元條法事類》：「諸以堪軍器物賣與化外人及引領者並徒二年，計贓一尺徒三年，一匹加一等，徒罪皆配千里，流罪皆配二千里，三十匹皆配遠惡州，物沒官，知情、停藏、負載人減犯人一等，仍依犯人配法。」〔註 491〕如太祖乾德五年（967），深州刺史陳達「私蓄兵器，欲走契丹」，「法當死，上特貸之」，三月庚寅，被

〔註 483〕《宋刑統》卷 16，《擅興律・調發雜物供軍》，第 251 頁。
〔註 484〕《宋史》卷 1，《太祖一》，第 12 頁。
〔註 485〕《宋史》卷 326，《蔣偕傳》，第 10520 頁。
〔註 486〕《宋會要》職官 43 之 105，第 3326 頁。
〔註 487〕《宋會要》職官 43 之 115，第 3331 頁。
〔註 488〕《宋會要》兵 22 之 12，第 7149 頁。
〔註 489〕《宋會要》兵 22 之 22，第 7154 頁。
〔註 490〕《宋刑統》卷 16，《私有禁兵器》，第 264 頁。
〔註 491〕《慶元條法事類》卷 29，《興販軍需》，第 430 頁。

除名流海島〔註492〕。又如，太宗太平興國八年（983），威塞軍節度使曹翰「私市兵器，所爲多不法」，「詔遣御史滕中正乘傳鞫之，獄具，當棄市，上貸其罪，削官爵，流錮登州。」〔註493〕

第九節　違反經濟管理制度

宋代商品經濟較此前歷代發達，專制政府對經濟活動的管理進一步加強，經濟管理方面的法律制度更加完備，官員因違反有關經濟管理制度而受懲治者也不少見。

一、違反錢幣及金銀銅管理制度

在宋代，官員因違反錢幣及金銀銅管理制度而受懲治者，主要有以下情形：

（一）私鑄錢、私鑄銅器

太祖時規定：「凡諸州輕小惡錢及鐵鑞錢悉禁之，詔到限一月送官，限滿不送官者罪有差，其私鑄者皆棄市。」〔註494〕乾德五年（967）十二月詔：「諸州輕小惡錢及鐵鑞錢等，限一月悉送官，限滿不送者罪之有差，敢私鑄者棄市。」〔註495〕太平興國二年（977）十一月丁酉，「禁江南諸州新小錢，私鑄者棄市」〔註496〕；太平興國七年（982）四月庚辰，「禁河南諸州私鑄鉛錫惡錢及輕小錢」〔註497〕。端拱元年（988）詔：「察民私鑄及銷熔好錢作薄惡錢者，並棄市。」〔註498〕

按《宋刑統》：「諸私鑄錢者，流三千里。作具已備未鑄者，徒二年；作鑄未備者，杖一百。若磨錯成錢令薄小，取銅以求利者，徒一年。」〔註499〕

《慶元條法事類》對私鑄錢、私鑄銅器及官員失覺察的懲治作了詳細規定：

〔註492〕《長編》卷8，第190頁。
〔註493〕《宋史》卷260，《曹翰傳》，第9015頁；《宋史》卷4，《太宗一》，第70頁。
〔註494〕《宋史》卷180，《食貨志下二・錢幣》，第4375頁。
〔註495〕《長編》卷8，乾德五年十二月丙辰，第197頁。
〔註496〕《宋史》卷4，《太宗一》，第57頁。
〔註497〕《宋史》卷4，《太宗一》，第68頁。
〔註498〕《宋史》卷180，《食貨志下二・錢幣》，第4378頁。
〔註499〕《宋刑統》卷26，《雜律・私鑄錢》，第407頁。

「諸私有銅及鍮石者，一兩杖八十，一斤加一等，十五斤不刺面配鄰州本城。為人造作器物者，與物主同罪，配亦如之，作具沒官。」「諸巡捕官任內透漏銅出界及失覺察私置爐烹煉或買賣不入官，以捕得斤數除外，五十斤展磨勘半年，縣尉殿三月參選；百斤展磨勘一年，縣尉殿半年；二百斤展二年，縣尉殿一年。如係所產去處各遞加一等。」〔註500〕

「諸守令任內失覺察鈺銷錢寶、私鑄銅器，提點刑獄司具申尚書省取旨。」〔註501〕「諸私鑄錢者絞，未成者減一等；指教人及工匠為從，死罪從及罪至流者配千里；以渣垢夾至死者，奏裁；以雜物私造，可亂俗者，減私鑄法一等，不及百文又減一等，並許人捕。廂耆巡察人失覺察私鑄錢，徒一年，巡檢、縣尉、都監減一等，縣令、州城內知州、通判各又減一等；若雜物私造者，各遞減一等。以上知而不舉或故縱者，減罪人二等；內廂耆巡察人故縱犯人應配者，仍配五百里。」〔註502〕

「諸私鑄錢者，不以蔭論，命官不在議、請、減之列。」「諸官司受納諸色人錢，專庫揀捏之類，以私鑄混雜換易，罪輕者，杖一百，仍勒停，許人捕。」〔註503〕

「諸巡檢、縣尉、都監，任內失覺察鈺銷及磨錯翦鑿錢取銅以求利，（以私錢博易同。）或私造銅器，一斤以上，展磨勘半年；十斤以上，展磨勘一年；五十斤以上，展磨勘二年；百斤以上，奏裁。廂耆巡察人杖一百。」〔註504〕

「諸鈺銷及磨錯、翦鑿錢取銅以求利，或鑄造器物，……命官及有蔭人奏裁，並許人捕。廂耆巡察人及地分官吏知而不糾，以違制論，仍放罷，吏人勒停。」「諸守令任內失覺察鈺銷錢寶、私鑄銅器，提點刑獄司具申尚書省取旨。」〔註505〕

在宋代，由於「銷熔十錢得精銅一兩，造作器用，獲利五倍」〔註506〕，大量銅錢被銷熔成銅器，嚴重影響銅錢的流通，所以宋代嚴禁銷熔銅錢為器物。太宗淳化二年（991）閏二月，針對京城有人「銷鑄銅錢為器用雜物」，

〔註500〕《慶元條法事類》卷28，《銅鍮石鉛錫銅礦》，第401頁。
〔註501〕《慶元條法事類》卷28，《銅鍮石鉛錫銅礦》，第402頁。
〔註502〕《慶元條法事類》卷29，《榷禁門・私鑄錢》，第418頁。
〔註503〕《慶元條法事類》卷29，《榷禁門・私鑄錢》，第419頁。
〔註504〕《慶元條法事類》卷29，《榷禁門・私錢博易》，第423～424頁。
〔註505〕《慶元條法事類》卷29，《榷禁門・鈺鑿錢寶》，第426頁。
〔註506〕《宋史》卷180，《食貨志下二・錢幣》，第4384頁。

詔令「開封府戒坊市，謹捕之，犯者斬。」〔註507〕大中祥符二年（1009）規定：銷銅錢，「犯二兩者科銅一兩之罪，至死者奏裁。」〔註508〕

由於私鑄錢、私鑄銅器可以牟取暴利，所以許多人鋌而走險，一些官員也因此而受到法律的制裁。如元豐三年（1080）九月，「權三司使李承之、前副使韓忠彥、判官黃好謙各展磨勘二年。先是，百姓閻慶詐為中使程昭吉狀，稱內中降錢買三司銅鑄鐘，三司不詳眞僞，聽買。及覆奏，慶既決配廣南，故承之等有是責。」〔註509〕又如，乾道三年（1167）五月，右承奉郎、監饒州永平監兼物料庫嚴琯因在任減克物料，私鑄銅器，特降兩官放罷〔註510〕。

（二）以銅錢博易規利

宋代商品經濟發達，銅錢作為法定流通貨幣，對促進商品經濟的發展起著不可或缺的作用。為了保持銅錢的穩定，宋代禁止以銅錢博易規利。《慶元條法事類》明確規定了以銅錢博易規利及官員失察的有關責任。「諸以銅錢與蕃商博易者，徒二年，五百文加一等，過徒三年一貫加一等。徒罪配二千里，從者配千里；流罪配三千里，從者配二千里；五貫配廣南，從者配三千里；十貫配遠惡州，從者配廣南。知情、引領、停藏、負載人減犯人罪一等，仍依從者配法。……各不以赦降原減。……其犯人並知情、引領、停藏、負載人名下家產並藉沒入官。」〔註511〕「諸博易私錢以規利者，杖一百，一百文加一等；過徒三年，一貫加一等，十貫配本城，三犯徒鄰州編管。即將私錢博易官錢者，加二等，罪止配臨近錢監。引領博易人準此。」〔註512〕「諸不覺察銅錢出中國界或以銅錢與藩商博易者，市舶司當職官吏、巡捕官、巡防人以違制論。州知、通，縣令、丞，鎮寨官並經由透漏去處，巡捕官、巡防人杖一百。故縱者，與犯人同罪；至死，減一等。」〔註513〕

宋代官員因違反上述法律規定而被懲治者，史書亦有所見。如慶元四年（1198）五月十七日，「知南恩州李延年放罷，差主管台州崇道觀，理作自陳。

〔註507〕《長編》卷32，淳化二年閏二月己丑，第713頁。
〔註508〕《長編》卷71，大中祥符二年四月，第1604頁。
〔註509〕《宋會要》職官66之12-13，第3874頁。
〔註510〕《宋會要》職官43之160，第3353頁。
〔註511〕《慶元條法事類》卷29，《榷禁門·銅錢金銀出界》，第410～411頁。
〔註512〕《慶元條法事類》卷29，《榷禁門·私錢博易》，第423頁。
〔註513〕《慶元條法事類》卷29，《榷禁門·銅錢金銀出界》，第411頁。

以廣東提舉陳宏規奏：『近降指揮禁絕銅器，槌毀償價。延年公然掊斂州縣錢物，不即槌碎，仍給予之，可見營私。』」〔註514〕

（三）使銅錢及金銀外流

宋代銅錢是寶貨，質量好，價值高，深得外蕃人青睞，並被其用以牟利。因此宋代詳定銅錢出界之法，禁止銅錢及金銀銅外流。宋初規定：「銅錢闌出江南、塞外及南蕃諸國，差定其法，至二貫者徒一年，五貫以上棄市，募告者賞之。」〔註515〕宋太祖開寶元年（968）九月壬午詔：「舊禁銅錢無出化外，乃聞沿邊縱弛，不複檢察。自今五貫以下者，抵罪有差；五貫以上，其罪死。」〔註516〕真宗大中祥符元年（1008）正月，「時京城金銀價貴，上以問權三司使丁謂，謂言為西戎、回鶻所市入蕃。乙亥，下詔約束之。」〔註517〕仁宗慶曆元年（1041）五月規定，「以銅錢出外界，一貫以上，為首者處死；其為從，若不及一貫，河東、河北、京西、陝西人決配廣南遠惡州軍本城，廣南、兩浙、福建人配陝西。其居停資給者，與同罪。如捕到番人，亦決配荊湖、江南編管。仍許諸色人告捉，給以所告之物。其經地分不覺察，官吏減二等坐之。」〔註518〕孝宗乾道八年（1172）十一月十四日，「中書門下言：『已降指揮令淮南京西安撫、轉運司鈐束榷場客人不得以銀過淮博易，聞沿邊州軍全不約束。』詔行下沿邊守臣督責巡尉並榷場主管使臣等嚴行禁止。」〔註519〕

又按《慶元條法事類》：「諸以銅錢出中國界者，徒三年，五百文流二千里，五百文加一等。徒罪配三千里，從者配二千里；流罪配廣南，從者配三千里；三貫配遠惡州，從者配廣南；五貫絞，從者配遠惡州。知情、引領、停藏、負載人減犯人罪一等，仍各依從者配法。以上並奏裁，各不以赦降原減。……其犯人並知情、引領、停藏、負載人名下家產並藉沒入官。」〔註520〕「諸將銅錢入海船者，杖八十，一貫杖一百；三貫杖一百，編管五百里；五貫徒一年，從者杖一百；七貫徒二年，從者徒一年；十貫流二千里，從者徒

〔註514〕《宋會要》職官74之3，第4053頁。
〔註515〕《宋史》卷180，《食貨志下二·錢幣》，第4375頁。
〔註516〕《長編》卷9，開寶元年九月壬午，第207頁。
〔註517〕《長編》卷68，大中祥符元年正月，第1521頁。
〔註518〕《長編》卷132，慶曆元年五月乙卯，第3122頁。
〔註519〕《宋會要》食貨38之42～43，第5487～5488頁。
〔註520〕《慶元條法事類》卷29，《榷禁門·銅錢金銀出界》，第410頁。

三年。知情、引領、停藏、負載人依從者法。」〔註521〕

　　儘管宋朝廷三令五申，嚴禁銅錢及金銀外流，但由於利益的誘惑等多種原因，宋代還是有些官員因違反有關規定而被處罰。如紹熙三年（1192）十月十八日，「前隨州隨縣尉邢彥文降一官，坐在任日透漏白鑞、銅錢故也。」〔註522〕又，嘉定六年（1213）六月二十八日，「太府寺丞張鎬放罷，以右諫議大夫鄭昭先言其試郡潮陽，專事苛斂，運銅下海，爲人所持。」〔註523〕

（四）銷金銀爲飾

　　宋代「立國之初，崇尚儉素，金銀爲服用者鮮，士大夫罕以侈靡相勝，故公卿以清節爲高，而金銀之價甚賤。至東封西祀，天書降，天神現，而侈費寖廣，公卿士大夫是則是傚，而金銀之價亦從而增。」「上以爲重則下競趨之，求之者多，則價不得不踊。」〔註524〕正是基於金銀價格的巨大變化，宋代禁止熔化金銀來製作服飾、裝飾神像和其他一些製品。據筆者目前所掌握的史料，太宗時即已下達禁令〔註525〕，至南宋末年，一直行之不改。

　　眞宗咸平二年（999）五月，鑒於「公卿士庶，服用逾制，至有熔金飾衣，或以珠翠者」，於是，「令有司禁臣庶泥金、鋪金之飾，違者坐其家長。」〔註526〕大中祥符元年（1008）二月詔：「金箔、金銀線、貼金、銷金、間金、蹙金線，裝貼什器土木玩之物，並行禁斷。非命婦不得以金爲首飾。許人糾告，並以違制論。」〔註527〕大中祥符元年（1008）五月戊子詔：「除乘輿供帳，存於禮文者如舊，自今宮禁中外進奉物，勿以銷金文繡爲飾。」〔註528〕大中祥符八年（1015）三月庚子詔：「內庭自中宮以下，並不得銷金、貼金、間金、……剔金、陷金、明金、泥金、楞金、背影金、盤金、織金、金線撚絲裝著衣服，並不得以金爲飾。其外庭臣庶家，悉得禁斷。臣民舊有者，限一月許回易爲眞像前供養物。……違者，犯人及工匠皆坐。」〔註529〕大中

〔註521〕《慶元條法事類》卷29，《榷禁門・銅錢下海》，第415頁。
〔註522〕《宋會要》職官73之13，第4023頁。
〔註523〕《宋會要》職官73之46，第4039頁。
〔註524〕《燕翼詒謀錄》卷2，第14頁。
〔註525〕《宋史》卷153，《輿服志五・士庶人車服》，第3574頁。
〔註526〕《長編》卷44，咸平二年五月，第944頁。
〔註527〕《燕翼詒謀錄》卷2，第18頁；《宋史》卷7，《眞宗二》，第136頁。
〔註528〕《宋史》卷7，《眞宗二》，第136頁。
〔註529〕《宋大詔令集》卷199，《禁銷金詔》，第736頁；《燕翼詒謀錄》卷2，第18頁。

祥符八年（1015）五月詔：「自宮禁迨臣庶之家，一切服玩者皆不得以金爲飾，嚴其科禁。」〔註530〕

仁宗景祐二年（1035）五月，申嚴不得以金爲飾，「先朝已有制條，禁銷金之作，今縷金之用，耗蠹奢侈，與銷金無異，須議行斷絕。……如違，並科違制之罪。……如官司並鄰人不覺察造作者，亦當勘罪重斷。仍許人告，得實，支賞錢一百貫文。」〔註531〕慶曆二年（1042）五月戊辰，申嚴銷金爲服飾，「上自宮掖，悉皆屏絕，臣庶之家，犯者必置於法。」〔註532〕

神宗熙寧元年（1068）十月戊辰，「禁銷金服飾。」〔註533〕

欽宗靖康元年（1126）五月乙亥，「申銷金禁。」〔註534〕

高宗紹興二十七年（1157）詔：「自今後宮中首飾衣服並不許鋪翠銷金，如犯此禁，重置於法。仰幹辦內東門司官常切覺察，不得有違；若失覺察，以違制論。其中外士庶，令有司嚴立禁法。貴近之家，尤宜遵守。如有違犯，必無容貸。」〔註535〕

孝宗隆興元年（1163）五月壬辰，「申嚴鋪翠銷金及神祠僭擬之禁。」〔註536〕

《慶元條法事類》規定：「諸以銷金爲服飾，及賣或興販若爲人造者，各徒二年，並許人告。」〔註537〕

寧宗嘉定八年（1215）正月戊子，「申嚴銷金鋪翠之禁。」〔註538〕

度宗咸淳八年（1272）正月庚申詔：「朕惟崇儉必自宮禁始，自今宮禁敢以珠翠銷金爲首飾服用，必罰無貸。臣庶之家，咸宜體悉。工匠犯者，亦如景祐制，必從重典。」〔註539〕

儘管宋代一再申嚴銷金之法，但還是有不少官員置若罔聞，銷金爲飾，並因此而受到懲罰。如大中祥符元年（1008）九月辛未，「考功員外郎、知晉州齊化基削籍，鯨面流崖州，縱逢恩赦，不在放還之限。其子淄州司理參軍

〔註530〕《長編》卷84，大中祥符八年五月，第1929頁。
〔註531〕李攸：《宋朝事實》卷13，《儀注三》，第212～213頁，中華書局，1955年版。
〔註532〕《燕翼詒謀錄》卷2，第18頁；《宋史》卷11，《仁宗三》，第214頁；《宋朝事實》卷13，《儀注三》，第213頁。
〔註533〕《宋史》卷14，《神宗一》，第269頁。
〔註534〕《宋史》卷23，《欽宗》，第428頁。
〔註535〕《宋朝事實》卷13，《儀注三》，第215頁。
〔註536〕《宋史》卷33，《孝宗一》，第622頁。
〔註537〕《慶元條法事類》卷3，《服飾器物》，第6頁。
〔註538〕《宋史》卷39，《寧宗三》，第761頁。
〔註539〕《宋史》卷46，《度宗》，第909頁。

溥、同學究出身濬並削籍，與少子滌、姪渙分配安、鄧、汝、蔡州。化基所
至，以貪暴聞，性兇狠，人皆避之，在晉州尤為苛刻，而諸子受賕五百餘匹，
又蓄銅器，衣塗金袍袴。……朝議懲其積惡，故令族竄之。」〔註540〕紹興二
年（1132）五月，「兩浙轉運副使徐康國獻銷金屏障，詔有司毀之，奪康國二
官。」〔註541〕紹興二十七年（1157）「從義郎、閤門祗候王彥升特降兩官，以
彥升不毀銷金服飾，為女使所告也。」〔註542〕

二、放貸取息

在宋代，隨著商品經濟發展，民間借貸也很多。同時，由於有利可圖，
不少官員也參與借貸活動，由此也容易滋生腐敗。所以，宋初即禁止官員放
貸謀利。按《宋刑統》準引《戶部格敕》：「敕州縣官寄附部人興易及部內放
債等，並宜禁斷。」又臣等參詳：「今後監臨官於部內放債者，請計利以受所
監臨財物論。過一百匹者，奏取敕裁。」〔註543〕真宗時，「詔禁命官取息錢，
犯者毋償。」〔註544〕南宋時，《慶元條法事類》對此作了更為詳細的規定：「諸
命官舉債而約於任所償者，計本過五十貫，徒二年，財主保引人知情，計已
分過數者，各杖一百，數外財物沒官。」「諸監臨官質當所監臨財物及放債者，
徒二年（若令親戚及容親隨人放債者，準此），計利贓重者，依乞取監臨財物
法，在官非監臨減一等。」〔註545〕雖然法令明確禁止官員放貸牟利，但並不
是所有的官員都會自覺遵守法令，總會有官員因違禁而受到制裁。如真宗大
中祥符五年（1012）七月，「大理寺丞、知考城縣皮子良貸京師民錢十七萬，
到官即自首。上惡子良無行，憲司鞫問，法當贖銅，命停官。」〔註546〕

三、違反土地管理制度

宋代允許買賣田產，所謂「田制不立」〔註547〕，「不抑兼併」〔註548〕，

〔註540〕《長編》卷70，大中祥符元年九月辛未，第1563頁。
〔註541〕《宋史》卷27，《高宗四》，第498頁。
〔註542〕《宋會要》職官70之47，第3968頁。
〔註543〕《宋刑統》卷26，《雜律》，第413頁。
〔註544〕《長編》卷78，大中祥符五年七月，第1776頁。
〔註545〕《慶元條法事類》卷80，《雜門・出舉債務》，第902頁、903頁。
〔註546〕《長編》卷78，第1776頁。
〔註547〕《宋史》卷173，《食貨志上一》，第4163頁；《宋史》卷174，《食貨志上二》，
　　　　第4206頁。
〔註548〕《揮塵錄・餘話》卷1，《祖宗兵制》名《樞廷備檢》，第221頁。

但不得違法買賣。《宋刑統》規定：「諸在官侵奪私田者，一畝以下杖六十，三畝加一等，過杖一百，五畝加一等，罪止徒二年半。園圃加一等。」〔註549〕宋代官員違法買賣田產，由御史臺彈劾。如仁宗時，「張方平爲三司使，坐買豪民產，（包）拯劾奏罷之。」〔註550〕神宗時，御史中丞鄧綰彈劾參知政事呂惠卿「借富民錢買田產」，呂惠卿因而出知陳州〔註551〕。哲宗元祐四年（1089）十一月庚寅，「章惇買田不法，降官。」〔註552〕理宗景定四年（1263）四月丙寅，知嘉興縣段濬、知宜興縣葉哲佐因買公田不遵元制，被罷免〔註553〕。

四、違法經商

官員經商，是利用其所掌握的公共權力來牟取私利，不但不能促進社會經濟的健康發展，反而會嚴重破壞社會經濟秩序，並最終會危及政治統治。宋代統治者正是認識到了官員經商對其專制統治的危害，所以一開始就明令禁止官員經商。宋太祖嚴禁官員「於部內貿易，與民爭利，違者論如律。」〔註554〕宋太宗即位不久即詔：「中外臣僚，自今不得因乘傳出入，齎輕貨、邀厚利，並不得令人於諸處回圖，與民爭利，有不如詔者，州縣長吏以名奏聞。」〔註555〕至道元年（995），太宗又詔：「食祿之家，不許與民爭利」，「內外文武官僚敢遣親信於化外販鬻者，所在以姓名聞。」〔註556〕真宗咸平四年（1001）詔：「京朝幕職官、州縣官，今後在任及赴任得替，不得將行貨物色興販。如違，並科違敕之罪。」〔註557〕神宗時規定：「今朝廷所以條約官戶，如租佃田宅，斷買坊場，廢舉貨財，與眾爭利，皆於平民，皆有常禁。」〔註558〕哲宗元祐三年（1088）八月詔：「官司毋以陝西路所給鹽鈔回易規利，犯者，以違制論。」〔註559〕南宋《慶元條法事類》規定：「諸內侍官因使私

〔註549〕《宋刑統》卷13，《户婚律·占盜侵奪公私田》，第204頁。
〔註550〕《宋史》卷316，《包拯傳》，第10317頁。
〔註551〕《東都事略》卷98，《列傳八十一》，第2頁，景印文淵閣《四庫全書》本。
〔註552〕《宋史》卷17，《哲宗一》，第330頁。
〔註553〕《宋史》45，《理宗五》，第884頁。
〔註554〕《長編》卷7，乾德四年五月乙丑，第170頁。
〔註555〕《長編》卷18，太平興國二年春正月丙寅，第392～393頁。
〔註556〕《宋會要》職官44之3，第3365頁。
〔註557〕《宋會要》食貨17之20，第5093頁。
〔註558〕蘇轍：《蘇轍集·欒城集》卷35，《制置三司條例司論事狀》，第610～611頁，中華書局，1990年版。
〔註559〕《長編》卷413，元祐三年八月丙申，第10041頁。

販物者，徒二年」〔註560〕；「諸發運、監司巡按，以所得酒賣易，杖一百。」
〔註561〕

　　儘管明文規定禁止官員與民爭利，但宋代始終未能有效解決官員經商牟利問題，文武官員、皇親國戚，「託肺腑之親，爲市井之行；以公侯之貴，牟商賈之利。占田疇，擅山澤，甚者發舶舟，招蕃賈，貿易寶貨，糜費金錢。」
〔註562〕武臣「伐山爲薪炭，聚木爲簰筏，行商坐賈，開酒坊，解質庫，名爲贍軍回易，而實役人以自利」。〔註563〕甚至官商勾結，恣意妄爲，大肆偷稅漏稅，損公肥私，「諸豪大商交結權貴，號爲難治。」〔註564〕

　　宋代官員因違法經商而受懲治者多被貶降，情節嚴重者被處以配隸、死刑等。如乾德四年（966）六月丙午，「澧州刺史白全紹坐縱紀綱規財部內，免官。」〔註565〕太宗時，「右千牛衛將軍董繼業，遷前知辰州，私販鹽賦於民，斤爲布一匹，鹽止十二兩，而布必度以四十尺。民甚苦之，有詣闕訴其事者。下御史獄鞠實，於是責業爲本部中郎將。」〔註566〕太平興國二年（977年），和峴爲京東轉運使，「好殖財，復輕侮人，嘗以官船載私貨販易規利。初爲判官鄭同度論奏，既而彰信軍節度劉遇亦上言，按得實，坐削籍，配隸汝州。」〔註567〕太平興國四年（979）三月癸未，「引進使、汾州防禦使田欽祚護石嶺關屯軍，與都部署郭進不協。賊兵奄至，欽祚閉壁自守，既去，又不追。月俸所入芻粟，多蓄之，以竢善價而規其利，爲部下所訴，詔鞠之。欽祚具狀，責授睦州團練使。」〔註568〕太平興國六年（982）十一月丁酉，「監察御史張白棄市。白前知蔡州，假貸官錢，糴粟麥居以射利故也。」〔註569〕

〔註560〕《慶元條法事類》卷5，《奉使》，第46頁。
〔註561〕《慶元條法事類》卷7，《監司巡歷》，第117頁。
〔註562〕《宋史》卷388，《陳良祐傳》，第11902頁。
〔註563〕《繫年要錄》卷163紹興二十二年九月癸卯，第26頁。
〔註564〕《歐陽修全集・居士集》卷20，《曾公神道碑銘》，第328頁。
〔註565〕《宋史》卷2，《太祖二》，第24頁。
〔註566〕《長編》卷18，太平興國二年三月壬申，第401頁。
〔註567〕《宋史》卷439，《和峴傳》，第13014頁。
〔註568〕《長編》卷20，太平興國四年三月癸未，第446頁。
〔註569〕《長編》卷22，太平興國六年十一月丁酉，第504頁；《宋史》卷4，《太宗一》，第67頁。

第十節　違禮

　　法律和道德是治理國家，調整社會關係，維持統治秩序，保障社會正常運轉的兩大規範。孔子認爲：「道之以政，齊之以刑，民免而無恥；道之以德，齊之以禮，有恥且格。」〔註570〕荀子亦言：「治之經，禮與刑。」〔註571〕治理國家沒有法律是萬萬不能的，但僅有法律也是遠遠不夠的，在專制社會尤其如此。道德是人們的日常行爲規範，也是維繫社會正常秩序不可缺少的重要工具，在治理國家的過程中能起到法律所不能起到的作用。道德雖然不是萬能的，但一個社會沒有道德是萬萬不能的。道德總是和政治聯繫在一起，一個社會裏佔據主導地位的是統治集團的道德規範。在整個中國古代專制社會，孔子爲代表的儒家構建起以「禮」爲核心的龐大道德倫理規範體系，爲專制統治者所接受，運用到政治統治實踐之中，並發展成爲禮治，以規範化的禮作爲普遍的社會行爲規範，治理國家，管理社會。對於禮在治國中的作用，古代儒家有很多精闢的論述。《禮記》云：「禮者，君之大柄也，所以別嫌明微，儐鬼神，考制度，別仁義，所以治政安君也。」「治國不以禮，猶無耜而耕也。」〔註572〕「君臣、上下、父子、兄弟，非禮不定。……班朝治軍，蒞官行法，非禮威嚴不行」。〔註573〕「治國而無禮，譬猶瞽之無相與」；「禮之所興，眾之所治也；禮之所廢，眾之所亂也。」〔註574〕「禮之於正國也，猶衡之於輕重也，繩墨之於曲直也，規矩之於方圓也。」〔註575〕《左傳》曰：「禮，經國家，定社稷，序民人，利後嗣者也。」〔註576〕荀子說：「禮者，治辨之極也，強國之本也，威行之道也，功名之摠也。王公由之，所以得天下也；不由，所以損社稷也。」「隆禮貴義者其國治，簡禮賤義者其國亂。」〔註577〕宋代名臣司馬光認爲：「夫以四海之廣，兆民之眾，受制於一人，雖有絕倫之

〔註570〕《論語·爲政》，載《四書全譯》，第92頁，劉俊田等譯注，貴州人民出版社，1988年版。

〔註571〕荀況：《荀子校釋》，《成相第二十五》，第985頁，王天海校釋，上海古籍出版社，2005年版。

〔註572〕《禮記·禮運》，載《禮記譯注》，第271頁、281頁，楊天宇譯注，上海古籍出版社，2004年版。

〔註573〕《禮記·曲禮上》，《禮記譯注》第2頁。

〔註574〕《禮記·仲尼燕居》，《禮記譯注》第664頁、第668頁。

〔註575〕《禮記·經解》，《禮記譯注》第652頁。

〔註576〕《左傳譯注》，《隱公十一年》，第43頁。

〔註577〕《荀子校釋》，《議兵第十五》，第628頁、第606頁。

力，高世之智，莫不奔走而服役者，豈非以禮爲之紀綱哉！」〔註578〕爲了充分發揮禮的作用，保證禮的實施，統治者往往以禮入法，「禮之所去，刑之所取，失禮則入刑，相爲表裏者也。」〔註579〕即以法的形式強制人們遵守禮。專制統治者不僅用禮來治民，也用禮來治官，要求官員在遵法守禮方面成爲廣大民眾的表率。「夫官者，治亂之攸繫；吏者，師表之斯屬。」〔註580〕對官員違禮行爲，統治者不僅不會坐視不管，而且要嚴懲。本節僅從官員懲治的角度，論述宋代官員因違禮而受懲治的情況。

一、違反朝禮

朝禮體現君臣尊卑，顯示帝王威嚴，利於強化、鞏固等級秩序，從而有利於維護專制統治。因此，歷代君主都強調臣子要嚴格遵守朝禮，違者要予以懲罰。宋代有許多朝禮規範及相應的對違反者的懲治辦法。如太宗淳化三年（992年）制定的朝禮規範有十五項：（一）朝堂行私禮，（二）跪拜，（三）待漏行立失序，（四）談笑喧嘩，（五）入正衙門執笏不端，（六）步行遲緩，（七）至班列行立不正，（八）趨拜失儀，（九）語言微喧，（十）穿班仗，（十一）出閤門不即就班，（十二）無故離位，（十三）廊下食行坐失儀，語喧，（十四）入朝及退朝不從正衙門出入，（十五）非公事入中書〔註581〕。凡朝儀中有以上行爲者，罰一月俸〔註582〕。又如眞宗咸平三年（1000）七月詔：「文武常參官入朝、退朝，不由正衙門，非公事輒入中書，委御史臺彈奏。」〔註583〕景德二年（1005）九月又詔：「朝會陳儀，衣冠就列，將以訓上下、彰文物，宜愼等威，用符紀律。況屢頒於條令，宜自顧於典刑。稍歷歲時，漸成懈慢。特申明制，以儆具僚。自今宴會，宜令御史臺預定位次，各令端肅，不得喧嘩。違者，殿上委大夫、中丞，朵殿委知雜御史、侍御史，廊下委左右巡使，察視彈奏。內職殿直以上赴起居、入殿庭行私禮者，委閤門彈奏。其軍員，令殿前侍衛司各差都校一人提轄，但虧失禮容，即送所屬勘斷訖奏。仍令閤門、宣徽使互相察舉，敢蔽匿者糾之。」〔註584〕

〔註578〕司馬光：《資治通鑒》卷1，第2頁，中華書局，1956年版。
〔註579〕范曄：《後漢書》卷46，《陳寵傳》，第1554頁，中華書局，1965年版。
〔註580〕《冊府元龜》卷155，《帝王部·督吏》，第1頁。
〔註581〕《宋史》卷116，《禮十九·賓禮一·常朝儀條》，第2755頁。
〔註582〕《宋史》卷116，《禮十九·賓禮一·常朝儀條》，第2755頁。
〔註583〕《長編》卷47，咸平三年七月丁酉，第1022頁。
〔註584〕《宋史》卷113，《禮志十六·嘉禮四·宴饗條》，第2685～2686頁。

　　宋代官員因違反朝禮而受懲治者並不鮮見。如建隆初，郭忠恕「被酒與監察御史符昭文競於朝堂，御史彈奏，忠恕叱臺吏奪其奏，毀之，坐貶爲乾州司戶參軍。」〔註585〕又如，太宗太平興國三年（978）正月己亥，「光祿丞李之才坐擅入酒邀同列飲殿中，除名。」〔註586〕再如，眞宗咸平三年（1000）十一月辛卯，「群臣朝會，（張）齊賢被酒，冠弁欹側，幾顚僕殿上。御史中丞劾齊賢失儀，齊賢自陳因感寒，飲酒禦之，遂至醉，頓首謝罪。」眞宗對張齊賢說：「卿爲大臣，何以率下？朝廷自有典憲，朕不敢私。」張齊賢因而罷守本官〔註587〕。再又，仁宗明道二年（1033）七月，「降前咸平太康縣駐泊巡檢、右侍禁張孚爲廬山縣兵馬監押，坐用箚子奏事也。故事，在外惟兩府，在京惟大兩省，方許用箚子奏事，他官皆上表狀云。」〔註588〕

二、違反喪事之禮

　　古人認爲，「忠與孝相生，君與父相隨，於家美即於國良。爲閨門重，則爲朝廷尙。此古今聖賢絕慮，萬不失一之得也。」〔註589〕「人不孝於其親者，豈有忠於君乎？不友於兄弟者，豈肯順於長乎？不恤孤遺者，豈肯恤百姓乎？不義而取財者，豈有不犯贓乎？」〔註590〕在宋代，官員居父母喪，不飲酒、不食肉、不作樂、不嫁娶、不生子。《宋刑統》將不孝列爲「十惡」重罪之一，並將「居父母喪，身自嫁娶，若作樂、釋服從吉；聞祖父母、父母喪，匿不舉哀，詐稱祖父母、父母死」等，列爲「不孝」的重要內容〔註591〕。宋代官員因違反喪事之禮而受懲治者主要有下列情形：

（一）居喪嫁娶

　　《宋刑統》規定：「諸居父母及夫喪而嫁娶者徒三年，妾減三等，各離之。知而共爲婚姻者，各減五等，不知者不坐。若居周喪而嫁娶者杖一百，卑幼

〔註585〕《宋史》卷442，《郭忠恕傳》，第13088頁。

〔註586〕《宋史》卷4，《太宗一》，第57頁。

〔註587〕《長編》卷47，咸平三年十一月辛卯，第1033頁。

〔註588〕《長編》卷112，明道二年七月丙寅，第2621頁。

〔註589〕董誥：《全唐文》卷596，歐陽詹《與鄭伯義書》，第6021頁，中華書局，1983年版。

〔註590〕王溥：《唐會要》卷74，《選部上·論選事》，第1338頁，《叢書集成初編》本。

〔註591〕《宋刑統》卷1，《名例律》，第7頁。

減二等，妾不坐。」「諸祖父母、父母被囚禁而嫁娶者，死罪徒一年半，流罪減一等，徒罪杖一百。」〔註592〕「諸居父母喪，與應嫁娶人主婚者杖一百。」〔註593〕如乾德五年（967）十一月乙酉朔，「工部侍郎毋守素坐居喪娶妾免。」〔註594〕熙寧四年（1071）三月，都官員外郎施邈因與已故左藏庫副使高允升妻林氏「私通簡箚約爲婚，而林氏夫服未滿」，遂勒停〔註595〕。

（二）居喪作樂

太平興國七年（982）十一月規定，「居喪作樂及爲酒令者，以不孝論。」〔註596〕太平興國九年（984）又詔：「訪聞喪葬之家，有舉樂及令章者。蓋聞鄰里之內，喪不相舂，苴麻之旁，食未嘗飽，此聖王教化之道，治世不刊之言。何乃匪人，親罹罹酷，或則舉奠之際歌吹爲娛，靈柩之前令章爲戲，甚傷風教，實紊人倫。今後有犯此者，並以不孝論，預坐人等第科斷。所在官吏，常加覺察，如不用心，並當連坐。」〔註597〕南宋《慶元條法事類》規定：「諸居喪有奪情從職，喪制未終者，不弔、不賀、不預宴。」〔註598〕「諸居夫之父母喪而忘哀作樂者，杖一百，雜戲及遇樂而聽若參預吉席者，減二等。」〔註599〕宋代因居喪作樂而被懲治者不乏其人。如仁宗時，周恭肅王趙元儼之子允迪累官耀州觀察使，「居父喪不哀，又嘗宮中爲優戲，爲妻昭國夫人錢氏所告。制降右監門衛大將軍，絕朝謁，錢氏亦度爲洞眞道士。」〔註600〕紹聖初，中書舍人朱服使遼，未返而母死，喪除，拜禮部侍郎，「湖州守馬城言其居喪疏几筵而獨處它室，謫知萊州。」〔註601〕

（三）匿喪

宋代規定，父母去世，官員應解官持服，不得匿喪。《宋刑統》規定：「諸父母死應解官，詐言餘喪不解者，徒二年半。若詐稱祖父母、父母及夫死，以求假，及有所避者，徒三年。伯叔父母、姑兄弟，徒一年，餘親

〔註592〕《宋刑統》卷13，《戶婚律‧居喪嫁娶》，第216頁。
〔註593〕《宋刑統》卷13，《戶婚律‧居喪嫁娶》，第217頁。
〔註594〕《宋史》卷2，《太祖二》，第26頁。
〔註595〕《長編》卷221，熙寧四年三月，第5383頁。
〔註596〕《長編》卷23，太平興國七年十一月，第530頁。
〔註597〕《宋史》卷125，《禮志二十八‧士庶人喪禮條》，第2918頁。
〔註598〕《慶元條法事類》卷77，《服制門‧服制》，第822頁。
〔註599〕《慶元條法事類》卷77，《服制門‧匿服》，第833頁。
〔註600〕《宋史》卷245，《周恭肅王元儼傳》，第8707頁。
〔註601〕《宋史》卷347，《朱服傳》，第11004頁。

減一等。若先死，詐稱始死及患者，各減三等。」〔註602〕神宗熙寧四年（1071）五月辛亥詔：「宗室率府副率以上，遭父母喪及嫡孫承重，並解官行服。」〔註603〕《慶元條法事類》規定：「諸喪，斬衰、齊衰三年，解官；齊衰杖期，及祖父母亡、嫡子死，或無嫡子而嫡子兄弟未終喪而亡，孫應承重者，雖不受服，及爲人後者爲其父母，若庶子爲後者爲其父母，亦解官，申其心喪。」〔註604〕「諸遭喪應解官，而臨時竄名軍中規免執喪者，徒三年；所屬知情容庇，或爲申請起復者，徒二年。」〔註605〕如余靖爲諫官時，「嘗劾奏太常博士茹孝標不孝，匿母喪，坐廢。」〔註606〕仁宗時，賈黯侍讀判流內銓，益州推官乘澤在蜀三年，不知其父死，「及代還，銓吏不爲領文書，始去發喪。既除服，且求磨勘。黯言：『澤與父不通問三年，借非匿喪，是豈爲孝乎？』卒使坐廢田裏」〔註607〕，即除名爲民。哲宗元祐八年（1093）正月，權給事中姚勔奏劾新除授知興州孫賁，在知眞州時「以筵會爲由，暱近娼女，聞親弟之哀，匿而不舉者數日，既在式假，又引娼女與之飲謔」，孫賁遂改差知淮陽軍〔註608〕。

（四）無故不葬父母

宋哲宗元祐六年（1091年）八月辛卯，「詔御史：臣僚親亡十年不葬，許依條彈奏及令吏部檢察。」〔註609〕《慶元條法事類》規定：「諸父母亡，過五年，無故不葬者，杖一百，品官，委御史臺、閤門彈奏。」「諸同居親疾病，輒相棄絕，或死喪不親殯葬者，杖一百。」〔註610〕如神宗時，王子韶爲湖南轉運判官，御史張商英劾其不葬父母，王子韶遂被貶知高郵縣〔註611〕。又如徽宗時，劉昺與弟劉煥皆爲侍從官，「而親喪不葬，坐奪職罷郡。」〔註612〕

〔註602〕《宋刑統》卷25，《詐僞律》，第401頁。
〔註603〕《宋史》卷15，《神宗二》，第279頁。
〔註604〕《慶元條法事類》卷77，《服制門・丁憂服闋》，第830頁。
〔註605〕《慶元條法事類》卷77，《服制門・匿服》，第833頁。
〔註606〕《宋史》卷320，《余靖傳》，第10410頁。
〔註607〕鄭克：《折獄龜鑒譯注》卷4，《議罪》，第222頁，劉俊文譯注，上海古籍出版社，1988年版。
〔註608〕《長編》卷480，元祐八年正月壬寅，第11427頁。
〔註609〕《宋史》卷17，《哲宗一》，第332頁。
〔註610〕《慶元條法事類》卷77，《服制門・喪葬》，第835頁。
〔註611〕《宋史》卷329，《王子韶傳》，第10612頁。
〔註612〕《宋史》卷356，《劉昺傳》，第11207頁。

三、違反婚姻及兩性關係倫理

宋代禁止尊卑婚。仁宗慶曆二年（1042）詔：「自今皇親婚姻具依律令外，若父母親姊妹及父母之親姑爲妯娌，或相與爲婦姑行，而尊卑差互者，不得爲婚姻。」〔註613〕神宗熙寧十年（1077）詔：「應祖免以上親不得與雜類之家婚嫁，謂舅嘗爲僕、姑嘗爲娼者。若父母系化外及見居沿邊兩屬之人，其子孫亦不許爲婚。總麻以上親不得與諸司胥吏出職、納粟得官及進納伎術、工商、雜類、惡逆之家子孫通婚。後又禁刑徒人子孫爲婚。應婚嫁者委主婚宗室，擇三代有任州縣官或殿直以上者，列姓名、家世、州里、歲數奏上，宗正司驗實召保，付內侍省宣係，聽期而行。嫁女則令其婿召保。其冒妄成婚者，以違制論。主婚宗室與媒保同坐，不以赦降，自首者減罪，告者有賞。非祖免親者依庶姓法。宗室離婚，委宗正司審察，若於律有可出之實或不相安，方聽。若無故捃拾者，劾奏。如許聽離，追完賜予物，給還嫁資。再娶者不給賜。非祖免以上親與夫聽離，再嫁者委宗正司審核。其恩澤已追奪而乞與後夫者，降一等。」〔註614〕

宋代禁止有血親及姻親關係者爲婚，以防止人倫失序。《宋刑統・名例律》將「奸小功以上親」列爲「十惡」之一的「內亂」。按《宋刑統・戶婚律》：「諸同姓爲婚者，各徒二年，總麻以上以奸論。若外姻有服屬，而尊卑共爲婚姻，及娶同母異父姊妹，若妻前夫之女者，亦各以奸論」；「其父母之姑舅兩姨姊妹，及姨，若堂姨，母之姑，堂姑，己之堂姨，及再從姨，堂外甥女，女婿姊妹，並不得爲婚姻，違者各杖一百，並離之。」〔註615〕

宋代禁止監臨官與轄區或屬下女子成婚。《宋刑統》規定：「諸監臨之官娶所監臨女爲妾者，杖二百。若爲親屬娶者，亦如之。其在官非監臨者，減一等。女家不坐。即枉法娶人妻妾及女者，以奸論，加二等。行求者各減二等。各離之。」「諸州縣官人在任之日，不得共部下百姓交婚。違者，雖會赦，仍離之。其州上佐以上及縣令於所統屬官亦同。其定婚在前，任官居後，及三輔內官門閥相當情願者，並不在禁限。」〔註616〕

宋代對違背上述婚姻倫理及私通等違反兩性關係倫理的官員，要予以處罰。如眞宗時，高密人孫齊在任四川嘉州司法參軍時，先娶妻杜氏，留在老

〔註613〕《長編》卷137，慶曆二年七月庚午，第3287頁。
〔註614〕《宋史》卷115，《禮志十八・嘉禮六・親王納妃條》，第2739頁。
〔註615〕《宋刑統》卷14，《戶婚律・同姓及外姻有服共爲婚姻》，第218～219頁。
〔註616〕《宋刑統》卷14，《戶婚律・監臨婚娶》，第221頁、第222頁。

家高密縣，後又騙娶周氏爲妾，帶到蜀地，周氏恨他騙自己，要去官府告他，孫齊斷髮起誓要休棄杜氏。後來孫齊任歙州休寧縣尉，又納妓女陳氏爲妾。及至改任撫州司法參軍，又暗中將其與周氏所生子與杜氏、陳氏一起送到撫州。不久，周氏與弟弟趕來，孫齊遂與陳氏殺死周氏兒子。當時饒州、撫州同屬江南路，周氏輾轉告到饒州，知饒州蕭貫受理了案件，隨後轉運使遣人鞫獄得實。「獄上，更赦，猶停齊官，徙濠州。」〔註617〕又如，仁宗時，洪州別駕王蒙正因與其父侍婢私通，「除名，配廣南編管，永不錄用。」〔註618〕再又，神宗元豐四年（1081）六月甲子，「朝請大夫、判登聞檢院王琥衝替。以御史朱服言『琥父子同惡，行如禽獸，雖會赦降，而朝廷原情揆法，固將投棄荒裔，終身不齒。今有司雖許令釐務，而琥略無愧恥，遽請朝見』故也。琥坐與其子仲甫奸大理評事石士端妻王氏，付有司劾治，尋詔琥放歸田里。」〔註619〕再如，章惇「私族父之妾，爲人所掩，踰垣而出，誤踐街上一嫗，爲嫗所訟」，知開封府「不復深究，贖銅而已。」〔註620〕

　　宋代禁止官員到妓院嫖妓。據宋人洪邁《夷堅志》記載：「身爲見任，難以至妓院。」〔註621〕田汝成《西湖遊覽志餘》：「宋時閫帥、郡守等官雖得以官妓歌舞佐酒，然不得私侍枕席。」〔註622〕宋代禁止提刑官參與妓樂宴會，提刑官參與妓樂宴會者徒二年〔註623〕。張舜民《畫墁錄》亦載：「嘉祐以前，惟提點刑獄不得赴妓樂。熙寧以後，監司率禁，至屬官亦同。」〔註624〕又據《慶元條法事類》：「諸發運、監司預妓樂宴會，或受迎送般擔人船，及帶公人兵級過數，若爲係公之人差借人馬者，各徒二年。即赴所部及寄居官用家妓宴會者，加二等。（知州、縣令準此。）以上不以失及去官原減。應赴酒食而輒赴，及受所至在人官諸色人早晚衙並出城迎送，若迎送者，各杖一百。其轄下官司各減犯人罪三等。」「諸察訪司官，外都水丞，應制置、提點、提舉官，（以上屬官同。）朝廷或省、臺、寺、監差官出外，若緣邊安撫出巡及

〔註617〕《折獄龜鑒》卷2，《釋冤下》，第96頁。
〔註618〕《長編》卷120，景祐四年二月壬子，第2820頁。
〔註619〕《長編》卷313，元豐四年六月甲子，第7586頁。
〔註620〕邵伯溫：《邵氏聞見錄》卷13，第143頁，中華書局，1983年版。
〔註621〕洪邁：《夷堅志》乙志卷18，《趙不他》，第337頁，中華書局，1981年版。
〔註622〕田汝成：《西湖遊覽志餘》卷21，《委巷叢談》，第316頁。
〔註623〕《長編》卷435，元祐四年十一月壬辰，第10491頁。
〔註624〕張舜民：《畫墁錄》，載《全宋筆記》第二編一，第216頁，大象出版社，2006年版。

發運、監司、經略安撫、總管、鈐轄司屬官，於所轄並幹辦處預妓樂宴會，受出城迎送之類，並依監司法，其轄下幹辦處官司各減犯人罪三等。」「諸州主管常平官，預屬縣鎮寨官妓樂及家妓宴會，依監司法。即赴非公事酒食者，杖八十，不以失減。」「諸州教授，預妓樂宴會者，杖八十。」「諸守、令，勸農輒用妓樂及宴會賓客者，徒一年。」「諸州縣官，非遇聖節及赴本州公筵若假日而用妓樂宴會者，杖八十。」〔註625〕

　　宋代官員因與妓女有染而受懲治者時有所見。如太宗至道元年（995）上元節，趙贊「與（鄭）昌嗣邀其黨數人，攜妓樂登宮中玉皇閣，飲宴至夜分。掌舍宦者不能止，以其事聞。太宗大怒，並摭諸事，下詔奪贊官，許攜家配隸房州禁錮，即日驛遣之。昌嗣黜唐州團練副使，不署事。既數日，並賜死於路。太宗謂侍臣曰：『君子小人如芝蘭荊棘，不能絕其類，在人甄別耳。苟盡君子，則何用刑罰焉？』」〔註626〕仁宗時，知益州蔣堂因「私官妓，徙河中府」；右正言劉渙因「頃官并州，與營妓遊，黜通判磁州。」〔註627〕尚書工部員外郎、直龍圖閣、權同判太常寺王洙「坐赴進奏院賽神與女妓雜坐，為御史劾奏，黜知濠州，徙襄州。」〔註628〕神宗時，宋喬年「用父蔭監市易，坐與倡女私，及私役吏，失官，落拓二十年。」〔註629〕熙寧七年（1074），「知齊州李肅之言：『提舉常平等事吳璟，體量臣前任青州違法不公，今璟收鄆州官妓魏在家及負鄆州官私債數千緡。』詔轉運司案實以聞。後轉運司言有實，詔璟衝替，仍劾之，竟坐貸所部錢及盜官錢，會恩特勒停，仍每敘理止與散官。」〔註630〕

　　宋代官員除了因上述違禮行為而受懲治外，還有因奉使失禮等行為而被懲治者。如高宗時，「右司郎中張士襄自金國使還，坐奉使不肅罷官。」〔註631〕又如，孝宗時，「以趙思奉使不如禮，罷起居舍人，仍降二官。」〔註632〕

〔註625〕《慶元條法事類》卷9，《迎送宴會》，第161頁。
〔註626〕《宋史》卷470，《趙贊傳》，第13680頁。
〔註627〕《宋史》卷298，《蔣堂傳》，第9913頁；《宋史》卷324，《劉渙傳》，第10493頁。
〔註628〕《宋史》卷294，《王洙傳》，第9814頁。
〔註629〕《宋史》卷356，《宋喬年傳》，第11208頁。
〔註630〕《長編》卷258，第6295～6296頁。
〔註631〕《宋史》卷31，《高宗八》，第581頁。
〔註632〕《宋史》卷35，《孝宗三》，第668頁。

第十一節　連坐

連坐法在中國古代專制社會備受統治者青睞，也爲宋朝統治者所沿用。當統治者認爲對剝奪犯者個體的生命達不到其想要的懲治目的時，進一步的懲罰舉措就是實行連坐，擴大懲治範圍，加罰於與違法犯罪者相關的人，如親人、朋友、同僚、上級長官等，由此獲得更顯著的懲治效果。在宋代，官員常因職務關係、血緣姻親關係、朋友關係連坐而受到懲治。

一、因職務關係而連坐

宋代官員因職務關係而連坐者主要有舉薦關係和上下級關係兩種情況。

（一）因舉薦關係而連坐

宋代因舉薦關係而連坐有兩種情形：被舉薦者違法犯罪，舉主連坐；舉主違法犯罪，被舉薦者連坐。

第一種情形是被舉薦者違法犯罪，舉主連坐。

在宋代官員選任制度中，舉官保任法佔有重要地位，對宋代各級官員的選任起了不可低估的作用。史稱：「上自朝廷，下至州縣，保舉之法多矣。只如臺官，亦是兩制以上舉，以至大理詳斷、審刑詳議、刑部詳覆等官，三路知州、知縣、通判，選人改京官，學官入國學，班行遷閣職，武臣充將領，選人入縣令，下至天下茶鹽場務、榷場及課利多處酒務，凡要切差遣，無大小盡用保舉之法。」「內外臣僚無大小，曾受人舉者十八九，……自兩府大臣而下，至外處通判以上，人人各曾舉官。」〔註633〕

宋代舉官主要有薦舉和辟舉兩種方式。辟舉，也稱奏辟、奏舉等，是指官府內部由長官奏辟屬官的制度，即長官根據窠闕的實際需要，自行物色屬官人選並差用屬官的一種舉官方式。宋初太祖時期，由於統一戰爭尚在進行中，中央政府尚無法差除所有地方官，所以，「宋初，內外小職任，長吏得自奏辟」〔註634〕；「州郡官屬，皆長官自行奏辟，姓名未聞於朝，已先蒞職，洎至命下，則已蒞月日皆爲考任，大抵皆其宗族親戚也。」〔註635〕太宗時期，隨著各種官員選任制度的逐步建立，又鑒於辟舉難免任人唯親之弊，宋朝縮小了辟舉範圍。雍熙四年（987）八月詔：「諸路轉運使及州郡長吏，自

〔註633〕《長編》卷154，慶曆五年二月，第3751頁。
〔註634〕《宋史》卷160，《選舉志六・保任》，第3755頁。
〔註635〕《燕翼詒謀錄》卷4，第42頁。

今並不得擅舉人充部內官，其有闕員，隨時具奏。」〔註636〕自此，奏辟制只限於在京官府及條件艱苦地方的部分低級職位、監司屬官、監當官、沿邊兵官等，形成了「州郡僚佐，皆從朝廷補授」〔註637〕的局面。神宗元豐四年（1081）七月詔「內外官司舉官悉罷」〔註638〕。由於一刀切不切實際，不久，一些不適宜用銓格注擬的職位又復行辟舉。「元豐中，三司在京倉庫、御廚、店宅務，提舉熙河等路弓箭手、營田，藩部司幹當公事，及差使使臣，並川路買茶起綱場監官之類，並許自闢，不從吏部注擬。」〔註639〕薦舉是推舉有才幹的人，以備朝廷擢拔任用。薦舉有特詔薦舉和常式薦舉之分。特詔薦舉主要是皇帝根據統治的需要，以詔令的形式命令一定範圍內的官員依照一定的標準舉薦人才；常式薦舉是廣大中下層官員必須有一定數量的舉主擔保才能循資、改官、敘遷及差遣。宋太祖立國之初實行了特詔薦舉制，眞宗大中祥符三年常式薦舉成爲定制〔註640〕。

　　宋太宗認爲：「求人之要，莫若責舉。」〔註641〕爲了防止薦舉失實，保證薦舉實效，宋代實行薦舉保任法，即被舉薦和任命的官員犯罪，舉薦者負有連坐責任，即「擇舉主於未用之先，責舉主於已用之後。」〔註642〕「銓注有格，概拘以法，法可以制平而不可以擇才。故予奪升黜，品式具在，而又責官以保任之。」〔註643〕「應職事官自尚書至給舍、諫議，寄祿官自開府儀同三司至太中大夫，職自觀文殿大學士至待制，每歲須於十科內舉三人，仍具狀保任，中書置籍記之。異時有事須材，即執政案籍視其所嘗被舉科格，隨事試之，有勞，又著之籍。內外官闕，取嘗試有效者隨科授職。所賜告命，仍備所舉官姓名，其人任官無狀，坐以繆舉之罪。」〔註644〕

　　宋代皇帝多次詔令推行舉官連坐之制，略述如下：

〔註636〕《長編》卷28，雍熙四年八月乙未，第638頁；《燕翼詒謀錄》卷4，第42頁，文字有異。
〔註637〕《長編》卷211，熙寧三年五月癸卯，第5124頁。
〔註638〕《長編》卷314，元豐四年七月癸丑，第7612頁。
〔註639〕《文獻通考》卷39選舉考12，第369頁。
〔註640〕《宋史》卷160，《選舉志六·保任》，第3741頁。
〔註641〕《宋會要》選舉27之6，第4665頁。
〔註642〕林駉、黃履翁：《古今源流至論·別集》卷7，《舉主》，第4頁，景印文淵閣《四庫全書》本。
〔註643〕《宋史》卷160，《選舉志六·保任》，第3739頁。
〔註644〕《宋史》卷160，《選舉志六·保任》，第3746頁。

太祖建隆三年（962）二月詔：「翰林學士、文班常參官曾任幕職州縣者，各舉堪爲幕職令錄一人。如有近親，亦聽內舉，即於舉狀內具言。除官之日，仍列舉主姓名。或在官貪濁不公、畏懦不理、職務廢闕、處斷乖違，量輕重連坐。」〔註645〕乾德二年（964）七月辛卯詔：「翰林學士陶穀、竇儀等舉堪爲藩郡通判各一人，不當者連坐。「〔註646〕乾德五年（967）三月甲辰詔：「翰林學士、常參官於幕職、州縣及京官內各舉堪任常參官者一人，不當者連坐。」〔註647〕

太宗太平興國七年（982）六月詔：「文武常參官，自今所保舉人犯死罪，無輕重減二等論定，著於令。」〔註648〕雍熙二年（985）正月詔：「翰林學士、兩省、御史臺、尙書省官保舉京官、幕職、州縣官可升朝者各一人。所舉人若強明清白，當旌舉主；若犯贓賄及疲弱不理，亦當連坐。」〔註649〕

眞宗咸平元年（998）六月詔：「三司使、尙書丞郎、給諫、知制誥、知雜御史等各於朝官內舉廉愼強幹，堪轉運使副者，不限人數；如任使後犯贓罪，並當連坐。」〔註650〕咸平四年（1001）六月詔：「諸路轉運使、副使，自今薦舉官屬當具歷任無贓私罪，及條其績效以聞，異時擢用，不如所舉，連坐之。」〔註651〕景德四年（1007）七月詔：「群臣舉官，例皆連坐，宜有區別。自今朝官、使臣、幕職州縣官，須顯有邊功及自立規畫、特著勞績者，仍以名聞。如考覈之際，與元奏不同，當行朝典。或改官後犯贓，舉主更不連坐。如循常課績歷任奏舉者，改官犯罪，並依條連坐。其止舉差遣，本人在所舉任中犯贓，即用連坐之制。其改官他任，縱犯贓罪，亦不須問。」〔註652〕大中祥符三年（1010）四月戊午，頒佈奏舉官員的專門詔令，對申奏時間、舉主範圍、被舉對象及違期不舉者的責罰等都作了詳細的規定。「自今每年終，翰林學士以下常參官，並同罪舉外任京朝官、三班使臣、幕職、州縣官各一人，明言治行堪何任使……如年終無舉官狀，即具奏聞，當行責罰。……諸司使至內殿崇班，曾任河北、河東、

〔註645〕《宋會要》選舉27之1，第4662頁。
〔註646〕《宋史》卷1，《太祖一》，第18頁。
〔註647〕《宋史》卷2，《太祖二》，第25～26頁。
〔註648〕《長編》卷23，太平興國七年六月，第522頁。
〔註649〕《宋會要》選舉27之3-4，第4663～4664頁。
〔註650〕《宋會要》選舉27之7，第4665頁。
〔註651〕《宋會要》選舉27之8，第4666頁。
〔註652〕《長編》卷66，景德四年七月己巳，第1471頁。

陝西及川、廣銓轄親民者，亦同此例。諸路轉運使副、提點刑獄官、知州軍、通判，結罪舉奏部內官屬，不限人數，明言在任勞績。如無可舉及顯有逾濫者，亦須指述，不得顧避。以次年二月二十五日已前到京，如有違限，委都進奏院具名以聞，當依不申考帳例科罪。三司使副即結罪舉奏在京掌事京朝官、使臣。仍竝令中書置籍，先列被舉人名銜，次列歷任功過及舉主姓名、薦舉度數，……使臣即樞密院置籍。」〔註653〕常式薦舉由此成爲有宋一代定制。大中祥符九年（1016）三月壬戌詔：「自今文武群臣舉官犯贓，舉主同罪，不至追官及經恩原降者，仰審刑院具情理奏裁，當議量貶官秩，或降差遣。」〔註654〕

仁宗慶曆四年（1044）七月詔：「諸路轉運使副、提點刑獄察所部知州軍、知縣、縣令有治狀者以名聞，議旌擢之，或不如所舉，令御史臺劾奏，並坐上書不實之罪。」〔註655〕

高宗紹興元年（1131）正月壬子詔：「京官、知縣並堂除，內外侍從各舉可任縣令者二人，犯贓連坐。」〔註656〕紹興四年（1134）三月二日詔：「諸路帥臣、監司、郡守，今後奏辟官屬並令所舉官錄白、付身、印紙各委本州通判取眞本覆實，結罪保明，繳連申奏。」〔註657〕紹興七年（1137）二月乙巳詔：「凡辟舉官犯贓罪，罪及所舉官。」〔註658〕紹興二十二年（1152），「以武臣多出軍中，爵秩高而族姓少，凡有薦奏，同姓皆期功，異姓皆中表，閭巷之徒附會以進。命須經統轄長官結罪保明，詭冒者連坐之。」〔註659〕

孝宗乾道元年（1165）正月詔：監司、帥臣薦舉官員，要與「本處長吏」「連銜結罪保明」〔註660〕。

理宗景定四年（1264）正月壬午詔：「侍從、臺諫、給舍、卿監、郎官以上及制總、監司各舉所知，不拘員限，不如所舉，行連坐法。」〔註661〕

〔註653〕《長編》卷73，大中祥符三年四月戊午，第1664～1665頁。
〔註654〕《長編》卷86，大中祥符九年三月壬戌，第1979～1980頁。
〔註655〕《長編》卷151，慶曆四年七月丙戌，第3670頁。
〔註656〕《宋史》卷26，《高宗三》，第485頁。
〔註657〕《宋會要》選舉31之4，第4725頁。
〔註658〕《宋史》卷28，《高宗五》，第529頁。
〔註659〕《宋史》卷159，《銓法下·補蔭》，第3733頁。
〔註660〕《宋會要》選舉34之53，第4801頁。
〔註661〕《宋史》卷45，《理宗五》，第883頁。

　　宋代還將舉薦保任制納入法律。《宋刑統》規定：「諸保任不如所任，減所任罪二等。即保贓重於竊盜，從竊盜減。若虛假人名為保者，笞五十。」又疏議曰：「保任之人，皆相委悉，所保既乖本狀，即是不如所任，減所任之罪二等。其有保贓重於竊盜，從竊盜減。謂保強盜、枉法及恐喝等贓，本條得罪重於竊盜，並從竊盜上減二等。不從竊盜減者，以其元不同情，保贓不保罪故也。若虛假人名為保者，為假用人名，或妄奏上他人姓字以充保者，並笞五十。既五人同保一事，此即先共謀計，須以造意為首，餘為從坐。當頭自保者，罪無首從。」〔註662〕《慶元條法事類》規定：「諸命官應召保官而所保不實者，與犯人同罪，罪止徒二年。」〔註663〕又規定：凡薦舉御史、閣門祗候等清要官，舉縣令、職官及選人改京官者，被舉人在任內「若犯入己贓，舉主與同坐，至死者減一等，私罪徒以上減二等。」「諸舉官充職任，於所舉任內以職事曠廢至公罪徒以上，舉主減二等。」〔註664〕

　　宋代保任連坐一般只坐所舉之任是否犯罪，南宋時，舉監司、郡守等重要差遣，又令「保任終身，犯贓及不職者與同罪。」〔註665〕如果薦舉非其人，令御史臺彈劾。仁宗皇祐五年（1053）七月詔：「薦舉非其人，令御史臺彈奏。」〔註666〕元豐改制後，薦舉官員，必須把舉狀報御史臺，以供御史考索彈奏〔註667〕。

　　總體看來，宋代舉官保任法得到了較好的執行，因保舉不當而連坐的官員大有人在，雖宰執、侍從也不能例外。如太平興國六年（981）十一月丁酉，「監察御史張白棄市。白前知蔡州，假貸官錢，糴粟麥居以射利故也。膳部郎中知雜事滕中正嘗薦白，責授本曹員外郎。」〔註668〕又，元豐四年（1081）四月，「詔承議郎、天章閣待制、知慶州俞充追兩官，降授通直郎，免勒停，職任如故；朝請大夫、知揚州鮮于侁追一官，降授朝散大夫，衝替。坐舉知綿州神泉縣胡獻犯贓故也。」〔註669〕再又，紹熙三年（1192）七月

〔註662〕《宋刑統》卷25，第403頁。
〔註663〕《慶元條法事類》卷7，《保官》，第114頁。
〔註664〕《慶元條法事類》卷14，《薦舉總法》，第288頁。
〔註665〕《繫年要錄》卷171，紹興二十六年二月丁亥，第27頁；《宋史全文》卷25（下），第1716頁。
〔註666〕《宋史》卷12，《仁宗四》，第235頁。
〔註667〕《宋朝諸臣奏議》卷71，上官均《上哲宗乞舉官限三日關報御史臺》，第786頁。
〔註668〕《長編》卷22，太平興國六年十一月丁酉，第504頁。
〔註669〕《長編》卷312，元豐四年四月，第7567頁。

壬申，「監文思院常良孫坐贓配海外。益國公周必大坐繆舉良孫，降容陽郡公。」〔註670〕

宋代還有舉主在其所舉官員犯罪後，主動請求依法懲治自己的繆舉之罪。如孝宗乾道二年（1166），知鄂州汪澈得知自己所薦舉的李允升犯贓罪，即主動申請治罪，被「特降兩官」〔註671〕。

因舉薦關係而連坐的第二種情況是舉主違法犯罪，被舉者連坐。如徽宗時，「周邦彥待制嘗為劉昺之祖作埋銘，以白金數十斤為潤筆，不受。劉無以報之，因除戶部尚書，薦以自代。後劉緣坐王宷訴言事得罪，美成（周邦彥）亦落職，罷知順昌府宮祠。周笑謂人曰：『世有門生累舉主者多矣，獨邦彥乃為舉主所累，亦異事也。』」〔註672〕又如，唐庚為宗子博士，「張商英薦其才，除提舉京畿常平。商英罷相，庚亦坐貶，安置惠州。」〔註673〕

（二）因上下級關係而連坐

官員上下級之間以公事連坐，目的在於讓官員互相監督，防止官員相互包庇，促使上司嚴格約束下屬，下屬嚴格監督上司。但公事連坐也是一把雙刃劍，如果相關配套的法律制度不完善，且執行不到位，就可能適得其反。如下屬犯罪，上司連坐，上司為了自身的利益，就會故意掩蓋下屬的違法行為，包庇下屬；同樣，下屬也會為了自身利益，而不願得罪上司，從而造成官官相護。宋代將上下級之間因公事連坐納入了《宋刑統》，規定：「諸同職犯公坐者，長官為一等，通判官為一等，判官為一等，主典為一等，各以所由為首。其闕無所承之官，亦以此四等官為法。即無四等官者，止準見官為罪。若同職有私連坐之官，不知情者以失論。即餘官及上官案省不覺者，各遞減一等。下官不覺者，又遞減一等，亦各以所由為首。檢舉之官，同下從之罪。應奏之事有失勘讀，及省審之官不駁正者，減下從一等。若辭狀隱伏，無以驗知者勿論。」又議曰：「同職者，謂連署之官。公坐謂無私曲。假如大理寺斷事有違，即大卿是長官，少卿及正是通判官，丞是判官，府史是主典，是為四等。各以所由為首者，若主典檢請有失，即以典為首，丞為第二從，少卿二正為第三從，大卿為第四從，即主簿、錄事亦為第四從。若由丞判斷

〔註670〕《宋史》卷36，《光宗》，第703頁。
〔註671〕《宋史全文》卷24，乾道二年九月丙午，第1681頁。
〔註672〕莊綽：《雞肋編》卷中，《舉主累門生》，第70頁，中華書局，1983年版。
〔註673〕《宋史》卷443，《唐庚傳》，第13100頁。

有失，以丞為首，少卿二正為第二從，大卿為第三從，典為第四從，主簿、錄事當同為第四從。」〔註674〕

宋代因上下級關係而連坐者也有兩種情形：

其一是上級違法犯罪，下級連坐。如太平興國七年（982），在盧多遜交通秦王趙廷美案中，西京留守判官閻矩貶為涪州司戶參軍，前開封推官孫嶼貶為融州司戶參軍，「皆秦王廷美官屬，坐輔導無狀也。」〔註675〕懲治這些王公及重臣連坐下屬，既是因為下屬「輔導無狀」，即沒有盡到輔弼的責任；又是為了斬草除根，徹底剷除王公、重臣的勢力，防止他們東山再起，以免後患。

其二是下級違法犯罪，上司連坐。如真宗時，右諫議大夫、河北轉運使王曙「坐部吏受賕，降知壽州。」〔註676〕大中祥符九年（1016）十一月乙巳，東京城北民舍失火，天武右廂軍都指揮使、興州團練使鹿信領兵救火，其部下軍卒毋謙等五人因在救火時盜民家白金五百兩而被處斬；鹿信「以所部不肅，故及於責」，黜為陳州馬步軍都指揮使，「都虞候而下咸決杖配江、淮本城。」〔註677〕

二、因血緣、姻親關係而連坐

《宋刑統》對謀反謀叛及犯贓罪因血緣、姻親關係而連坐作了明確規定：「諸謀反及大逆者，皆斬，父子年十六以上皆絞，十五以下及母女、妻妾（子妻妾亦同）、祖孫、兄弟、姊妹，若部曲、資財、田宅並沒官，男夫年八十及篤疾，婦人年六十及廢疾者並免，伯叔父、兄弟之子，皆流三千里，不限籍之同異。即雖謀反，詞理不能動眾，威力不足率人者，亦斬。」〔註678〕「諸謀叛者絞，已上道者皆斬，妻子流二千里；若率部眾百人以上，父母、妻子流三千里。」〔註679〕「諸監臨之官，家人於所部有受乞、借貸、役使、買賣有剩利之屬，各減官人罪二等。官人知情與同罪。不知情者各減家人罪五等。其在官非監臨，及家人有犯者，各減監臨及監臨家人一等。」〔註680〕

〔註674〕《宋刑統》卷5，《名例律‧同職犯罪》，第79頁。

〔註675〕《宋史》卷244，《魏悼王廷美傳》，第8668頁。

〔註676〕《宋史》卷286，《王曙傳》，第9632頁。

〔註677〕《長編》卷88，大中祥符九年十一月乙巳，第2026頁。

〔註678〕《宋刑統》卷17，《賊盜律》，第268頁。

〔註679〕《宋刑統》卷17，《賊盜律》，第272頁。

〔註680〕《宋刑統》卷11，《受所監臨贓》，第183頁。

實際上，宋代官員因連坐而受懲治者並不限於《宋刑統》規定的情形，茲例證如下：

（一）謀反謀叛

如在太平興國七年（982）盧多遜交通秦王趙廷美案中，中書守當官趙白因盧多遜遣其以中書機密事密告趙廷美而被斬〔註681〕；同年四月己丑，趙白之兄著作佐郎趙和、光祿寺丞趙知微及親屬因連坐而配隸沙門島禁錮。〔註682〕又如，在熙寧八年（1075）李逢、趙世居謀反案中，李逢凌遲處死，李逢兄秘書丞李遠除名勒停，送湖南編管；武舉進士郝士宣腰斬，「郝士宣父左侍禁賁除名勒停、潮州編管。」〔註683〕

（二）犯贓罪

如開寶二年（969）十二月己亥，「右贊善大夫王昭坐監大盈倉，其子與倉吏為奸贓，奪兩任，配隸汝州。」〔註684〕又如，太平興國二年（977）三月，「侍御史任惟吉，前通判陝州，為下所告，按得其贓，丙寅，詔削奪官爵，配隸汝州。鎮國行軍司馬王祜，惟吉姻也，祜知制誥，嘗引薦惟吉，詔奪祜兩季俸。」〔註685〕

（三）觸怒皇帝

這裡是指官員因自己的親人或親戚觸怒皇帝而連坐。如淳化二年（991）九月，右正言、度支判官宋沆等五人伏閣上書，請立許王趙元僖為皇太子，詞意狂率，太宗甚怒，因而受懲罰。「（宋）沆又宰相呂蒙正之妻族，蒙正所擢用，己亥，製詞責蒙正以援引親暱，竊祿偷安，罷為吏部尚書。」〔註686〕又如，太平興國八年（983），樞密副使彌德超因言自己「有安社稷功」、皇上為人所惑，太宗大怒，因而被除名並家屬流瓊州，其女婿右拾遺李韶亦因此責為知丹徒縣〔註687〕。

〔註681〕《長編》卷23，太平興國七年四月丁丑，第517頁。
〔註682〕《長編》卷23，太平興國七年四月己丑，第519頁。
〔註683〕《長編》卷264，第6470頁。
〔註684〕《宋史》卷2，《太祖二》，第30頁。
〔註685〕《長編》卷18，太平興國二年三月，第401頁。
〔註686〕《長編》卷32，淳化二年九月，第720頁。
〔註687〕《長編》卷24，太平興國八年四月，第544頁。

（四）違禮

如淳化二年（991），「如京副使衛濯訟有鄰子秘書省校書郎（雷）孝先內亂，帝素憐（雷）德驤，恐暴揚其醜，不以孝先屬吏，止除名配均州。德驤坐失教，責授感德軍行軍司馬。並其子少府少監有終責授衡州團練副使。」〔註688〕

（五）誹謗

如紹興二十二年（1152）十月庚辰，「以黃巖縣令楊煒誹謗，除名，萬安軍編管。」〔註689〕紹興二十四年（1154）二月丁亥，「前左從政郎楊炬坐其弟煒嘗上書誹謗，送邕州編管。」〔註690〕

（六）殘暴不法

如孝宗時，參知政事李彥穎因「諫官論其子毆人至死，奉祠鐫秩。」〔註691〕

三、因交遊關係、朋友關係而連坐

除了上述因職務關係、血緣關係而連坐外，宋代官員還會因交遊關係、朋友關係而連坐。這裡所指的不包括朋黨關係。被懲治官員或者是本身違法犯罪，或者是得罪皇帝、權臣等，作為這些官員的朋友，往往會受到懲治。如知袁州朱服坐與被懲治官員蘇軾交遊，貶海州團練副使，蘄州安置〔註692〕。因這種朋友關係而連坐者，其本身沒有過錯，只是被懲治者的朋友，因此其所受到的懲罰一般不會超過當事人，具體取決於二者關係的親密程度和被懲治者過錯或所違法犯罪的性質。如前所述，專制君主最恨謀反謀叛者，總是以最嚴厲的手段予以懲治，對官員結交反叛者也是嚴懲不貸。如天禧四年（1020）八月，「永興軍都巡檢使朱能殺中使叛。……入內押班鄭志誠坐交朱能削兩任，配隸房州。」〔註693〕

第十二節　黨爭

統治集團內部的政治鬥爭是專制王朝無法避免的一種政治現象。儘管趙

〔註688〕《宋史》卷278，《雷德驤傳》第9454頁。
〔註689〕《宋史》卷30，《高宗七》，第575頁。
〔註690〕《宋史》卷31，《高宗八》，第579頁。
〔註691〕《宋史》卷386，《李彥穎傳》，第11867頁。
〔註692〕《宋史》卷347，《朱服傳》，第11004頁。
〔註693〕《宋史》卷8，《真宗三》，第169頁。

宋統治者汲取歷史教訓，對包括文武官僚、宦官、宗室、外戚等可能威脅到其統治地位的內部各種勢力大加防範，「事爲之防，曲爲之制」〔註694〕，但官員之間的鬥爭綿延不絕，此伏彼起，朋黨之爭司空見慣。趙宋王朝的「祖宗家法」之一是要大臣們「異論相攪，即各不敢爲非。」〔註695〕即蓄意讓政見相左、互不相容甚至宿有怨恨的大臣一起爲官共事，使之互相監督、互相牽制乃至互相攻訐，從而便於專制君主控制臣僚和局勢，防止臣僚結黨篡逆，使「各不敢爲非」，消除統治集團內部對趙宋王朝的任何潛在威脅。趙宋最高統治者奉「異論相攪」爲御臣圭臬，不少官僚深諳君主防備大臣篡逆的心理，常以揭露、指斥朋黨來顯示效忠君主，更有甚者，利用「朋黨」之名，作爲剷除異己的有效工具，不論是名副其實的結黨營私者，還是力圖變革、有所作爲的志同道合者，只要被視爲「朋黨」，都無法逃脫被打擊的命運，「朋黨」之名成爲政治鬥爭中屢試不爽的工具。有宋一代，黨爭十分激烈，如北宋太宗朝的盧（多遜）趙（普）之爭，眞宗朝的寇（準）丁（謂）之爭，仁宗朝的廢后之爭和新政與反新政鬥爭，英宗朝的「濮議」之爭，神宗朝的變法與反變法鬥爭，哲宗朝的元祐更化與紹聖紹述，徽宗朝的崇寧黨禁；南宋時期圍繞「戰」與「和」的鬥爭、道學與反道學鬥爭，加上權臣專政，黨同伐異。每一次鬥爭的結果都是失敗者慘遭無情打擊，如盧多遜、寇準、丁謂、蔡確、范仲淹、歐陽修、鄒浩、陳瓘、劉摯、梁燾、蘇軾、蘇轍、秦觀、黃庭堅、李綱、李光、胡銓等等。宋代黨爭總體上呈現以下三大特點，因黨爭失利而受懲治，是宋代被懲治官員中最爲集中、影響最大的一類。

一、官僚士大夫對朋黨的認識有了新變化，以義利爲標準區分君子小人之黨，並爲鬥爭雙方所利用，互指爲朋黨。

朋黨是專制政治的衍生物，朝中有人好做官，做官最怕孤立無援，消息不靈。官僚們爲了仕宦前途，往往以座主、門生、故吏、同年、同鄉、同宗、同族等關係爲紐帶，互相交結，相互援引，結爲朋黨。在中國古代，朋黨一般不被儒家名教所容。孔子曰：「君子周而不比，小人比而不周」〔註696〕；

〔註694〕《長編》卷17，開寶九年十月乙卯，第382頁。
〔註695〕《長編》卷213，熙寧三年七月壬辰，第5169頁。
〔註696〕《論語・爲政》，《四書全譯》第97頁。

「君子矜而不爭，群而不黨」〔註697〕；「君子和而不同，小人同而不和。」〔註698〕小人出於自私的目的，曲意逢迎，違心附和君主、權臣等。儒家這種經典之說深深影響著官僚士大夫。在宋代之前，士大夫對朋黨批判斥責有加，誰也不願公開承認君子有黨。西漢劉向認為，君子「忠於為國，無邪心」，故「不為比周」，不結朋黨〔註699〕。唐代李絳認為，只有小人有黨，「朋黨」是小人用以「譖毀賢良」的藉口，不認同君子有黨。「姦人能揣知上旨，非言朋黨，不足以激怒主心，故小人譖毀賢良，必言朋黨。……夫小人懷私，常以利動，不顧忠義，自成朋黨；君子以忠正為心，以懲勸為務，不受小人之佞，不遂姦人之利，自然為小人所嫉，譖毀百端者，蓋緣求無所獲，取無所得故也。忠正之士，直道而行，不為諂諛，不事左右，明主顧遇則進，疑阻則退，不為他計苟安其位，以此常為姦邪所構，以其無所入也。夫聖賢合迹，千載同符，忠正端慤之人，所以知獎，亦是此類，是同道也，非為黨也。」〔註700〕

　　到了宋代，由於黨爭彼伏此起，官僚士大夫大多捲入其中。基於對漢唐黨禍的認識和宋代統治集團內部鬥爭的現實需要，官僚士大夫不得不為自己所捲入的派別尋找道義上的依據。在這種背景下，王禹偁、歐陽修、蘇軾、秦觀等對朋黨進行了新的闡釋，公開提出「君子有黨論」〔註701〕。王禹偁指出：「夫朋黨之來遠矣，自堯舜時有之。八元、八凱，君子之黨也；四凶族，小人之黨也。」〔註702〕歐陽修認為，朋黨「自古有之，惟幸人君辨其君子、小人而已。大凡君子與君子同道為朋，小人與小人同利為朋，此自然之理也。」「小人所為者利祿也，所貪者財貨也，當其同利之時，暫相黨引以為朋，偽也。及其見利而爭，或利盡交疏，則反相賊害，雖其兄弟親戚不能相保。」「君子則不然，所守者道義，所行者忠信，所惜者名節，以之修身，則同道而相益；以之事國，則同心而共濟，終始如一，此君子之朋也。故為人君者，但當退小人之偽朋，用君子之真朋，則天下治矣。」〔註703〕慶曆四年（1044）

〔註697〕《論語・衛靈公》，《四書全譯》第284頁。

〔註698〕《論語・子路》，《四書全譯》第251頁。

〔註699〕《漢書》卷36，《劉向傳》，第1945頁。

〔註700〕《全唐文》卷645，李絳《對憲宗論朋黨》，第6526頁。

〔註701〕《小畜集》卷15，《朋黨論》；《歐陽修全集・居士集》卷17，《朋黨論》；《蘇軾全集・文集》卷4，《續歐陽子朋黨論》；《秦觀集編年校注》卷17，《朋黨》。

〔註702〕王禹偁：《小畜集》卷15，《朋黨論》，第100頁，《四部叢刊》初編。

〔註703〕《歐陽修全集・居士集》卷17，《朋黨論》，第124頁。

四月戊戌，仁宗提出「自昔小人多爲朋黨，亦有君子黨乎？」的疑問，范仲淹對曰：「臣在邊時，見好戰者自爲黨，而怯戰者亦自爲黨。其在朝廷，邪正之黨亦然，惟聖心所察爾。苟朋而爲善，於國家何害也？」〔註704〕「方以類聚，物以群分，自古以來，邪正在朝，未嘗不各爲一黨，不可禁也。」〔註705〕歐陽修等人爲了適應當時政治鬥爭的需要，打破對朋黨的禁忌，承認朋黨的現實存在及其合理性，以義利爲標準將朋黨分爲君子之黨和小人之黨，褒揚前者而貶斥後者，既符合儒家「君子喻於義，小人喻於利」〔註706〕的傳統價值取向，又揚棄了「君子群而不黨」之說，從而使君子小人之辨有了時代內涵，打上了時代的烙印。君子有黨論也影響到南宋政治。紹興三年（1133），常同論朋黨，指出：「自元豐新法之行，始分黨與，邪正相攻五十餘年。章惇唱於紹聖之初，蔡京和於崇寧之後，元祐臣僚，竄逐貶死，上下蔽蒙，釀成夷虜之禍。今國步艱難，而分朋蒂交、背公死黨者，固自若也。恩歸私門，不知朝廷之尊。重報私怨，寧復公議之顧。臣以爲欲破朋黨，先明是非，欲明是非，先辨邪正，則公道開而姦邪息矣。」「朋黨之結，蓋緣邪正不分，但觀其言行之實，察其朋附之私，則邪正分而朋黨破矣。」「君子之黨，協心濟國。小人之黨，挾私害公。」〔註707〕

由於朋黨敗壞吏治，威脅帝王專制統治，所以，「自古及今，帝王最惡者是朋黨。」〔註708〕帝王總會想方設法防範和控制臣僚，嚴禁臣子朋黨比周。早在戰國初期，吳起在楚國變法時，就立法禁止朋黨。史稱：「吳起爲楚悼王立法，卑減大臣之威重，罷無能，廢無用，損不急之官，塞私門之請，一楚國之俗，禁遊客之民，精耕戰之士，南收楊越，北並陳、蔡，破橫散從，使馳說之士無所開其口，禁朋黨以勵百姓，定楚國之政，兵震天下，威服諸侯。」〔註709〕鑒於唐末和五代十國時期的頻繁動亂，宋代統治者對臣僚結黨更是異常警惕。太宗對近臣說：「國家若無外憂，必有內患。外憂不過邊事，皆可預防；惟姦邪無狀，若爲內患，深可懼也。帝王用心，常須謹此。」〔註710〕咸平二年（999）二月，眞宗「聞朝臣中有交結朋黨、互扇虛譽，速求進用者」，

〔註704〕《長編》卷148，慶曆四年四月戊戌，第3580頁。
〔註705〕《涑水紀聞》卷10，第185頁。
〔註706〕《論語·里仁》，載《四書全譯》第125頁。
〔註707〕《宋史》卷376，《常同傳》，第11623～11624頁。
〔註708〕《全唐文》卷645，李絳《對憲宗論朋黨》，第6526頁。
〔註709〕《史記》卷79，《范睢蔡澤列傳》，第2423頁。
〔註710〕《長編》卷32，淳化二年八月，第719頁。

於是「降詔申警，御史臺糾察之。」〔註711〕大中祥符八年（1015），真宗與王旦等大臣論嚴防朋黨：「搢紳之士，多恣毀譽，近日頗協附有位，久則便成朋黨，深宜絕其本源也。」〔註712〕寶元元年（1038）十月，仁宗詔戒百官朋黨〔註713〕。所以，儘管歐陽修、范仲淹等提出「君子有黨論」，是從正面駁斥守舊勢力的攻擊，以期取得仁宗對新政的支持，但最終還是未能消除仁宗對君子之黨的疑慮。帝王最為忌諱的「朋黨」之名成為守舊勢力打擊改革勢力的重要工具，宦官藍元震上疏攻擊新政官僚，指責范仲淹、歐陽修、尹洙、余靖「以國家爵祿為私惠，膠固朋黨」〔註714〕。最終新政官僚紛紛被貶出朝廷，新政也如曇花一現，以失敗而告終。

歐陽修等人以君子、小人為標準提出「君子有黨論」，雖然是為了排除政敵對新政的干擾，但同樣也為反對改革的守舊派所利用，因為誰都可以君子自居，斥責對方為小人。「朋黨之起，蓋因趣向異同，同我者謂之正人，異我者疑為邪黨。」〔註715〕熙豐年間，變法派與反變法派在政見上各不相讓，相互攻擊、排斥，鬥爭雙方都以君子小人為理論依據，同我者君子，異我者小人；宋神宗亦將反對變法者斥為小人〔註716〕；反對變法者也將變法派斥為小人、姦人。富弼上疏指斥王安石為「不恥不仁、不畏不義、不見利不動、不威不懲」的小人，並指出：「內外小大之官所以致其不和者，何哉？止由乎君子小人並處其位也。蓋君子小人，方圓不相入，曲直不相投，貪廉進退不相侔，動靜語默不相應，如此而望議論協和，政令平允，安可得耶？安可幸而致邪？」〔註717〕富弼又指神宗「緣誤用一二姦人，則展轉援致，連茹而進，分佈中外，大為朝廷之害，卒難救整。」〔註718〕元祐時期，舊黨得勢。按右司諫蘇轍所言：「天下治亂，在君子小人進退之間耳，冰炭不可以一器，梟鸞不可以同棲，共、鯀、皋陶不可以同朝，顏回、盜跖不可以並處。」〔註719〕於是，舊黨推行元祐更化，殘酷打擊新黨官僚。

〔註711〕《長編》卷44，咸平二年二月乙酉，第930頁。
〔註712〕《長編》卷84，大中祥符八年三月辛卯，第1919頁。
〔註713〕《長編》卷122，寶元元年十月丙寅，第2881頁。
〔註714〕《長編》卷148，慶曆四年四月戊戌，第3582頁。
〔註715〕《宋史》卷314，《范純仁傳》，第10288頁。
〔註716〕《長編》卷261，熙寧八年三月己未，第6365頁。
〔註717〕呂祖謙：《宋文鑒》卷45，《論辨邪正》，第688頁，中華書局，1992年版。
〔註718〕《長編》卷276，熙寧九年六月，第6757頁。
〔註719〕《長編》卷371，元祐元年三月戊辰，第8987頁。

二、宋代黨爭基本上可以分為革新與守舊之爭、純粹黨同伐異爭權奪利之爭兩類性質，元祐更化前、元祐更化至北宋末、南宋三個階段

北宋初至神宗時期，是宋代黨爭的第一個階段。這個時期黨爭不斷發展，如太宗朝的盧（多遜）趙（普）之爭，真宗朝的寇（準）丁（謂）之爭，仁宗朝的廢后之爭和新政與反新政鬥爭，英宗朝的「濮議」之爭，神宗朝的變法與反變法鬥爭等等。總體上看，這個時期黨爭的主流是政見之爭；特別是仁宗至神宗時期，改革派與守舊派因政見不同而展開鬥爭，基本上是名實相符的革新與守舊之爭。

自元祐更化至北宋末的新舊黨爭，為第二階段。這個時期的新舊黨爭已完全名不符實，因政見不同而引發的黨爭演變成爭權奪利的黨爭，黨爭的主流是黨同伐異，鬥爭雙方皆是為了爭權奪利，而不問是非曲直。此時黨禍不止，黨同伐異無所不用其極，朋邪翼偽，是非顛倒，黑白不分。無論哪一黨上臺，都以打擊異己為要務，不分青紅皂白和是非善惡，視異己為寇讎，一概排斥，必欲剗除滅絕而後快。一旦國是變化，被打倒的政敵捲土重來，如法炮製，以其人之道還治其人之身，千方百計復仇，甚至有過之而無不及。「紹述之說，崇奸貶正，黨論滋起。於是紹聖指元祐為黨，崇寧指元符為黨，而鄭居中、張商英、蔡京、王黼諸人互指為黨，不復能辨。始以黨敗人，終以黨敗國，衣冠塗炭。」〔註720〕黨同伐異的惡果是官風士風全面頹廢、敗壞。元祐時期的御史中丞趙君錫言：「士大夫無廉隅，以奔競干求成風，上之人取士亦繫於憎愛，勤於丐請，或強訐把持，往往得所欲，而恬默守道之士，多以不知見遺。」〔註721〕紹聖元年（1094）四月，左司諫翟思亦言：「元祐大臣招權市恩，舊係銓注者，多歸堂除，奔競請託，恬以成風。」〔註722〕這個時期所謂的新舊兩黨只不過是沿用了原有的名稱而已，二者本質上是一丘之貉。所謂的新黨，只是「以繼述神宗為名，實挾王安石以圖身利。」〔註723〕正如時人安燾所言：「自紹聖、元符以來，用事之臣，持紹述之名，誑惑君父，上則固寵位而快恩讎，下則希進用而肆朋附。彼自為謀則善矣，未嘗有毫髮為公家計者也。」〔註724〕

〔註720〕《宋史》卷356，《賈偉節傳等列傳附論》，第11212～11213頁。
〔註721〕《長編》卷457，元祐六年四月甲辰，第10943頁。
〔註722〕《長編紀事本末》卷100，《紹述》，第3190頁。
〔註723〕《宋史》卷428，《楊時傳》，第12741頁。
〔註724〕《宋史》卷328，《安燾傳》，第10568頁。

　　南宋時期，先後有金朝、蒙（元）的威脅和侵戰，南宋內部「戰」與「和」的鬥爭不斷，這個時期是宋代黨爭的第三個階段，黨爭的主流還是黨同伐異、爭權奪利。茲以南宋初期趙鼎與張浚之爭為例：紹興五年（1135）二月，趙鼎與張浚並相，高宗「以邊事付浚，而政事及進退人才專付於鼎。」〔註725〕紹興六年（1136）十月，張浚督師淮西，擊退金兵，此即張浚的卻敵之功〔註726〕。同年十一月，張浚「乞乘勝取河南地，擒劉豫父子，又言：『劉光世驕惰不戰，不可為大將，請罷之。』上問：『嘗與趙鼎議否？』浚曰：『未也。』浚見鼎，且道其故。鼎曰：『不可。豫几上肉耳，然豫倚金人為重。不知擒滅劉豫，得河南地，可遂使金不內侵乎？光世將家子，將率士卒，多出其門下，若無故罷之，恐人心不可。』浚不悅」〔註727〕。在張浚的排斥打擊下，趙鼎、劉光世及樞密折彥質等被罷。「趙鼎、張浚爭權，浚自謂有卻敵之功、復興之策，當獨任國事，諷侍從臺諫及其黨與攻鼎，出之，於是浚專任國政。」〔註728〕張浚又以兵部尚書呂祉駐紮劉光世舊部，當時「統制官王德、酈瓊二人交惡，而德乃光世愛將，遂就除德為都總制。於是瓊等大噪，列狀都督府，以訟其過。呂祉至淮西撫諭諸軍，瓊等遂謀叛，執祉等皆北，祉遂為瓊所害。於是瓊以全軍七萬人北走降豫。」〔註729〕此即淮西兵變事件，朝野為之震驚。紹興七年（1137）九月，在趙鼎黨人的排擊下，張浚被放逐，趙鼎復相，遂開始大規模清洗張浚黨人。「淮上既敗，張公既退，趙公復相，凡張公所為，一切更改。張公已遷都建康，卻將車駕復歸臨安；張公所用蜀中人才，一皆退之。」〔註730〕在趙鼎、張浚的這場鬥爭，雙方都為一己之私，爭權奪利，黨同伐異。正如朱熹所言，「張魏公撫師淮上，督劉光世進軍。是時虜人正大舉入寇，光世恐懼，遂背後懇趙忠簡。是時趙為相，折彥質為樞密。折助之請樞密院，遂命劉光世退軍。魏公聞之，大怒，遂趕回劉光世。出榜約束云：『如一人一馬渡江者，皆斬！』光世遂不敢渡江，便回淮上。樞府一面令退軍，而宣府令進軍淮上，然終退卻。魏公既還朝，遂力言光世異懦不堪用，罷之，而命呂安老

〔註725〕《繫年要錄》卷85紹興五年二月丙戌，第11頁。
〔註726〕《繫年要錄》卷106紹興六年十月癸亥，第20頁。
〔註727〕《繫年要錄》卷107紹興六年十二月戊戌，第4頁。
〔註728〕《宋宰輔編年錄校補》卷15，第1014頁。
〔註729〕《宋宰輔編年錄校補》卷15，第1020頁。
〔註730〕《朱子語類》卷131，《中興至今日人物上》，第3150頁。

（祉）董其軍。及安老爲瓊等所殺，降劉豫，魏公由是得罪，而趙忠簡復相。趙既相，遂復劉光世爲將，都弄成私意。」〔註731〕

三、大興文字獄，排斥異己，打擊政敵。

宋代文禍多，尤其是秦檜、韓侂胄、史彌遠、賈似道等權臣當政期間，屢以文字獄整肅異己。如秦檜自紹興八年（1138）第二次入相至紹興二十五年（1155）去世的十七年間，製造文字獄 38 起〔註732〕。

在宋代黨爭中，文字獄在打擊政敵方面發揮了重要作用，許多官員因黨爭而受到懲治，茲舉例要而析之。

（一）進奏院案與慶曆黨爭及官員懲治

慶曆四年（1044）十一月，監進奏院劉巽，大理評事、集賢校理蘇舜欽等循例祠神，以公錢召妓娛賓。集賢校理王益柔，於席上戲作《傲歌》，其中有「醉臥北極遣帝扶，周公孔子驅爲奴」〔註733〕之句。御史中丞王拱辰聞之，以二人皆范仲淹所薦，而蘇舜欽又是杜衍女婿，欲因是打擊杜衍及范仲淹，乃諷御史魚周詢、劉元瑜舉劾其事，指斥爲「謗及時政」，「列章牆進，取必於君」〔註734〕，乃成大獄，劉巽、蘇舜欽除名勒停，王益柔以及與其同席的當世名士均遭貶斥〔註735〕，新政官僚集團遭受沉重打擊。

（二）烏臺詩案與熙豐黨爭及官員懲治

蘇軾喜歡以詩文譏切時政，宋人謂「東坡文章，妙絕古今，而其病在於好諷刺。」〔註736〕這也爲其本人招來禍害，烏臺詩案即是一例。元豐二年（1079）二月，蘇軾自徐州移知湖州，到任時進《湖州謝上表》，其中有言：「知其愚不識時，難以追陪新進；察其老不生事，或能牧養小民。」〔註737〕被監察御史裏行何正臣、舒亶，御史中丞李定等彈劾，但朝廷沒有採取懲治措施。同年七月，李定、舒亶等對蘇軾再次進行彈劾：「軾近上《謝表》，有譏切時事

〔註731〕《朱子語類》卷131，《中興至今日人物上》，第3148頁。
〔註732〕《廿二史札記校證》卷26，《文字之禍》，第566～568頁。
〔註733〕《長編》卷153，慶曆四年十一月甲子條注，第3716頁。
〔註734〕蘇舜欽：《蘇舜欽集編年校注》卷9，《與歐陽公書》，第609頁，傅平驤、胡問陶校注，巴蜀書社，1991年版。
〔註735〕《長編》卷153，慶曆四年十一月甲子，第3715～3716頁。
〔註736〕《鶴林玉露》乙編卷4，第188頁。
〔註737〕蘇軾：《蘇軾全集·文集》卷23，《湖州謝上表》，第1083頁，上海古籍出版社，2000年版。

之言，流俗翕然，爭相傳誦，志義之士，無不憤惋。蓋陛下發錢以本業貧民，則曰：『贏得兒童語音好，一年強半在城中。』陛下明法以課試群吏，則曰：『讀書萬卷不讀律，致君堯舜知無術。』陛下興水利，則曰：『東海若知明主意，應教斥鹵變桑田。』陛下謹鹽禁，則曰：『豈是聞韶解忘味，爾來三月食無鹽。』其他觸物即事，應口所言，無一不以譏謗爲主。」〔註738〕於是，神宗詔命知諫院張璪、御史中丞李定按治。經過四個多月的勘治，蘇軾、王鞏、孫覺等二十餘人遭到懲處，分別被貶責、追官勒停、安置、罰銅等，其中大多數是反對熙豐變法者〔註739〕。

（三）車蓋亭詩案與元祐黨爭及官員懲治

　　元祐元年（1086），蔡確罷相，出知陳州，次年又謫知安州。在安州，蔡確作詩《夏日登車蓋亭》。知漢陽軍吳處厚「與（蔡）確有隙」，「蔡確嘗從處厚學賦，及作相，處厚通箋乞憐，確無汲引意」；右相王珪擢吳處厚爲大理丞，並「請除處厚館職，確又沮之」；蔡確爲永裕山陵使，出吳處厚知通利軍，徙知漢陽軍，「處厚不悅」〔註740〕，由此結怨在心。吳處厚獲得《夏日登車蓋亭》詩後，如獲至寶，隨起報復之心，於是肆意歪曲箋釋蔡詩，指責蔡詩語涉譏諷：「何處機心驚白鳥，誰人怒劍逐青蠅」，以譏讒執政；「葉底出巢黃口鬧，波間逐隊小魚忙」，譏刺昨來言事者及朝廷新擢用臣僚；「矯矯名臣郝甑山，忠言直節上元間」，是以武后比太后；「沉沉滄海會揚塵」，是「謂人壽幾何，尤非佳語。」〔註741〕並上奏：「（蔡）確昨謫安州，不自循省，包蓄怨心，實有負於朝廷，而朝廷不知也。故在安州時，作《夏中登車蓋亭》絕句十篇，內五篇皆涉譏訕，而二篇譏訕尤甚，上及君親，非所宜言，實大不恭。」〔註742〕朝廷舊黨「自吳處厚奏至，皆手舞足蹈相慶，不食其肉不足以饜，不復以人主好惡、朝廷紀綱、天下風俗、國家人才爲念」〔註743〕，由此展開對蔡確的圍攻。吳處厚曲解蔡確詩的箋章剛至，左諫議大夫梁燾即上疏彈劾，「蔡確怨望，見於詩章，包藏禍心，合黨誕妄，上欲離間兩宮，下欲破滅忠義，清議沸騰，中外駭懼，以爲確不道不敬，罪狀明

〔註738〕《長編》卷299，元豐二年七月己巳，第7266頁。
〔註739〕《長編》卷301，元豐二年十二月庚申，第7333頁。
〔註740〕《宋史》卷471，《吳處厚傳》，第13702頁。
〔註741〕《長編》卷425，元祐四年四月壬子，第10270～10272頁。
〔註742〕《長編》卷425，元祐四年四月壬子，第10270頁。
〔註743〕《長編》卷426，元祐四年五月庚辰，第10309頁。

白。」〔註744〕右正言劉安世，左司諫吳安詩、王巖叟，侍御史朱光庭，御史中丞傅堯俞、范祖禹、文彥博等人也紛紛交章彈奏。元祐四年（1089）五月，蔡確責左中散大夫、守光祿卿，分司南京；梁燾、吳安詩、劉安世以爲責輕，傅堯俞、朱光庭相繼論列，於是同月，蔡確再貶英州別駕、新州安置。吳處厚上奏蔡確詩箋之後兩日，其子「柔嘉登第，授太原府司戶，至侍下，處厚迎謂曰：『我二十年深仇，今報之矣。』」〔註745〕可見，吳處厚穿鑿附會曲解蔡詩，完全只是爲報心頭之恨。在打擊蔡確的同時，梁燾等人又編列蔡確親黨和王安石親黨，榜之朝堂。「初（梁）燾等之排論（蔡）確也，又密具確及王安石之親黨姓名以進。其奏曰：『臣等竊謂確本出王安石之門，相繼秉政，垂二十年。姦邪群小，交結趨附，深根固蒂，牢不可破。謹以王安石、蔡確兩人親黨開具於後，蔡確親黨：安燾、章惇、蒲宗孟、曾布、曾肇、蔡京、蔡卞、黃履、吳居厚、舒亶、王覿、邢恕等四十七人；王安石親黨：蔡確、章惇、呂惠卿、張璪、安燾、蒲宗孟、王安禮、曾布、曾肇、彭汝礪、陸佃、謝景溫、黃履、呂嘉問、沈括、舒亶、葉祖洽、趙挺之、張商英等三十人』。」〔註746〕舊黨的這種做法，開了惡劣先例，紹聖年間章惇打擊元祐黨人，徽宗崇寧年間蔡京立「元祐黨籍」，皆是援引此法。

（四）神宗實錄案與紹述黨爭及官員懲治

元祐元年（1086），哲宗詔修《神宗實錄》，先後由蔡確、司馬光、呂公著、呂大防提舉，邵伯溫、黃庭堅、范祖禹、陸佃等參與修編。編修《神宗實錄》的宗旨是「盡書王安石之過，以明神宗之聖」〔註747〕，以此來全盤否定熙豐新法，明確「天下之亂實兆於安石」〔註748〕，爲元祐更化提供依據、製造輿論。紹聖元年（1094），新黨重新上臺主政，即興「神宗實錄案」。「紹聖初，……章惇、蔡卞與其黨論《實錄》多誣，俾前史官分居畿邑以待問，摘千餘條示之，謂爲無驗證。既而院吏考閱，悉有據依，所餘才三十二事。」〔註749〕對於《神宗實錄》史料的取捨，編修官內部本有歧見。王安石門人、

〔註744〕《長編》卷425，元祐四年四月壬子，第10273～10274頁。
〔註745〕《揮麈錄・三錄》卷1，第186頁。
〔註746〕《宋宰輔編年錄校補》卷9，第537頁。
〔註747〕《宋史》卷435，《范沖傳》，第12905頁；《繫年要錄》卷79，紹興四年八月戊寅，第2頁，文字略異。
〔註748〕《繫年要錄》卷79，紹興四年八月戊寅，第2頁。
〔註749〕《宋史》卷444，《黃庭堅傳》，第13110頁。

編修官陸佃曾「數與史官范祖禹、黃庭堅爭辯，大要多是安石，爲之隱晦。庭堅曰：『如公言，蓋佞史也。』佃曰：『盡用君意，非謗書乎？』」〔註750〕陸佃雖爲王安石門人，但實際上與王安石的政見並不完全一致，故「安石以佃不附己，專付之經術，不復咨以政。」〔註751〕紹聖新黨興治「神宗實錄案」，藉口元祐史官編修失實，以紹述熙豐新法之名，全面打擊元祐黨人。「神宗實錄案」勘治的結果，元祐編修《神宗實錄》的官員均遭貶黜，陸佃亦因此「坐落職，知泰州，改海州。」〔註752〕

第十三節　其它原因

除了前述原因外，宋代官員還會因觸怒皇帝、得罪權臣、指斥乘輿、結交皇親國戚和宦官、善待貶官、泄露秘密、藏匿罪犯、妄言惑眾、僞造制書、誣陷，以及自身怪異性格等原因而受到懲治。

一、觸怒皇帝

這裡所謂官員觸怒皇帝，所指的不是官員因違法違禮等行爲而觸怒皇帝，而是因言行不合皇帝主觀心意等而觸怒皇帝。在專制社會裏，皇帝是擁有無限權力的最高統治者，國家一切事務皆決於其意志，官員實際上只是皇帝貫徹其意志的工具。因此，官員觸忤皇帝意志，以致龍顏大怒，往往會遭到懲處。如宋太宗在處心積慮除掉侄子趙德昭、趙德芳及弟弟趙廷美之後，得遂傳位於子之願。他原本很鍾愛的長子趙元佐，因申救趙廷美而逐漸被疏遠，最後趙元佐發狂，放火燒了自己的王宮，被廢爲庶人。後來，其次子趙元僖任開封府尹，具備了皇儲資格。淳化二年（991）九月，「左正言、度支判官宋沆等五人伏閣上書，請立許王元僖爲皇太子，詞意狂率，上甚怒，將加竄殛，以懲躁妄。而沆又宰相呂蒙正之妻族，蒙正所擢用，己亥，製詞責蒙正以援引親暱，竊祿偷安，罷爲吏部尚書。」〔註753〕又如，至道元年（995年）四月，太祖皇后宋氏死去，太宗不肯爲其發喪，群臣不服，認爲此舉不合禮制。翰林學士王禹偁因有「后嘗母儀天下，當遵用舊禮」之語，觸怒太

〔註750〕《宋史》卷343，《陸佃傳》，第10918頁。
〔註751〕《宋史》卷343，《陸佃傳》，第10918頁。
〔註752〕《宋史》卷343，《陸佃傳》，第10919頁。
〔註753〕《長編》卷32，淳化二年九月，第720頁。

宗，「坐謗訕，罷爲工部郎中、知滁州。」〔註754〕再如，明道二年（1033）十二月，尙美人與郭皇后爭寵，仁宗本有意廢后，「后立九年無子，當廢」，遭到御史中丞孔道輔、右司諫范仲淹的激烈反對，伏閣言郭皇后不當廢，認爲「廢后乃前世昏君所爲」，二人遂被貶〔註755〕。

二、得罪權貴重臣

權貴重臣是君主的左膀右臂，一般官員得罪權貴重臣，往往會受到懲處，尤其是姦佞權臣專權時期，稍有得罪，即有大禍臨頭。

徽宗時，蔡京「專以輕君罔上爲能，以植黨任數爲術，挾繼述之說，爲自便之計，稍違其意，則以不忠不孝之名加之，脅持上下，決欲取勝而後已。」〔註756〕如黃葆光爲監察御史、左司諫，始蒞職，即上疏論奏蔡京所行乃違背元豐之法，「『三省吏猥多，如遷補、陞轉、奉入、賞勞之類，非元豐舊制者，其大弊有十，願一切革去。』徽宗即命釐正之，一時士論翕然。而蔡京怒其異己，密白帝，請降御筆云：『當豐亨豫大之時，爲衰亂減損之計。』」〔註757〕黃葆光因此被貶爲知立山縣〔註758〕。又如，辛炳爲監察御史兼權殿中侍御史，「蔡京廢發運司轉般倉爲直達綱，舟入，率侵盜，沉舟而遁，戶部受虛數，人畏京莫敢言。炳極疏其弊，且以變法後兩歲所得之數，較常歲虧欠一百三十有二萬，支益廣而入寖微，乞下有司計度。徽宗以問京，京怒，以炳爲沮撓，責監南劍州新豐場，尋提舉洞霄宮。」〔註759〕

高宗時，秦檜不僅瘋狂打擊政敵，對自己的黨羽也是「順我者昌，逆我者亡」，稍有冒犯即予清除，范同、万俟卨即爲典型之例。范同因紹興十一年（1141）向秦檜獻計解除岳飛等大將兵權而官至參知政事，同年十一月己亥，「參知政事范同罷。同始贊和議，爲秦檜所引。及在政府，或自奏事，檜忌之。右諫議大夫万俟卨因論：近朝廷收下兵柄歸之宥密，而同輒於稠人之中，貪天之功以爲己有，望罷其機務。詔同以本官提舉西京嵩山崇福宮。」〔註760〕万俟卨於紹興十年（1140）入爲臺諫官，在秦檜剪除異己、紹興和議過程中衝鋒陷陣，

〔註754〕《宋史》卷293，《王禹偁傳》，第9795頁。
〔註755〕《長編》卷113，明道二年十二月乙卯，第2649頁。
〔註756〕《豫章文集》卷9，《陳瓘論蔡京》，第17頁。
〔註757〕《宋史》卷348，《黃葆光傳》，第11028頁。
〔註758〕《東都事略》卷105，《列傳八十八》，第9頁。
〔註759〕《宋史》卷372，《王庶傳》，第11548頁。
〔註760〕《宋史全文》卷21（上），紹興十一年十一月己亥，第1361頁。

為秦檜擅權專政立下了汗馬功勞，因此當上了參知政事，即使這樣，最終也因得罪秦檜而被黜。紹興十四年（1144）二月丙午，「參知政事万俟卨提舉江州太平觀。先是，卨使金還，太師秦檜假金人譽己數十言囑卨奏於上，卨不可。他日奏事退，檜坐殿廬中批上旨，輒除所厚官吏鈐紙尾進。卨拱手曰：『偶不聞聖語，卻不視。』檜大怒，自是不交一語。御史中丞李文會、右諫議大夫詹大方聞之，即奏卨黷貨營私，窺探國是。卨再章求去，上命以資政殿學士出守。及入謝，上問勞甚悉。檜愈怒，給事中楊願因封還錄黃，乃有此命。」〔註761〕

三、違背上司命令

在政府、軍隊等組織裏，下級服從上級，部下服從長官，是基本的組織原則，是保證組織正常運行，維持正常的組織秩序的基本條件。破壞這個原則，容易造成有令不行、有禁不止，擾亂正常的組織秩序。因此，官員違背這個原則，一般都會受到處罰。如慶曆四年（1044）七月乙酉，「降渭州西路巡檢、內殿崇班、閤門祇候劉滬為東頭供奉官，著作佐郎、新知確山縣董士廉罰銅八斤。朝廷雖使滬、士廉卒城水洛，仍以滬權水洛城主，終坐違本路帥命，故責之。」〔註762〕又如，紹興三年（1133）六月甲申，「統制巨師古坐違韓世忠節制，除名，廣州編管。」〔註763〕

四、私自懲罰奴僕

在宋代，奴婢違法犯罪，須由官府依法處罰，不許主家擅自用刑，臣僚不得擅殺奴婢。「五代諸侯跋扈，枉法殺人，主家得自殺其奴僕。太祖建國，首禁臣下不得專殺。至建隆三年（962）三月己巳降詔，郡國斷大辟，錄案朱書格律斷詞、收禁月日、官典姓名以聞，取旨行之。自後，生殺之權出於上矣。」〔註764〕《宋刑統》：「諸奴婢有罪，其主不請官司而殺者，杖一百。無罪而殺者，徒一年。」「諸主毆部曲至死者徒一年，故殺者加一等。」〔註765〕真宗咸平初年，駙馬都尉石保吉家僕盜財，石寶吉要求私自處罰，真宗說：「有司自有常法，豈肯有以卿故，亂天下法也。」〔註766〕徽宗建中靖國元年（1101）

〔註761〕《宋史全文》卷21（中），紹興十四年二月丙午，第1396頁。
〔註762〕《長編》卷151，慶曆四年七月乙酉，第3670頁。
〔註763〕《宋史》卷27，《高宗四》，第505頁。
〔註764〕《燕翼詒謀錄》卷3，第29頁。
〔註765〕《宋刑統》卷22，《主殺部曲奴婢》，第342頁、第343頁。
〔註766〕江少虞：《宋朝事實類苑》卷3，第24頁，上海古籍出版社，1981年版。

十二月七日敕：「主毆人力、女使，有愆犯因決罰邂逅致死，若遇恩，品官、民庶之家，並合作雜犯。」〔註767〕

儘管法律禁止官員私自處罰犯罪奴婢，但宋代主家私自處罰奴婢的現象時有發生，也有官員因私自處罰奴僕而受到懲治。如英宗治平元年（1064）五月九日，太子右贊善大夫致仕劉注私自刺奴僕面，「追三官，潭州編管。」〔註768〕神宗熙寧七年（1074）七月，都官員外郎宋充國因私自笞二婢而被「罷其職事」〔註769〕。元豐五年（1082），興州防禦使仲騑先因「以火灼人面，罰俸一季，展磨勘一年」；後又因「灼女奴面，一年之中三犯，非禮殘暴」，「展磨勘五年」〔註770〕。

宋代對主人私自殺害奴僕的處罰更重，情節嚴重者甚至處以極刑。宋初外戚王繼勳殘暴無比，「自開寶六年四月至太平興國二年二月，手所殺婢百餘人」，王繼勳因而被處斬〔註771〕。淳化二年（991）九月，「（溫）仲舒前知汾州，坐私監軍家婢，除籍爲民。」〔註772〕神宗元豐三年（1080）五月二十七日，前冀州司理參軍孔端顏坐毆奴婢至死及誣告其妻與奴通姦，被編管袁州〔註773〕。

五、毆所部官屬

按《宋刑統》：「諸監臨官司於所統屬官，及所部之人有高官而毆之，及官品同自相毆者，並同凡斷法。」〔註774〕據此，宋代官員毆所部官屬乃是違法行爲，應負法律責任。實際上，宋代也有一些官員因此而受到懲治。如太宗時，「張永德爲並代部署，有小校犯法，笞之至死，詔案其罪。」〔註775〕眞宗時，柴成務爲判尚書刑部，有本司小吏倨慢，柴成務怒而笞之，「吏擊登聞鼓訴冤，有詔問狀。成務歎曰：『喬爲長官，杖一胥而被劾，何面目據堂決事邪。』乃求解職。」〔註776〕京東轉運使馬元方「按部至濮州，被酒毆知州

〔註767〕《慶元條法事類》卷16，《文書門一》，第343頁。
〔註768〕《宋會要》職官65之23，第3858頁。
〔註769〕《長編》卷254，熙寧七年七月，第6222頁。
〔註770〕《長編》卷331，元豐五年十一月，第7968頁。
〔註771〕《宋史》463，《王繼勳傳》，第13542頁。
〔註772〕《長編》卷32，第720頁。
〔註773〕《宋會要》職官66之12，第3874頁。
〔註774〕《宋刑統》卷22，《監臨官司毆所部官屬》，第340頁。
〔註775〕《宋史》卷293，《張詠傳》，第9801頁。
〔註776〕《宋史》卷306，《柴成務傳》，第10115頁。

蔣信，降知宿州，下詔切責之。」〔註777〕

六、泄漏秘密

　　《宋刑統》規定：「諸漏泄大事應密者絞，（大事謂潛謀討襲及收捕謀叛之類。）非大事應密者徒一年半。漏泄於藩國使者加一等。」〔註778〕仁宗時有詔：「臣僚言機密事毋得漏泄。」〔註779〕又按《慶元條法事類》：「諸聽探、傳報、漏泄朝廷機密事若差除，（差除，謂未出尚書省、樞密院者。）流二千五百里，主行人有犯，加一等，並配千里；非重害者，徒三年，各不以蔭論。」「諸發運、監司、經略安撫、總管、鈐轄司人吏漏泄本司公事，杖八十，重害者，加二等。（重害，謂機密事若奏劾徒以上罪及措置之類。）即機密事情理重者，仍奏裁，並許人告。」「諸臣庶言事不應傳播而輒漏泄者，杖一百，奏裁。」「諸以國家事宜若重害文書及干邊防報化外者，絞；未通報者，減一等，配二千里。」〔註780〕宋代官員因泄漏秘密而被懲治者時有所見，如開寶九年（976），都軍頭、毅州刺史史珪「坐漏洩禁中語，出為光州刺史。」〔註781〕太宗淳化二年（991）九月丁丑，給事中、參知政事陳恕罷守本官，「初，給事樊知古屢任轉運使，甚得時譽，及為戶部，頻以職事不治，詔書切責，名益減。雅與恕親善，上每言及計司事有乖違者，恕具以告之，欲令知古盡力。知古後因奏對，遂自解。上問知古『何從得此？』知古曰：『陳恕告臣。』上怒恕泄禁中語，疾知古輕脫，並知古皆罷之。」〔註782〕神宗時，直龍圖閣、三司戶部判官王廣淵因「言者劾其漏泄禁中語，出知齊州。」〔註783〕

七、結交受限人員

　　在專制社會裏，官員的交往是有禁忌的，有些有明確禁令，有些則是潛規則。在宋代，官員不能與皇親國戚、宦官、被懲治官員以及僧道士交通，否則，難免惹禍上身。

〔註777〕《宋史》卷301，《馬元方傳》，第9986頁。
〔註778〕《宋刑統》卷9，《漏泄大事》，第154頁。
〔註779〕《宋史》卷12，《仁宗四》，第234頁。
〔註780〕《慶元條法事類》卷8，《漏泄傳報》，第145頁、第146頁。
〔註781〕《宋史》卷274，《史珪傳》，第9358頁。
〔註782〕《長編》卷32，淳化二年九月丁丑，第719頁。
〔註783〕《宋史》卷329，《王廣淵傳》，第10608頁。

（一）結交宗室、外戚等皇親國戚

專制帝王總是害怕有人篡位，歷來提防臣子與皇親國戚結交，百官不能與這些特定的人員交往，是專制社會的潛規則，誰觸犯了這個潛規則，難免受到嚴懲。如太宗時，趙普為相，「廉得盧多遜與（趙）廷美交通事上聞」，太宗大怒，削奪盧多遜官爵，並家屬流崖州，趙廷美勒歸私第；同時，「左衛將軍、樞密承旨陳從龍為左衛將軍，皇城使劉知信為右衛將軍，弓箭庫使惠延真為商州長史，禁軍列校皇甫繼明責為汝州馬步軍都指揮使，定人王榮為濮州教練使，皆坐交通廷美及受其燕犒也。」〔註784〕

（二）結交宦官

在中國專制社會中，宦官是一個特殊階層，由宦官專政而引起王朝衰微甚至政權更替的現象並不鮮見。正如宋人石介所言：「巍巍巨唐，女后亂之，姦臣壞之，宦官覆之。」因此，「姦臣不可使專政，女后不可使預事，宦官不可使任權。」〔註785〕宋代總結歷史教訓，鑒於以前歷朝宦官專權現象，注重加強對宦官的防範，制定了比較嚴格的宦官任用制度。宋太祖立國之後，不令宦官干預政事，不許宦官與大臣交結，至南宋時行而不改。建炎元年（1127）十月癸未，高宗下詔：「內侍不許與統兵官相見，如違，停官，送遠惡州軍編管。」〔註786〕建炎三年（1129）四月，高宗再詔：「自崇寧以來，內侍用事，循習至今，理宜痛革。自今內侍不許與主兵官交通、假貸、餽遺及干預朝政，如違，並行軍法。」〔註787〕乾道三年八月，「詔戒兵將交納內侍、公行苞苴，自今有違戾，必罰無赦。」〔註788〕《慶元條法事類》規定：「諸內侍官乞提領外朝官職事，干預朝政者，流二千里，量輕重取旨編置。其轉歸吏部內侍，輒往邊守及有上文違犯者，除名勒停。」〔註789〕

宋代上述規定在實際中得到了比較好的執行。如真宗時，宦官王繼恩「與參知政事李昌齡緘題往來，多請託，至有連宮禁者。素與胡旦善，時將加恩，密諉其為褒辭。又士人詩頌盈門。上惡其朋結，黜為右監門衛將軍，均州安

〔註784〕《宋史》卷244，《魏王廷美傳》，第8667～8668頁。
〔註785〕《徂徠石先生文集》卷18，《唐鑒序》，第211頁。
〔註786〕《繫年要錄》卷10建炎元年十月癸未，第12頁；《宋史全文》卷16上，《宋高宗一》，第904頁。
〔註787〕《繫年要錄》卷22建炎三年四月丁巳，第16頁。
〔註788〕《宋史全文》卷24下，《宋孝宗二》，第1694頁。
〔註789〕《慶元條法事類》卷4，《臣僚陳請》，第41頁。

置，籍沒貲產，多得蜀土僭擬之物。昌齡責忠武軍節度行軍司馬；且削籍，長流尋州。」〔註790〕閤門祗候穆介、知永興軍府朱巽、轉運使梅詢劉楚、知鳳翔府臧奎等「坐與（周）懷政、（朱）能交結相稱薦，皆論罪。」〔註791〕哲宗時，御史來之邵彈劾內臣陳衍，「在垂簾日，怙寵驕肆，交結戚里，進退大臣，力引所私，俾居耳目之地。」張商英亦劾陳衍「交通宰相，御服爲之賜珠。結託詞臣，儲祥爲之賜膳。」陳衍因此被貶爲監郴州酒稅務，不久又編管白州，徙配朱崖〔註792〕。孝宗乾道三年（1167）八月，鎮江軍帥戚方與內侍陳瑤、李宗回交結，結果，戚方被罷軍職，陳瑤決配循州，李宗回等並受責罰〔註793〕。

（三）結交僧道士，占弄道術

臣僚結交僧道士，搞占卜，妄測吉凶，蠱惑人心，威脅皇帝作爲「眞命天子」的地位，因此也爲皇帝所不容。天禧三年（1019）六月甲午，右僕射、平章事王欽若因與道士交通而被罷相。當其時，「商州捕得道士譙文易，畜禁書，能以術使六丁六甲神，自言嘗出入欽若家，得欽若所遺詩及書。上以問欽若，欽若謝不省，遂罷相。」〔註794〕又如，丁謂被貶，交通女道士劉德妙是重要原因之一。其時，劉德妙「嘗以巫師出入謂家」，於丁謂家設神像，丁謂又作頌，題曰「混元皇帝賜德妙」，語涉妖誕，丁謂遂被貶爲崖州司戶參軍〔註795〕。

（四）與被懲治官員交通、善待受懲治官員

被懲治官員，要麼是違法犯罪，要麼是得罪皇帝、權臣，要麼是在政治鬥爭中失敗等等。但不管是什麼原因，善待被懲治官員，甚至與其交通，肯定爲當政者所不容，因此，一般都會爲引禍上身。如哲宗時，蘇軾被竄，簽書潁州公事趙令時「坐交通軾，罰金」〔註796〕。又如，鄒浩得罪被黜，多位官員因之而受到懲處：傅楫「以贓行免官」〔註797〕；太學博士、秘書省正字

〔註790〕《宋史》卷466，《王繼恩傳》，第13604頁。
〔註791〕《宋史》卷466，《周懷政傳》，第13617頁。
〔註792〕《宋史》卷468，《陳衍傳》，第13650頁。
〔註793〕《宋史全文》卷24下，《宋孝宗二》，第1694頁；《中興兩朝聖政》卷46，載《續修四庫全書第》348冊，第562頁。
〔註794〕《長編》卷93，第2149頁；《宋史》卷283，《王欽若傳》，第9562頁。
〔註795〕《宋史》卷283，《丁謂傳》，第9569～9570頁。
〔註796〕《宋史》卷244，《燕王德昭傳》，第8681頁。
〔註797〕《宋史》卷348，《傅楫傳》，第11022頁。

吳師禮因「預餞鄒浩，免」〔註798〕；樞密院編修文字張庭堅「坐折簡別鄒浩，
免」〔註799〕；范致虛坐送鄒浩獲罪，停官。〔註800〕再又，高宗時，趙鼎被貶
潮州，潮州錄事參軍石忬厚待趙鼎，遂除名，送潯州編管〔註801〕；趙鼎、李
光被貶後，「雷州守臣王趯坐交通趙鼎、李光，停官。」〔註802〕

八、誣陷

（一）因被誣陷而受罰

宋代官員因被誣陷而受罰的情況比較多見。如乾德四年（966）八月庚戌，
「樞密直學士馮瓚、綾錦副使李美、殿中侍御史李楫爲宰相趙普陷，以贓論
死。會赦，流沙門島，逢恩不還。」〔註803〕開寶二年（969）十月癸卯，「西
川兵馬都監張延通、內臣張嶼、引進副使王玨爲丁德裕所譖，延通坐不遜誅，
嶼、玨並杖配。」〔註804〕淳化二年（991），廬州女僧道安誣左常侍徐鉉奸私
事，道安坐不實抵罪，徐鉉亦貶靜難行軍司馬〔註805〕。王安石罷相後，其弟
王安國因呂惠卿誣陷而被奪官，放歸田里〔註806〕。咸淳元年（1265），李芾知
臨安府，「時賈似道當國，前尹事無鉅細先關白始行，芾獨無所問。福王府有
迫人死者，似道力爲營救，芾以書往復辯論，竟置諸法。嘗出閱火具，民有
不爲具者，問之，曰：『似道家人也。』立杖之。似道大怒，使臺臣黃萬石誣
以贓罪，罷之。」〔註807〕

（二）因誣告他人而受懲治

《宋刑統》規定「誣告反坐」〔註808〕，即誣告人罪者，反坐其所誣之罪。
官員因誣告他人而受懲治在宋代也不少見。如太平興國七年（982）五月，西
窯務指揮使牛騭和隊長楊彥進誣告役夫夏遇醉毆楊彥進，太宗「怒斬彥進，

〔註798〕《宋史》卷347，《吳師禮傳》，第10999頁。
〔註799〕《宋史》卷346，《張庭堅傳》，第10980頁。
〔註800〕《宋史》卷362，《范致虛傳》，第11327頁。
〔註801〕《宋史》卷30，《高宗七》，第566頁。
〔註802〕《宋史》卷30，《高宗七》，第572頁。
〔註803〕《宋史》卷2，《太祖二》，第24頁。
〔註804〕《宋史》卷2，《太祖二》，第30頁。
〔註805〕《宋史》卷441，《徐鉉傳》，第13045頁。
〔註806〕《宋史》卷327，《王安國傳》，第10558頁。
〔註807〕《宋史》卷450，《李芾傳》，第13254頁。
〔註808〕《宋刑統》卷24，《鬥訟律》，第375頁。

流鴉海島，擢遇十將。」〔註809〕淳化三年（992），輔超爲德州刺史，「坐誣奏使者毆殺驛吏，責授右監門衛將軍、領誠州刺史。」〔註810〕大中祥符六年（1013）四月，利州路承受、侍禁張仲文揭發新知彭州皇甫載不稱職，眞宗「令本路轉運、提點刑獄司察之，具言載頗勤所任。因命樞密院召仲文詰之，具伏虛妄。」於是，張仲文被降一資〔註811〕。治平四年（1067 年）三月，工部侍郎、御史中丞彭思永和殿中侍御史裏行蔣之奇誣告歐陽修與兒媳吳氏有染，歐陽修上章：「（蔣）之奇誣罔臣者，乃是禽獸不爲之醜行，天地不容之大惡，臣苟有之，是犯天下之大惡，無之，是負天下之至冤。犯大惡而不誅，負至冤而不雪，則上累聖政，其體不細。乞選公正之臣，爲臣辨理……盡理根窮，必見虛實。」其親家吳充也上章：「乞朝廷力與辨正虛實，明示天下，使門戶不致枉受侮辱。」結果查證，純屬捏造，彭思永被降爲給事中、知黃州，蔣之奇被降爲太常博士、監道州酒稅〔註812〕。

九、藏匿罪犯

按《宋刑統》：「諸監臨主司知所部有犯法不舉劾者，減罪人罪三等，糾彈之官減二等。即同五保內在家有犯，知而不糾者，死罪徒一年，流罪杖一百，徒罪杖七十。」〔註813〕如乾德五年（967）九月己丑，「渭州刺史范仁裕坐藏匿罪人，責爲耀州團練使。」〔註814〕

十、同僚交訟

官者，民之表也。同僚交訟，破壞官員形象，有失體統，有害士鳳。因此，同僚交訟，也不爲皇帝所容。如仁宗嘉祐三年（1058）五月，「鹽鐵副使郭申錫受詔行河，與河北都轉運使李參論議不相中，訟參於朝」，仁宗命人推劾，結果，所論不實，仁宗遂詔：「申錫官至事守，不爲輕矣，宜遵所舉，以道吾民者。而與參相決河，議論之異，遂成私忿。章奏屢上，辨訟紛然，敢爲詆欺，處之自若，以至興獄，置對逾旬，驗所陳一無實者。士大夫之行，乃至是乎？使吾細民，何所視效！」於是，降郭申錫知滁州

〔註809〕《宋會要》刑法 5 之 1，第 6670 頁。
〔註810〕《宋史》卷 271，《輔超傳》，第 9301 頁。
〔註811〕《長編》卷 80，大中祥符六年四月庚午，第 1822 頁。
〔註812〕《長編》卷 209，治平四年三月，第 5078～5080 頁。
〔註813〕《宋刑統》卷 24，《鬥訟律》，第 381 頁。
〔註814〕《長編》卷 8，乾德五年九月己丑，第 195 頁。

〔註 815〕。又如，嘉祐五年（1060），度支員外郎、集賢校理、知登州胡俛與兵部郎中、秘閣校理、知濰州解賓王互相訴訟，解賓王曾以營葬求知登州，胡俛乃言營葬不得請鄉郡，又因事杖解賓王妻黨，於是，解賓王訟胡俛擅役軍匠，伐州廨桐木作私器，胡俛坐自盜，特勒停。知諫院范師道言：「賓王與俛並在館閣，事緣鄉里，囂然作訟，頗虧士風」，解賓王遂落職知建昌軍。〔註 816〕再如，神宗元豐三年（1080）九月，江南東路轉運使、太常少卿孫珪，權發遣提點刑獄、贊善大夫王安上因交訟不實，各追兩官勒停〔註 817〕。再又，徽宗宣和四年（1122）十二月二十四日，金部郎中林沖之、謝彥中並送吏部，「以言者論其同僚交訟，有害士風故也。」〔註 818〕

十一、妄言惑眾

徽宗大觀三年（1109）八月二十六日詔：凡假託神鬼以妖言惑眾者，送鄰州編管，「情重者，奏裁。」〔註 819〕實際上，宋代對官員妄言惑眾的處罰不止是編管，更重者杖配、處死。如太宗雍熙三年（986）伐遼戰爭中，副都指揮使江謙妄言惑眾，即斬之〔註 820〕。紹興十一年（1141）七月，左武大夫耿著因言軍中弊倖，鼓惑眾聽，「杖脊、刺配吉陽軍牢城。」〔註 821〕

十二、偽造制書、府印

《宋刑統》規定：「諸偽造皇帝八寶者，斬；太皇太后、皇太后、皇后、皇太子寶者，絞；皇太子妃寶，流三千里。」「諸偽寫官文書者，流二千里；餘印，徒一年。」〔註 822〕「諸偽寫宮殿門符、發兵符、傳符者絞。」〔註 823〕又準唐開元二年八月六日敕，「詐偽制敕及偽寫官文書印，並造意與句合頭首者斬。」「諸詐為制書及增減者絞。」〔註 824〕如宋初，檢校太師白重贊鎮涇州，

〔註 815〕《長編》卷 187，嘉祐三年五月乙酉，第 4510～4511 頁。
〔註 816〕《長編》卷 191，嘉祐五年正月己亥，第 4610 頁。
〔註 817〕《長編》卷 308，元豐三年九月，第 7480 頁；《宋會要》職官 66 之 12，第 3874 頁。
〔註 818〕《宋會要》職官 69 之 11，第 3935 頁。
〔註 819〕《宋會要》刑法 2 之 50，第 6520 頁。
〔註 820〕《宋史》卷 272，《荊罕儒傳附從孫嗣傳》，第 9313 頁。
〔註 821〕《繫年要錄》卷 141 紹興十一年七月壬寅，第 2 頁。
〔註 822〕《宋刑統》卷 25，《詐偽律》，第 383 頁。
〔註 823〕《宋刑統》卷 25，《詐偽律》，第 384 頁。
〔註 824〕《宋刑統》卷 25，《詐偽律》，第 387 頁。

馬步軍教練使李玉與白重贊有嫌隙，「遂與部下閻承恕謀害重贊，密遣人市馬纓，偽造制書云重贊構逆，令夷其族。乃自持偽制並馬纓，以告都校陳延正曰：『使者致而去矣。』延正具白重贊，重贊封其書以聞。太祖大駭，令驗視之，率皆誕謬，遂命六宅使陳思誨馳赴涇州，擒玉及承恕鞫問，伏罪棄市。」〔註825〕又如，建炎四年（1130）十一月，保義郎劉煥「偽刻尚書省印，以造告身差箚等，事覺，當死，除名，配雷州。」〔註826〕

十三、指斥乘輿

《宋刑統·名例律》將「指斥乘輿，情理切害」列爲「大不恭」罪之一〔註827〕。《宋刑統·職制律》則規定了相應的處罰：「指斥乘輿，情理切害者斬，非切害者徒二年。」〔註828〕如熙寧三年（1070）五月，皇城使、開州團練使沈惟恭「以干請恩澤不得志觸望，言：『皇子生，必不久』」，遂除名、瓊州安置〔註829〕。又如，元豐四年（1081）四月，前追官勒停人越州山陰縣主簿、太原府教授余行之「以廢黜怨望，妄造符讖，指斥乘輿，言極切害，」被陵遲處死〔註830〕。再又，紹興二十一年（1151）十一月丁巳，「進義副尉劉允中坐指斥謗訕，棄市。」〔註831〕

十四、狂躁、躁競

人是有性格的，由於出身、成長的環境、所受的教育等因素的影響，每個人所養成的性格也各有千秋。在專制體制下，官場情勢十分複雜，各種關係盤根錯節，沒有所謂八面玲瓏的功夫，在仕途上難免遭遇坎坷，甚至付出沉重的代價。一些性格怪異、有特殊偏好者，肚量狹小、性情浮躁、輕狂、愛好自作聰明之人，以及太過剛直之人，往往會導致與上下級、同僚之間的關係不和諧，或者被認爲是德不足取、才不堪用，如此等等，因而遭到打擊。如景德三年（1006）八月庚辰，「工部侍郎董儼坐躁競傾狡，責授山南東道行軍司馬。」〔註832〕又如，大中祥符三年（（1010）四月辛亥，「左屯衛將

〔註825〕《宋史》卷261，《白重贊傳》，第9036頁。
〔註826〕《繫年要錄》卷39建炎四年十一月辛亥，第8頁。
〔註827〕《宋刑統》卷1，《名例律》，第6頁。
〔註828〕《宋刑統》卷10，《指斥乘輿》，第166頁。
〔註829〕《長編》卷211，熙寧三年五月，第5135頁。
〔註830〕《長編》卷312，元豐四年四月，第7565頁。
〔註831〕《宋史》卷30，《高宗七》，第574頁。
〔註832〕《宋史》卷7，《眞宗二》，第131頁。

軍允言坐狂率，責授太子左衛副率。」〔註833〕

十五、私習天文、讖緯之術

宋代禁止私習天文、讖緯之術。開寶中，「申嚴私習天文之禁」。〔註834〕太平興國二年（977）十月丙子詔：「禁天文卜相等書，私習者斬。」〔註835〕景德元年（1004）正月辛丑詔：「自今民間應有天象器物、讖候禁書，並令首納，所在焚毀，匿而不言者論以死，募告者賞錢十萬，星算伎術人並送闕下」；同月壬寅又詔：「司天監、翰林天文院職官學士諸色人，自今毋得出入臣庶家，占課休晷，傳寫文書，違者罪之。」〔註836〕景德三年（1006）四月己亥，「申嚴私藏天文、兵法之禁，星算術數人，所在悉部送赴闕。」〔註837〕

對私習天文、讖緯之術者，宋代嚴懲不貸。如咸平三年（1000）四月癸酉，魯山劉用等七人與龍衛軍使張能坐共占星變，欲結眾爲亂，被斬於京城〔註838〕。大中祥符九年（1016）十一月，河西軍節度、知許州石普「上言九月下旬日食者三」，眞宗怒命知雜御史呂夷簡劾之，「獄具，集百官參驗，九月下旬日不食。坐普私藏天文，下百官雜議，罪當死，議以官當。詔除名，貶賀州，遣使蟄送流所。」〔註839〕天禧元年（1017）二月，婺州民袁象、童拱與進士吳昌言「私課星曆，訛言切害」，又以星術授人，而「錄事張亶、司理曹允恭嘗令課命」，張亶、曹允恭因而被除名，分別配隸恩州、梧州〔註840〕。

〔註833〕《宋史》卷7，《眞宗二》，第143頁。
〔註834〕《宋史》卷461，《馬韶傳》，第13500頁。
〔註835〕《宋史》卷4，《太宗一》，第57頁。
〔註836〕《長編》卷56，景德元年正月，第1226頁、1227頁。
〔註837〕《長編》卷62，景德三年四月己亥，第1396頁。
〔註838〕《長編》卷47，咸平三年四月癸酉，第1014頁。
〔註839〕《宋史》卷324，《石普傳》，第10474～10475頁。
〔註840〕《長編》卷89，天禧元年二月，第2045頁。

第三章　宋代懲治官員的方式

　　韓非子有言：「聞有吏雖亂而有獨善之民，不聞有亂民而有獨治之吏，故明主治吏不治民。」〔註1〕實際上，明智的君主不是不治民，而是他們精通治道，善於通過治官來更好更有效地治民。韓非子認爲，「明主之所制其臣者，二柄而已矣。二柄者，刑、德也。何謂刑德？曰：殺戮之謂刑，慶賞之謂德。爲人臣者畏誅罰而利慶賞，故人主自用刑德，則群臣畏其威而歸其利矣。」〔註2〕司馬光認爲：「致治之道無他，有三而已：一曰任官，二曰信賞，三曰必罰。」〔註3〕自古以來，獎懲都是官員管理的重要手段，獎以勸善，懲以止惡。宋代統治者高度重視對官員的獎懲，囿於本著的研究範圍，本章專門探討宋代懲治官員的方式。

第一節　行政懲治方式

　　宋代對違法違規官員的行政懲處方式主要有除名、勒停、衝替、差替、放罷、削職罷、貶降、展磨勘、物質處罰、精神懲治，以及落職、削爵、削奪恩賜恩蔭等等。

一、除名

　　除名，即削除一切官籍，使成爲平民。按《宋刑統》：「諸除名者，官爵悉除，課役從本色。六年之後聽敘，依《出身法》。」〔註4〕又議曰：「若犯除

〔註1〕《韓非子新校注》卷14，《外儲說右下》，第805～806頁。
〔註2〕《韓非子新校注》卷2，《二柄》，第120頁。
〔註3〕《宋朝諸臣奏議》卷1，《上仁宗論致治之道有三》，第2頁。
〔註4〕《宋刑統》卷2，《名例律・以官當徒除名免官免所居官》，第36頁。

名者，謂出身以來官爵悉除。」〔註5〕又按《慶元條法事類》：「諸除名者，出身補授以來文書皆毀。」〔註6〕除名者，課役從本色，即有門蔭者從門蔭例課役，無門蔭者同庶人。「編管以上必除名勒停，謂無官也。」〔註7〕

（一）削官爵、除籍、削籍

宋代史籍中，「除名」之外，還有削官爵、除籍、削籍等記載，是與「除名」同一個含義上使用的，故應是同一種行政懲治方式。例證之如下：

1、曹翰案

《宋史·曹翰傳》：「汝陰令孫崇望詣闕，訴（曹）翰私市兵器，所爲多不法。詔遣御史滕中正乘傳鞫之，獄具，當棄市，上貸其罪，削官爵、流錮登州。雍熙二年起爲右千牛衛大將軍，分司西京。」〔註8〕

《宋會要》：雍熙二年（985）正月，「除名人曹翰爲右千牛衛大將軍，分司西京。」〔註9〕

在《宋史》中稱曹翰「削官爵」，而《宋會要》中稱「除名人曹翰」，可見二者是一種懲治方式。

2、雷孝先案

《宋史·雷德驤傳》：淳化二年，「其婿如京副使衛濯訟有鄰子秘書省校書郎孝先內亂，帝素憐德驤，恐暴揚其醜，不以孝先屬吏，止除名、配均州。」〔註10〕

《宋史·雷孝先傳》：「孝先字子思，有鄰子也。舉進士，試秘書省校書郎，知天長縣。以衛濯訟其內亂，除籍、配均州。」〔註11〕

《宋史·雷德驤傳》中稱雷孝先因「內亂」被「除名」，而《宋史·雷孝先傳》中則稱「除籍」，可見二者是同一種懲治方式。

3、胡旦案

《宋史·胡旦傳》記載：胡旦「素善中官王繼恩，爲繼恩草製辭過美。繼恩敗，眞宗聞而惡之，貶安遠軍行軍司馬，又削籍、流潯州。」〔註12〕

〔註5〕 《宋刑統》卷2，《名例律·以官當徒除名免官免所居官》，第37頁。
〔註6〕 《慶元條法事類》卷76，《追當》，第813頁。
〔註7〕 趙升：《朝野類要》卷5，《降免·勒停》，第100頁。
〔註8〕 《宋史》卷260，《曹翰傳》，第9015頁。
〔註9〕 《宋會要》職官46之1，第3414頁。
〔註10〕 《宋史》卷278，《雷德驤傳》，第9454頁。
〔註11〕 《宋史》卷278，《雷孝先傳》，第9463頁。
〔註12〕 《宋史》卷432，《胡旦傳》，第12830頁。

　　《宋史・呂端傳》:「內侍王繼恩忌太子英明,陰與參知政事李昌齡、殿前都指揮使李繼勳、知制誥胡旦謀立故楚王元佐。……眞宗既立,……以繼勳爲使相,赴陳州。貶昌齡忠武軍司馬。繼恩右監門衛將軍,均州安置。旦除名、流濤州,籍其家貲。」〔註13〕

　　《宋史・王繼恩傳》:「眞宗初,繼恩益豪橫,頗欺罔,漏泄機事,與參知政事李昌齡緘題往來,多請託,至有連宮禁者。素與胡旦善,時將加恩,密諷其爲褒辭。又士人詩頌盈門。上惡其朋結,黜爲右監門衛將軍,均州安置,籍沒貲產,多得蜀土僭擬之物。昌齡責忠武軍節度行軍司馬,旦削籍,長流尋州。」〔註14〕

　　《宋史・胡旦傳》、《宋史・王繼恩傳》中均稱胡旦「削籍」,而《宋史・呂端傳》中則稱胡旦「除名」,可見二者是同一種懲治方式。

4、姚鉉案

　　《長編》:「(姚)鉉與(薛)映滋不協。映逐發鉉……鬻鉛器,多取其直,廣市綾羅,不輸稅,……上遣御史臺推勘官儲拱劾鉉得實,法寺議罪當奪一官。特詔除名,爲連州文學。」〔註15〕

　　《宋史・眞宗二》:景德三年(1006)冬十月甲午,「兩浙轉運使姚鉉坐不法,除名,爲連州文學。」〔註16〕

　　《宋史・姚鉉傳》:「鉉雋爽,頗尚氣。薛映知杭州,與之不協,事多矛盾。映摭鉉罪狀數條,密以聞,詔使劾之,當奪一官,特除名,貶連州文學。」〔註17〕

　　《宋會要》:景德三年(1006)「十月十三日,兩浙轉運使、起居舍人、直史館姚鉉除名爲連州文學。鉉在任,鬻銀多取直,託湖、婺、睦三州長吏市縑帛,不輸徵算……爲知杭州薛映所發。法寺議罪當奪一官,特詔削籍。」〔註18〕

　　《長編》、《宋史・眞宗二》、《宋史・姚鉉傳》中均稱姚鉉「除名」;而《宋會要》中的同一史料,對姚鉉因同一原因而受到的同一處罰,同時使用了「除名」、「削籍」,由此可見,二者是同一種懲治方式。

〔註13〕　《宋史》卷281,《呂端傳》,第9516頁。
〔註14〕　《宋史》卷466,《王繼恩傳》,第13604頁。
〔註15〕　《長編》卷64,景德三年冬十月癸巳,第1431頁。
〔註16〕　《宋史》卷7,《眞宗二》,第131頁。
〔註17〕　《宋史》卷441,《姚鉉傳》,第13055頁。
〔註18〕　《宋會要》職官64之20,第3830頁。

（二）除籍為民、削籍為民

宋代史籍中還有不少「除籍爲民」、「削籍爲民」的記載，舉例如下：

乾德元年（（963）四月丙申，兵部郎中、監秦州稅曹匪躬棄市，海陵、鹽城兩監屯田副使張藹「除籍爲民」，並坐令人往江南、兩浙販易貨物〔註19〕。

太平興國三年（978）五月丙戌，「詔免荊湖南路轉運使崔憲，仍削三任；副使許奇除籍爲民，奪先所賜錢五十萬。坐罷軟不勝任，臨事稽留不決，廉得實而有是命。」〔註20〕

太平興國八年（983），邵曄爲大理評事、知蓬州錄事參軍，「時太子中舍楊全知州，性悍率蒙昧，部民張道豐等三人被誣爲劫盜，悉置於死，獄已具，曄察其枉，不署牘，白全當覈其實。全不聽，引道豐等抵法，號呼不服，再繫獄按驗。既而捕獲正盜，道豐等遂得釋，全坐削籍爲民。」〔註21〕

大中祥符三年（1010）四月，「知施州、侍禁孫詡坐擅賦斂入己，私役所監鹽，計絹二十匹，削籍爲民。」〔註22〕

鑒於除名、除籍、削籍、削官爵等是同一種行政懲處方式，本書在論述時通稱「除名」，但在引用史料時則尊重原著提法。

（三）適用方式

除名可以單獨適用。如建隆二年（961）四月己未，「商河縣令李瑤坐贓杖死，左贊善大夫申文緯坐失覺察，除籍。」〔註23〕乾德元年（963）四月丙申，「兵部郎中曹匪躬棄市，海陵、鹽城屯田副使張藹除名，並坐不法。」〔註24〕高宗時，知常州周杞擅殺人，遂削籍〔註25〕。

除名又可以與勒停、杖脊、編管、羈管、刺配、安置等懲治方式同時適用，表列示例如下。

〔註19〕　《長編》卷4，乾德元年四月丙申，第89頁。
〔註20〕　《長編》卷19，太平興國三年五月丙戌，第428頁。
〔註21〕　《宋史》卷426，《邵曄傳》，第12696頁。
〔註22〕　《長編》卷73，大中祥符三年四月，第1663頁。
〔註23〕　《宋史》卷1，《太祖一》，第9頁。
〔註24〕　《宋史》卷1，《太祖一》，第14頁。
〔註25〕　《宋史》卷200，《刑法志二》，第4991頁。

表六　「除名」與其它懲治方式並用情況表

序號	官員	時　間	懲治方式	懲治原因	史料出處
1	宗正卿趙礪	乾德二年五月辛巳	杖、除籍	坐贓	《宋史》卷1《太祖一》，第17頁
2	泗州推官侯濟	開寶六年八月丁酉	杖、除名	坐試判假手	《宋史》卷3《太祖三》，第40頁
3	東頭供奉官翟士良	元豐六年十月	免眞決，刺面、除名、配沙門島	挾恨加杖決弓箭手李懷恭致死	《長編》卷340，元豐六年十月庚寅，第8187頁
4	前太府丞范彥輝	紹興二十三年三月戊申	除名，荊門軍編管	坐謗訕	《宋史》卷31《高宗八》，第577頁
5	江州都統王大節	開禧二年五月丙戌、六月壬子	除名，袁州安置，尋徙封州	引兵攻蔡州不克，軍大潰	《宋史》卷38《寧宗二》，第740頁、741頁
6	沔州統制張林等	嘉定二年十一月辛卯朔	貸死除名，廣南羈管	謀作亂	《宋史》卷39《寧宗三》，第754頁

（四）除名原因

從原因上看，按照宋代法律規定，除名適用於懲治「十惡」、犯贓罪等違禮違法行爲。《宋刑統》：「諸犯十惡、殺人、反逆緣坐，獄成者，雖會赦猶除名。即監臨主守於所監守內犯奸盜略人，若受財而枉法者，亦除名。」「其雜犯死罪，即在禁身死，若免死別配及背死逃亡者，並除名。」〔註26〕實際上，也有因違旨、得罪權臣等而被除名者。宋代官員被除名者主要有以下情形：

1、違反軍法

如咸平六年（1003）五月癸丑，「鎭州副都部署李福坐望都之戰臨陣退衄，削籍流封州。」〔註27〕

2、得罪權臣

如元祐末，余爽奏請太皇太后還政事，章惇憾余爽不附己，乃摘其言爲謗訕，余爽遂以瀛州防禦推官除名，竄封州〔註28〕。又，宣和四年（1122）九月戊午，朝散郎宋昭上書諫北伐，王黼大惡之，遂除名勒停，廣南編管〔註29〕。

〔註26〕《宋刑統》卷2，《名例律・以官當徒除名免官免所居官》，第30頁。
〔註27〕《宋史》卷7，《眞宗二》，第122頁；《宋史》卷278，《王超傳》，第9465頁。
〔註28〕《宋史》卷333，《余良肱傳》，第10717頁。
〔註29〕《宋史》卷22，《徽宗四》，第410頁。

再又，徽宗時，環慶路經略、安撫使曾孝序過闕，與蔡京論講議司事，日：「天下之財貴於流通，取民膏血以聚京師，恐非太平法。」由是蔡京不悅。時蔡京又行結糴、俵糴之法，盡括民財充數，曾孝序上疏日：「民力殫矣。民為邦本，一有逃移，誰與守邦？」蔡京益怒，遂遣御史宋聖寵劾其私事，「追逮其家人，鍛鍊無所得，但言約日出師，幾誤軍期，削籍竄嶺表。」〔註30〕

3、枉法

如太祖時，「金州防禦使仇超等坐故入死罪，除名，流海島。」〔註31〕又，大中祥符八年（1015）八月己卯，「大理少卿閻允恭、開封判官韓允坐枉獄，除名。」〔註32〕

4、私習天文

大中祥符九年（1016）十一月丁未，河西節度使石普「上言九月下旬日食者三」，樞密使王欽若又言「（石）普欲以邊事動朝廷」，結果「九月下旬日不食」，遂「坐普私藏天文，下百官雜議，罪當死。議以官當。詔除名，貶賀州，遣使縶送流所。」〔註33〕

5、因言獲罪

如太宗時，御前忠佐馬步軍都軍頭、領懿州刺史王榮坐受秦王趙廷美宴勞，出為濮州馬軍教練使，又因狂言「我不久當得節帥」，坐削籍流海島。〔註34〕又如，紹興二十二年（1152）十月庚辰，「以黃巖縣令楊煒誹謗，除名，萬安軍編管。」〔註35〕再又，嘉定四年（（1211）十二月辛巳，「奉議郎張鎡坐扇搖國本，除名，象州編管〔註36〕。

6、得罪皇帝

哲宗立賢妃劉氏為皇后，右正言鄒浩論劉氏不當立，特除名勒停，新州羈管〔註37〕。

〔註30〕 《宋史》卷453，《曾孝序傳》，第13319頁。
〔註31〕 《宋史》卷199，《刑法志一》，第4968頁。
〔註32〕 《宋史》卷8，《真宗三》，第158頁。
〔註33〕 《宋史》卷324，《石普傳》，第10474頁；《宋史》卷8，《真宗三》，第161頁。
〔註34〕 《宋史》卷280，《王榮傳》，第9499頁；《宋史》卷244，《魏悼王廷美傳》，第8667頁。
〔註35〕 《宋史》卷30，《高宗七》，第575頁。
〔註36〕 《宋史》卷39，《寧宗三》，第757頁。
〔註37〕 《宋史》卷18，《哲宗二》，第353頁。

7、違禮

如太平興國三年（978）正月己亥，「光祿丞李之才坐擅入酒邀同列飲殿中，除名。」〔註38〕又如，淳化二年（991），秘書省校書郎雷孝先因「內亂」，除名配均州〔註39〕。再又，紹興二十四年（1154）十二月丁酉，知鄞縣程緯為縣丞王肇所告，「慢上無人臣禮，除名，貴州編管，籍其貲。」〔註40〕

8、犯贓罪

如開寶七年（974）正月癸亥，「左拾遺秦宣、太子中允呂鵠並坐贓，宥死，杖、除名。」〔註41〕又，紹興二年（1132）閏四月丁酉，「左朝奉郎孫覿坐前知臨安府贓污，貸死，除名，象州編管。」〔註42〕

9、擅權、濫用權力

如開寶七年（974）八月戊戌，「殿中丞趙象坐擅稅，除名。」〔註43〕又如，真宗時，益州鈐轄兼綿、漢九州都巡檢使張思鈞，因求巴西尉傅翶的好馬而不得，遂「召翶至，責以轉餉後期，斬之。上聞其事，傳召付御史臺鞫治，罪當斬，特貸之，削籍流封州。」〔註44〕

10、違反宦官管理制度

如建炎二年（1128）正月辛丑，內侍邵成章坐輒言大臣，除名，南雄州編管〔註45〕。

11、謀反

如嘉定二年（1209）十一月辛卯，沔州統制張林等謀作亂，貸死，除名，廣南羈管〔註46〕。

12、失職

如仁宗時，「隴安縣民誣平民五人為劫盜，尉悉執之，一人掠死，四人遂引服。其家辨於州，州不為理，悉論死。未幾，秦州捕得真盜，隴州吏當坐

〔註38〕《宋史》卷4，《太宗一》，第57頁。
〔註39〕《宋史》卷278，《雷德驤傳》，第9454頁。
〔註40〕《宋史》卷31，《高宗八》，第581頁。
〔註41〕《宋史》卷3，《太祖三》，第41頁。
〔註42〕《宋史》卷27，《高宗四》，第497頁。
〔註43〕《宋史》卷3，《太祖三》，第42頁。
〔註44〕《宋史》卷280，《張思鈞傳》，第9508頁～9509頁。
〔註45〕《宋史》卷25，《高宗二》，第453頁。
〔註46〕《宋史》卷39，《寧宗三》，第754頁。

法而會赦，帝怒，特貶知州孫濟爲雷州參軍，餘皆除名流嶺南。」〔註47〕又，淳熙二年（1175）八月丙辰，江西總管賈和仲因捕茶寇失律，除名，賀州安置〔註48〕。再又，端平元年（1234）正月戊辰，京西忠順統制江海、襄陽同統制郭勝，因所部士兵行劫，「坐不發覺，除名，廣州拘管。」〔註49〕

13、違旨

如至道二年（996），宋朝廷調發芻糧輸送靈州，「詔分三道護送，命洛苑使白守榮、馬紹忠領其事。之翰違旨擅並爲一，爲李繼遷邀擊於浦洛河，大失輜重。」盧之翰因此除名，貶許州司馬〔註50〕。

14、連坐

如雍熙三年（986），光祿寺丞李仕衡因父親李益「以不法誅」，遂除名〔註51〕。又，李繼隆以父蔭補供奉官，因其父李處耘貶淄州，坐除籍〔註52〕。再又，眞宗咸平年間，傅潛爲鎮、定、高陽關三路行營都部署，時契丹大舉侵宋，坐逗留不發兵，法當斬，貸死，削奪在身官爵，並其家屬長流房州；其子內殿崇班傅從範亦削籍，隨父流所，並籍沒其貲產〔註53〕。再如，太平興國二年（977），李飛雄詐乘驛稱詔使，事敗伏法。太宗以知乾州李若拙「與飛雄父若愚連名，疑其昆弟，命殿直盧令珣即補繫州獄，乃與若愚同宗，通家非親，不知其謀，猶坐削籍流海島。」〔註54〕

15、殺人

如太宗時，侯莫陳利用因「殺人及諸不法」，遂除名，配商州禁錮〔註55〕。又如，徽宗時，直學士、知開德府李孝壽「坐守興仁日與巡檢戲射狂人張立死，除名。」〔註56〕

〔註47〕 《宋史》卷200，《刑法志二》，第4988頁。
〔註48〕 《宋史》卷34，《孝宗二》，第659頁。
〔註49〕 《宋史》卷41，《理宗一》，第800頁。
〔註50〕 《宋史》卷277，《盧之翰傳》，第9424頁；《宋史》卷277，《宋太初傳》，第9422頁。
〔註51〕 《宋史》卷299，《李仕衡傳》，第9936頁；《宋史》卷257，《吳元載傳》，第8949頁。
〔註52〕 《宋史》卷257，《李繼隆傳》，第8963頁。
〔註53〕 《宋史》卷279，《傅潛傳》，第9474頁。
〔註54〕 《宋史》卷307，《李若拙傳》，第10133頁。
〔註55〕 《宋史》卷470，《侯莫陳利用傳》，第13679頁。
〔註56〕 《宋史》卷310，《李孝壽傳》，第10180頁。

16、交通

如紹興二十四年（1154）十一月，「通判武岡軍方疇通書胡銓及他罪，除名，永州編管。」〔註57〕又，乾道三年（1167）八月丁酉，「內侍陳瑜、李宗回坐交結戚方受賂，瑜除名，決杖，鯨面配循州；宗回除名，筠州編管；方責授果州團練副使，潭州安置，籍其所盜庫金以犒軍。」〔註58〕

17、文字獄

如紹興二十五年（1155）二月壬寅，「以通判常州沈長卿、仁和縣尉芮燁作詩譏訕，除名，長卿化州、燁武岡軍編管。」〔註59〕

18、違法經商

太宗時，京東轉運使和峴好殖財，曾以官船載私貨販易規利，為判官鄭同度、彰信軍節度劉遇論奏，按得實，坐削籍，配隸汝州〔註60〕。

19、私自懲罰奴婢

淳化二年（991），前知汾州溫仲舒「坐私監軍家婢，除籍為民。」〔註61〕

20、其它原因

如雍熙三年（986），宋朝與契丹交戰，西上閣門使王侁以語激楊業，楊業因力戰陷於陣，被俘後絕食而死，由是，王侁被除名，配隸金州〔註62〕。又，宣和元年（1119）三月甲子，知登州宗澤坐建神霄宮不虔，遂除名、編管〔註63〕。

二、勒停、衝替、差替、放罷、削職罷

勒停、衝替、差替、放罷、削職罷都是撤銷現任差遣職務（元豐改制後的職事官）的懲治方式，但懲治程度有所不同。

（一）勒停，即勒令停職，也就是撤銷官員擔任的現任差遣

勒停可以單獨適用，也可與其它懲治方式並用。如宣和元年（1119）二月，

〔註57〕《宋史》卷31，《高宗八》，第580頁。
〔註58〕《宋史》卷34，《孝宗二》，第641頁。
〔註59〕《宋史》卷31，《高宗八》，第581頁。
〔註60〕《宋史》卷439，《和峴傳》，第13014頁。
〔註61〕《長編》卷32，淳化二年九月，第720頁。
〔註62〕《宋史》卷274，《王侁傳》，第9364頁；《宋史》卷272，《楊業傳》，第9305頁。
〔註63〕《宋史》卷22，《徽宗四》，第404頁。

汝、潁、陳、蔡州饑民流移，常平官被勒停〔註64〕。崇寧元年（1102）九月九日，前知荊南府馬城因「徭賊入寇不即聞」而被追三官勒停，送海州安置〔註65〕。景定五年（1264）六月甲辰，知衢州謝墍因寇焚掠常山縣，棄城遁，先是削三秩、褫職不敘，後因臺臣言其罪重罰輕，再削兩秩，勒停〔註66〕。

按照懲治程度的不同，有除名勒停、追官勒停，前者重於後者。

除名勒停，即削除一切官籍，並撤銷現任差遣。「編管以上必除名勒停，謂無官也，故曰追毀出身以來文字。」〔註67〕如淳熙六年（1179）六月辛亥，廣西李接攻破鬱林州，守臣李端卿棄城逃遁，遂除名勒停，梅州編管〔註68〕。

追官勒停，即追奪一定官資，並撤銷現任差遣。如元豐六年（1083）閏六月，知宜州錢孟、通判曹覯因惹蠻人生事，雖去官遇赦，但仍然分別被追一官勒停、追兩官勒停〔註69〕。

官員被勒停後，遇赦可以依法敘用，但皇帝特令永不敘用者除外。如至和二年（1055），廣州司理參軍陳仲約失入死罪，宋仁宗認為死者不可復生，特旨勒停陳仲約，「會赦未許敘用。」〔註70〕

官員被勒停有多種原因，如下列情形常適用勒停：

1、失職

如真宗大中祥符五年（1012）九月，貢院考試官王世昌，以及知貢舉官晁迥、劉綜、李維、孫奭等，因將濮州學究王元慶試義中「一通一粗」誤考為「十不」，王世昌被勒停，晁迥等因不察而並贖銅三十斤〔註71〕。又如，重和元年（1118）夏，江、淮、荊、浙諸路發生大水災，民眾流移、溺死者甚多，發運使任諒坐不奏泗州損壞官私廬舍等，遂勒停〔註72〕。

2、出榜招人告首

宋代規定，監司按察違法官員時不得出榜招人告首。仁宗景祐元年（1034）七月詔：「諸路監司案所部官吏不法者，須密切體訪，毋得出榜召人首告。」

〔註64〕《宋史》卷66，《五行志四・金條》，第1442頁。
〔註65〕《宋會要》職官67之41，第3908頁。
〔註66〕《宋史》卷45，《理宗五》，第887頁。
〔註67〕《朝野類要》卷5，《降免・勒停》，第100頁。
〔註68〕《宋史》卷35，《孝宗三》，第670頁。
〔註69〕《宋會要》職官66之24，第3880頁。
〔註70〕《長編》卷178，至和二年二月癸巳，第4307頁。
〔註71〕《長編》卷78，大中祥符五年九月庚午，第1784頁。
〔註72〕《宋史》卷61，《五行志一上・水條上》，第1329頁。

〔註73〕熙寧四年（1071）七月詔：「案察之司採訪所部官屬罪犯，不得出榜召人告論。」〔註74〕如太平興國二年（977）四月，「殿中丞劉玶勒停，仍永不錄用，坐知劍州有盜官物者，玶募人告獲，上言乞賞告者。朝廷以玶不用心捕賊，擅立賞募人，故有是命。」〔註75〕又如，紹興二十六年（1156）閏十月，左朝請郎王彥傅在任權臨安府通判時，往衢州體究公事，「招人告訐，以興大獄」，被勒停、編管靖州〔註76〕。

3、上奏實情

在專制社會，有時官員向上級乃至中央政府上奏實情也會獲罪，宋代也有這種情況。如哲宗時，江西、湖南鹽法害民甚於兵火，提舉官劉誼因上言其利害，坐奪官勒停〔註77〕。

4、職事廢弛，治軍不嚴

如元豐二年（1079）五月，京西第五將所教馬軍本將陳宗等人因教習無狀，尸祿日久，既頑且懦，遂並勒停〔註78〕。

5、戰時棄城

景定元年（1261）二月，大元兵破瑞州、臨江軍城，瑞州守臣陳昌世以棄城失守，削三秩勒停〔註79〕。

6、違禮

熙寧二年（1069），內殿崇班鄭從易母、兄俱亡於嶺外，歲餘方知之，請求行服。神宗曰：「父母在遠，當朝夕為念。經時無安否之問，以至逾年不知存亡邪？」特除名勒停〔註80〕。

（二）衝替，即免去現任官員的差遣，另委任他人接替

被衝替官員於詔令下發後，必須立即離任，不得等到任滿，並由朝廷差人抵替罷任人〔註81〕。官員被衝替，閒居一定時間之後，可以申請出任新的

〔註73〕《長編》卷115，景祐元年七月己亥，第2689頁。
〔註74〕《長編》卷225，熙寧四年七月辛丑，第5489頁。
〔註75〕《長編》卷18，太平興國二年四月，第403頁。
〔註76〕《宋會要》職官70之46，第3967頁。
〔註77〕《宋史》卷183，《食貨志下十五・鹽下》，第4463頁。
〔註78〕《宋史》卷195，《兵志九・訓練之制條》，第4858頁。
〔註79〕《宋史》卷45，《理宗五》，第872頁。
〔註80〕《宋史》卷200，《刑法志二》，第4989～4990頁。
〔註81〕《宋會要》職官76之30，第4110頁。

差遣；也有官員衝替後直接改差的，但新的差遣都要比原先所任級別有所降低。衝替的懲治程度輕於勒停，但重於差替，這從宋代對司法官失入死罪的懲治規定中可以得到佐證。按《慶元條法事類》：「諸官司失入死罪，一名，為首者，當職官勒停，吏人千里編管；第二從，當職官衝替，事理重，吏人五百里編管；第三從，當職官衝替，事理稍重，吏人鄰州編管；第四從，當職官差替，吏人勒停；二人，各遞加一等，為首者，當職官追一官勒停，吏人二千里編管；三人，又遞加一等，為首者，當職官追兩官勒停，吏人配千里，並不以去官赦降原減。未決者，各遞減一等。」〔註82〕諸官司失入死罪一名，「為首者，當職官勒停，⋯⋯；第二從，當職官衝替，⋯⋯；第三從，當職官衝替，⋯⋯；第四從，當職官差替。」〔註83〕將違規亂紀的官員處以衝替，也是宋代比較常用的一種行政懲治方式。如太平興國六年（981）三月癸丑，知渝州路憲、知開州郤士堯、知達州張元等弛慢不治，並衝替。〔註84〕熙寧二年（1069），前知明州、光祿卿苗振坐故入裴士堯罪以及所為不法，謫復州團練副使，所連逮官吏坐勒停、衝替、編管又十餘人〔註85〕。元豐三年（1080）十一月，西頭供奉官張祚、三班借職呂忧因受右正言、直龍圖閣、前知熙州趙濟派遣，私役禁軍至京買婢，各贖銅十斤，並衝替〔註86〕。

（三）差替，即免去現任官員的差遣，差人抵替

被差替官員一般可以直接任新的差遣，但也要降低級別。差替與衝替類似，二者區別在於，被差替官員一般可以等替官到任後才罷任，不必立刻離任。但哲宗元祐四年（1089）曾規定：「今後官吏差替，並即時放罷。」〔註87〕如天聖三年（1025）八月乙亥，涇原路部署王謙、鈐轄史崇信並免劾，差替〔註88〕。

（四）放罷，即罷免官員現任差遣，放罷官員須即日離任

在宋代，被監察官劾奏論罷的官員，罪不至刺配、編管、安置者，多處

〔註82〕 《慶元條法事類》卷73，《出入罪》，第752頁。
〔註83〕 謝維新：《古今合璧事類備要》，《外集》卷22，《刑法門・失入》，第1頁，景印文淵閣《四庫全書》本。
〔註84〕 《長編》卷22，太平興國六年三月癸丑，第490頁。
〔註85〕 《宋史》卷200，《刑法志二》，第4998頁。
〔註86〕 《長編》卷310，元豐三年十一月，第7513～7514頁。
〔註87〕 《長編》卷429，元祐四年六月辛亥，第10371頁。
〔註88〕 《長編》卷103，天聖三年八月乙亥，第2387頁。

以放罷。如徽宗時，知眉州趙永裔因言者論其父趙遹以軍功欺罔朝廷，遂放罷〔註 89〕。乾道四年（1168）八月丁未，主管殿前司公事王琪因傳旨不實，擅興工役，降三官放罷〔註 90〕。乾道五年（1169）閏五月辛卯，吏部侍郎陳良祐「論祈請使不當遣，恐生邊釁」，遂以妄興異論、不忠不孝之名而放罷，送筠州居住〔註 91〕。紹定三年（1230）四月己卯，「漳州、連城盜起，知龍巖縣莊夢說、尉鍾自強不能效死守土」，各削二秩罷〔註 92〕。景定五年（1264）九月癸巳，內侍李忠輔以臺臣劾其貪肆欺罔，削兩秩放罷〔註 93〕。

（五）削職罷，即削去職名，並罷去職事官（差遣）

如徽宗時，集賢殿修撰、知秦州蔡居厚因「降羌在州者逸入京師訴事，坐失察，削職罷。」〔註 94〕

此外，宋代撤銷官員實職有時直接稱「免」。如開寶四年（971）十一月，河決澶淵，泛數州，官守不即時上言，「知州杜審肇坐免。」〔註 95〕又如，神宗時，知荊南吳中復「坐過用公使酒免。」〔註 96〕

三、貶降

宋代貶降官員的行政處分方式有降官、降差遣。這緣自宋代官制，為此有必要在這裡對宋代官制作簡要概述。「政事之原，莫大於官制。」〔註 97〕宋代官制十分複雜〔註 98〕，以元豐改制（1080～1082）為界，分為前後兩個階段——北宋前期、元豐改制後至南宋滅亡。宋初統治者為了穩定人心、減少舊官僚勢力對新生的趙宋政權的威脅，加快統一進程，沒有改變舊的官僚機構。同時，鑒於唐末、五代以來君弱臣強、藩鎮割據、武臣擅權等弊端，又設立新的機構，如三司、審官院、三班院、審刑院等，以分割相權及省部寺監之權，這樣既使留用的大批舊官僚不掌實權，又使新舊官僚互相牽制，便

〔註 89〕《宋史》卷 348，《趙遹傳》，第 11046 頁。
〔註 90〕《宋史》卷 34，《孝宗二》，第 644 頁。
〔註 91〕《宋史》卷 34，《孝宗二》，第 649 頁。
〔註 92〕《宋史》卷 41，《理宗一》，第 792 頁。
〔註 93〕《宋史》卷 45，《理宗五》，第 888 頁。
〔註 94〕《宋史》卷 356，《蔡居厚傳》，第 11210 頁。
〔註 95〕《宋史》卷 91，《河渠志一‧黃河上》，第 2257 頁。
〔註 96〕《宋史》卷 322，《吳中復傳》，第 10442 頁。
〔註 97〕《宋會要》職官 56 之 31，第 3640 頁。
〔註 98〕學術界在宋代官制研究方面已有比較豐富的學術成果，如龔延明著《宋代官制辭典》等等，詳見參考文獻。

於皇帝駕馭控制。同時，又逐步委派省臺寺監的文臣京朝官出任轉運使、知州、知縣等，接掌原來由節度使、團練使等武臣掌管的地方大權。總之，宋代「官人授受之別，則有官、有職、有差遣。官以寓祿秩、敘位著，職以待文學之選，而差遣以治內外之事。」〔註99〕從而形成了宋代職官制度的最大特色——「官、職、差遣」分授，「官與職殊」、「名與實分」。

「官」，元豐改制前是指正官或本官，即三省六部、九寺五監等官司之正官，如尚書左、右僕射，尚書、侍郎、郎中、員外郎等；元豐改制後為寄祿官。「官」表示官階等級，以定品秩、俸祿、序位，以及作為敘遷的依據，不擔任實際職務，不掌實權，故又稱階官、寄祿官。「宋初，臺、省、寺、監官猶多蒞本司，……建隆二年，始以右監門衛將軍魏仁滌為右神武將軍，水部員外郎朱洞為都官員外郎，監察御史李鑄為殿中侍御史，以仁滌等掌麴蘗、領關徵外有羨也。自是，廢歲滿敘遷之典。是後，多掌事於外，諸司互以他官領之，雖有正官，非別受詔亦不領本司之務。……任官者，但常食其俸而已。」〔註100〕「官以寓祿秩、敘位著。」〔註101〕

「差遣」是官員擔任的實際職務，「差遣以治內外之事。」〔註102〕差遣由朝廷根據實際需要進行任命、調動和陞遷。當時官僚士大夫「以差遣要劇為貴途，而不以階、勳、爵邑有無為重。」〔註103〕差遣一般前面冠以「知」、「判」、「直」、「勾當」、「管勾」、「權」、「提舉」、「提點」、「簽書」等，後面往往綴以「使」、「事」等，如同中書平章事、參知政事、樞密使、三司使、知審官院事、判門下省事、轉運使、知州、提點刑獄公事、知縣、司法參軍、主簿等。

實行官稱與實際職務分離制度的好處在於，統治者既可以據此提拔官階較低而有實際才幹的官員擔任重要職務，又可以安排平庸無能的官員到閒職，有利於擴大統治基礎，穩定政權。但另一方面，派差遣治內外之事，也使省部寺監的原本正官不治本司事，變成了閒散官、階官，造成了官制的混亂。「三省、六曹、二十四司，類以他官主判，雖有正官，非別敕不治本司

〔註99〕《文獻通考》卷47職官考1，第438頁。
〔註100〕《宋史》卷169，《職官志九·敘遷之制》，第4029頁。
〔註101〕《宋史》卷161，《職官志一》，第3768頁。
〔註102〕《宋史》卷161，《職官志一》，第3768頁。
〔註103〕《宋史》卷161，《職官志一》，第3768頁；《文獻通考》卷47職官考1，第438頁。

事，事之所寄，十亡二三」；「僕射、尚書、丞、郎、員外，居其官不知其職者，十常八九。」〔註104〕

神宗元豐三年（1080）頒布新校訂的《唐六典》，並據此進行官制改革，至元豐五年（1082）五月正式實行新官制〔註105〕。一是臺省寺監官復其職，成爲執掌實際職權的職事官，「省、臺、寺、監之官，各還所職」，而「省、臺、寺、監領空名者一切罷去，而易之以階。」〔註106〕二是寄祿官行新階，以新階易本官階。元豐三年（1080）九月頒佈《元豐寄祿格》，對京朝官的寄祿官名和官階進行變革，新定寄祿官階自開府儀同三司至承務郎共二十五階，以此決定官員的俸祿、官品等。

元豐改制使職事官與差遣相統一，確立了寄祿官與職事官（差遣）的分離，所以，實際上並沒有從根本上改變宋朝官與差遣分離的格局。此外，有些中央機構的職事官仍然保留了原來的名稱，如樞密使、樞密副使、內侍官等，也沒有改變幕職州縣職事官和寄祿官名。此後，宋代官制在不同時期雖然也有所變動，但基本上是大同小異，沒有從根本上改變基本官制體系。

貶降，在宋代又稱貶、貶謫、降授、責授等，即官員因過而降官、降差遣。責授，重於降授〔註107〕。如淳化二年（991），呂蒙正罷相，度支判官宋沆坐親黨，貶宜州團練副使〔註108〕。又如，紹聖初，「章惇爲相，與蔡卞同肆羅織，貶謫元祐諸臣。」〔註109〕次又，元豐五年（1082）八月，鳳州團練使種諤以行軍迂道，降授文州刺史〔註110〕。再又，太平興國七年（982）四月己卯，「右監門衛將軍韋進韜責授右衛率府率，坐前知雄州，鄙吝，不市牛酒犒士卒，延火燒其官舍城門樓，進韜不知覺故也。」〔註111〕

宋代降官與降差遣區別明顯，降官是行政級別的降低，降差遣是降低官員實際擔任的職務。降官者，不一定降差遣。如宋初，知襄州邊光範曾經舉薦本鎮判官李楫爲殿中侍御史，後來李楫坐事除籍，「光範左遷太子賓客，仍

〔註104〕《宋史》卷161，《職官志一》，第3768頁。
〔註105〕《長編》卷325，元豐五年四月甲戌，第7825頁。
〔註106〕《宋史》卷161，《職官志一》，第3769頁。
〔註107〕《朝野類要》卷5，《降免》，第99頁。
〔註108〕《宋史》卷287，《宋湜傳》，第9646頁。
〔註109〕《宋史》卷343，《許將傳》，第10910頁。
〔註110〕《宋史》卷16，《神宗三》，第308頁。
〔註111〕《長編》卷23，太平興國七年四月己卯，第518頁。

知襄州。」〔註112〕又如太平興國四年（979）三月癸未，「引進使、汾州防禦使田欽祚護石嶺關屯軍，與都部署郭進不協。賊兵奄至，欽祚閉壁自守，既去，又不追。月俸所入芻粟，多蓄之以竢善價而規其利，為部下所訴。詔鞫之，欽祚具伏，責授睦州團練副使，仍護軍。」〔註113〕

宋代除了官員在任時被貶降外，還有死後追貶者。如紹聖四年（1097）四月，王珪被追貶為萬安軍司戶參軍〔註114〕；崇寧元年（1102）九月，李清臣由武安軍節度副使被追貶為雷州司戶參軍〔註115〕。

（一）降官

在宋代又稱追官、奪官、削官、鐫官、免官、免所居官、左遷等。這裡的「官」指階官，北宋前期為本官（即正官，職事官），元豐改制後為寄祿官。由於宋代以「官」定品秩，所以追官又稱降秩。因宋代官員選任陞遷依據資歷，故常稱降資，即降官資、降官階。降官沒有規定具體的階數，須從現有高官階依次往下追奪，有追一官乃至降十幾官者。如元符二年（1099）三月，宣議郎董采、承議郎李夷行、承務郎李毅、奉議郎李深、承事郎胡泳各降一官，崇儀使、成州刺史王舜臣追十官，知河州、皇城使、榮州防禦使王瞻追十一官，權知岷州、昌州刺史李澄追十四官，熙河路都監李澤追十五官，文思副使秦世追十八官，皆因「百草原討蕩，妄增首級，冒受功賞，並虛上首級與使臣親戚。」〔註116〕作為行政處分，降官既可獨立適用，又常與編管、安置、居住、勒停、衝替、放罷、落職、降差遣等結合適用。如紹聖年間，虔州教授李樸「以嘗言隆祐太后不當廢處瑤華宮事」，追官勒停〔註117〕。又如，嘉定十七年（1224年）六月癸酉，知西和州尚震午「坐寇至謀遁」，奪三官，送岳州居住〔註118〕。

1、追官

追，即削奪、收繳〔註119〕；追官，即削官、奪官。如仁宗初年，文思副使、勾當法酒庫石元孫坐失察所部吏盜酒，追二官〔註120〕。

〔註112〕《宋史》卷262，《邊光範傳》，第9080頁。
〔註113〕《長編》卷20，太平興國四年三月癸未，第446頁。
〔註114〕《長編》卷486，紹聖四年四月丁未，第11552頁。
〔註115〕《宋史全文》卷14，崇寧元年九月丁酉，第783頁。
〔註116〕《長編》卷507，元符二年三月，第12085～12086頁。
〔註117〕《宋史》卷377，《李樸傳》，第11655頁。
〔註118〕《續編兩朝綱目備要》卷16，第302頁。
〔註119〕《漢語大詞典》第10卷，第781頁，漢語大詞典出版社，1992年版。
〔註120〕《宋史》卷250，《石元孫傳》，第8814頁。

2、鐫官，即削官〔註121〕

宋代有關詔令和法令中有鐫官的規定。如寶祐三年（1255），「戒諸路監司、帥閫，不應辟而輒辟者，辟主及受辟之官，並與鐫秩。」〔註122〕紹興五年（1135）五月立《守令墾田殿最格》，規定「殘破州縣墾田增及一分，郡守升三季名次，增及九分，遷一官。虧及一分，降三季名次，虧及九分，鐫一官。」〔註123〕如高宗時，知德安府陳規坐失察吏職，鐫兩官〔註124〕。

3、免官

「二官皆免」，「二官謂職事官、散官、衛官為一官，勳官為一官」。〔註125〕《宋刑統》：「諸犯奸盜略人及受財而不枉法，（並謂斷徒以上。）若已流徒獄成逃走，祖父母、父母犯死罪被囚禁而作樂及婚娶者，免官。」〔註126〕「臣等參詳，其犯免官者，請依舊取見任及前任，計兩任告身以為免官定例，其餘並從律敕。」〔註127〕淳化元年（990）正月丙申詔：「自今免官者，並以職事官，不得以勳、散、試官之類。」〔註128〕又按《慶元條法事類》：「免官者，免見任並歷任內一高官。」〔註129〕如開寶三年（970）三月丙辰，殿中丞張顯坐「知潁州政不平，免官。」〔註130〕又，太平興國八年（983）三月，殿中丞陸範前知濠州鍾離縣，民有婦殺其夫者，陸範鞫不得實，坐免官。〔註131〕再又，真宗時，三司鹽鐵判官李防坐失舉，免官〔註132〕。

4、削官

如淳化元年（990）正月，「殿中丞清豐晁迥通判鄂州，坐失入囚死罪，削三任，有司以殿中丞、右贊善大夫並上柱國通計之。」〔註133〕

〔註121〕《辭源》第4冊，第3218頁，商務印書館，1983年版。

〔註122〕《宋史》卷160，《選舉志六・保任》，第3756頁。

〔註123〕《宋史》卷173，《食貨志上一・農田條》，第4171頁。

〔註124〕《宋史》卷377，《陳規傳》，第11644頁。

〔註125〕沈括：《夢溪筆談》卷11，《官政一》，載《全宋筆記》第二編三，第90頁，大象出版社，2006年版；《宋刑統》卷2，《名例律・以官當徒除名免官免所居官》，第34頁。

〔註126〕《宋刑統》卷2，《名例律・以官當徒除名免官免所居官》，第33頁。

〔註127〕《宋刑統》卷2，《名例律・以官當徒除名免官免所居官》，第34頁。

〔註128〕《長編》卷31，淳化元年正月，第699頁。

〔註129〕《慶元條法事類》卷76，《追當・名例敕》，第812頁。

〔註130〕《宋史》卷2，《太祖二》，第31頁。

〔註131〕《長編》卷24，太平興國八年三月，第539頁。

〔註132〕《宋史》卷303，《李防傳》，第10039頁。

〔註133〕《長編》卷31，淳化元年正月，第699頁。

5、降官

如寶慶元年（1225），以廣州安撫司水軍大爲興販，罷其統領尹椿、統轄黃受，各降一官〔註134〕。又，乾道八年（1172），以江州、興國軍鐵冶額虧，守貳及大冶知縣各降一官〔註135〕。再又，太平興國六年（981），膳部郎中兼侍御史知雜事滕中正因所薦舉監察御史張白知蔡州時假貸官錢二百貫糴粟麥以射利而連坐，降爲本曹員外郎，依舊知雜〔註136〕。

6、免所居官

按《宋刑統》：「諸府號官稱犯父祖名而冒榮居之，祖父母、父母老疾無侍，委親之官，在父母喪生子及娶妾，兄弟別籍異財，冒哀求仕，若奸監臨內雜戶、官戶、部曲妻及婢者，免所居官。（謂免所居之一官，若兼帶勳官者，免其職事。即因冒榮遷任者，並追所冒告身。）」〔註137〕「議曰：府號者，臺省府寺之類。官稱者，尚書、將軍、卿監之類。假有人父祖名常，不得任太常官，父祖名卿，亦不合任卿職。若有受此任者，是名冒榮居之。選司惟責三代官名，若犯高祖名者非。」「議曰：在父母喪生子者，皆謂二十七月內而懷胎者。若父母未亡以前而懷胎，雖於服內而生子者不坐。縱除服以後始生，但計胎月是服內而懷者，依律得罪。其娶妾亦準二十七月內爲限。」〔註138〕「議曰：謂免所居官者，職事、散官、衛官同階者，總爲一官。若有數官，先追高官。若帶勳官，免其職事。如無職事，即免勳官高者。」〔註139〕又按《慶元條法事類》：「免所居官者，止免見任。其帶職者，以所帶職別爲一官，（謂見任學士，待制，修撰，直閣，帶御器械，閤門舍人，宣贊舍人，閤門祗候，入內內侍兩省都知、副都知、押班。）或以官或以職，奏裁。」〔註140〕即帶學士等職名的官員可以削職名代替追降官資，但需要奏請朝廷裁決。如淳化中，知澶州郭贄坐河決，免所居官〔註141〕。又如，紹興元年（1131），監察御史婁寅亮上陳宗社大計，秦檜惡之，遂使言者「論其父死匿不舉哀，下大理寺劾治，迄無所得，詔免所居官。」〔註142〕

〔註134〕《宋史》卷183，《食貨志下五‧鹽下》，第4469頁。
〔註135〕《宋史》卷180，《食貨志下二‧錢幣》，第4397頁。
〔註136〕《宋史》卷276，《滕中正傳》，第9387頁。
〔註137〕《宋刑統》卷2，《名例律‧以官當徒除名免官免所居官》，第34～35頁。
〔註138〕《宋刑統》卷2，《名例律‧以官當徒除名免官免所居官》，第35頁。
〔註139〕《宋刑統》卷2，《名例律‧以官當徒除名免官免所居官》，第36頁。
〔註140〕《慶元條法事類》卷76，《追當》，第812～813頁。
〔註141〕《宋史》卷266，《郭贄傳》第9174頁。
〔註142〕《宋史》卷200，《刑法志二》，第5002頁。

7、左降，亦稱左遷，即降低行政級別。

如太平興國七年（982）春，王仁贍「掌計司殆十年，恣下吏爲奸」，會屬吏陳恕持狀奏其事而獲罪，兵部郎中、判勾院宋琪及三司判官並降秩，「琪與恕等聯事，始合謀同奏，至帝前而宋琪猶附會仁贍，故亦左降。」〔註143〕

（二）降差遣

在宋代，差遣是官員擔任的實職。元豐改制後，職事官有職事、有執掌，「有執掌者爲職事官」〔註144〕。同時，知州之類職事官仍然習稱差遣。如元祐三年（1088）六月，「朝奉郎、知襄州刑恕除直龍圖閣，差遣如故。」〔註145〕

宋代降差遣主要有下列幾種形式：

1、從中央官員降為地方官員

如大中祥符八年（1015）四月辛亥，「以殿中侍御史廖安世知太平州。庭試舉人日，安世爲封彌官，不時請覲，覬望恩寵，故出之。」〔註146〕又，大中祥符八年（1015）四月戊寅，「以比部員外郎、判三司都磨勘司王膺通判道州。膺準詔言事，辭理荒謬，有乖詔意，故出之。」〔註147〕次又，仁宗時，翰林學士、權三司使王拱辰坐舉富民鄭旭，出知鄭州〔註148〕。再又，元祐元年（1086），司農少卿范子淵因「修堤開河，糜費鉅萬，護堤壓埽之人，溺死無數。元豐六年興役，至七年功用不成。」於是黜知兗州，不久降知峽州〔註149〕。再如，蔡京當政時，「有詔兩制同定元符奸黨」，兵部尚書劉拯對此有不同意見，指出：「漢唐失政，皆朋黨始，今日指前日之人爲黨，焉知後日不以今日爲黨乎？大抵人之過惡，自有公論，因其論之輕重，以正典刑，誰不悅服？何必悉拘於籍而禁錮之哉！」由此得罪蔡京，蔡京「諷臺臣劾之」，劉拯因而被貶知蘄州〔註150〕。

〔註143〕《宋史》卷257，《王仁贍傳》，第8958頁；《宋史》卷264，《宋琪傳》，第9132頁。

〔註144〕《慶元條法事類》卷4，《官品令》，第20頁。

〔註145〕《長編》卷412，元祐三年六月癸未，第10019頁。

〔註146〕《長編》卷84，大中祥符八年四月辛亥，第1921頁。

〔註147〕《長編》卷84，大中祥符八年四月戊寅，第1927頁。

〔註148〕《宋史》卷318，《王拱辰傳》，第10360頁。

〔註149〕《宋史》卷92，《河渠志二·黃河中》，第2288頁。

〔註150〕《九朝編年備要》卷27，崇寧三年正月，第1頁。

2、地方差遣官從上往下貶降

如仁宗時，益州路轉運使明鎬因未覺察知陵州楚應幾所犯贓罪，被降爲知同州〔註151〕。

3、由差遣官降爲添差官

添差，即在正額差遣官員之外差充，一般不許干預政務，即添差不釐務，少數許釐務。「添差之官，則不理政事也。若許干預，則曰仍釐務。」〔註152〕如元豐四年（1081），宋軍「攻取靈州無功」，內藏庫使、忠州刺史彭孫「護糧草爲賊鈔劫，不能禦敵，致軍食乏，貸死，爲東頭供奉官、熙河路準備差使，尋添差金州監當，令涇原路差人監伴前去。」〔註153〕

4、由差遣官降爲宮觀官

宮觀官，即祠祿官，宋代宮觀官分內祠、外祠，前者指在京師諸宮觀的祠祿官，後者指在外地州府諸宮觀的祠祿官。宋代設宮觀官本是「以佚老優賢」，熙寧變法時，用以處置持不同政見者〔註154〕。由差遣官改爲宮觀官，實屬貶降。如理宗時，福建安撫江萬里，「以臺臣李衢言罷新命，提舉武夷山沖祐觀。」〔註155〕

5、由親民官降爲監當官

親民官，即理治百姓的地方官，指州府軍監至縣、鎮、寨之長官、屬官，如知州、通判、知縣、主簿、縣尉、監鎮、知寨等〔註156〕。監當官，是一種事務官，指州府軍監的理財差遣，監臨諸場、院、庫、務、局等稅收、庫藏、雜作、專賣等事務，一般由文臣選人、武臣三班使臣差任，也有京朝官責降任監當官〔註157〕。如眞宗時，太常丞王曙坐舉進士失實，降監廬州茶稅〔註158〕。又如，熙寧五年（1072）八月，唐坰以論王安石用人變法非是，瀆亂朝儀，貶潮州別駕；王安石認爲唐坰素狂，不足深責，乃改監廣州軍資庫〔註159〕。次又，哲宗元祐元年（1086），福建轉運副使賈青、王子京皆坐掊克，謫監湖

〔註151〕《宋史》卷292，《明鎬傳》，第9769頁。
〔註152〕《朝野類要》卷3，第77頁。
〔註153〕《長編》卷321，元豐四年十二月丁卯，第7744頁。
〔註154〕《宋史》卷170，《職官志十》，第4080頁。
〔註155〕《宋史》卷44，《理宗四》，第856頁。
〔註156〕《朝野類要》卷2，《親民》，第46頁，龔延明：《宋代官制辭典》，第666頁。
〔註157〕《宋史》卷167，《職官志七・監當官》，第3983頁；《宋代官制辭典》，第558頁。
〔註158〕《宋史》卷286，《王曙傳》，第9632頁。
〔註159〕《長編》卷237，熙寧五年八月，第5778頁；《宋史》卷327，《唐坰傳》，第10552頁。

南鹽酒稅〔註160〕。再如，南宋高宗初年，御史馬伸以劾黃潛善、汪伯彥得罪，謫監濮州酒稅〔註161〕。

（三）宋代官員被貶降的原因主要有失職、連坐、違禮、得罪權臣、結黨、腐敗、擅權、軍事失利、違法經商等等，如下表。

表七　宋代貶降官員表

序號	官　員	時　間	懲治方式	懲治原因	史料出處
1	中書舍人趙逢	建隆元年九月	貶房州司戶參軍	坐從征避難	《宋史》卷1《太祖一》，第7頁
2	度支判官宋沆	淳化二年	貶宜州團練副使	呂蒙正罷相，宋沆坐親黨	《宋史》卷287《宋湜傳》，第9646頁
3	右千牛衛將軍董繼業	太平興國二年三月	責本部中郎將	前知辰州，私販鹽賦於民	《長編》卷18，第401頁
4	蔡州團練使張延範	太平興國二年五月	責爲護國行軍司馬	前知廣州，火焚公帑香藥、珠貝、犀象殆盡，奏不以實，縱私奴於部下受賕	《長編》卷18，第405頁
5	河南府法曹參軍高丕、伊闕縣主簿翟嶙、滎澤縣令申廷溫	太平興國二年五月	免官	皆坐罷軟不勝任，惰慢不親事	《長編》卷18，第404頁
6	膳部郎中兼侍御史知雜事知京朝官考課滕中正	太平興國六年	降爲本曹員外郎，依舊知雜	因所薦舉監察御史張白知蔡州時假貸官錢二百貫糴粟麥以射利而連坐	《宋史》卷276《滕中正傳》，第9387頁
7	中書舍人李穆	太平興國七年四月	責授司封員外郎	與盧多遜雅相親厚。秦王廷美出爲西京留守，其朝辭笏記又穆所草也	《長編》卷23，第518頁
8	右監門衛將軍韋進韜	太平興國七年四月己卯	責授右衛率府率	坐前知雄州，鄙吝，不市牛酒犒士卒，延火燒其官舍城門樓，進韜不知覺	《長編》卷23，第518頁

〔註160〕《宋史》卷183，《食貨志下五‧鹽下》第4462頁。
〔註161〕《宋史》卷473，《黃潛善傳》，第13744頁。

9	右正言知制誥判吏部流內銓劉沆	仁宗時	出知潭州	奉使契丹失禮	《宋史》卷285《劉沆傳》，第9606頁
10	知滄州葛懷敏	仁宗時	降知滁州	為王德用妹婿，因王德用貶而連坐	《宋史》卷289《葛懷敏傳》，第9701頁
11	淮南路轉運使蔣堂	仁宗時	降知越州	坐失按蘄州王蒙正故入部吏死罪	《宋史》卷298《蔣堂傳》，第9913頁
12	太常少卿胡則	乾興初	降知信州	坐丁謂黨	《宋史》卷299《胡則傳》，第9942頁
13	太常博士楊畋	仁宗時	降知太平州	坐部將胡元戰死	《宋史》卷300《楊畋傳》，第9964頁
14	知鄧州劉元瑜	仁宗時	降知隨州	坐在潭州擅補畫工易元吉為畫助教	《宋史》卷304《劉元瑜傳》，第10072頁
15	鹽鐵副使劉湜	仁宗時	降知沂州	宴紫宸殿，副使當坐殿東廡，不即坐，趣出	《宋史》卷304《劉湜傳》，第10075頁
16	陝西體量安撫使龐籍	仁宗時	降知汝州	令開封府吏馮士元市女口	《宋史》卷311《龐籍傳》，第10199頁
17	知滄州劉渙	仁宗時	降知密州	坐專斬部卒	《宋史》卷442《尹源傳》，第13081頁
18	同平章事張士遜	天聖七年二月	出知江寧府	坐救曹利用	《宋史》卷210《宰輔一》，第5450頁
19	中書門下平章事王曾	天聖七年六月甲寅	以吏部尚書出知兖州	以昭應宮災故	《宋史》卷210《宰輔一》，第5450頁
20	鄜延路副都總管曲珍	元豐五年十月	降授皇城使	以城陷敗走	《宋史》卷16《神宗三》，第308頁
21	轉運使范鍔	紹聖二年十一月	黜知壽州	言有捕盜功，乞賜章服	《宋史》卷18《哲宗二》，第343頁
22	右朝奉郎林一飛	紹興二十六年	責監高州鹽稅	坐指使林東追詔秦檜，上書狂妄	《宋史》卷31《高宗八》，第584頁
23	右司諫陳祐	徽宗時	降通判滁州	坐論章惇、蔡京、蔡卞、郝隨、鄧洵武，忤旨	《宋史》卷346《陳祐傳》，第10988頁

四、展磨勘

在宋代，磨勘是對到了敘遷年限的官員在轉官、改官時進行的一種考覈制度，選人磨勘應格，升爲京官，即所謂改官；京朝官磨勘應格，稱轉官。展磨勘年，即延期磨勘，官員雖到了磨勘的年限，但因違法違紀等原因而不予按期磨勘，從而延長官員改官、轉官的年限。這是對官員處分最輕的懲治方式之一。展磨勘作爲懲治官員的一種行政處分方式，不管官員是否已經到了磨勘年限，都可以給予這種處分。

按照宋制，京朝官中文臣自中散大夫以上、武臣自橫行以上爲高級官階。磨勘的對象是中下級京朝官和選人，高級官員無磨勘之法。開府儀同三司至通議大夫無磨勘法〔註162〕。「祖宗之法，……武臣自閤門副使至內客省使爲橫行，不繫磨勘遷轉之列，其除授皆頒特旨。」〔註163〕太中大夫至承務郎，皆應磨勘〔註164〕。「待制、太中大夫應磨勘者，止於通議大夫，餘官止中散大夫。」〔註165〕

宋代官員磨勘年限前後有所變化。宋初無磨勘年限，眞宗時確立京朝官三年一磨勘，英宗治平三年（1066）改爲四年一磨勘。《舊聞證誤》載：「眞宗用孫漢公之議，始命京朝官三年一進秩。其後，天禧、天聖、明道、景祐、慶曆之際，沿革不常。治平三年（1066），始著令：待制以上六年遷二官，京朝官四年遷一官。」〔註166〕又據《宋史》記載，慶曆八年（1048），翰林學士張方平言：「祖宗之時，文武官不立磨勘年歲，不爲升遷次序。有才實者，從下位立見超擢；無才實者，守一官十餘年不轉。其任監當或知縣、通判、知州，至數任不遷。當時人皆自勉，非有勞效，知不得進。祥符之後，朝廷益循寬大，自監當入知縣，知縣入通判，通判入知州，皆以兩任爲限；守官及三年，例得磨勘。」〔註167〕另據《長編》記載：「開府儀同三司至通議大夫以上無磨勘法，太中大夫至承務郎應磨勘。待制以上六年遷兩官，至太中大夫止；承務郎以上，四年遷一官，至朝請大夫止」〔註168〕。

〔註162〕《宋史》卷158，《選舉志四·銓法上》，第3708頁。
〔註163〕《宋史》卷445，《程俱傳》，第13137頁。
〔註164〕《宋史》卷158，《選舉志四·銓法上》，第3708頁。
〔註165〕《宋史》卷158，《選舉志四·銓法上》，第3709頁。
〔註166〕李心傳：《舊聞證誤》卷2，第33頁，中華書局，1981年版。
〔註167〕《宋史》卷160，《選舉志六·考課》，第3760頁。
〔註168〕《長編》卷308，元豐三年九月乙亥，第7483頁。

　　武臣磨勘，宋代也無統一的固定年限。按《宋會要》，咸平四年（1001）六月詔：「三班院使臣應經磨勘已轉班行者，改轉後七週年再與磨勘。其供奉官、侍禁、殿直、奉職若補班行及四年以上，借職三年已上者並依例磨勘。」〔註169〕景德三年（1006）六月詔：「三班院磨勘使臣以七年爲限。」〔註170〕天禧二年（1018）六月一日詔：「三班使臣經汾陰轉官後及七年者，許令磨勘遷秩。」〔註171〕另據《長編》，明道二年（1033）九月詔：「諸司使至三班使臣並五年一磨勘，帶閤門祇候者四年，諸司使副仍以五資爲一轉。」〔註172〕

　　宋代官員違法違紀被處以展磨勘者，視情節輕重等因素，從展季磨勘到展數年磨勘不等，不同時期規定不同。簡列如下：

　　英宗治平三年（1066）詔：「待制以上今後並自轉官後及六週年，令中書檢會取旨，如無過犯，與改轉；有過犯者，依舊條展年，至諫議大夫止。京朝官並四年與磨勘，至前行郎中更不磨勘。仍以少卿、監七十員爲定員，如定員內有闕，即檢會前行郎中內揀及四週年以上月日最深者遷補，其有過犯合展年，及有勞績得減年磨勘者，並依舊制。少卿、監以上更不檢會取旨轉官。如此，別有勞績或因要重任使，特旨推恩者，即不在此限。」〔註173〕治平四年（1067）閏三月二十四日，定知州展年磨勘法，凡考績在第一年中等，次年劣等者，展一年磨勘；如兩考皆在劣等，則展二年磨勘〔註174〕。

　　神宗熙寧四年（1071）規定，刑部覆核天下大辟獄案，如有審判不當而失覆核者，則以累計失覆核大辟人數來定罰，「每一人即展磨勘一年，累及四人即衝替」〔註175〕。元豐三年（1080）正月詔：「審刑院、刑部斷議官自今歲終具嘗失入徒罪五人以上或失入死罪者取旨，連名者一人當一人，京朝官展磨勘年，幕職州縣官展考。」〔註176〕

　　徽宗宣和元年（1119），高陽關路安撫使吳玠奉手詔招填諸路禁軍闕額，以十分爲率，招及四分以下遞展磨勘年，七分以上遞減磨勘年〔註177〕。

〔註169〕《宋會要》選舉25之1，第4633頁。

〔註170〕《宋會要》選舉25之2，第4633頁。

〔註171〕《宋會要》職官11之7，第2626頁。

〔註172〕《長編》卷113，明道二年九月甲子，第2634～2635頁。

〔註173〕《宋會要》職官11之17，第2632頁。

〔註174〕《宋會要》職官59之8，第3721頁。

〔註175〕《長編》卷224，熙寧四年六月壬戌，第5449頁。

〔註176〕《宋史》卷201，《刑法志三》，第5022頁。

〔註177〕《宋史》卷193，《兵志七‧召募之制條》，第4806頁。

　　高宗紹興二年（1132）十二月規定：監司部內有犯入己贓者，如果「不因按發，因事冒里，每一人降一官，或展磨勘，三人加等。」〔註178〕

　　孝宗隆興元年（1163），「命湖南、北路應守令增闢田疇，自一千頃以下轉磨勘有差，虧者展磨勘、降名次。」〔註179〕

　　光宗紹熙二年（1191），「以淮西總領所言，定知州、通判展減磨勘法：十分欠二展二年，數足減二年。」〔註180〕

　　度宗咸淳三年（1267）規定，「凡文武官一是以公勤、廉恪為主，而又職事修舉，斯為上等，公勤、廉恪各有一長為中等，既無廉聲又多繆政者考下等。」「中者無所賞罰，上者或轉官、或減磨勘，下者降官、展磨勘，各有等差。」〔註181〕

　　按《吏部條法》尚書考功格，犯罪經斷等第展年磨勘：贓罪徒稍輕及輕，第一等，四年；贓罪杖重，第二等，三年三季；贓罪杖稍重，第三等，三年兩季；贓罪杖稍輕及輕，第四等，三年一季；贓罪笞，第五等，三年。私罪流重，第六等，二年三季；私罪流稍重，第七等，二年兩季；私罪流稍輕及輕，第八等，二年一季。私罪徒重，第九等，二年；私罪徒稍重，第十等，一年三季；私罪徒稍輕及輕，第十一等，一年兩季。私罪杖重，第十二等，一年一季；私罪杖稍重，第十三等，一年；私罪杖稍輕及輕，私罪笞，第十四等，三季。公罪流重、稍重，第十五等，兩季；公罪流稍輕及輕，得旨上簿兩次，第十六等，一季〔註182〕。

　　在實際執法中，官員往往因失職、善待被懲治官員等多種原因而被展磨勘。如元豐三年（1080）九月，中書比較元豐二年（1079）內有失入人死罪，審刑院詳議官劉賀等展年磨勘〔註183〕。元豐五年（1082）四月，「詔河東提點刑獄黃廉、知汾州周覺、晉州王說、平定軍康昺各展磨勘三年。先是，追官勒停人餘行之以謀逆伏誅，廉等坐嘗遺酒及差人護送。」〔註184〕元豐六年（1083）六月，「尚書刑部郎中杜純罰銅八斤，展磨勘二年，以議獄不當故也。」〔註185〕

〔註178〕《繫年要錄》卷61紹興二年十二月辛卯，第7頁。
〔註179〕《宋史》卷160，《選舉志六・考課》，第3764頁。
〔註180〕《宋史》卷167，《職官志七》，第3959頁。
〔註181〕《宋史》卷160，《選舉志六・考課》，第3765頁。
〔註182〕《吏部條法・磨勘門・文武臣通用》，第341～342頁。
〔註183〕《長編》卷308，元豐三年九月庚午，第7480頁。
〔註184〕《長編》卷325，元豐五年四月，第7824頁。
〔註185〕《宋會要》職官66之24，第3880頁。

元豐七年（1084），戶部尚書王存等請復開銅禁，各展磨勘年有差〔註186〕。元祐三年（1088）二月，司勳員外郎何洵直因丟失司勳印及告身而展二年磨勘〔註187〕。元符元年（1098），雄州榷場輸布不如樣，監司、通判貶秩、展磨勘年有差〔註188〕。紹興六年（1136），高宗令刑部體量公事，邵州、廣州、高州勘命官因淹繫至久不上報，知州降一官，當職官展二年磨勘〔註189〕。

五、物質處罰

宋代對官員的物質處罰主要有罰俸（奪俸）、罰銅（罰金）等形式。

（一）罰俸（奪俸）

在宋代，罰俸是對違法違紀官員最輕的懲治方式之一。宋代官員俸祿制度比較複雜〔註190〕，這裡僅從官員懲治方面，將罰俸作為官員懲治方式之一進行研究，不涉及俸祿制度的具體內容。

1、宋代在有關法令和制度中對罰俸作出了明確規定

建隆三年（962）《捕盜條》規定：諸縣捕盜，「給以三限，限各二十日，三限獲者，令、尉等第議賞；三限外不獲，尉罰一月奉，令半之。」〔註191〕

宋初規定：「正衙之設謂之外朝，凡群臣辭、見及謝，先詣正衙，見訖，御史臺具官位姓名以報，閤門方許入對，此國家舊制也。自乾德後，始詔先赴中謝，後詣正衙。而文武官中謝後，次日並赴正衙，內諸司遙領刺史、閤門通事舍人以上新授者亦赴正衙辭謝，出使急速免衙辭者亦具狀報臺，違者罰奉一月。」〔註192〕

太宗淳化二年（991）臣僚服制規定：御史出臺為省職及在京釐務者，皆「重戴」（「折上巾又加以帽焉」），違者罰俸一月〔註193〕。

〔註186〕《宋史》卷185，《食貨志下七·坑冶》，第4526頁。
〔註187〕《長編》卷408，元祐三年二月，第9929頁。
〔註188〕《宋史》卷175，《食貨志上三·布帛條》，第4234頁。
〔註189〕《宋史》卷200，《刑法志二》，第4993頁。
〔註190〕學術界在宋代官員俸祿制度研究方面已有比較豐富的成果，如何忠禮《宋代官吏的俸祿》，《歷史研究》1994年第3期；張全明《也論宋代官員的俸祿》，《歷史研究》1997年第2期；王春瑜主編《中國反貪史》（下）第五章，第655～662頁；龔延明著《宋代官制辭典》之《宋代官制總論》，第41～44頁；（日本）依川強著《宋代文官俸給制度》等等，詳見附錄三「參考文獻」。
〔註191〕《宋史》卷160，《選舉志六·考課》，第3757頁。
〔註192〕《宋史》卷116，《禮志十九·賓禮一·常朝儀條》，第2759～2760頁。
〔註193〕《宋史》卷153，《輿服志五·諸臣服下》，第3570頁。

　　淳化三年（992）朝儀制度規定：「常參文武官或有朝堂行私禮，跪拜，待漏行立失序，談笑喧嘩，入正衙門執笏不端，行立遲緩，至班列行立不正，趨拜失儀，言語微喧，穿班仗，出閣門不即就班，無故離位，廊下食、行坐失儀，入朝及退朝不從正衙門出入，非公事入中書。犯者奪奉一月。」〔註194〕

　　宋初茶法規定：「監買官虧額自一釐以上罰俸、降差遣」〔註195〕。

　　眞宗大中祥符元年（1008）牧監賞罰令規定：「外監息馬，一歲終以十分為率，死一分以上勾當官罰一月奉，餘等第決杖。」〔註196〕宋初還規定「知州軍、通判領同群牧事，歲終較馬死數及分已上，並生駒不及四分，並罰奉。」〔註197〕

　　仁宗康定元年（1040），轉運使副磨勘法規定：「諸道轉運使副，今後得替到京，別差近上臣僚與審官院同共磨勘，將一任內本道諸處場務所收課利與祖額遞年都大比較，除歲有凶荒別敕權閣不比外，其餘悉取大數為十分，每虧五釐以下罰兩月俸，一分以下罰三月俸，一分以上降差遣。」〔註198〕同年六月，又在有關考覈地方官的辦法中明確規定：「天下州縣課利場務，自今逐處總計，大數十分，虧五釐以下，其知州、通判、幕職、知縣各罰一月俸；一分以下，兩月俸；二分以上，降差遣。」〔註199〕

　　從上述規定可以看出，宋代罰俸主要有罰一月俸、兩月俸、一季俸等，實際執法中，也有罰一年俸者。又據《慶元條法事類》記載，罰俸以半月為一等〔註200〕。另外，宋代罰俸又因官品而異，「每月：一品，八貫；二品，六貫；三品，五貫；四品，三貫五百文；五品，三貫；六品，二貫；七品，一貫七百文；八品，一貫三百文；九品，一貫五十文。」〔註201〕

2、從史籍記載來看，宋代對官員處以罰俸的原因多種多樣

（1）失職

　　如乾德元年（963）二月甲申，「翰林學士、中書舍人王著責授比部員外

〔註194〕《宋史》卷116，《禮志十九‧賓禮一‧常朝儀條》，第2755頁。
〔註195〕《宋史》卷183，《食貨志下五‧茶上》，第4480頁。
〔註196〕《宋史》卷198，《兵志十二‧馬政條》，第4929頁。
〔註197〕《宋史》卷198，《兵志十二‧馬政條》，第4931頁。
〔註198〕《長編》卷127，康定元年五月，第3011頁。
〔註199〕《長編》卷127，康定元年六月，第3022頁。
〔註200〕《慶元條法事類》卷76，《當贖門‧罰贖》，第817頁。
〔註201〕《慶元條法事類》卷76，《當贖門‧罰贖》，第819頁；《春明退朝錄》卷下，第38頁。

郎。著嗜酒，不拘細行。嘗乘醉夜宿娼家，爲巡吏所執，既知而釋之，密以事聞，上置不問。於是，宿直禁中，夜叩滋德殿求見。上令中使引陛殿，近燭視著，髮倒垂被面，乃大醉矣。上怒，發前事黜之。御史中丞劉溫叟等並坐失於彈劾，奪兩月俸。」〔註202〕又，咸平五年（1002）十二月丁丑，呂蒙正、李沆併兼門下侍郎，學士宋白、梁周翰因「草二相加恩制書，遺忘舊制」，被罰一月俸〔註203〕。

（2）斷案不公

如太宗太平興國八年（983），知開封府劉保勳因斷王元吉案不當，「坐奪俸三月」〔註204〕。又，端拱初，廣安軍民安崇緒訴繼母案，判大理張佖斷案崇緒訟母罪死，太宗遂下臺省雜議。右僕射李昉等四十三人認爲法寺定斷爲不當，太宗詔從李昉等所議，張佖等各奪俸一月〔註205〕。

（3）連坐

如太平興國二年（977）三月，「侍御史任惟吉、前通判陝州，爲下所告，按得其贓，丙寅，詔削奪官爵，配隸汝州。鎮國行軍司馬王祜，惟吉姻也，祜知制誥，嘗引薦惟吉，詔奪祜兩季俸。」〔註206〕又，太平興國八年（983）三月乙酉，孟州進士張兩試吏部不合格，「縱酒大罵於街衢中，言涉指斥」，被處斬；「州長吏罰一季俸」〔註207〕。

（4）違反官員管理制度

太宗時，李繼隆受命赴河朔征討，不赴臺辭，遂被罰俸〔註208〕。

（5）違法經商

太平興國五年（980）八月，駙馬都尉王承衍、石保吉、魏咸信因違法「市竹木入官」，各罰俸一年〔註209〕。

〔註202〕《長編》卷4，乾德元年二月甲申，第83頁。
〔註203〕《長編》卷53，咸平五年十二月丁丑，第1170頁。
〔註204〕《宋史》卷276，《劉保勳傳》，第9386頁；《宋史》卷307，《張雍傳》，第10120頁。
〔註205〕《宋史》卷201，《刑法志三》，第5006頁。
〔註206〕《長編》卷18，太平興國二年三月，第401頁。
〔註207〕《長編》卷24，太平興國八年三月乙酉，第541頁。
〔註208〕《宋史》卷287，《李昌齡傳》，第9653頁。
〔註209〕《長編》卷21，太平興國五年八月，第478頁；《宋史》卷257，《王仁贍傳》，第8957頁；《宋史》卷249，《魏咸信傳》，第8805頁；《宋史》卷250，《石保吉傳》，第8812頁；《宋史》卷250，《王承衍傳》，第8817頁。

（6）請託

乾德中，宋朝廷命庫部員外郎王貽孫、《周易》博士奚嶼同考試品官子弟，陶穀「屬其子鄷與嶼，鄷書不通，以合格聞，補殿中省進馬。」不久爲人所揭發，陶穀被罰兩月俸〔註210〕。

（7）其它原因

如大中祥符元年（1008）九月乙丑，「判太常禮院杜鎬等坐誤供九宮神位祭玉，罰一月俸。」〔註211〕又，天聖四年（1026）三月二十七日，樞密副使張士遜、參知政事呂夷簡和魯宗道「坐改更茶法，計置糧草前後異同」，各罰一月俸〔註212〕。

（二）罰銅（罰金）

1、罰銅（罰金）是宋代對違法違紀官員的物質處罰方式之一

如眞宗景德五年（1008）科舉制規定：「舉送守倅，諸科五十人以上有一人十『不』，即罰銅與免殿選監當，進士詞理紕繆亦如之」〔註213〕。又據《繫年要錄》記載，紹興二十年（1150），監察御史湯允恭言：「古有金作罰刑，蓋先王不忍之心，民知有誤，俾出金以當其罪。後世著在律文，有罰銅之條，自一斤至百有二十斤而止。」〔註214〕

2、宋代官員被處以罰銅的原因多種多樣

（1）違反謁禁制度

如熙寧十年（1077）十一月己酉，右牽牛衛將軍世獎等五人坐私接賓客，罪至徒二年，神宗特詔「免追官勒停，聽罰金。」〔註215〕又如，元符元年（1098）三月戊辰，吏部郎中方澤等坐私謁后族宴聚，罰金補外〔註216〕。

（2）失職

如眞宗時，查陶先後任判寺事、知審刑等，「持法深刻，用刑多失中，前後坐罰金百餘斤，皆以失入，無誤出者。」〔註217〕又如，仁宗皇祐五年

〔註210〕《宋史》卷269，《陶穀傳》，第9238頁。
〔註211〕《長編》卷70，大中祥符元年九月乙丑，第1562頁。
〔註212〕《宋會要》職官64之28，第3834頁。
〔註213〕《宋史》卷155，《選舉志一‧科目上》，第3611頁。
〔註214〕《繫年要錄》卷161紹興二十年正月癸卯，第2頁。
〔註215〕《長編》卷285，熙寧十年十一月己酉，第6987頁。
〔註216〕《宋史》卷18，《哲宗二》，第349頁。
〔註217〕《宋史》卷296，《查陶傳》，第9880頁。

（1053）八月，前知常州、祠部員外郎、集賢校理邵必誤斷犯事鹽人高慶徒刑，知江陰縣、殿中丞陳合復審時誤斷爲杖刑，邵必落職監邵武軍酒，陳合勒停；同時，前提點刑獄、度支員外郎蘇舜元，同提點刑獄、內殿崇班、閣門祗候常鼎，提點刑獄、屯田郎中苗振各被罰銅十斤〔註218〕。再如，熙寧十年（1077）十一月，高陽關路副總管、六宅使、帶御器械卞贇落帶御器械，都監、供備庫副使劉晟，監押、西頭供奉官張孝傑各追一官勒停，第七將衛進、安撫使張景憲各罰銅二十斤，坐高陽關募兵時，不察「契丹陰遣北界刺事人應募」〔註219〕。

（3）觸怒皇帝

如明道二年（1033）十二月丙辰，右司諫范仲淹、權御史中丞孔道輔、知諫院孫祖德、侍御史蔣堂等力諫皇后不當廢，「詔道輔出知泰州，仲淹出知睦州，祖德等各罰銅二十斤。」〔註220〕

（4）過毀大臣

如治平四年（1067）四月丙寅，「御史中丞王陶、侍御史吳申、呂景以過毀大臣，陶出知陳州，申、景各罰銅二十斤。」〔註221〕

（5）越職言事

如元豐八年（1085）四月甲申，水部員外郎王諤非職言事，坐罰金〔註222〕。

（6）論奏不當

如哲宗時，吳居厚除戶部尚書，權中書舍人沈銖論其「使京東時聚斂，詔具實狀，不能對，罰金。」〔註223〕徽宗時，御史中丞趙挺之以論事不當，罰金〔註224〕。

（7）交通貶官

如元祐六年（1091），趙令時簽書潁州公事，蘇軾被貶竄，令時坐交通蘇軾，罰金〔註225〕。

〔註218〕《長編》卷175，皇祐五年八月乙丑，第4231頁。
〔註219〕《長編》卷285，熙寧十年十一月，第6988頁。
〔註220〕《長編》卷113，明道二年十二月丙辰，第2649頁。
〔註221〕《宋史》卷14，《神宗一》，第265頁。
〔註222〕《宋史》卷17，《哲宗一》，第319頁。
〔註223〕《宋史》卷354，《沈銖傳》，第11157頁。
〔註224〕《宋史》卷343，《陸佃傳》，第10920頁。
〔註225〕《宋史》卷244，《燕王德昭傳》，第8681頁。

（8）強買民田

如哲宗時，章惇因強市崑山民田而被罰金〔註226〕。

六、精神懲治——賜惡諡、奪諡、改惡諡

人的需要是多方面、多層次的，既有物質的，也有精神的；既有生理的，也有心理的。美國著名心理學家馬斯洛認為：「人性所必須的是，當我們的物質需要得到滿足之後，我們就會沿著歸屬需要（包括群體歸屬感、友愛、手足之情）、愛情與親情的需要、取得成就帶來尊嚴與自尊的需要、直到自我實現以及形成並表達我們獨一無二的個性的需要這一階梯上昇。而再往上就是『超越性需要』（即『存在性需要』）。」〔註227〕物質的滿足不能代替精神的寄託、情感的需要，生理的滿足不能代替心理的需要。精神懲治，使人聲名狼藉、名譽掃地，使人感到羞恥、愧疚，產生自責，由此可能使人改惡從善。所以，精神方面的獎善懲惡同樣重要。

在宋代，對官員精神上的懲治主要是通過諡號來實現的。所謂諡號是生者以儒家的忠孝仁義禮智信溫良恭儉讓等道德規範給予死者評價的一種特殊稱號，既反映生者是對死者的蓋棺論定，即對死者及其生前所作所為的看法，又反映生者衡量善惡的標準和價值觀，體現出一定時代的價值取向。諡法，「自古有之，所以定生前之德行。」〔註228〕「諡者，行之表也。善行有善諡，惡行有惡諡，蓋聞諡知行，以為勸誡。」〔註229〕程頤說：「古之君子之相其君而能致天下於大治者，無他術，善惡明而勸懲之道至焉爾。勸得其道而天下樂為善，懲得其道而天下懼為惡，二者為政之大權也。然行之必始於朝廷，而至要莫先於諡法。何則？刑罰雖嚴，可警於一時；爵賞雖重，不及於後世。惟美惡之諡一定，則榮辱之名不朽矣。故歷代聖君賢相，莫不持此以厲世風。」〔註230〕諡號關係到一個人的身後名聲，「一字之褒寵，逾紱冕之賜，片言之貶辱，過市朝之刑。」〔註231〕所以也是對官員的一種褒貶方式。諡號表面上是給死者的稱號，是對死者的獎懲，但它實際上要激勵勸善的對象不是當

〔註226〕《宋史》卷345，《劉安世傳》，第10952頁。
〔註227〕（美）　A.H.馬斯洛：《洞察未來》，第258頁，許金聲譯，改革出版社，
　　　　　1998年版。
〔註228〕《朝野類要》卷五，《諡法》，第103頁。
〔註229〕《宋史》卷124，《禮志二十七·凶禮三·諸臣喪禮等儀》，第2913頁。
〔註230〕《二程集·文集》卷9，《為家君上宰相書》，第591頁。
〔註231〕《冊府元龜》卷596，《掌禮部·諡法第二》，第13頁。

事人，而是生者，是官僚的後代、當世之人、後世之人，尤其對官僚後人的影響最大、最直接。「古者，易名請諡，禮之典也。處大位者，取其細節，蔑諸細行。垂範當代，昭示後人，然後書之，垂於不朽。」〔註232〕「其賞罰所不加者，則考行立諡以褒貶之，所以勸誡將來也。」〔註233〕「夫古之諡議，在乎勸沮，將杜小人之業，冀長君子之風。故爲善者，雖存不貴仕，而歿有餘名，此賢達所以砥節也。爲惡者，雖生有所幸，而死有所懲，此回邪所以易心也。」〔註234〕官職差遣都是生前給的，死後本來就沒有了，而諡號卻是死後才給的，所以作爲一種精神獎懲方式，諡號的作用是官職差遣所無法替代的，相比與其它懲治方式，其效果也是不同的。

儒家認爲「生無爵，死無諡。」〔註235〕「夫生有爵，死有諡，其來尚矣。或曰諡者行之迹，周公爲之，所以彰善惡之迹，垂沮勸之道。君子知勸，小人知懼焉。故周公、太史、漢官大行，實掌其事。」〔註236〕雖然表面上強調諡號要彰善癉惡，不可阿私，但實際上諡號逐漸成爲專制君主自我尊大溢美的工具和用以駕馭臣僚的手段。所以諡號爲古代歷朝統治者所重視，成爲維護禮教、鞏固專制統治的一種重要典制。宋代規定曾任三品官者才給諡。「國初以來，惟正官三品方得諡，兼官贈三品不得之。眞宗命陳彭年詳定。遂詔：『文武官至尙書、節度使卒，許輟朝，贈至正三品，許得諡。』」〔註237〕

諡號的褒貶由用詞來決定，與字數的多少沒有多大關係。即所謂「諡多不爲褒，少不爲貶」。〔註238〕宋代大臣的諡號一般爲二字。宋代實行重文抑武政策，體現在諡法上，就是大臣的諡號多以「文」、「忠」爲榮。

諡號用以懲惡勸善、激濁揚清，體現在官員懲治上，是對生前作惡多端，卻又享盡榮華富貴者，通過立惡諡、改惡諡、奪諡等彰顯其惡，警示後人。

賜惡諡，即死後給予惡諡。如理宗時，朱端常之子乞諡，太常博士陳塤曰：「端常居臺諫則逐善類，爲藩牧則務刻剝，宜得惡諡，以戒後來。」乃

〔註232〕《舊唐書》卷171，《張仲方傳》，第4443頁。
〔註233〕《舊唐書》卷101，《韋湊傳》，第3142頁。
〔註234〕《唐會要》卷79，《諡法上》，第1457頁，《叢書集成初編》本。
〔註235〕《禮記・郊特性》，載《禮記譯注》第320頁。
〔註236〕《冊府元龜》卷595，《掌禮部・諡法第一》，第1頁。
〔註237〕《春明退朝錄》卷中，第29頁。
〔註238〕《資治通鑑》卷225，第7264頁。

謚朱端常曰榮願。「考功郎陳耆覆議，合宣者陳洵益欲改」，陳塤終不答應。
〔註239〕

　　改惡謚。改謚是對謚號予以更改，改惡謚即由美謚改爲惡謚。美謚用字，如文、忠、莊、德；惡謚用字如繆、厲、丑、煬等。紹興二十五年（1155年），秦檜死後，「贈申王，謚忠獻」〔註240〕；寧宗開禧二年（1206年），「追奪王爵，改謚謬醜」〔註241〕；寶祐二年（1254年）二月甲辰朔，理宗詔太常釐正秦檜謚號，因諭輔臣曰：「謚『繆狠』可也。」〔註242〕

　　奪謚，即削奪謚號。如元祐元年（1086年）九月，司馬光死後，贈太師、溫國公，謚文正；紹聖初，新黨重新執政後，「御史周秩首論（司馬）光誣謗先帝，盡廢其法。章惇、蔡卞請發冢斫棺，帝不許，乃令奪贈謚，僕所立碑。」〔註243〕又，元祐四年（1089）二月呂公著死，「贈太師、申國公，謚曰正獻，御書碑首曰『純誠厚德』」〔註244〕；紹聖元年（1094），「章惇爲相，以翟思、張商英、周秩居言路，論公著更熙、豐法度，削贈謚，毀所賜碑。」〔註245〕再又，寶祐四年（1256）八月癸巳，觀文殿大學士史嵩之卒，「遺表上，帝輟朝，贈少師、安德軍節度使，進封魯國公，謚忠簡，以家諱改謚莊肅。德祐初，以右正言徐直方言奪謚。」〔註246〕

七、其它行政懲處方式

　　宋代對官員的行政懲處方式還有落職、降爵、奪爵，以及剝奪恩賜恩蔭等。

（一）落職

　　在宋代，「職」，即職名，是授予內外差遣的一種榮譽頭銜，沒有實際職事，指三館秘閣（即昭文館、史館、集賢院和秘閣）官職，諸閣（龍圖閣、天章閣、寶文閣等）官職、諸殿（觀文殿、資政殿、端明殿、保和殿等）官職，如大學士、監修國史、學士、待制、修撰、直閣、帶御器械、閣門舍人、

〔註239〕《宋史》卷423，《陳塤傳》，第12639頁。
〔註240〕《宋史》卷473，《秦檜傳》，第13764頁。
〔註241〕《宋史》卷473，《秦檜傳》，第13765頁。
〔註242〕《宋史》卷44，《理宗四》，第851頁。
〔註243〕《宋史》卷336，《司馬光傳》，第10769頁。
〔註244〕《宋史》卷336，《呂公著傳》，第10776頁。
〔註245〕《宋史》卷336，《呂公著傳》，第10777頁。
〔註246〕《宋史》卷414，《史嵩之傳》，第12428頁；《宋史》卷47，《瀛國公二王附》，第933頁。

宣贊舍人、閤門祗候等。差遣所帶職名，又稱貼職。待制以上爲侍從官帶職，直龍圖閣至直顯文閣爲庶官帶職。元豐改制時，撤銷館職，另設秘書省職事官，自秘書監丞、著作郎以下，都稱館職；其他文臣兼帶館職，武臣帶閤門宣贊舍人，則稱「貼職」。

　　宋代職名，雖無實際職掌，但官員帶職與否，在政治、經濟等待遇方面是有差別的，帶職可以提高官員的資序、威望，同時也增加一些添支錢；官員凡帶職名者，皆可「以所帶職別爲一官」〔註247〕，在黜降時追奪。所以落職也是對官員的一種處分。

　　落職，又稱奪職、褫職、削職，即罷去職名，非罷去職事官（差遣）。凡稱落職，將來「有可復之理」〔註248〕；凡稱追奪職名者，一般不得再敘。落職，可以單獨適用，又可以與其它懲治方式並用，如追官落職但不降差遣、落職降差遣等。如太平興國八年（983）五月，「右補闕、直史館洛陽董儼罷淮南轉運使，就知光州。儼狂躁務進，不樂外官，上疏求還京師，上怒，己巳，削史職，黜爲秘書丞，仍知光州。」〔註249〕又如，慶曆二年（1042）正月辛亥，東頭供奉官、閤門祗候李志勳因「使捕浙東軍賊鄂隣而所過逗遛不行」，落職降監當〔註250〕。再如，紹興二十二年（1152）三月甲辰，直龍圖閣葉三省因通書趙鼎、王庶，力詆和議，言涉謗訕，遂落職，筠州居住〔註251〕。

　　從原因上看，官員落職主要由於失職、越職、得罪皇帝和權臣、濫用刑罰、連坐等，表列如下。

表八　宋代落職官員表

序號	官　員	時　間	懲治方式	懲治原因	史料出處
1	直史館權判大理寺向敏中	太宗時	落職出知廣州	因妻父開封府判官張去華違法	《宋史》卷282《向敏中傳》，第9553頁
2	集賢校理于靖	仁宗時	落職監筠州酒稅	上疏論奏得罪皇帝	《宋史》卷320《余靖傳》，第10408頁

〔註247〕《慶元條法事類》卷76，《追奪》，第812頁。
〔註248〕《繫年要錄》卷119紹興八年四月丙辰，第1頁。
〔註249〕《長編》卷24，太平興國八年五月，第545頁。
〔註250〕《長編》卷135，慶曆二年正月辛亥，第3213頁。
〔註251〕《宋史》30，《高宗七》，第574頁。

3	天章閣待制范仲淹	景祐三年五月丙戌	落職知饒州	坐譏刺大臣	《宋史》卷 10《仁宗二》，第 201 頁
4	兵部郎中天章閣待制知秦州韓縝	熙寧四年七月丙戌	落職分司西京	三班奉職傅勃夜批酒，誤隨縝入宅，令軍校以鐵裹頭杖勃脊百餘，致死	《長編》卷 225，第 5468 頁
5	館閣校勘監察御史裏行劉摯	熙寧四年七月丁酉	落館閣校勘監察御史裏行，監衡州鹽倉	論役法不當	《長編》卷 225，第 5488 頁
6	知渭州盧秉	元豐六年六月十三日	落寶文閣待制、直龍圖閣，差遣依舊	坐稽違詔旨，不能保護邊防	《宋會要》職官 66 之 24
7	觀文殿大學士右正議大夫范純仁	哲宗時	落職知隨州	忤章惇意	《宋史》卷 314《范純仁傳》，第 10291 頁
8	寶文閣待制知廬州楊汲	元祐初	落職知黃州	濫施刑罰	《宋史》卷 355《楊汲傳》，第 11187 頁
9	寶文閣待制知湖州周常	徽宗時	奪職，居婺州	蔡京用事，不能容	《宋史》卷 356《周常傳》，第 11222 頁
10	朱勝非	建炎三年七月	落職	苗劉之變，當軸大臣不能身衛社稷	《宋史》25《高宗二》，第 467 頁
11	直龍圖閣葉三省	紹興二十二年三月	落職筠州居住	通書趙鼎，力詆和議，言涉謗訕	《宋史》30《高宗七》，第 574 頁
12	江淮、荊襄諸路都大提點坑冶吳淵	端平元年四月	落右文殿修撰，放罷。	恃才貪虐，籍人家貲以數百萬計，掩爲己有	《宋史》卷 41《理宗一》，第 801 頁
13	制置使趙範	端平三年三月	削官三秩，落龍圖閣學士，仍制置職任	坐失撫御，致南北軍交爭造亂	《宋史》卷 42《理宗二》，第 810 頁

（二）降爵、奪爵

爵制古已有之，《禮記・王制》載有公、侯、伯、子、男五等爵位。至唐代，封爵「只是虛名，且無承襲」，所封戶邑有食邑、食實封兩種〔註252〕。宋

〔註252〕《文獻通考》卷 276 封建考 17，第 2191 頁。

代爵制大體承襲唐朝、五代之制。北宋神宗以前，分王、嗣王、郡王、國公、郡公、開國男十二等；〔註253〕宋神宗時改為王、郡王、國公、郡公、縣公、侯、伯、子、男九等；〔註254〕哲宗元祐令，分為王、嗣王、郡王、國公、郡公、開國縣公、開國侯、開國伯、開國子、開國男十等。〔註255〕南宋時也分為十等：王、嗣王、郡王、國公、開國郡公、開國縣公、開國侯、開國伯、開國子、開國男〔註256〕。

　　封爵有加食邑、實封。據《隋書》記載，隋朝稱「真食」某地若干戶，如楊素「進爵郢國公，邑三千戶，真食長壽縣千戶」〔註257〕；賀若弼「進爵宋國公，真食襄邑三千戶」〔註258〕。又按《舊唐書》，唐代稱賜（加）實封若干戶，如「右羽林大將軍、遼國公李多祚進封遼陽郡王，賜實封六百戶」〔註259〕；「加安祿山尚書左僕射，賜實封千戶，奴婢十房，莊、宅各一區。」〔註260〕在宋代，加食邑與食實封並用〔註261〕。「每大禮，兩府加恩，功臣、階勳、食邑、實封，內得三種；學士至待制、大兩省，得階勳而下二種；大卿監至少卿監一種，得加食邑；郎中而下至朝官、京官一種，階勳而已。」〔註262〕北宋前期，文臣少卿監、武臣內殿崇班以上有封爵，丞郎、學士、刺史、大將軍、諸司使以上食實封。封爵所定食邑分為五等，食邑加至一千五百戶以上，方可加食實封。「凡食邑三百戶，封縣開國男，五百戶封子，七百戶封伯，千戶封郡侯，二千戶封公，千五百戶以上始加實封。」〔註263〕加食邑、實封有等差，「凡加食邑，宰相千戶，實封四百戶；餘降麻官，食邑七百戶，實封三百戶；直學士以上，食邑五百戶，實封二百戶；舍人、待制、散尚書至少卿監以上，食邑三百戶，實封一百戶。」〔註264〕臣僚封爵至國公封頂，將、相食邑至萬戶，即封國公

〔註253〕《宋史》卷169，《職官志九》，第4061頁。
〔註254〕《宋會要》職官9之17，第2600頁。
〔註255〕孫逢吉：《職官分紀》卷50，《總封爵》，第8頁，景印文淵閣《四庫全書》本。
〔註256〕《慶元條法事類》卷4，《官品令》，第17～18頁。
〔註257〕魏徵：《隋書》卷48，《楊素傳》，第1283頁，中華書局，1973年版。
〔註258〕《隋書》卷53，《賀若弼傳》，第1345頁。
〔註259〕《舊唐書》卷7，《本紀第七中宗睿宗》，第136頁。
〔註260〕《舊唐書》卷9，《本紀第九玄宗下》，第227頁。
〔註261〕《宋史》卷170，《職官志十》，第4076頁。
〔註262〕《春明退朝錄》卷上，第16頁。
〔註263〕《春明退朝錄》卷上，第16頁。
〔註264〕《春明退朝錄》卷上，第16頁。

〔註265〕。宋代封爵帶食實封者，「每實封一戶隨月俸給二十五文。」〔註266〕

由上可知，是否封爵，有著政治、經濟上的重大差別。所以降爵、奪爵是對官員的一種懲罰，意味著官員在政治、經濟上的重大損失。如淳熙十六年（1189）閏五月壬戌，以趙雄爲寧武軍節度使、開府儀同三司，進封衛國公；紹熙元年（1190）五月乙卯，趙雄坐所舉官以賄敗，自衛國公降封益川郡公，削食邑一千戶。〔註267〕又如，紹熙三年（1192）七月壬申，監文思院常良孫坐贓配海外，益國公周必大坐繆舉良孫，降榮陽郡公〔註268〕。

除了降封爵外，宋代還有奪爵。如紹興二十五年（1155 年）秦檜死後贈申王，寧宗開禧二年（1206 年）「追奪王爵」〔註269〕。又如，寶祐二年（1254）九月戊辰，「左丞相謝方叔以明堂禮成加封邑，十月丙戌，特授銀青光祿大夫，加封邑，尋授金紫光祿大夫，進封惠國公，再加封邑」〔註270〕；咸淳四年（1268）四月庚寅，「謝方叔託名進香，擅進金器諸物，且以先帝手澤，每繫之跋，率多包藏，至以先帝行事爲己功，殊失大臣體」，以及「蜀、廣敗事，誤國殄民」，遂削四秩，奪觀文殿大學士、惠國公〔註271〕。

（三）剝奪恩賜恩蔭

宋代對官員的恩賜之厚，世所罕見。如太平興國二年（977）春，太宗詔賜王承衍「銀萬兩、錦綵五千匹。」〔註272〕熙寧七年（1074）十二月詔，「凡臨幸問疾者賜銀、絹，宰臣及樞密使帶使相者二千五百兩匹，樞密使、使相二千兩匹，知樞密院事、參知政事、樞密副使、同知樞密院事一千五百兩匹，簽書樞密院事、同簽書樞密院事、宣徽使七百五十兩匹，殿前都指揮使一千五百兩匹，駙馬都尉任使相以下者二千五百兩匹，任節度觀察留後以下者一千五百兩匹，併入內內侍省取賜。」〔註273〕官員違法犯罪被懲治時，也要追奪其在任時所受恩賜。如太平興國六年（981）八月庚午，王德裔「坐

〔註265〕《春明退朝錄》卷上，第 5 頁。
〔註266〕《朝野類要》卷 3，《爵祿》，第 73 頁。
〔註267〕《宋史》卷 36，《光宗》，第 696 頁、第 698 頁。
〔註268〕《宋史》卷 36，《光宗》，第 703 頁；《宋史》卷 391，《周必大傳》，第 11971 頁。
〔註269〕《宋史》卷 473，《秦檜傳》，第 13764 頁、第 13765 頁。
〔註270〕《宋史》卷 214，《宰輔五》，第 5632 頁。
〔註271〕《宋史》卷 46，《度宗》，第 900 頁。
〔註272〕《宋史》卷 250，《王承衍傳》，第 8817 頁。
〔註273〕《宋史》卷 124，《禮志二十七・凶禮三・諸臣喪禮等儀》，第 2902 頁。

簡慢不親事，部內不治」，削兩任、免兩浙東路轉運使，並追奪先前所賜白金千兩〔註274〕。又如，太平興國七年（982），盧多遜流海島，「盧多遜在身官爵及三代封贈、妻子官封，並用削奪追毀。」〔註275〕再如，仁宗時，曹利用坐私貸景靈宮錢，貶崇信軍節度副使，房州安置，「諸子各奪二官，沒所賜第。」〔註276〕

蔭補入官是宋代進官的一種方式，宋代恩蔭之濫，世所罕有，如遺表蔭補、致仕蔭補、文臣蔭補、武臣蔭補等〔註277〕。宋代官員違法犯罪，往往會殃及子孫，剝奪恩蔭親人的特權就是殃及官員子孫的一種懲治方式。如仁宗寶元元年（1038）正月，尚書比部員外郎師仲說因知金州時失入人死罪，致仕時特不許官子〔註278〕。又如第二章第七節所述，宋代官員到了致仕年齡而不願致仕者，往往會被剝奪恩蔭特權。

第二節　刑事處罰方式

刑事處罰是懲罰犯罪的方式。《宋刑統》規定以笞、杖、徒、流、死刑為懲治犯罪的五種法定刑罰方式。宋太祖建隆四年（963）制定折杖之法，以臀杖和脊杖代替原來的笞、杖、徒、流之刑罰，即以「決杖」作為笞、杖、徒、流等四種法定刑罰的代用刑，原笞、杖、徒、流刑只是作為量刑的依據，實際不再執行，而只執行「決杖」。在實際執法中，宋代還創新了獨立於五刑之外的編配、安置、居住等刑罰方式，又在法外施行棄市、腰斬、梟首、磔、活釘、凌遲、夷族等酷刑。

一、決杖

宋代為施行寬仁之治，於太祖建隆四年（963）三月頒行折杖之法，由決臀杖和脊杖分別代替原五刑中的笞、杖、徒、流刑。「太祖受禪，始定折杖之制。凡流刑四：加役流，脊杖二十，配役三年。流三千里，脊杖二十，二千五百里，脊杖十八，二千里，脊杖十七，並配役一年。凡徒刑五：徒三年，

〔註274〕《長編》卷22，太平興國六年八月庚午，第494頁。
〔註275〕《宋史》卷264，《盧多遜傳附父億傳》，第9119頁。
〔註276〕《宋史》卷290，《曹利用傳》，第9708頁。
〔註277〕《宋史》卷170，《職官志十》，第4098～4099頁。
〔註278〕《長編》卷121，寶元元年正月丁卯，第2857頁；《宋史》卷200，《刑法志二》，第4989頁。

脊杖二十。徒二年半，脊杖十八。二年，脊杖十七。一年半，脊杖十五。一年，脊杖十三。凡杖刑五：杖一百，臀杖二十。九十，臀杖十八。八十，臀杖十七。七十，臀杖十五。六十，臀杖十三。凡笞刑五：笞五十，臀杖十下。四十、三十，臀杖八下。二十、十，臀杖七下。」〔註279〕施行折杖法後，笞、杖、徒刑決杖後釋放〔註280〕；徒罪決而不役；流罪決訖後役一年，加役流決訖後役三年〔註281〕。流刑被折杖法代替後就地配役，不再遠流，服役年滿即放。這不同於配隸法中的配隸，配隸即配流，要遠流。在宋代文獻中，有時「流」與配隸法中的「配」是一回事，如《長編》卷16記載，開寶八年（975）五月壬申，太子洗馬趙瑜因隱沒羨銀被「決杖流海島」〔註282〕；而《宋史》太祖本紀中稱：「知桂陽監張侃發前官隱沒羨銀，追罪兵部郎中董樞、右贊善大夫孔璘，殺之，太子洗馬趙瑜杖配海島。」〔註283〕

　　徽宗大觀二年（1108）「更定笞法」，對笞刑折杖作了修改，規定：「自今並以小杖行決，笞十為五，二十為七，三十為八，四十為十五，五十為二十，不以大杖比折，永為定制。」〔註284〕與建隆折杖法相比，這次變更主要是將大杖折改為小杖，折杖數有增有減，總體上減輕了刑罰。

　　徽宗政和八年（1118）四月十一日，又下詔更定折杖法，實行遞減法：除徒三年、杖一百不改外，徒二年半折杖十七，徒二年折杖十五，徒一年半折杖十三，徒一年折杖十二；杖九十折杖十七，杖八十折杖十五，杖七十折杖十三，杖六十折杖十二；笞五十折杖十，笞四十折杖八，笞三十折杖七，笞二十折杖六，笞五十折杖五。其目的是為了「約其數以善天下，使民遷善遠罪，期於無刑。」〔註285〕

　　徽宗重和元年（1118）十二月十九日指揮：應犯徒三年，已決杖七十或杖八十，並減就杖一百。宣和元年（1119）五月二十五日御筆：應加役流並流三千里，若已決杖七十以上該通計，並其餘流罪折杖數外，應入新減數徒罪之人，並減就杖一百。宣和四年（1122）六月二十一日指揮：徒

〔註279〕《宋史》卷199，《刑法志一》，第4967頁；《長編》卷4，乾德元年三月癸酉，第87～88頁。
〔註280〕《宋刑統》卷1，《名例律》，第4頁、第5頁。
〔註281〕《長編》卷4，乾德元年三月癸酉，第88頁。
〔註282〕《長編》卷16，開寶八年五月壬申，第339頁。
〔註283〕《宋史》卷3，《太祖三》，第44頁。
〔註284〕《文獻通考》卷167刑考6，第1452頁。
〔註285〕《宋大詔令集》卷202，《除徒三年杖一百外立到杖數詔》，第752頁。

三年及流三千里、加役流，已決杖六十應通計者，比附前項指揮並減就徒一年〔註286〕。

　　南宋高宗紹興十年（1140）重申遞減法：「中興之初，詔用政和遞減法，自是迄嘉定不易。」〔註287〕南宋《慶元條法事類》規定：「諸決杖應通計者，計所犯杖數以相準折，每笞二下，折大杖一；笞四下、大杖二，各折脊杖一，減就刑名決之。不成笞刑者，脊杖一、大杖二、笞四下，各贖銅一斤。其應編配、居作、勒停、還俗之類，各盡本法。即死罪已決徒、流而情輕者，奏裁。」「諸罪人應決而役者，計所役日以減笞、杖之數，每二十七日當脊杖一，九日當大杖一，七日當笞一。應役而決者，計所決笞、杖減其役日，每脊杖一當五十四日，大杖一當二十七日，笞一當十四日。即應決而配者，亦計役日以減其笞、杖，（諸軍長行非配遠惡州、沙門島者，不在計日減笞、杖之限。）刺面別當徒一年，編管者聽以二日當一日。若止應編配決徒、流者，奏裁。」〔註288〕

　　宋代杖具標準前後也有所變化。太祖建隆四年（963）折杖法規定了常行官杖的長短粗細：「常行官杖如周顯德五年制，長三尺五寸，大頭闊不過二寸，厚及小頭徑不得過九分。」〔註289〕但沒有規定杖具的重量標準。仁宗天聖七年（1029）規定：「凡所用杖，重無過十五兩，施印記其上，責所部常驗視之。」〔註290〕自此至南宋末，沒有大的變化。按《慶元條法事類》，「杖：重一十五兩，長止三尺五寸，上闊二寸，厚九分，下徑九分。」〔註291〕

　　總之，折杖法施行後，宋代刑罰總體上有所減輕，趨向輕刑省罰。「流罪得免遠徙，徒罪得免役年，笞杖得減決數，而省刑之意遂冠百王。」〔註292〕但折杖法不是死刑的代用刑，因而出現了「死刑重，生刑輕，故犯法者多」〔註293〕的情況。由是，「刑輕不能止惡，故犯法日益眾，其終必至於殺戮，是欲輕而反重也。」〔註294〕此外，法律條文是一回事，實際執法是另一回事，

〔註286〕《慶元條法事類》卷73，第751～752頁。
〔註287〕《宋史》卷200，《刑法志二》，第4992頁。
〔註288〕《慶元條法事類》卷73，《折杖減役》，第750頁。
〔註289〕《宋史》卷199，《刑法志一》，第4967頁；《長編》卷4，乾德元年三月癸酉，第88頁。
〔註290〕《長編》卷108，天聖七年八月戊戌，第2521頁。
〔註291〕《慶元條法事類》卷73，《獄具》，第749頁。
〔註292〕《文獻通考》卷168刑考7，第1461頁。
〔註293〕《長編》卷214，熙寧三年八月戊寅，第5214頁。
〔註294〕《宋史》卷201，《刑法志三》，第5008頁；《文獻通考》卷168刑考7，第1460頁，文字有異。

決杖不依法，肆意重罰或減免處罰在宋代並不鮮見，這是由專制統治的本質所決定的，這點將在第五章中論述。

宋代官員被處以決杖的原因很多。如犯贓罪。開寶七年（974）十二月己巳，「左拾遺劉祺坐受賂，黥面、杖配沙門島。」〔註295〕大中祥符九年（1016）三月乙丑，「著作佐郎高清以贓賄杖脊，配沙門島。」〔註296〕再如，姦佞朋附。紹熙二年（1191）十二月甲辰，「慶遠軍承宣使、內侍省都知楊皓懷奸凶恣，刺面杖脊，配吉州；和州防禦使、內侍省押班黃邁私相朋附，決杖，編管撫州。」〔註297〕又如，違反軍法軍規。咸平六年（1003），在與遼軍的望都之戰中，拱聖軍都指揮使王升當戰先退，決杖配隸瓊州。〔註298〕再又，司法不公。開寶六年（973）八月丁酉，「泗州推官侯濟坐試判假手，杖、除名。」〔註299〕再比如，避遠宦不之任。太平興國二年（977）二月，「新擬寶州錄事參軍孟蠻避遠宦不之任，詣匭自陳，上怒，命決杖流海島。」〔註300〕

在實際執法中，決杖多與其它懲治方式並用。如開寶七年（974）正月癸亥，「左拾遺秦宣、太子中允呂鵠並坐贓，宥死，杖、除名。」〔註301〕紹興五年（1135）四月丙午，「貴池縣丞黃大本坐枉法贓，杖脊、刺配南雄州。」〔註302〕

二、死刑

死刑，「即古大辟之刑是也」〔註303〕，是剝奪罪犯生命的刑罰，為刑罰中的極刑。「刑之傷者，無甚於殺。」〔註304〕從剝奪生命的角度來說，無論採取何種執行死刑的方式，其終極結果都是一樣的。但同樣是死刑，由於執行方式不同，其殘酷程度亦異，在執行過程中犯人所受的痛苦程度也不同。在宋代，《宋刑統》規定的法定死刑執行方式為絞、斬，並聽以贖銅一百二十斤〔註305〕。由於宋代處於中國專制社會的變革期，各種矛盾交集，統治集團為

〔註295〕《宋史》卷3，《太祖三》，第43頁。
〔註296〕《宋史》卷8，《真宗三》，第159頁。
〔註297〕《宋史》卷36，《光宗》，第702頁。
〔註298〕《宋史》卷278，《王超傳》，第9465頁。
〔註299〕《宋史》卷3，《太祖三》，第40頁。
〔註300〕《長編》卷18，太平興國二年二月辛酉，第400頁。
〔註301〕《宋史》卷3，《太祖三》，第41頁。
〔註302〕《宋史》卷28，《高宗五》，第519頁。
〔註303〕《宋刑統》卷1，《名例律·五刑》，第5頁。
〔註304〕《宋文鑑》卷42，錢易《請除非法之刑》，第629頁。
〔註305〕《宋刑統》卷1，《名例律·五刑》，第5頁。

了維護其專制統治地位，往往採用野蠻殘暴手段，這在刑罰上體現爲於法外施用酷刑，如棄市、腰斬、活釘、爁、淩遲、磔、醢、梟首、夷族等，主要適用於貪贓枉法、謀反謀叛、賊盜重罪等。

（一）絞

即用絞索將犯人活活勒死。如英宗時，三班奉職和欽貸所部綱錢，罪至絞，貸死免杖，刺隸福建路牢城〔註306〕。

（二）斬

即將犯人砍殺而死，使之身首分離。「絞者筋骨相連，斬者頭頸異處」〔註307〕。由於絞刑能保存全屍，而斬刑則是身首異處，故斬重於絞；但在執行過程中，絞刑犯人的痛苦程度要比斬刑的重，且痛苦時間更長，不及斬刑來得利索，所以從這個角度看，絞刑更殘酷一些。

宋代處斬刑主要有兩種方式：其一是斬首，這是法定的，也是斬刑中常用的一種方式。如宋初伐蜀之役，有軍大校割民妻乳而殺之，太祖召至闕，數其罪。近臣營救頗切，帝曰：「朕興師伐罪，婦人何辜，而殘忍至此」，遂斬之〔註308〕。紹興二年（1132）十二月庚子，「江西兵馬副鈐張忠彥坐縱暴不法，斬於潭州。」〔註309〕其二是腰斬，即斷腰處斬，這是法外酷刑，不常用。如太平興國三年（978）正月庚寅，「殿直霍瓊坐募兵劫民財，腰斬。」〔註310〕康定元年（1040）四月，「兵馬都監黃德和坐棄軍，腰斬。」〔註311〕高宗初年，右諫議大夫宋齊愈謀立異姓，以危宗社，非受僞命臣僚可比，特不赦，腰斬於都市〔註312〕。此外，宋代還有梟首之刑，即斬首並懸首示眾，適用於奸逆之罪。如靖康元年（1126），「梟童貫首於都市」〔註313〕；寧宗嘉定元年（1208）三月辛卯，「詔梟（韓）侂胄首於兩淮。」〔註314〕

〔註306〕《宋史》卷200，《刑法志二》，第4989頁。
〔註307〕《宋史》卷263，《竇儀傳》，第9095頁。
〔註308〕《宋史》卷200，《刑法志二》，第4985頁。
〔註309〕《宋史》卷27，《高宗四》，第502頁。
〔註310〕《宋史》卷4，《太宗一》，第57頁。
〔註311〕《宋史》卷10，《仁宗二》，第208頁。
〔註312〕《宋史》卷200，《刑法志二》，第5001頁。
〔註313〕《宋史》卷23，《欽宗》，第430頁。
〔註314〕《宋史》卷39，《寧宗三》，第749頁。

（三）杖殺

即決重杖一頓處死。《宋刑統‧名例律》準唐建中三年（782 年）八月二十七日敕節文：「其十惡中惡逆以上四等罪，請準律用刑；其餘應合處絞、斬刑，自今以後，並決重杖一頓處死，以代極法。」〔註315〕又，《宋刑統‧詐偽律》準唐應順元年（934 年）三月二十日敕節文：「如有賣官、買官人等，並準長興四年（933 年）三月二十七日斷魏欽緒犯買官罪，決重杖一頓處死敕處分。」〔註316〕上述規定表明，「十惡」中除謀反、謀大逆、謀叛、惡逆四等罪依律用刑外，其餘依法應處絞、斬刑者，改為決重杖一頓處死；此外，賣官罪當死者也改為決重杖一頓處死。《宋刑統》的這些規定，使杖殺這一酷刑成為絞、斬刑的法定代用刑。在實際執法中，適用杖殺的原因主要是犯贓當死等重罪。

因犯贓罪而被杖殺。這在北宋初期比較多，真宗之後，懲贓之法日寬，杖殺一般不再適用於贓罪。宋初官員因贓罪被處以杖殺者不少，如第二章第二節列表。又據《長編》載，太平興國七年（982）二月，「杖殺長道縣尉張俊，坐部下受賕，犯贓錢五百七十貫故也。」〔註317〕

因私役軍士及殘暴不法而被杖殺。如大中祥符三年（1010）九月，江守恩因違制市青苗、私役軍士、擅使丁夫及笞捶役夫致死等罪，被下詔杖殺。真宗不因江守恩是近侍而有所私，「論者以謂朝廷至治，行罰不私，中外莫不悚慶。」〔註318〕又如，天禧四年（1020）四月丙申，前定陶縣尉麻士瑤因幽殺其姪子溫裕、毆殺鎮將張珪等不法事，被杖殺於青州〔註319〕。

（四）棄市

即將罪犯處死於市，與民眾共棄之。「棄市者，取刑人於市，與眾棄之也。」〔註320〕在宋代，棄市是法外死刑的一種，犯官棄市在宋初適用比較多，真宗之後比較少見，但有宋一代都在用。

從懲治原因上看，犯官被處以棄市之刑主要有以下緣由：

〔註315〕《宋刑統》卷 1，《名例律‧五刑》，第 5 頁。
〔註316〕《宋刑統》卷 25，《詐偽律》，第 392 頁。
〔註317〕《長編》卷 23，太平興國七年二月，第 514 頁。
〔註318〕《長編》卷 74，大中祥符三年九月癸巳，第 1689～1690 頁。
〔註319〕《長編》卷 95，天禧四年四月丙申，第 2188～2189 頁；《宋史》卷 8，《真宗三》，第 168 頁。
〔註320〕《漢書》卷 5，《景帝紀》，第 145 頁。

1、犯贓罪

因犯贓罪而棄市者，在宋初適用比較多，如第二章第二節列表《宋史》本紀中的案例。另據《長編》載，太祖乾德三年（965）十月，太子中舍王沼因權知西縣時受賄枉法殺人，因而被棄市〔註321〕。太平興國二年（977）九月辛卯，「內品王守忠棄市，坐監法酒庫盜官酒三百瓶，爲其匠王景能所發故也。」〔註322〕

2、軍事犯罪

如建隆元年（960）十月乙酉，「晉州兵馬鈐轄荊罕儒襲北漢汾州，死之。龍捷指揮石進二十九人坐不救，棄市。」〔註323〕淳化五年（994）十二月乙未，「秘書丞張樞坐知榮州降賊，棄市。」〔註324〕仁宗慶曆年間，王則據貝州作亂，知州張得一不能死守，及破城，送御史臺劾治，因與亂賊草禮儀，有臣賊狀，遂棄市〔註325〕。

3、結黨反叛

如建隆二年（961）正月甲子，「澤州刺史張崇詁坐黨李重進，棄市。」〔註326〕雍熙三年（986）三月丁亥，「司門員外郎王延範與秘書丞陸坦、戎城縣主簿田辯、術士劉昂，坐謀不軌，棄市。」〔註327〕

4、應上奏而不奏

如開寶四年（971）十一月庚戌，「河決澶州，通判姚恕坐不即上聞，棄市。」〔註328〕

5、濫用權力

如開寶元年（968）九月癸未，「監察御史楊士達坐鞫獄濫殺，棄市。」〔註329〕

〔註321〕《長編》卷6，乾德三年十月己未，第159頁。
〔註322〕《長編》卷18，太平興國二年九月辛卯，第411頁。
〔註323〕《宋史》卷1，《太祖一》，第7頁。
〔註324〕《宋史》卷5，《太宗二》，第96頁。
〔註325〕《宋史》卷288，《高若訥傳》，第9685～9686頁；《宋史》卷290，《張耆傳》，第9711頁。
〔註326〕《宋史》卷1，《太祖一》，第8頁。
〔註327〕《宋史》卷5，《太宗二》，第78頁。
〔註328〕《宋史》卷2，《太祖二》，第34頁。
〔註329〕《宋史》卷2，《太祖二》，第27頁。

6、指斥謗訕

如紹興二十一年（1151），進義副尉劉允中「坐指斥謗訕，棄市。」〔註330〕

7、被誣陷

如理宗寶祐四年（1256），「制置使余晦入蜀，以讒劾閬閬州守王惟忠。於是削惟忠五官，沒入其資，下詔獄鍛鍊誣伏，坐棄市。」〔註331〕

8、殘暴不法

太平興國六年（981）四月，「歸德軍節度推官李承信市蔥有爛者，笞園戶，病創數日死」，遂棄市〔註332〕。

9、縱部下為盜

如建隆二年（961）三月丙申，「內酒坊火，酒工死者三十餘人，乘火為盜者五十人，擒斬三十八人，餘以宰臣諫獲免。酒坊使左承規、副使田處嚴以酒工為盜，坐棄市。」〔註333〕

10、偽造府印

如開寶中，前攝上蔡主簿劉偉造偽印，因是得試送銓，遂棄市〔註334〕。

11、惡逆

仁宗時，陳執中之子世儒，「官至國子博士，妻李與群婢殺世儒所生母，世儒與謀，皆棄市。」〔註335〕

（五）活釘

即生釘，將罪犯活活釘死。主要適用於謀反、賊盜重罪，不常用。眞宗天禧四年（1020），昭宣使入內副都知周懷政及朱能等僞造天書，謀亂，事敗，爲清除其黨，眞宗詔將「劉益、康玉、徐原等十一人，並活釘令眾三日訖，斷手足，具五刑處死。」〔註336〕

〔註330〕《宋史》卷30，《高宗七》，第574頁。
〔註331〕《宋史》卷445，《張即之傳》，第13145頁。
〔註332〕《長編》卷22，太平興國六年四月，第492頁；《宋史》卷200，《刑法志二》，第4986頁。
〔註333〕《宋史》卷1，《太祖一》，第8～9頁。
〔註334〕《宋史》卷278，《雷有鄰傳》，第9455頁。
〔註335〕《宋史》卷285，《陳執中傳》，第9605頁。
〔註336〕《長編》卷96，天禧四年九月，第2216頁。

（六）淩遲

又稱臠割，俗稱剮刑，先切割犯人肢體，零刀碎割人的肌膚，然後去其臟腑，使罪犯受盡折磨、痛苦而慢慢死去。「淩遲者，先斷其肢體，乃抉其吭，當時之極法也。」〔註337〕在宋代，淩遲是法外酷刑，主要適用於謀反等重罪，且極少適用於命官犯罪。天聖九年（1031），針對荊湖地方殺人祭鬼，仁宗詔：「如聞荊湖殺人以祭鬼，自今首謀若加功者，淩遲斬之。」〔註338〕景祐元年（1034）正月詔：「應災傷州軍捉獲強劫賊人內，有曾殺害人命及累行劫盜，情理巨蠹者，即許淩遲處死。」〔註339〕如熙寧八年（1075），前越州餘姚縣主簿李逢，右羽林大將軍、秀州團練使趙世居等圖謀不軌，案發後，李逢、河中府觀察推官徐革、醫官劉育淩遲處死。〔註340〕又，元豐四年（1081）四月，「詔前追官勒停人越州山陰縣主簿、太原府教授余行之陵遲處死。先是，行之以廢黜怨望，妄造符讖，指斥乘輿，言極切害。定州教授、潁州團練推官郭時亮詣闕告之，知定州韓絳即收行之付獄。詔開封府司錄參軍路昌衡就刑州鞫之，行之伏誅。」〔註341〕

（七）磔

即以分裂肢體的方式處死罪犯的刑罰。據《辭源》：磔是「分裂肢體的酷刑」，「即車裂」〔註342〕。磔，是分裂活人的肢體，而不是死後分屍。主要用於懲治謀反等重罪，也極少適用於命官犯罪。建隆三年（962）八月癸巳，「蔡河務綱官王訓等四人坐以糠土雜軍糧，磔於市。」〔註343〕淳化五年 994）八月，「貝州言驍捷卒劫庫兵為亂，推都虞候趙咸雍為帥，轉運使王嗣宗率屯兵擊敗之，擒咸雍，磔於市。」〔註344〕

（八）夷族

即一人犯罪，株連全族，將罪人連同家族全部處死的酷刑。在宋代，夷

〔註337〕《宋史》卷199，《刑法志一》，第4973頁。
〔註338〕《長編》卷110，天聖九年五月壬子，第2558頁。
〔註339〕《宋會要》兵11之15，第6945頁。
〔註340〕《宋史》卷200，《刑法志二》，第4998頁；《文獻通考》卷167刑考6，第1449頁。
〔註341〕《長編》卷312，元豐四年四月，第7565頁。
〔註342〕《辭源》第3冊，第2256頁，商務印書館，1981年修訂版。
〔註343〕《宋史》卷1，《太祖一》，第12頁。
〔註344〕《宋史》卷5，《太宗二》，第95頁。

族是法外酷刑，主要對謀反等重罪適用此刑。如乾德四年（966）九月，「虎捷指揮使孫進、龍衛指揮使吳瓌等二十七人，坐黨呂翰亂伏誅，夷進族。」〔註345〕開寶二年（969）十月庚寅，「散指揮都知杜延進等謀反伏誅，夷其族。」〔註346〕

（九）賜死

除上述幾種死刑方式外，宋代還有一種死刑方式——賜死。《宋刑統》引唐會昌元年（841）九月敕：「犯贓五品以上，合抵死刑，請準《獄官令》賜自盡於家中。」〔註347〕賜死是讓死罪官員體面地死去，是對犯死罪命官的一種體貌，即所謂「廉恥節禮以治君子，故有賜死而亡戮辱。」〔註348〕檢閱史籍，宋代官員被賜死者有如下情形：

1、違禮

至道元年（995）上元節，西京作坊副使、度支都監趙贊與西上閤門副使、鹽鐵都監鄭昌嗣，「邀其黨數人，攜妓樂登宮中玉皇閣，飲宴至夜分。掌舍宦者不能止，以其事聞。太宗大怒，並摭諸事，下詔奪贊官，許攜家配隸房州禁錮，即日驛遣之。昌嗣黜唐州團練副使，不署事。既數日，並賜死於路。」〔註349〕

2、擅移山陵

仁宗初年，內侍雷允恭因擅移山陵並坐盜金寶，賜死，並籍其家〔註350〕。

3、橫征暴斂

靖康元年（1126），拱衛大夫、安德軍承宣使李彥因「根括民田，奪民常產，重斂租課，百姓失業，愁怨溢路，官吏稍忤意，捃摭送獄」，遂賜死〔註351〕。

4、大逆不道

高宗建炎三年（1129），慶遠軍節度使范瓊有罪下大理寺，以靖康圍城中逼遷上皇，擅殺吳革，迎立張邦昌等事，遂賜死〔註352〕。

〔註345〕《宋史》卷2，《太祖二》，第25頁。
〔註346〕《宋史》卷2，《太祖二》，第30頁。
〔註347〕《宋刑統》卷30，《決死罪》，第494頁。
〔註348〕《漢書》卷48，《賈誼傳》，第2254頁。
〔註349〕《宋史》卷470，《趙贊傳》，第13680頁。
〔註350〕《宋史》卷468，《雷允恭傳》，第13655頁。
〔註351〕《宋史》卷200，《刑法志二》，第5001頁；《宋史》卷23，《欽宗》，第422頁。
〔註352〕《宋史》卷377，《王衣傳》，第11659頁；《宋史》卷25，《高宗二》，第467頁；《宋史》卷200，《刑法志二》，第5002頁。

5、恣睢專殺

紹興元年（1131）十月丁卯，「以李允文恣睢專殺，賜死大理獄。」〔註353〕

三、編配

宋代編配是五刑之外的刑罰，包括編管、羈管、配隸。它雖然不是專門針對犯官而設的刑罰，但是有宋一代許多官員因獲罪而被編配遠惡軍州。宋代對編配人的情況進行詳細的登記，編錄名籍，以便監管。「諸編配人，備錄年甲、犯狀、以前過犯，若住家、犯事之所及所引條制、斷遣刑名，實封遞報所隸州軍，置簿錄元牒，仍付法司看詳。有不當者，受訖具奏；若誤不當，即連元牒申提點刑獄司送檢法官詳覆，其應揀選移放者以簿照驗。」〔註354〕

（一）編管、羈管

編管、羈管是將犯人編錄名籍並送遠惡州軍進行監督管制、限制人身自由的一種刑罰。羈管與編管大同小異，在現存的宋代法律條文中往往並提，只是程度有輕重之別，羈管稍重，編管次之。編管法宋初即已施行。如乾德五年（967）二月，御史臺上言：「『伏見大理寺斷徒罪人，非官當贖銅之外，送將作監役者，……欲望令大理寺依格式斷遣徒罪人後，並送付作坊應役。』從之。自後命官犯罪當配隸者，多於外州編管，或隸牙校。」〔註355〕宋代將校犯罪應編管者須奏裁後方可執行，「諸犯罪應編管者，將校奏裁」〔註356〕。編管者不加刑具，「編管之人，亦迭送他所，量立役作時限，無得髠鉗。」〔註357〕編管人還可以「聽家屬隨行」，但「配沙門島者不許。」〔註358〕

編管不屬於五刑中的流刑，流罪在施行折杖法後不再遠流，而是就地居作或返回原住所居作。而編管者則須在編管地服役。「諸犯流罪，願歸住家之所居作者，決訖部送。若應編管者，役於編管之所。」〔註359〕

編管、羈管人都要由官府派人押送解往管制之地。如紹興三十一年（1161），劉汜在瓜州之戰中不戰而逃，依法當斬，特貸死，追毀出身文字，

〔註353〕《宋史》卷26，《高宗三》，第491頁。
〔註354〕《慶元條法事類》卷75，《編配流役》，第781頁。
〔註355〕《長編》卷8，乾德五年二月癸酉，第189頁。
〔註356〕《慶元條法事類》卷75，《編配流役》，第780頁。
〔註357〕《宋史》卷201，《刑法志三》，第5008頁。
〔註358〕《慶元條法事類》卷75，《編配流役》，第781頁。
〔註359〕《慶元條法事類》卷75，《編配流役》，第782頁。

除名勒停，「送英州編管」，由「鎮江府日下差使臣一員，兵級十人管押前去。」
〔註360〕王權因過淮作戰不力，貸死，除名勒停，永不收敘，送瓊州編管，由
「臨安府差得力使臣二員，軍兵二十人押送前去，沿路不得時刻住滯。」〔註361〕
宋代對押送編管、羈管者有嚴格的規定：「諸配流、編管、羈管者，斷訖節錄
所犯，及以隨行家屬財物數、住家之所具載於牒。（元是命官，不錄家屬財物。）
付部送人，仍給行程曆，經由縣鎮批書月日。病者，仍保明。若須財物支用，
聽經官自言，於牒內書印給付。應替者，檢視交受。入別路界者，所至州縣
即時申提點刑獄司檢察，至所隸州受訖，回報元斷官司。若未至而身死或逃
亡，隨處受牒點檢，仍報元斷，若住家及所隸州。」〔註362〕押送犯官，一般
是乘驛而往，路上衣食由當地倉驛供給。諸編管、羈管應部送者，「皆給緣路
口券，所過倉、驛即時勘支。」〔註363〕對犯官因親人病、喪、臨產等給予人
道安排。「諸配流、編管、羈管人在道聞祖父母、父母喪，及隨行家屬有病或
死若產者，申所在官司量事給住程假。」〔註364〕但在專制社會，法律規定是
一回事，實際執行是另外一回事，法律往往得不到有效執行。如紹興八年（1138）
十一月，樞密院編修官胡銓因反對和議，除名勒停，送昭州編管，永不收敘，
由臨安府派使臣及兵級押送前去，當時胡銓之妾因孕臨產，遂寓住湖上僧舍，
欲稍稍遲行，而臨安府卻不准，即遣人押送編管地〔註365〕。

　　宋代規定，「諸責降安置及編配、羈管人，所在州常切檢察，無令出城
及致走失，仍每季具姓名申尚書省。」〔註366〕編管羈管人必須定期向所在
地方長官報告情況，稱之為「呈身」。北宋時，「編管人每旬赴長吏廳呈身」
〔註367〕，稱為「旬呈」；南宋時規定每月呈身一次，「諸編管、羈管人月赴
長吏廳呈驗，元係品官，若婦人元有官品封邑者，所居廂止具見管狀申。」
〔註368〕宋代編管、羈管人雖被管制，但按規定不能囚禁。如紹興二十三年
（1153）四月辛巳，高宗詔：「諸州編管、羈管人，遵舊法，長吏月一驗視，

〔註360〕《宋會要》刑法7之38，第6752頁。
〔註361〕《宋會要》刑法7之39，第6753頁。
〔註362〕《慶元條法事類》卷75，《編配流役》，第781頁。
〔註363〕《慶元條法事類》卷75，《部送罪人》，第794頁。
〔註364〕《慶元條法事類》卷75，《編配流役》，第784頁。
〔註365〕《繫年要錄》卷123紹興八年十一月，第42～43頁。
〔註366〕《慶元條法事類》卷75，《編配流役》，第782頁。
〔註367〕《長編》卷507，元符二年三月，第12086頁。
〔註368〕《慶元條法事類》卷75，《編配流役》，第782頁。

不許囚禁。」〔註369〕這條詔令還表明，在高宗以前，宋代也不許囚禁編管、羈管人。但實際執行中往往並非完全如此，如高宗紹興二十三年（1153）四月的詔令中有言：「編管、羈管人在諸州軍者，於法止許月赴長吏廳呈驗。訪聞比來多不用法，囚禁鎖閉甚於配隸。」〔註370〕

編管、羈管人上書言事有嚴格限制。按《慶元條法事類》，「責降散官及安置、編配之類言事者，所屬審詳，可採不兼他事聽收接，不得實封及遣人進狀。」〔註371〕即編管人上書必須經所在地方官審查，不得實封上書或遣人直接進狀。編管、羈管的犯官還可以在管制地著書立說、在有人作保的情況下收徒講學等。如胡銓竄朱崖時，「黎酋聞邦衡名，遣子就學。」〔註372〕

編管、羈管者一般要除名。「編管以上，則必除名勒停，謂無官也，故曰追毀出身以來文字。」〔註373〕由於被除名、勒停，因此編管、羈管者沒有俸祿，其在管制地的生活主要靠自給。由於趙宋王朝標榜仁治，所以對生活無力自給者也給予一定生活必需物。「諸編管、羈管人貧乏不能自存者，地分人保明，申州審察，不限時月，依乞丐人法於常平倉給口食，男子非老疾者減半。」〔註374〕淳熙三年（1176）又規定：「自今編管羈管人無保識者，本州日支米二升、錢二十文贍養。如有疾病，即時差人醫治，無致死亡。」〔註375〕

編管、羈管六年以上者可以落戶管制地，但要繼續受到一定管制。按《慶元條法事類》，「諸緣坐編管、羈管人永不放還者，編管、羈管處及六年，給公憑，從戶口例附籍」；「願於他州附籍者，許牒送。」〔註376〕

編管、羈管人遇赦可依法獲釋。哲宗元祐三年（1088）詔：「應刺面、不刺面配本州牢城、編管、羈管，經明堂赦恩不該放人，通今年德音以前，年月已及格令，其緣坐編管、羈管人亦通及十年以上者，聽依赦敕。」〔註377〕編管、羈管人遇恩赦可以量移和敘復，但規定永不量移和永不敘用者除外。

〔註369〕《宋史》卷31，《高宗八》，第577頁。

〔註370〕《宋會要》刑法4之47，第6654頁。

〔註371〕《慶元條法事類》卷4，《上書奏事》，第39頁。

〔註372〕《容齋隨筆‧三筆》卷1，《朱崖遷客》，第436頁。

〔註373〕《朝野類要》卷5，《降免》，第100頁。

〔註374〕《慶元條法事類》卷75，《編配流役》，第784頁。

〔註375〕《宋會要》刑法4之54，第6648頁。

〔註376〕《慶元條法事類》卷75，《編配流役》，第784頁。

〔註377〕《長編》卷408，元祐三年二月戊子，第9934頁。

所謂量移，即由遠惡州軍移近裏州軍，如從廣南移到荊湖，由荊湖移到近京地區等，即「該恩原赦，則量移近裏州軍」；所謂敘復，即「被責之久，該恩敘復舊官。」〔註378〕編管、羈管犯官的量移、放令自便等要經過所在軍州出具證明，保明該人在編管、羈管期間不曾再違法犯罪，然後由刑部上奏皇帝特旨允許，地方軍州不得擅自量移或放人。官員若擅自提前釋放編管、羈管人或令其自便，則要遭受懲罰。如高宗紹興十四年（1144）七月，左朝奉大夫龔寬「坐前至潮州日，不依期限，徇私曲法，擅放編置人王文獻令自便」，被「降三官，永不得與堂除差遣。」〔註379〕孝宗乾道二年（1166），右朝請郎、權知台州黃然，左承直郎、處州推官、權州事高志特皆因所轄「編管人擅離本州」，分別被降兩官、降一資放罷〔註380〕。

編管既可以獨立適用，又可以與行政懲治方式，以及決杖等刑罰結合適用。如景祐四年（1037），洪州別駕王蒙正「除名，配廣南編管，永不錄用。」〔註381〕又如，紹興元年（1131）二月丁酉，宣教郎范燾坐誣訟孟忠厚，且言及太后，除名，潮州編管〔註382〕。

宋代命官被編管、羈管者主要有以下原因：

1、犯贓罪

如仁宗景祐四年（1037），真定府路總管夏守恩，「恃寵驕恣不法。其子元吉通賂遺，市物多不予直。定州通判李參發其贓，命侍御史趙及與大名府通判李鉞鞫問得實，法當死，帝命貸之，除名，連州編管。」〔註383〕又如，紹興二年（1132）閏四月，左朝奉郎孫覿坐前知臨安府贓污，貸死，除名，象州羈管〔註384〕。

2、觸怒皇帝

如元符二年（1099）九月末，哲宗立賢妃劉氏為皇后，甲子，「右正言鄒浩論劉氏不當立，特除名勒停，新州羈管。」〔註385〕

〔註378〕《朝野類要》卷5，《降免》，第100頁。
〔註379〕《繫年要錄》卷152紹興十四年七月甲戌，第4頁。
〔註380〕《宋會要》職官71之15，第398頁。
〔註381〕《長編》卷120，景祐四年二月壬子，第2820頁。
〔註382〕《宋史》卷26，《高宗三》，第486頁。
〔註383〕《宋史》卷290，《夏守恩傳》，第9715頁。
〔註384〕《宋史》卷27，《高宗四》，第497頁。
〔註385〕《宋史》卷18，《哲宗二》，第353頁。

3、得罪權臣

崇寧初，陳次升「以寶文閣待制知潁昌府，降集賢殿修撰，繼又落修撰，除名徙建昌，編管循州，皆以論（蔡）京、（蔡）卞故。」〔註386〕宣和四年（1122）九月戊午，「朝散郎宋昭上書諫北伐，王黼大惡之，詔除名、勒停，廣南編管。」〔註387〕紹興九年（1139）九月丙申，「以威州防禦使溫濟告韓世忠陰事勒停，南劍州編管。」〔註388〕

4、文字獄

如徽宗時，轉運判官陳舉希風承旨，上黃庭堅所作《荊南承天院記》，「指為幸災，復除名，羈管宜州。」〔註389〕紹興十九（1149）年六月丁巳，茶陵縣丞王庭珪作詩送胡銓，「坐謗訕停官，辰州編管。」〔註390〕紹興二十（1150）年十月戊辰，右迪功郎安誠坐文字謗訕，送惠州編管〔註391〕。

5、私相朋附

如紹熙二年（1191）十二月甲辰，和州防禦使、內侍省押班黃邁私相朋附，決杖、編管撫州〔註392〕。

6、謀亂

如嘉定二年（1209）十一月辛卯，沔州統制張林等謀作亂，「事覺，貸死，除名，廣南羈管。」〔註393〕

7、因言獲罪

如嘉定四年（1211）十二月辛巳，奉議郎張鎡「坐扇搖國本，除名，象州羈管。」〔註394〕

8、失職

如紹興六年（1136）十一月戊子，知衡州裴廩坐調夫築城凍死二千餘人，除名，編管嶺南高州〔註395〕。淳熙二年（1175）八月丙辰，江西總管賈和仲

〔註386〕《宋史》卷346，《陳次升傳》，第10971頁。
〔註387〕《宋史》卷22，《徽宗四》，第410頁。
〔註388〕《宋史》卷29，《高宗六》，第541頁。
〔註389〕《宋史》卷444，《黃庭堅傳》，第13110頁。
〔註390〕《宋史》卷30，《高宗七》，第570頁。
〔註391〕《宋史》卷30，《高宗七》，第572頁。
〔註392〕《宋史》卷36，《光宗》，第702頁。
〔註393〕《宋史》卷39，《寧宗三》，第754頁。
〔註394〕《宋史》卷39，《寧宗三》，第757頁。
〔註395〕《宋史》卷28，《高宗五》，第523頁。

「以捕茶寇失律，除名，賀州編管。」〔註396〕

9、違反軍法軍規

如淳熙六年（1179）六月辛亥，「廣西妖賊李接破鬱林州，守臣李端卿棄城遁，遂圍化州。……端卿除名勒停，梅州編管。」〔註397〕

10、宦官干政

如高宗建炎二年（1128）正月，內侍邵成章上疏斥責宰相黃潛善和知樞密院事汪伯彥「必誤國」，高宗大怒，指其「不守本職、輒言大臣」，遂除名勒停，送南雄州編管〔註398〕。

11、緣坐

如紹興二十二年（1152）冬十月庚辰，「以黃巖縣令楊煒誹謗，除名，萬安軍編管。」〔註399〕紹興二十四年（1154）二月丁亥，「前左從政郎楊炬坐其弟煒嘗上書誹謗，送邕州編管。」〔註400〕

12、違背上司命令

紹興三年（1133）六月甲申朔，統制巨師古坐違韓世忠節制，除名，廣州編管〔註401〕。

13、優待貶官

紹興十七（1147）年四月己未，「以前貶所潮州錄事參軍石恮待遇（趙）鼎厚，除名，潯州編管。」〔註402〕

14、交通

紹興二十二年（1152）三月甲辰，以監都作院王遠「通書趙鼎、王庶，力詆和議，言涉謗訕，」王遠除名，高州編管〔註403〕。紹興二十四（1154）年十一月，以通判武岡軍方疇通書胡銓及他罪，除名，永州編管〔註404〕。

〔註396〕《宋史》卷34，《孝宗二》，第659頁。
〔註397〕《宋史》卷35，《孝宗三》，第670頁。
〔註398〕《宋史》卷469，《邵成章傳》，第13667頁；《繫年要錄》卷12建炎二年正月辛丑，第14頁。
〔註399〕《宋史》卷30，《高宗七》，第575頁。
〔註400〕《宋史》卷31，《高宗八》，第579頁。
〔註401〕《宋史》卷27，《高宗四》，第505頁。
〔註402〕《宋史》卷30，《高宗七》，第566頁。
〔註403〕《宋史》卷30，《高宗七》，第574頁。
〔註404〕《宋史》卷31，《高宗八》，第580頁。

15、違禮

紹興二十四年（1154）十二月丁酉，知鄞縣程緯「爲其丞王肇所告，慢上無人臣禮，除名，貴州編管，籍其貲。」〔註405〕

16、其它原因

如宣和元年（1119）三月甲子，知登州宗澤「坐建神霄宮不虔，除名編管。」〔註406〕

（二）配隸

宋代配隸是獨立於五刑之外的刑罰方式，宋初即已施行。如開寶二年（969）十二月己亥，「右贊善大夫王昭坐監大盈倉，其子與倉吏爲奸贓，奪兩任，配隸汝州。」〔註407〕太平興國三年（978）五月戊申，太宗「申戒中外臣庶，自今子弟有素懷凶險、屢戒不悛者，尊長聞諸州縣，錮送闕下，配隸遠處，隱不以聞，坐及期功以上。」〔註408〕

宋代配隸之法分爲不刺面配和刺面配。按照宋代法律規定，杖以上犯罪情節嚴重者，有刺面、不刺面配本州牢城，並各分地裏近遠，有五百里、千里以上及廣南、福建、荊湖之別；京城又有配窰務、忠靖六軍等；亦有自南配河北屯田者；如免死者，配沙門島及瓊、崖、儋、萬州，又有遇赦不許還者〔註409〕。從懲罰輕重程度看，刺面配重於不刺面配。據《宋史·刑法志》載：「《政和編配格》又有情重、稍重、情輕、稍輕四等。若依仿舊格，稍加參訂，如入情重，則仿舊刺面，用不移不放之格；其次稍重，則止刺額角，用配及十年之格；其次稍輕，則與免黥刺，用不刺面、役滿放還之格；其次最輕，則降爲居役，別立年限縱免之格。」〔註410〕

刺配之法宋太祖時即已推行。據《長編》記載：太祖時，「命官犯罪當配隸者，多於外州編管，或隸牙校。其坐死特貸者，多決杖、黥面、配遠州牢城。」〔註411〕又據《文獻通考》：「黥爲墨，配即流，杖酒鞭，三者始萃於一夫之身，

〔註405〕《宋史》卷31，《高宗八》，第581頁。
〔註406〕《宋史》卷22，《徽宗四》，第404頁。
〔註407〕《宋史》卷2，《太祖二》，第30頁。
〔註408〕《宋史》卷4，《太宗一》，第59頁。
〔註409〕《宋會要》刑法4之1，第6622頁；《文獻通考》卷168刑考7，第1459～1460頁。
〔註410〕《宋史》卷201，《刑法志三》，第5020頁。
〔註411〕《長編》卷8，乾德五年二月癸酉，第189頁。

蓋其制將以宥死罪，合三爲一，猶爲生刑，端未爲過。」〔註412〕可見，刺配是「決杖、刺面、流配」三刑合用的刑罰，即一人之身，一事之犯，同受三種刑罰；同時，作爲死刑的代用刑，刺配之刑又體現了趙宋統治者的寬仁之治。

太祖時，刺配法主要適用於官吏犯罪至死而特貸者，此後適用範圍不斷擴展，成爲適用廣泛的刑罰。太宗淳化元年（990）十一月詔：「竊盜、強盜至徒以上，並劫賊罪在赦前而少壯者，並黥面配本城。」〔註413〕眞宗景德二年（1005）八月詔：「亡命軍士罪至死者，杖脊、黥面、流沙門島。」〔註414〕神宗熙寧四年（1071）《賊盜重法》規定：「凡劫盜罪當死者，籍其家貲以賞告人，妻子編置千里，遇赦若災傷減等者，配遠惡地；罪當徒流者，配嶺表；流罪會降者，配三千里。」〔註415〕此外，「有罪不至配而用情重決配者，亦有泛言決配而因以決配者。」〔註416〕「銅械繫纍，扶老攜幼，道路相望，不得至配所而死溝壑者，蓋不可勝計。」〔註417〕

太祖時，刺配限於寬貸死罪，法律條文尚少。自太宗時起，刺配之敕日益增多，科禁日趨繁密，門目寖廣。據《文獻通考》，淳熙十四年（1187）八月臣僚言：「刺配之法，始於晉天福間。國初加杖，用貸死罪。其後科禁浸密，刺配日增。考之《祥符編敕》，止四十六條。至於慶曆，已一百七十餘條。今淳熙配法，凡五百七十條。配法既多，犯者自眾，黥隸之人，所至充斥。」〔註418〕

刺配者，先杖脊，再刺面，然後配役。「杖脊」在前文中已有論述，故不再贅述。刺面，又稱黥面，即在犯人臉面或耳後等部位刺字或其它符號。宋代黥刺標準前後有所變化。北宋前期刺面沒有固定標準，刺字大小沒有具體規定，犯人刺面者「皆刺滿面大字，毀形頗甚。」〔註419〕仁宗時規定：「兇惡巨蠹，只一面刺稍大字樣。」〔註420〕哲宗時，明確規定了刺字的部位、形狀、大小，「犯盜，刺環於耳後，徒流以方，杖以圓；三犯杖，移於面，徑不得過

〔註412〕《文獻通考》卷 168 刑考 7，第 1461 頁。
〔註413〕《宋會要》刑法 4 之 2，第 6622 頁。
〔註414〕《長編》卷 61，景德二年八月丙申，第 1359 頁。
〔註415〕《宋史》卷 199，《刑法志一》，第 4978 頁。
〔註416〕《文獻通考》卷 168 刑考 7，第 1461 頁。
〔註417〕張方平：《張方平集・樂全集》卷 24，《請減刺配刑名》，第 368 頁，中州古籍出版社，1992 年版。
〔註418〕《文獻通考》卷 168 刑考 7。
〔註419〕《長編》卷 75，大中祥符四年二月壬戌，第 1712 頁。
〔註420〕《宋會要》刑法 4 之 11，第 6627 頁。

五分。」〔註421〕孝宗淳熙八年（1181）五月詔：「自今強盜抵死特貸命之人，並爲額上刺強盜二字，餘字分刺兩臉。若額上曾經刺字者，即元係貸命之人，不須更行追會。」〔註422〕寧宗時又規定：「諸軍移配而名額不同或降配者，所刺字不得過二分；逃亡及配本城，四分；牢城，五分；遠惡及沙門島，七分。即舊字不明及出除遮改者，官司驗認添刺；不可添者，別刺。」〔註423〕宋人認爲：「國朝之制，減死一等及胥吏兵卒配徒者，涅其面而刺之，本以示辱。」〔註424〕犯人「一經刺環，瘢痕永無可去之理，所犯出於一時，不得已而被罪，至於終身不雪。」〔註425〕由此足見刺配刑嚴重的懲罰性。

　　宋代配隸之地通常以犯罪情節輕重來確定遠近〔註426〕。北宋立國之初，沿用五代之制，罪人多配隸西北沿邊地區服軍役，死罪特貸者則配隸登州沙門島和通州海島。太宗時，隨著南方被平定，配隸者皆流南方。「太宗以國初諸方割據，沿五代之制，罪人率配隸西北邊，多亡投塞外，誘羌爲寇，乃詔：『當徒者，勿復隸秦州、靈武、通遠軍及緣邊諸郡。』時江、廣已平，乃皆流南方。」〔註427〕北宋前期按罪情輕重確定配地分爲遠近十等：沙門島、遠惡地、廣南、三千里、二千里、一千里、五百里、鄰州、本州、本城。北宋哲宗元符元年（1098），又將配隸等級分爲九等：配本州、鄰州、五百里、千里、二千里、三千里、廣南軍州、遠惡軍州、沙門島。〔註428〕南宋時，「其所配之地，自高宗以來，或配廣南海外四州，或配淮、漢、四川，迄度宗之世無定法。」〔註429〕

　　在宋代配地中，一個重要地方就是牢城。宋人張方平言：「太祖皇帝制折杖法，免天下徒，初置壯城、牢城，備諸役使，謂之廂軍。」〔註430〕牢城用來「待有罪配隸之人」〔註431〕。另外還有配本城，處罰程度比配牢城輕些。「蓋

〔註421〕《長編》卷362，元豐八年十二月癸酉，第8667頁；《文獻通考》卷168刑考7，第1460頁；《宋史》卷201，《刑法志三》，第5018頁。
〔註422〕《宋會要》刑法4之56，第6649頁。
〔註423〕《慶元條法事類》卷75，《編配流役》，第780頁。
〔註424〕《容齋隨筆‧續筆》卷5，《唐虞象刑》，第278頁。
〔註425〕胡太初：《晝簾緒論》，《用刑篇第十二》，第19頁，《叢書集成初編》本。
〔註426〕《宋會要》刑法4之37，第6640頁。
〔註427〕《宋史》卷201，《刑法志三》，第5016頁。
〔註428〕《長編》卷499，元符元年六月丙戌，第11875頁。
〔註429〕《宋史》卷201，《刑法志三》，第5021頁。
〔註430〕《張方平集‧樂全集》卷24，《論國計事》，第353頁。
〔註431〕《長編》卷228，熙寧四年十二月丙寅，第5555頁；《宋史》卷189，《兵三》，第4644頁。

以本城、牢城分爲輕重」〔註432〕，一般是身體弱小、罪情較輕者配本城，罪情重者配牢城。大中祥符八年（1016）八月規定：「諸州軍準詔刺配本城者，止配本城有軍額指揮，不得例配牢城。」〔註433〕天禧元年（1017）規定：「諸路民爲盜而質狀小弱當配本城者，自今悉配牢城。」〔註434〕除了配牢城、本城外，宋代還有配衙前、配海島。衙前，本爲牙前。「近代通謂府庭爲公衙。公衙即古之公朝也。字本作『牙』，……近俗尚武，是以通呼『公府』爲『公牙』，『府門』爲『牙門』，字稱訛變，轉而爲衙。」〔註435〕配衙前，就是泛指犯人配隸在衙前服苦役。配海島的都是重罪犯人，多是死罪特貸者，主要是配登州沙門島、通州海門島。「國初以來，犯死罪獲貸者，多配隸登州沙門島、通州海門島，皆有屯兵使者領護。而通州島中凡兩處，豪強難制者隸崇明鎮，懦弱者隸東北州，兩處悉官煮鹽。」〔註436〕配沙門島者，「晝監夜禁，與死爲臨。」〔註437〕

宋代命官被處以配隸的原因很多，主要有以下情形：

1、犯贓罪

如開寶七年（974）十二月己巳，「左拾遺劉祺坐受賂，黥面、杖配沙門島。」〔註438〕又如，紹興五年（1135）四月丙午，貴池縣丞黃大本坐枉法贓，杖脊刺配南雄州。〔註439〕再如，乾道二年（1166）九月甲辰，知上元縣李允升犯贓罪，貸死，杖脊刺面，配惠州牢城，籍其貲。〔註440〕

2、濫用權力

如建隆二年（961），「軍校尹勳董浚五丈河，陳留丁壯夜潰，勳擅斬隊長陳玤等十人，丁夫七十人皆杖一百，劓其左耳。……詔削奪勳官爵，配隸許州。」〔註441〕又如元豐六年（1083）十月，前權寧遠寨主、東頭供奉

〔註432〕《長編》卷85，大中祥符八年八月甲申，第1944頁。
〔註433〕《長編》卷85，大中祥符八年八月甲申，第1944頁。
〔註434〕《長編》卷90，天禧元年八月，第2075頁。
〔註435〕王讜：《唐語林校證》卷8，第687頁，周勳初校證，中華書局，1987年版。
〔註436〕《長編》卷21，太平興國五年十二月，第485頁；《宋史》卷201，《刑法志三》，第5016頁。
〔註437〕《宋會要》刑法4之36，第6639頁。
〔註438〕《宋史》卷3，《太祖三》，第43頁。
〔註439〕《宋史》卷28，《高宗五》，第519頁。
〔註440〕《宋史》卷33，《孝宗一》，第635頁。
〔註441〕《宋史》卷262，《李濤傳》，第9062頁。

官翟士良因挾恨加杖決弓箭手李懷恭致死，免眞決，刺面、除名、配沙門島〔註442〕。

3、違反軍法軍規

如大中祥符七年（1015）八月丁巳，楊光習「坐擅領兵出寨，又誣軍中謀殺司馬張從吉，配隸鄧州。」〔註443〕又如，乾道元年（1165）正月丙子，「淮西守將孔福以遇敵棄城，伏誅；頓遇奪官，刺面配吉陽軍牢城。」〔註444〕

4、交通

如乾道三年（1167）八月丁酉，內侍陳瑜坐交結戚方受賂，除名，決杖，黥面配循州〔註445〕。

5、違法經商

如太宗時，京東轉運使和峴「好殖財，復輕侮人，嘗以官船載私貨販易規利，初爲判官鄭同度論奏，既而彰信軍節度劉遇亦上言，按得實，坐削籍，配隸汝州。」〔註446〕

6、違禮

如至道元年（995）上元節，西京作坊副使、度支都監趙贊與西閤門副使、鹽鐵都監鄭昌嗣，「邀其黨數人，攜妓樂登宮中玉皇閣，飲宴至夜分。掌舍宦者不能止，以其事聞。太宗大怒，並摭諸事，下詔奪贊官，許攜家配隸房州禁錮，即日驛遣之。」〔註447〕

7、謀反、謀叛

如開禧三年（1207）二月，叛臣吳曦被誅，五月戊寅，吳曦黨人張伸之等一十六人除名，編配兩廣及湖南諸州〔註448〕。

8、其它原因

如太宗時，北征李繼遷，兵馬都監王侁「以語激楊業，業因力戰陷於陣，

〔註442〕《長編》卷340，元豐六年十月庚寅，第8187頁。
〔註443〕《宋史》卷8，《眞宗三》，第156頁。
〔註444〕《宋史》卷33，《孝宗一》，第630頁。
〔註445〕《宋史》卷34，《孝宗二》，第641頁。
〔註446〕《宋史》卷439，《和峴傳》，第13014頁。
〔註447〕《宋史》卷470，《趙贊傳》，第13680頁。
〔註448〕《宋史》卷38，《寧宗二》，第745頁。

侁坐除名，配隸金州。」〔註449〕又如，紹熙二年（1191）十二月甲辰，慶遠軍承宣使、內侍省都知楊皓因懷奸凶恣，刺面杖脊，配吉州〔註450〕。

四、安置

安置，在宋代是將違法犯罪命官送到指定地方居住並限制人身自由的一種懲罰方式。宋人張端義認為：「安置待宰執、侍從；居住待庶官。」〔註451〕又據《宋史》記載，南宋末，「臺諫徐直方等四人論（賈）似道誤國之罪，乞安置嶺表，簿錄其家。丞相留夢炎庇護似道，止令散官居住，且謂簿錄擾及無辜。（高）斯得謂『散官則安置，追降官分司則居住，祖宗制也』。」〔註452〕由此可見，宋代安置法主要適用於違法犯罪的宰執、侍從官以及其他高級官員，一般是降授司馬、參軍、別駕、團練副使等不釐務散官，並居於指定地方。

安置與編管相比，同為限制犯官人身自由的處罰方式，犯官大多被送往遠惡州軍。二者也有明顯區別，從總體上看，安置輕於編管，「安置之責若又重，則羈管編管。」〔註453〕編管者一般除名，而安置者大多不除名。被安置官員比編管者的自由度更大一些，雖然也受到官府監視，「所在州常切檢察，無令出城及致走失，仍每季具姓名申尚書省」〔註454〕，但無須定期「呈身」，而編管者則需要每月或每旬向所在地方官府「呈身」。安置人多被責授不釐務散官，如團練副使、別駕、司馬等，還有被降授節度副使者，所以尚有一定的俸給、封賜等待遇，其待遇比編管者明顯要好一些。按宋人陸游所記：「故事：謫散官雖別駕、司馬，皆封賜如故。……東坡先生在儋耳，亦云：『鶴髮驚全白，犀圍尚半紅』是也。至司戶參軍，則奪封賜。故世傳寇萊公謫雷州，借錄事參軍綠袍拜命，袍短才至膝。又予少時，見王性之曾夫人言，曾丞相謫廉州司戶，亦借其侄綠袍拜命。」〔註455〕又據《萍洲可談》：「元祐臣僚責授副使者，兩制已上仍衣紫，從官已下元衣綠者仍衣綠，唯責授長史、別駕已下者，不以舊官高卑並衣綠。故宰相貶嶺南司戶參軍，衣綠。」〔註456〕古

〔註449〕《宋史》卷274，《王侁傳》，第9364頁。
〔註450〕《宋史》卷36，《光宗》，第702頁。
〔註451〕《貴耳集》卷上，第36頁。
〔註452〕《宋史》卷409，《高斯得傳》，第12327頁。
〔註453〕《朝野類要》卷5，《安置》，第100頁。
〔註454〕《慶元條法事類》卷75，《編配流役》，第782頁。
〔註455〕《老學庵筆記》卷8，第103頁。
〔註456〕朱彧：《萍洲可談》卷1，《左遷官不追勳賜》，第6頁，上海古籍出版社，1989年版。

代不同級別的官員服裝顏色不同，以顯示其地位高低。在宋代，元豐改制前，三品以上服紫色公服，五品以上服朱，七品以上服綠，九品以上服青〔註457〕。元豐改制以後，四品以上衣紫，六品以上衣緋，九品以上衣綠。官品不及而任知州、監司等重要差遣者，許「借紫」；或因特旨改換者稱為「賜紫」、「賜緋」〔註458〕。雖然安置者總體情況比編管者要好，但在專制社會，沒有法治，被安置者往往遭到當地官吏的非人道待遇，其應享有的權利有時得不到保障。如李光被安置昌化軍時，武大夫李望守昌化，「望本張俊太傅軍中壕寨官，尪暴無禮，觀望上司，百端淩辱，郡中官僚、士人不許往還，行戶不許供應飲食，囚之空廨，死在旦暮。」〔註459〕

與安置、編管相關，宋代史籍中還有「編置」這一名稱。根據《宋史》等有關史籍的記載，宋代「編置」不是一種獨立的刑罰方式，而應是與編管、安置通用，或是二者的混合之稱。例證如下：

第一是與編管通用，這在在宋代史籍中相對多見，以下案例足以證此。1、沈長卿、芮燁案。據《宋史‧秦檜傳》記載，紹興二十五年（1125）二月，沈長卿因舊「與李光啓譏和議，又與芮燁共賦《牡丹詩》，有『寧令漢社稷，變作莽乾坤』之句，為鄰人所告」，遂編置化州〔註460〕。而《宋史‧高宗八》則記為：「以通判常州沈長卿、仁和縣尉芮燁作詩譏訕，除名，長卿化州、燁武岡軍編管。」〔註461〕同時，《繫年要錄》亦記載：因譏和議，沈長卿追兩官、勒停、除名，送化州編管；芮燁勒停、除名，武岡軍編管〔註462〕。2、沈起案。據《宋史‧刑法志二》：熙寧九年（1076），「知桂州沈起欲經略交趾，取其慈恩州，交人遂破欽，犯邕管。邊人橫遭屠戮，職其致寇，罪悉在起，特削官爵，編置遠惡州。」〔註463〕而《長編》記載：熙寧九年（1076），「沈起昨在廣西，妄傳密受朝廷意旨，經略討交州……使一道生靈橫遭屠戮，職其致寇，罪悉在起，……沈起可貸死，削奪在身官爵，送遠惡州軍編管。」〔註464〕3、

〔註457〕《宋史》卷153，《輿服5‧諸臣服下》，第3561頁。

〔註458〕《宋史》卷153，《輿服五‧諸臣服下》，第3563頁。

〔註459〕李光：《莊簡集》卷15，《與海南時官書》，第6～7頁，景印文淵閣《四庫全書》本。

〔註460〕《宋史》卷473，《秦檜傳》，第13763頁。

〔註461〕《宋史》卷31，《高宗八》，第581頁。

〔註462〕《繫年要錄》卷168紹興二十五年二月壬寅，第4頁。

〔註463〕《宋史》卷200，《刑法志二》，第4990頁。

〔註464〕《長編》卷272，熙寧九年正月，第6657～6658頁。

洪興祖、魏安行案。《宋史・高宗八》記載：「以故龍圖閣學士程瑀有《論語講解》，秦檜疑其譏己，知饒州洪興祖嘗爲序，京西轉運副使魏安行鏤版，至是命毀之。興祖昭州、安行欽州編管。」〔註465〕而《宋史・秦檜傳》則記爲：「魏安行、洪興祖以廣傳程瑀《論語解》，安行編置欽州，興祖編置昭州。」〔註466〕4、太學生楊宏中等六人案。據《宋史・韓侂胄傳》：寧宗慶元元年（1195），「朱熹、彭龜年、黃度、李祥、楊簡、呂祖儉等以攻（韓）侂胄得罪，太學生楊宏中、張衢、徐範、蔣傅、林仲麟、周端朝等又以上書論侂胄編置。」〔註467〕而《宋史・寧宗一》則載：慶元元年（1195）四月庚申，「太學生楊宏中等六人以上書留趙汝愚、章穎、李祥、楊簡，請黜李沐，詔宏中等各送五百里外編管。」〔註468〕

第二是與安置通用，這在宋代史籍相對少見。如趙鼎案，據《宋史・高宗》記載，趙鼎「安置潮州」，後「移吉陽軍安置」〔註469〕；而《宋史・趙鼎傳》中既稱趙鼎「安置潮州」，又稱「中丞詹大方誣其受賄，屬潮守放編置人移吉陽軍，鼎謝表曰：『白首何歸，悵餘生之無幾，丹心未泯，誓九死以不移。』」〔註470〕

第三是編管和安置的混合之稱。據《宋史・張運傳》，高宗時，刑部侍郎張運上言：「諸編置不以赦原、不以蔭論之類，失於太重。」〔註471〕又據《慶元條法事類》規定：「諸內侍官輒與外朝官非親往還，或出謁接見賓客者，並流二千里，量輕重取旨編置。」「諸內侍官，乞提領外朝官職事，干預朝政者，流二千里，量輕重取旨編置」〔註472〕這三處「編置」應是編管與安置的混合之稱。

安置，多與行政懲治方式結合適用，從處罰程度輕重看，主要有除名安置、追官勒停安置、貶降安置。

除名安置，即削除一切官籍，安置指定地方。這是安置中情節最嚴重、處罰最重的一種，也是相對少見的一種。如太宗雍熙二年（985）「廢楚王元佐爲庶人，均州安置。」〔註473〕哲宗紹聖二年（1095），「梁惟簡除名，全州

〔註465〕《宋史》卷31，《高宗八》，第581頁。
〔註466〕《宋史》卷473，《秦檜傳》，第13763頁。
〔註467〕《宋史》卷474，《韓侂胄傳》，第13772～13773頁。
〔註468〕《宋史》卷37，《寧宗一》，第719頁。
〔註469〕《宋史》卷29，《高宗六》，第546頁；《宋史》卷30，《高宗七》，第561頁。
〔註470〕《宋史》卷360，《趙鼎傳》，第11294頁。
〔註471〕《宋史》卷404，《張運傳》，第12221頁。
〔註472〕《慶元條法事類》卷4，《禁謁》，第33頁；卷4，《臣僚陳請》，第41頁。
〔註473〕《宋史》卷5，《太宗二》，第76頁。

安置。」〔註474〕

追官勒停安置，即追降一定官資，勒停現任差遣，並安置指定地方。如徽宗崇寧元年（1102）九月九日，知荊南府馬誠因「徭賊入寇不即聞」，「追三官勒停，海州安置。」〔註475〕

貶降安置，這是安置者中最多的一種類型，一般是責授散官，也有責授司戶參軍，並安置於指定地方。貶降安置主要以下幾種情形：

一是貶為節度副使安置。如英宗時，內侍都知任守忠坐不法，貶保信軍節度副使，蘄州安置〔註476〕。

二是貶為團練副使安置。如神宗時，「種諤坐陷撫寧堡，責授汝州團練副使，潭州安置。」〔註477〕

三是貶為州別駕安置。如哲宗紹聖四年（1097年），蘇轍自前門下侍郎責授化州別駕，雷州安置；梁燾自前資政殿學士責授雷州別駕，化州安置〔註478〕。

四是責授行軍司馬安置。如元符中，直秘閣賈易謫保靜軍行軍司馬，邵州安置〔註479〕。

五是責授司戶參軍安置。如建中靖國元年（1101）二月丁巳，貶章惇為雷州司戶參軍，員外安置〔註480〕。

此外，還有降爵安置。如太平興國七年（982）五月丙辰，「秦王（趙）廷美降封涪陵縣公，房州安置。」〔註481〕

從懲治原因看，被處以安置者，主要有以下情形：

1、違反軍法軍規

靖康元年（1126）六月壬戌，制置使姚古「坐擁兵逗遛，貶為節度副使，安置廣州。」〔註482〕高宗初年，金人圍京師，西道總管王襄征兵入援，故意迂道宿留，降寧遠軍節度副使，永州安置〔註483〕。

〔註474〕《宋史》卷18，《哲宗二》，第343頁。
〔註475〕《宋會要》職官67之41，第3908頁。
〔註476〕《宋史》卷13，《英宗》，第256頁。
〔註477〕《宋史》卷15，《神宗二》，第279頁。
〔註478〕《宋史》卷212，《宰輔三》，第5509頁。
〔註479〕《宋史》卷355，《賈易傳》，第11175頁。
〔註480〕《宋史》卷19《徽宗紀一》，第361頁。
〔註481〕《宋史》卷4，《太宗一》，第68頁。
〔註482〕《宋史》卷23，《欽宗》，第429頁。
〔註483〕《宋史》卷352，《王襄傳》，第11127頁。

2、殘暴恣橫

紹興二十七（1157）年三月壬辰，「以符行中前在蜀恣橫，南雄州安置。」〔註484〕

3、腐敗

如仁宗時，左千牛衛將軍、知隨州曹利用坐私貸景靈宮錢，貶崇信軍節度副使，房州安置〔註485〕。孝宗時，江西總管邵宏淵責授靖州團練副使，南安軍安置，仍徵其盜用庫錢〔註486〕。

4、得罪權臣

慶元元年（1195）四月丁巳，「太府寺丞呂祖儉坐上疏留趙汝愚及論不當黜朱熹、彭龜年等，忤韓侂冑，送韶州安置。」〔註487〕

5、宦官干政

如太宗末，內侍王繼恩陰與參知政事李昌齡、殿前都指揮使李繼勳、知制誥胡旦謀立故楚王元佐，眞宗既立，貶王繼恩右監門衛將軍，均州安置〔註488〕。

6、黨爭

如紹聖中，韓維坐元祐黨，謫崇信軍節度副使，均州安置。〔註489〕徽宗時，以寶文閣直學士、知成都王古墮崇寧黨籍，責衡州別駕，安置溫州〔註490〕。

7、文字獄

如紹聖初，御史論蘇軾掌內外制日，所作詞命，以爲譏斥先朝，遂以本官知英州，尋降一官，未至，貶寧遠軍節度副使，惠州安置〔註491〕。

8、譏訕皇帝

南宋孝宗時，葉衡爲相，因「對客有訕上語，……上大怒。即日罷相，責授安德軍節度副使，郴州安置。」〔註492〕

〔註484〕《宋史》卷31，《高宗八》，第587頁。
〔註485〕《宋史》卷290，《曹利用傳》，第9708頁。
〔註486〕《宋史》卷33，《孝宗一》，第626頁。
〔註487〕《宋史》卷37，《寧宗一》，第719頁。
〔註488〕《宋史》卷281，《呂端傳》，第9516頁。
〔註489〕《宋史》卷315，《韓維傳》，第10309頁。
〔註490〕《宋史》卷320，《王靖傳》，第10406頁。
〔註491〕《宋史》卷338，《蘇軾傳》，第10816頁。
〔註492〕《宋史》卷384，《葉衡傳》，第11824頁。

9、被誣陷

如紹聖四年（1097），陷邢恕之謗，劉摯貶鼎州團練副使，新州安置〔註493〕。

10、交結貶官

如哲宗時，知袁州朱服坐與蘇軾遊，貶海州團練副使，蘄州安置〔註494〕。

11、交結僧道

張商英「因僧德洪、客彭幾與語言往來，事覺，鞫於開封府，御史中丞張克公疏擊之，以觀文殿大學士知河南府，旋貶崇信軍節度副使，衡州安置。」〔註495〕

12、欺君罔上

如徽宗時，李譓偽為蟾芝以獻，徽宗疑曰：「蟾，動物也，安得生芝？」「命漬盆水，一夕而解。坐罔上，貶散官安置。」〔註496〕

13、違禮

如高宗時，徽猷閣直學士胡寅「不持本生母服不孝」，為右正言章復所劾，責授果州團練副使、新州安置〔註497〕。

14、連坐

如唐庚為宗子博士，「張商英薦其才，除提舉京畿常平。商英罷相，庚亦坐貶，安置惠州。」〔註498〕又如，崇寧五年（1106），呂惠卿為觀文殿學士、知杭州，「坐其子淵聞妖人張懷素言不告，淵配沙門島，惠卿責祁州團練副使，安置宣州，再移廬州。」〔註499〕再如，蔡京當政時，曾布以「嘗薦學官趙諗而諗叛，責散官，衡州安置。」〔註500〕

15、擅離職守

如太宗雍熙四年（987）十月，右驍衛上將軍劉廷讓因在任雄州兵馬總管時擅離治所，被削去在身官爵，並送商州安置〔註501〕。

〔註493〕《宋史》卷340，《劉摯傳》，第10857頁。
〔註494〕《宋史》卷347，《朱服傳》，第11004頁。
〔註495〕《宋史》卷351，《張商英傳》，第11097頁。
〔註496〕《宋史》卷355，《李譓傳》，第11192頁。
〔註497〕《宋史》卷435，《胡寅傳》，第12922頁。
〔註498〕《宋史》卷443，《唐庚傳》，第13100頁。
〔註499〕《宋史》卷471，《呂惠卿傳》，第13709頁。
〔註500〕《宋史》卷471，《曾布傳》，第13716～13717頁。
〔註501〕《宋會要》職官64之6，第3823頁。

16、其它原因

如神宗時，直史館劉彝知桂州，「禁與交人互市，交趾陷欽、廉、邕三州，坐貶均州團練副使，安置隨州。」〔註502〕又如，徽宗時，蹇序辰知蘇州，「坐縱部民盜鑄錢，謫單州團練副使、江州安置。」〔註503〕

五、居住

居住，是宋代懲治犯官最輕的一種刑罰手段，主要適用於處罰百官臣僚。宋人張端義說：「安置待宰執、侍從；居住待庶官。」〔註504〕居住官員，一般是責授散官、分司官和提舉宮觀官，沒有實際職權，不得過問政事。居住與安置相比，雖然同為限制人身自由的懲罰方式，但居住的懲罰程度更輕一些，宋人稱：「被責者凡云送甚州居住，則輕於安置也。」〔註505〕

居住多與行政懲治方式結合適用，按照處罰程度的輕重不同，主要分為除名居住、追官勒停居住、追官落職居住、落職居住、責授散官居住、責授分司居住和提舉宮觀居住等。

除名居住，即削除一切官籍，並限制在某一地居住。這是宋代居住法中最重的一種處罰，也是最少見的。如理宗嘉熙四年（1240）三月辛未，四川安撫制置副使彭大雅削三秩；十二月丁丑，侍御史金淵言其「貪黷殘忍，蜀人銜怨，罪重罰輕，」遂被除名，贛州居住〔註506〕。

追官勒停居住，即追奪一定官資，勒停現任差遣，限制在某地居住，非遇恩赦不得敘復。這種處罰，既降官階，又罷差遣。如孝宗淳熙元年（1174）九月，張薦因受賄而被追三官勒停，郴州居住〔註507〕。寧宗嘉定元年（1208），朝奉大夫、提舉隆興府玉隆萬壽宮李澄因奸濫贓污而被追三官勒停，送南康軍居住〔註508〕。

追官居住，即追降一定官資，並限居於指定地方。如寧宗開禧二年（1206）三月丙午，以錢象祖懷奸避事，奪二官，信州居住〔註509〕。開禧

〔註502〕《宋史》卷334，《劉彝傳》，第10729頁。
〔註503〕《宋史》卷329，《蹇序辰傳》，第10606頁。
〔註504〕《貴耳集》卷上，第36頁。
〔註505〕《朝野類要》卷5，《降免·居住》，第100頁。
〔註506〕《宋史》卷42，《理宗二》，第819頁、第823頁。
〔註507〕《宋史全文》卷十六上，《宋高宗五》，第1777頁；《中興兩朝聖政》卷53，淳熙元年九月丁未，載《續修四庫全書》第348冊，第625頁。
〔註508〕《宋會要》職官74之28，第4064頁。
〔註509〕《宋史》卷38，《寧宗二》，第740頁。

三年（1207），前知樞密院事張巖因「尸素聽從，遂開邊隙」，被降兩官，並送徽州居住〔註510〕。

落職居住，即罷去職名居住。如紹興十七年（1147）三月，李若谷落資政殿學士，江州居住〔註511〕。紹興二十二（1152）年三月甲辰，直龍圖閣葉三省因通書趙鼎、王庶，力詆和議，言涉謗訕，遂落職，筠州居住〔註512〕。

責授分司居住，是居住法中處罰較輕的一種方式。宋人高斯得謂「追降官分司則居住，祖宗制也。」〔註513〕宋代分司官大體皆閒職。北宋時期，北京大名府、南京應天府、西京河南府均設有御史臺、國子監的分司機構，主要是安排卿監司年齡較大、難任職事的官員。〔註514〕北宋前期，分司官員較少，且居住在分司之地。神宗熙寧變法期間，用以處置反對變法的知州以上官員。熙寧二年（1069）十二月二十五日詔：「三京留司御史臺添權判或管勾官一員，……增員以待卿監監司之老者。國子監亦增之，及宮觀仍不限員，以待知州之老者。」〔註515〕南宋時期，由於北京、西京、南京為金朝佔領，雖仍以其名貶降官員，但被貶者不能住在分司之地，情節重者居住指定州軍，情節輕者則可任便居住，但不得干預地方政務。如哲宗紹聖二年（1095）二月乙亥，呂大防「以監修史事貶秩，分司南京，安州居住。」〔註516〕紹聖四年（1097），劉奉世自前端明殿學士落職，分司南京，郴州居住〔註517〕。高宗紹興年間，秦檜主和議，以寶文閣學士、陝西都轉運使仇悆為異己，仇悆遂落職，以左朝奉郎、少府少監分司西京，全州居住〔註518〕。

追官落職居住。寶慶元年（1225）十一月甲申，魏了翁因「封章謗訕」，落職，奪三秩，靖州居住〔註519〕。

責授散官居住。如建炎初，李綱以鄭望之張皇敵勢，沮損國威，以致禍

〔註510〕《宋會要》職官73之39，第4036頁。
〔註511〕《宋史》卷30，《高宗七》，第566頁。
〔註512〕《宋史》卷30，《高宗七》，第574頁。
〔註513〕《宋史》卷409，《高斯得傳》，第12327頁。
〔註514〕《宋會要》職官46之1-2，第3414頁。
〔註515〕《宋會要》職官17之39，第2753頁。
〔註516〕《宋史》卷18，《哲宗二》，第342頁。
〔註517〕《宋史》卷212，《宰輔三》，第5510頁。
〔註518〕《宋史》卷399，《仇悆傳》，第12128頁。
〔註519〕《宋史》卷41，《理宗一》，第787頁。

敗，責海州團練副使，連州居住〔註520〕。

　　責授宮觀官居住，是居住法中最輕的一種處罰方式。宋代設置宮觀官（即祠祿官），起初是優待士大夫的一種方式。眞宗大中祥符五年（1012），修成玉清昭應宮，由現任宰相王旦任玉清昭應宮使；王旦罷相後，「以太尉領玉清昭應宮使，此前宰相領宮觀之所從始也。」〔註521〕仁宗康定元年（1038），「李若谷罷參知政事留京師，以資政殿大學士爲提舉會靈觀事。宮觀置提舉，自此始。自是，學士、待制、知制誥，皆得爲提舉，因以爲優閒不任事之職。」〔註522〕宋神宗熙寧變法期間，對疲老不任者及對新法有異議者，多授以京師以外的宮觀官，使其食朝廷之俸祿而不干預朝政，從而減少推行新法的阻力。「王安石創宮觀，以處新法之異議者，非泛施之士大夫也。其後，朝臣以罪出者，多差宮觀。其初出令也，則曰『優老』」〔註523〕；「時以諸臣歷監司、知州，有衰老不任職者，令與閒局；王安石亦欲以處異議者」，「使食其俸給，而不害事也。」〔註524〕在宋代的政治鬥爭中，失利的一方，重者往往被處死或杖配、流放遠惡州軍，而輕者或授予宮觀官。如建炎元年（1127）八月丁丑，「李綱罷左相，以觀文殿大學士提舉杭州洞霄宮。」〔註525〕宮觀官與其他現職官員一樣享受俸祿，但沒有實際職掌，不能干預政務。所以，在宋代，在職官員責授宮觀官，既是一種懲罰，又是對受罰命官的一種體貌。如蔡京當政時，爲打擊曾布，「加布以贓賄，令開封呂嘉問逮捕其諸子，鍛鍊訊鞫，誘左證使自誣而貸其罪。」曾布遂落職，提舉太清宮，太平州居住〔註526〕。

　　從懲治原因看，命官被處以居住者主要有一下情形：

1、得罪權臣

　　如寧宗開禧三年（1207）九月壬午，方信孺因忤韓侂冑，坐用私覿物擅作大臣饋遺金將，奪三官，臨江軍居住〔註527〕。

〔註520〕《宋史》卷373，《鄭望之傳》，第11555頁。
〔註521〕《朝野雜記》乙集卷13，《宮觀使》，第729頁。
〔註522〕葉夢得：《石林燕語》卷7，中華書局，1984年版，第95頁。
〔註523〕《燕翼詒謀錄》卷4，《宮觀優老》，第36頁。
〔註524〕《長編》卷211，熙寧三年五月，第5128頁、第5129頁。
〔註525〕《宋史》卷213，《宰輔四》，第5543頁。
〔註526〕《宋史》卷471，《曾布傳》，第13716頁。
〔註527〕《宋史》卷38，《寧宗二》，第745頁。

2、違反軍法

如嘉定十年（1217）六月癸酉，「知西和州尚震午坐金兵至謀遁，奪三官，岳州居住。」〔註528〕

3、稽緩

如紹興元年（1131），侍御史沈與求論九江之陷，緣於「（朱）勝非赴鎮太緩」，朱勝非遂被降授中大夫，分司南京，江州居住〔註529〕。

4、失職

建炎三年（1129）七月甲申，朱勝非、顏岐、路允迪因在苗、劉之變時「不能身衛社稷」，並落職，分別於張州、澄州、衡州居住〔註530〕。咸淳七年（1271）六月丙辰，前穀城縣尉饒立因在發生災害時「積米二百萬，靳不發廩」，削兩秩，武岡軍居住〔註531〕。

5、政治鬥爭失利

紹興十二（1142）年十月庚辰，「以何鑄黨援岳飛，不主和議，責授秘書少監，徽州居住。」〔註532〕

6、結黨

紹興十三年（1143）五月，「張九成坐黨趙鼎，南安軍居住。」〔註533〕

7、連坐

紹興三十一年（1161）八月丁未，以婉容劉氏妄預國政，廢於家；辛亥，昭慶軍承宣使王繼先因劉婉容事連坐，福州居住，停子孫官，籍其貲〔註534〕。

8、其它原因

紹興十八年（1148）五月癸未，保信軍節度使、浙東副總管李顯忠因「私遣人過界」，「私取故妻於金」，被降為平海軍承宣使，台州居住〔註535〕。

〔註528〕《宋史》卷40，《寧宗四》，第780頁。
〔註529〕《宋史》卷362，《朱勝非傳》，第11318頁。
〔註530〕《宋史》卷25，《高宗二》，第467頁。
〔註531〕《宋史》卷46，《度宗》，第907頁。
〔註532〕《宋史》卷30，《高宗七》，第557頁。
〔註533〕《宋史》卷30，《高宗七》，第558頁。
〔註534〕《宋史》卷32，《高宗九》，第602頁。
〔註535〕《宋史》卷367，《李顯忠傳》，第11430頁；《宋史》卷30，《高宗七》，第568頁。

六、籍沒家財

籍沒家財，即將犯人家財沒收充公，是懲治罪犯的一種財產罰。宋代懲治罪人有籍沒財產法。如高宗建炎二年（1128）二月辛未詔：「自今犯枉法自盜贓罪至死者，籍其貲。」〔註536〕紹興四年（1134）二月壬午詔：「贓罪至死者仍籍其貲。」〔註537〕紹興三十二年（1162）六月，孝宗受禪，八月詔：「州縣受納秋苗，官吏多收加耗，肆為奸欺。方時艱虞，用度未足，欲減常賦而未能，豈忍使貪贓之徒重為民蠹？自今違犯官吏，並置重典，仍沒其家。」〔註538〕寧宗開禧二年（1206）正月辛亥詔：「坑戶毀錢為銅者不赦，仍籍其家，著為令。」〔註539〕宋代籍沒犯人財產要依法進行，違者要受懲罰。「如有依法合行籍沒財產人，並須具情犯申提刑司審覆，得報方許籍沒；仍令本司常切覺察，如有違戾，按劾以聞；許人戶越訴。」〔註540〕

籍沒家財又是附加刑，一般附在主刑後適用。如靖康元年（1126）正月，「賜翊衛大夫、安德軍承宣使李彥死，並籍其家。」〔註541〕又如，孝宗時，「提舉德壽宮陳源有罪，竄建寧府，尋移郴州，仍籍其家貲，進納德壽宮。」〔註542〕

從懲治原因看，籍沒家財者主要有以下情形：

1、犯贓罪

如乾道三年（1167）二月戊戌，直秘閣前廣東提刑石敦義犯贓，刺面配柳州，籍其家。〔註543〕乾道六年（1170）五月丁丑，「知潮州曾造犯贓，貸命，南雄州編管，籍其家。」〔註544〕寧宗嘉定三年（1210年）二月丁卯，「前知崑山縣徐提之、縣丞范大雅犯贓，刺面配英德府、賓州，仍籍其家。」〔註545〕

2、謀亂

如太宗時，司門員外郎王延範因與掌市舶陸坦、前戎城縣主簿田辨、術

〔註536〕《宋史》卷25，《高宗二》，第454頁。
〔註537〕《宋史》卷27，《高宗四》，第509頁。
〔註538〕《宋史》卷174，《食貨志上二‧賦稅條》，第4217頁。
〔註539〕《宋史》卷38，《寧宗二》，第739頁。
〔註540〕《宋會要》刑法2之121，第6556頁。
〔註541〕《宋史》卷23，《欽宗》，第422頁。
〔註542〕《宋史》卷35，《孝宗三》，第679頁；《宋史》卷469，《陳源傳》，第13672頁。
〔註543〕《宋史》卷34，《孝宗二》，第639～640頁。
〔註544〕《宋史》卷34，《孝宗二》，第648頁。
〔註545〕《續編兩朝綱目備要》卷12，第218頁。

士劉昂「謀不軌及諸不法事」，斬於廣州市，籍沒家財〔註546〕。又如，天禧四年（1020）七月，內侍周懷政與弟禮賓副使周懷信合謀，「潛召客省使楊崇勳、內殿承制楊懷吉、閣門祗候楊懷玉會皇城司，期以二十五日竊發，殺丁謂等，復相寇準，奉真宗爲太上皇，傳位太子。」事泄，周懷政被斬於城西普安寺，「父內殿承制紹忠及懷信並杖配復岳州，子姪勒停，貲產沒官。」〔註547〕

3、連坐

如紹興三十一年（1161）八月丁未，以婉容劉氏妄預國政，廢於家；八月辛亥，因劉婉容事連坐，昭慶軍承宣使王繼先福州居住，停子孫官，籍其貲〔註548〕。

4、違禮

如高宗時，「知鄞縣程緯爲其丞王肇所告，慢上無人臣禮，除名，貴州編管，籍其貲。」〔註549〕

5、違反軍法軍規

如太宗時，傅潛「逗留不發，致敵騎犯德、棣，渡河湊淄、齊，劫人民，焚廬舍。上駐大名而邊捷未至，且諸將屢請益兵，潛不之與。有戰勝者，潛又抑而不聞。」百官集議，法當斬，特貸其死，削奪傅潛在身官爵，並其家屬長流房州，籍沒其貲產〔註550〕。

6、交通

如真宗初，內侍王繼恩與參知政事李昌齡等交通朋結，黜爲右監門衛將軍，均州安置，籍沒貲產〔註551〕。

〔註546〕《宋史》卷280，《王延範傳》，第9511頁。
〔註547〕《宋史》卷466，《周懷政傳》，第13615～13616頁。
〔註548〕《宋史》卷32，《高宗九》，第602頁。
〔註549〕《宋史》卷31，《高宗八》，第581頁。
〔註550〕《宋史》卷279，《傅潛傳》，第9474頁。
〔註551〕《宋史》卷466，《王繼恩傳》，第13604頁。

第四章　影響宋代官員懲治的因素

　　在宋代，影響官員懲治有諸多因素，密切相關的既有監察、磨勘、考課、司法、赦宥等制度，也有皇帝、權臣、禮、血緣關係、官員自身原因等非制度因素。這些因素影響到違法違規官員是否會受到懲罰、懲罰的具體方式和懲罰程度的輕重等。本章對此進行具體探討。

第一節　影響宋代官員懲治的制度因素

　　宋代影響官員懲治的制度因素主要有監察制度、磨勘制度、考課制度、司法制度、赦宥制度等，這些制度影響到違法亂紀官員是否會受到懲罰、懲罰的具體方式和懲罰程度的輕重等。

一、監察制度與官員懲治

　　監察制度本為監督官員而設，因此在官員懲治中，監察制度的作用不可忽視。宋代監察制度，在中央為臺諫制度，在地方為監司制度，在此僅探討宋代監察制度對官員懲治的影響。

　　監察制度對官員懲治的影響通過監察官的作用來體現，主要有三個方面：一是履行監察職能，監督、糾彈百官，官員違法違紀因監察官的監督、彈劾而受到懲治；二是履行司法職能，審理違法犯罪的命官案；三履行司法監督職能，通過司法監督，糾正司法不公，加重、減免對違法犯罪官員的懲罰，平反冤假錯案等。

　　（一）監察官通過履行監察職能，發現官員的違法違紀行為，並予以彈奏，從而使有關官員受到懲治。在宋代，御史臺「掌糾察官邪，肅正綱紀。」

〔註1〕諫官掌諫諍，「凡執政過舉，政刑差謬，皆得彈奏」〔註2〕；「凡朝政闕失、大臣至百官任非其人，三省至百司事有違失，皆得諫正。」〔註3〕又有給舍官掌封駁之事，「凡政令之乖宜，除授之失當，諫官所未論，御史所未言，皆先得以疏駁而封還之」〔註4〕。由此形成了比較完善的中央監察系統，「給事中主封駁，臺諫官主論列，交相檢察，以補成政令。」〔註5〕臺諫官獨立言事，彈奏「不由官長可否」〔註6〕；「臺諫所言，常隨天下公議。公議所與，臺諫亦與之，公議所擊，臺諫亦擊之。」〔註7〕「臺諫官許風聞言事，蓋欲廣採納以補闕政」〔註8〕；「臺諫言事，許以風聞，此祖宗之法，所以防奸雄隱伏不測之變。」〔註9〕臺諫官風聞言事，皇帝不能詰問風聞出處，臺諫官可以拒絕皇帝的追查。監察御史裏行彭汝礪針對神宗的詰問，「寧自劾，不敢奉明詔。」〔註10〕即使風聞失實，也不追究言事官的責任。「許風聞言事者，不問其言所從來，又不責言之必實。若他人言不實，即得誣告及上書詐不實之罪；諫官、御史則雖失實亦不加罪，此是許風聞言事。」〔註11〕

宋代規定臺諫官必須彈奏，否則就是不稱職。眞宗天禧元年（1017）二月詔：「別置諫官、御史各六員，增其俸，不兼他職，每月須一員奏事，或有急務，聽非時入對。及三年，則黜其不勝任者。」〔註12〕紹興末年規定：「臺諫每月必一請對，察官每月必一言事」，「否則，謂之失職。」〔註13〕實際上，宋代臺諫官在官員懲治中的作用非常突出。如神宗時，蘇軾在上書中說：「祖宗委任臺諫，未嘗罪一言者。縱有薄責，旋即超升，許以風聞，而無官長。言及乘輿，則天子改容；事關廊廟，則宰相待罪。」〔註14〕在宋代，政治正常的情況下，臺諫權對相權有制約作用，由於臺諫官的論劾而被處分的宰執

〔註 1〕 《宋史》卷 164，《職官志四》，第 3869 頁。
〔註 2〕 《長編》卷 389，元祐元年十月壬辰，第 9463 頁。
〔註 3〕 《宋史》卷 161，《職官志一》，第 3778 頁。
〔註 4〕 《長編》卷 362，元豐八年十二月甲戌，第 8668 頁。
〔註 5〕 《長編》卷 370，元祐元年閏二月乙卯，第 8952 頁。
〔註 6〕 《長編》卷 471，元祐七年三月庚寅，第 11242 頁。
〔註 7〕 《宋史》卷 338，《蘇軾傳》，第 10807 頁。
〔註 8〕 《宋史》卷 321，《呂誨傳》，第 10427 頁。
〔註 9〕 《誠齋集》卷 62，《旱暵應詔上言》，第 18 頁。
〔註 10〕 《宋朝諸臣奏議》卷 53，《上神宗論臺諫言事不當問得之何人》，第 584 頁。
〔註 11〕 《長編》卷 210，熙寧三年四月壬午，第 5106 頁。
〔註 12〕 《長編》卷 89，天禧元年二月丁丑，第 2040 頁。
〔註 13〕 《續編兩朝綱目備要》卷 7，第 129 頁。
〔註 14〕 《宋史》卷 338，《蘇軾傳》，第 10807 頁。

並不鮮見。史稱：「祖宗以來，執政臣僚苟犯公議，一有臺諫論列，則未有得安其位而不去者。」〔註15〕宋代亦不乏敢於監督、彈劾的監察官，如包拯「論斥權倖大臣」，「立朝剛毅，貴戚宦官爲之斂手，聞者皆憚之」〔註16〕；唐介「爲人簡伉，以敢言見憚」〔註17〕，「忠憤所激，鼎鑊不避」，「梅堯臣、李師中皆賦詩激美，由是直聲動天下，士大夫稱眞御史，必曰唐子方而不敢名」〔註18〕；趙抃「彈劾不避權倖，聲稱凜然，京師目爲『鐵面御史』」〔註19〕；紹興三年（1133），常同擔任殿中侍御史僅十個月，彈劾官員80人，其中宰相執政4人，侍從16人，寺監郎官13人，監司帥守26人，大將6人，庶官15人，由是「臺綱大振，中外肅然。」〔註20〕

臺諫、給舍官的奏劾、諫諍，不僅使原未受懲罰者受到應有的懲罰，還可以使臣僚得以減輕或加重處罰。如慶曆元年（1041），西夏元昊假意求和，龍圖閣直學士、戶部郎中、陝西經略安撫副使同勾當都部署司事范仲淹派韓周持信入西夏，宋軍在好水川之戰中敗北，元昊令親信回信范仲淹，信中傲慢無禮、侮辱宋朝。范仲淹接到回信後大怒，焚燒書信。知諫院孫沔竭力「爲仲淹辨」，仁宗「悟，乃薄其責，降范仲淹爲戶部員外郎、知耀州，職如故。」〔註21〕北宋末，宰相李綱被解職，以觀文殿學士知揚州，中書舍人劉珏指對李綱的處罰太輕，「韓琦好水之敗，韓絳西州之敗，皆不免黜責。綱勇於報國，銳於用兵，聽用不審，數有敗衂，宜降黜以示懲戒。」李綱因此被改爲宮祠官〔註22〕。南宋初，後軍統制韓世忠因「不能戢所部，坐贓金」，中書舍人滕康認爲朝廷對韓世忠處罰太輕，「世忠無赫赫功，只緣捕盜微勞，遂亞節鉞。今其所部卒伍至奪御器，逼諫臣於死地，乃止罰金，何以懲後？」宋高宗詔降韓世忠一官〔註23〕。

監司等地方監察官的職責是察舉地方官員違法違規行爲。「監司者，以法治下，以義舉事者也。」「奉行法度者，州郡也；治其不奉行法度者，監司也。

〔註15〕《長編》卷364，元祐元年正月，第8720頁。
〔註16〕《宋史》卷316，《包拯傳》，第10317頁。
〔註17〕《宋史》卷316，《唐介傳》，第10330頁。
〔註18〕《宋史》卷316，《唐介傳》，第10327頁。
〔註19〕《宋史》卷316，《趙抃傳》，第10322頁。
〔註20〕汪應辰：《文定集》卷20，《御史中丞常公墓誌銘》，第12頁，景印文淵閣《四庫全書》本。
〔註21〕《長編》卷131，慶曆元年四月癸未，第3114頁。
〔註22〕《宋史》卷378，《劉珏傳》，第11666頁。
〔註23〕《宋史》卷375，《滕康傳》，第11610頁。

故監司者，操制州郡者也。」〔註24〕太平興國六年（981），太宗詔令諸路轉運使察舉部內官吏「有罷軟不勝任、怠惰不親事及黷貨擾民者，條其事狀以聞。」〔註25〕景德四年（1007），真宗詔令提點刑獄將「官吏貪濁弛慢者，具名以聞。」〔註26〕仁宗慶曆中有詔：「諸路轉運使併兼按察使，每歲具官吏能否。」〔註27〕皇祐五年（1053）詔：「西川去朝廷遠，州縣官吏如有貪濫苛刻、庸懦疾病、以害民妨務者，其令轉運、提點刑獄司體量以聞。」〔註28〕寶元元年（1038）正月詔：「轉運使、提點刑獄按所部官吏。」〔註29〕嘉祐五年（1060）三月，敕轉運使、提點刑獄「察不稱職者。」〔註30〕神宗熙寧四年（1071），詔令河北、京東路轉運提點刑獄司「察所部知州、通判、都監、監押、巡檢、知縣、縣令不職者以聞。」〔註31〕徽宗時規定：「州縣不遵奉者，監司按劾；監司推行不盡者，諸司互察之。」〔註32〕高宗時，「命監司審察縣令治狀顯著者及老儒不職者，上其名以為黜陟。」〔註33〕孝宗乾道六年（1170）閏五月壬午詔：「監司、帥臣舉守令臧否失實，依舉清要官法定罪。」〔註34〕宋代官員因監司按劾而受懲治者亦不少見。如大中祥符四年（1011），陝西提點刑獄司按劾邠寧環慶副都部署陳興「縱所部禁兵為劫盜，又釋不誅」，陳興因而被罷〔註35〕。天聖二年（1024），梓州路提點刑獄王繼明按劾知梓州路王世昌「昏耄不治」，王世昌因而被罷免，轉運使江仲甫失於察舉王世昌而降知小州〔註36〕。仁宗至和年間，淮南地區發生蝗災，山陽縣尉李宗強迫邵崇等請求捕蝗的人吃蝗蟲，致使其「吐瀉成疾」，為提點刑獄孫錫奏劾，李宗因而被削官〔註37〕。紹興六年（1136）四月，提舉常平司奏劾筠州的高安、上高

〔註24〕《葉適集・水心別集》卷14，《監司》，第810頁、第809頁。

〔註25〕《長編》卷22，太平興國六年三月癸丑，第490頁。

〔註26〕《長編》卷66，景德四年七月癸巳，第1477頁。

〔註27〕《文獻通考》卷61職官考15，第557頁。

〔註28〕《長編》卷174，皇祐五年正月庚戌，第4191頁。

〔註29〕《宋史》卷10，《仁宗二》，第203頁。

〔註30〕《宋史》卷12，《仁宗四》，第245頁。

〔註31〕《長編》卷221，熙寧四年三月丙申，第5378頁。

〔註32〕《宋史》卷20，《徽宗二》，第376頁。

〔註33〕《宋史》卷30，《高宗七》，第563頁。

〔註34〕《宋史》卷34，《孝宗二》，第648頁。

〔註35〕《長編》卷75，大中祥符四年正月庚辰，第1706頁。

〔註36〕《長編》卷102，天聖二年六月乙丑、戊辰，第2358頁。

〔註37〕《職官分紀》卷42，《尉》，第42頁。

兩縣當職官，「賑濟乖方，至有盜賊竊發，殍亡暴露，田畝荒蕪，饑民失所」，高宗詔令筠州高安、上高兩縣當職官各先次特降一官放罷〔註38〕。

　　（二）履行司法職能，審理命官案，直接決定官員的懲治。太宗淳化元年（990），「置御史臺推勘官二十人，並以京朝官充。若諸州有大獄，則乘傳就鞫。」〔註39〕淳化四年（993）詔：「御史臺應有刑獄公事，御史中丞以下躬親點檢推鞫。」〔註40〕孝宗乾道元年（1165）三月十七日，御史臺奏：「本臺係掌糾彈百官稽違，點檢推勘刑獄，定奪疑難刑名、婚田錢穀並諸色人詞訟等，事務繁重。」〔註41〕御史臺主要審理重大命官案。「群臣犯法，體大者多下御史臺獄，小則開封府、大理寺鞫治焉。」〔註42〕此外，御史臺還要審理「州縣、監司、寺監、省曹不能直」的疑難案件，即「州郡不能決而付之大理，大理不能決而付刑部，刑部不能決而後付之御史臺，則非甚疑獄必不至付臺再定。」〔註43〕如下案例充分體現了監察官履行司法職能，對官員懲治的影響。

　　趙宋立國之初，「堂後官胡贊、李可度受賕骫法及劉偉偽作攝牒得官，王洞嘗納賂可度，趙孚授西川官稱疾不上」，皆爲趙普包庇，「太祖怒，下御史府按問，悉抵罪。」〔註44〕

　　太平興國八年（983）四月，「彌德超譖曹彬事成，期得樞密使，及爲副使，大失望。官與柴禹錫同，而禹錫先授，班在其上，故德超常怏怏。一日，詬王顯及禹錫曰：『我言國家大事，有安社稷功，止得線許大名位。汝輩何人，反居我上，更令我效汝輩所爲，我實恥之。』又大罵曰：『汝輩當斷頭，我度上無執守，爲汝輩所眩惑。』顯等告其事，上怒，命膳部郎中、知雜御史滕中正即訊之，德超具伏。壬子，德超除名，並親屬流瓊州。右拾遺、直史館開封李韶，德超婿也，亦坐責爲殿中丞、知丹徒縣。」〔註45〕

　　眞宗咸平初年，馮拯「坐試開封進士，賦涉譏訕」，下御史臺，案情不實，馮拯得以釋放〔註46〕。

〔註38〕《宋會要》食貨57之18，第5819頁。
〔註39〕《文獻通考》卷166刑考5，第1444頁。
〔註40〕《宋會要》刑法3之50-51，第6602～6603頁。
〔註41〕《宋會要》職官55之23，第3610頁。
〔註42〕《宋史》卷200，《刑法志二》，第4997頁。
〔註43〕《長編》卷335，元豐六年五月丙戌，第8066頁。
〔註44〕《宋史》卷25，《趙普傳》，第8933頁。
〔註45〕《長編》卷24，太平興國八年四月，第544頁。
〔註46〕《宋史》卷285，《陳執中傳》，第9609頁。

　　眞宗大中祥符六年（1013）四月，利州路承受、侍禁張仲文揭發新知彭州皇甫載不稱職，眞宗「令本路轉運、提點刑獄司察之，具言載頗勤所任。」張仲文因誣告皇甫載，遂被降一資，出巡外州驛遞〔註47〕。

　　（三）司法監督。宋代監察官的一項重要職責就是通過監督司法活動，糾正冤假錯案、判決不當，彈劾非法用刑，糾察刑獄稽留不決者，以保證司法公正。元豐三年（1080）詔：「御史臺六察按官，以所糾劾官司稽違失職事多寡爲殿最，中書置簿以時書之，任滿，取旨升黜。」〔註48〕監司作爲朝廷派出的監察機構，在司法上主要負責審查地方審理的案件，監督地方官吏，糾正冤假錯案。太宗淳化三年（992）五月規定：「轉運使按部，所至州縣，先錄問刑禁。」〔註49〕錄問刑禁成爲轉運使按察的首要任務。提點刑獄司是專門監察司法的機關。淳化二年（991）五月，「置諸路提點刑獄司，命常參官主之，管內州府十日一具囚帳供報；有疑獄之未決，即馳傳以視之。」〔註50〕景德四年（1007）規定，提點刑獄司「專察視囚禁，審詳案牘。……所部每旬具囚繫犯由，訊鞫次第申報，常檢舉催督。在繫久者，即馳往案問。出入人罪者移牒覆勘，劾官以聞。諸色詞訴，逐州斷遣不當，已經轉運使批斷未允者，並收接施行。官吏貪濁弛慢者，具名以聞，敢有庇匿，並當加罪。……如刑獄枉濫，不能摘舉，官吏曠弛，不能彈奏，務從畏避者，寘以深罪。」〔註51〕慶曆七年（1047）三月規定：「轉運、提刑司每巡歷至州縣，先入刑獄中詢問罪人。」〔註52〕提刑司「掌察所部之獄訟而平其曲直，所至審問囚徒，詳覆案牘，凡禁繫淹延而不決，盜竊逋竄而不獲，皆劾以聞。」〔註53〕「諸監司每歲點檢州縣禁囚淹留不決，或有冤濫者，具當職官、職位、姓名按劾以聞。」〔註54〕

　　實際上，監察官正確行使權力，敢於依法監督司法，對保障司法公正具有明顯作用，有利於吏治清明，以下案例足以證明這一點。如眞宗景德元年

〔註47〕　《長編》卷80，大中祥符六年四月庚午，第1822頁。
〔註48〕　《宋史》卷160，《選舉志六・考課》，第3762頁。
〔註49〕　《長編》卷33，淳化三年五月甲午，第736頁。
〔註50〕　《文獻通考》卷166刑考5，第1445頁。
〔註51〕　《長編》卷66，景德四年七月癸巳，第1477頁；《宋大詔令集》卷161，《置諸路提刑詔》，第610頁。
〔註52〕　《宋會要》刑法6之55，第6721頁。
〔註53〕　《宋史》卷167，《職官志七》，第3967頁。
〔註54〕　《慶元條法事類》卷7，《職制門四》，第118頁。

（1004），開封府左軍巡誤判八人為盜，處以流刑，斷後又捕獲真盜，「御史臺劾問得實，前知府梁顥已卒，判官、屯田員外郎、直史館盛玄責監洪州稅，推官、贊善大夫李湘責監永豐稅。」〔註55〕又如，大中祥符八年（1015）八月，開封府判官韓允、權大理少卿閻允恭在審理崔白強買鄰居張寡婦房舍案時，枉斷張氏杖罪，被皇城司覺察聞奏，下御史臺鞫獄得實，崔白被判杖配崖州牢城；「（韓）允除名，授岳州文學；（閻）允恭除名，授復州文學。」〔註56〕次又，哲宗元符三年（1100）五月，京西北路提舉常平方宙體量到河南府諸處送到盜賊一百三十多名，知府孫覽濫施刑訊，「斃於捶楚者十人」，被降二官〔註57〕。再又，張昷之提點淮南刑獄，時楊崇勳知亳州，恃恩恣橫，知蒙城縣王申因公事忤之，即械送獄，張昷之鞫得冤情，「既出申，又摘奸吏十數輩黥配之。」〔註58〕

　　如果監察官不能正確行使權力，失職瀆職，貪污腐化，趨炎附勢，就會起到相反的作用，主要體現在以下兩個方面：

　　第一，監察官自身腐敗，則會助長吏治腐敗。徽宗時，「監司分按諸路，為耳目之任。近降指揮，體量公事，而觀望顧避，附下罔上，隱庇滅裂，變亂事實，於吳亮則以為有，於蔡佃則以為無，使朝廷刑罰失誤，其罪莫大矣。」〔註59〕孝宗時，臺諫之門，奔競請託者絡繹不絕，「其門揮汗成雨」〔註60〕，於是，監督之責廢矣，以致「月課將臨，筆不敢下，稱量議論之異同，揣摩情分之厚薄，可否未決，吞吐不能。」〔註61〕寧宗嘉泰二年（1202）十一月十九日臣僚言：「臺諫風聞於千萬里之外，日省月察，時有彈擊。嚮之，論及縣令，則守臣自責；論及守臣，則監司引咎。今諸路監司優然坐視不得虓法，慢令之守置而不問；罷軟不任職，狠愎不事事，貪刻以害吾民者，悉縱之而不察，竊長厚之名，以成委靡之俗。」〔註62〕《名公書判清明集》記載了這

〔註55〕 《折獄龜鑒譯注》卷2，《釋冤下》，第68頁；《長編》卷57，景德元年閏九月乙卯，第1261頁。

〔註56〕 《長編》卷85，大中祥符八年八月己卯，第1943頁。

〔註57〕 《宋會要》職官67之30，第3902頁。

〔註58〕 《折獄龜鑒譯注》卷2，《釋冤下》，第83頁。

〔註59〕 《宋大詔令集》卷196，《崇寧五年十月十六日戒約監司體量公事懷奸御筆手詔》，第722頁。

〔註60〕 《容齋隨筆》卷3，《蔡君謨帖》，第39頁。

〔註61〕 《鶴林玉露》乙編卷2，《而已失官》，第147頁。

〔註62〕 《宋會要》職官45之40，第3411頁。

種情況：「見有十數人被監租之苦，鎖縛拷掠，不啻重辟，惻然爲之流涕，問
其事，則皆係無辜平民，橫被通判專人下尉下寨。」〔註 63〕特別是北宋後期
及南宋時期，監司對違法官員「坐視漫不省察」〔註 64〕，又「背公自營，倚
令搔眾」〔註 65〕，「監司之不法不義反甚於州郡」〔註 66〕。作爲監察官，「苟
正其身矣，於從政乎何有？不能正其身，如正人何？」正所謂「其身正，不
令而行；其身不正，雖令不從。」〔註 67〕

　　第二，監察官爲權奸所用，望風承旨，趨炎附勢，成爲權奸弄權的工具，
使得吏治更加昏暗。在宋代的政治鬥爭中，不管是爲了左右輿論、評判是非，
還是爲了排斥異己、打擊政敵，鬥爭雙方都千方百計地想借助臺諫力量。慶
曆新政失敗，臺諫勢力的反對是重要原因之一。熙寧變法，宋神宗、王安石
一方面黜除反對改革的舊黨臺諫官，一方面任用支持變法的新進士人爲臺諫
官，以排除變法阻力。熙豐之後，臺諫爲權臣所操縱。在權臣專政的情況下，
「一相去，臺諫以黨去，一相拜，臺諫以黨進。」〔註 68〕臺諫官難得有忠於
職守、盡心爲公者，即使有個別臺諫官敢於直諫，也是「隨陷其禍」〔註 69〕，
無法久立於朝。大多數臺諫官要麼「平居未嘗立異，遇事不敢盡言」〔註 70〕；
要麼趨炎附勢，鮮廉寡恥，背公黨私，望風承旨，充當權臣的黨羽爪牙，
甘爲鷹犬。秦檜擅權，「百僚有忤檜意，檜欲去之，則微示顏色，而臺官已
探知之，次日即有言章，略不敢少緩。或有檜遣人諭意與臺官，令有言，
臺諫倉皇應語，承順而已」〔註 71〕；甚至「臺諫亦嘗使人在左右探其意，
才得之，即上文字。」〔註 72〕韓侂冑當權，「日夜謀引其黨爲臺諫」〔註 73〕，
「私臺諫之選爲己羽翼」〔註 74〕，「借臺諫以鉗制上下」，挾臺諫之論以售
其奸，每對寧宗「必謂臺諫公論，不可不聽。自是威福日盛，無復忌憚。」

〔註 63〕《名公書判清明集》卷 1，《禁戢攤鹽監租差專人之擾》，第 34 頁。
〔註 64〕《宋會要》刑法 2 之 82，第 6536 頁。
〔註 65〕《宋會要》刑法 2 之 83，第 6537 頁。
〔註 66〕《葉適集・水心別集》卷 14，《監司》，第 810 頁。
〔註 67〕《論語・子路》，《四書全譯》第 246 頁、第 244 頁。
〔註 68〕《貴耳集》卷下，第 4 頁。
〔註 69〕《宋史》卷 473，《黃潛善傳》，第 13745 頁。
〔註 70〕《宋史》卷 408，《陳宓傳》，第 12311 頁。
〔註 71〕《宋宰輔編年錄校補》卷 16，紹興二十五年十月丙申，第 1106 頁。
〔註 72〕《朱子語類》卷 131，《中興至今人物上》，第 3159 頁。
〔註 73〕《宋史》卷 392，《趙汝愚傳》，第 11988 頁。
〔註 74〕《宋史》卷 400，《楊大全傳》，第 12158 頁。

〔註75〕史彌遠當國，臺諫官「鷹犬之不若」，「犬亦羞與爲伍」〔註76〕；「臺諫皆其私人，每有所劾薦，必先呈副」〔註77〕，「尺簡往復，先繳全稿，是則聽之，否則易之」，甚至臺諫奏章全文皆是由其「府第付出」〔註78〕。賈似道專權，臺諫官「悉用庸懦易制者爲之，彈劾不敢自由」，「惟取遠州太守及州縣小官毛舉細過應故事而已。」〔註79〕賈似道「雖深居，凡臺諫彈劾，諸司薦辟及京尹、畿漕一切事，不關白不敢行」〔註80〕；即使有臺諫的奏疏涉及到賈似道者，理宗也都「宣諭去之，謂之『節帖』。」〔註81〕賈似道甚至將臺諫作爲要君邀名的工具，時不時請求去相位，同時又諷臺諫上奏挽留自己，讓度宗苦心勸留。宋人高斯得言：「臣若崇觀之（蔡）京、紹興之（秦）檜，嘉定之（史）彌遠，未嘗不貪權位也，然安其爲姦邪而不敢求名。（賈）似道則不然，每二、三歲必一求去，內以要君，外邀名譽，每一求去，披猖矯飾，使上下皇擾久而後定，甚至使人主倉皇迫遽，匍匐慟哭。」〔註82〕

　　御史、諫官，本爲震肅權綱。然而，在權臣專政下，臺諫充當鷹犬，「有勢者其奸如山，結舌不問；無援者索疵吹毛，飛文歷詆。」〔註83〕由是，徹底改變了仁宗時「宰相奉行臺諫風旨」的狀況，使得吏治更加黑暗，以致時人「乃有臺諫不敢違中書之誚」〔註84〕。所以臺諫是「治世之藥石而亂世之簧鼓也。」〔註85〕

二、磨勘制度與官員懲治

　　磨勘是宋代官員改官、轉官的重要環節，是銓選制度的一項重要內容。在宋代，「銓法雖多，而莫重於舉削改官、磨勘轉秩。」〔註86〕「凡人爲官，

〔註75〕《四朝聞見錄》戊集，《臣僚雷孝友上言》，第 169 頁。
〔註76〕《鶴山先生大全文集》卷 18，《應詔封事》，第 172 頁；《鶴林玉露》丙編卷 2，《大字成犬》，第 274 頁。
〔註77〕周密：《癸辛雜識》前集《簡槧》，中華書局，1988 年版，第 36 頁。
〔註78〕《鶴山先生大全文集》卷 18，《應詔封事》，第 172 頁。
〔註79〕《宋季三朝政要》卷 4，《度宗》，第 2 頁，景印文淵閣《四庫全書》本。
〔註80〕《宋史》卷 474，《賈似道傳》。第 13783 頁。
〔註81〕《宋史》卷 474，《賈似道傳》，第 13782 頁。
〔註82〕高斯得：《恥堂存稿》卷 5，《書咸淳五年事》，第 2 頁，景印文淵閣《四庫全書》本。
〔註83〕《長編》卷 121，寶元元年正月丙辰，第 2855 頁。
〔註84〕《宋史》卷 408，《陳宓傳》。第 12311 頁。
〔註85〕《宋大事記講義》卷 17，《議新法者罷》，第 3 頁。
〔註86〕《宋史》卷 155，《選舉志一》，第 3603～3604 頁。

稍可以紓意快志者，至京朝官始有其彷彿耳。自此以下者，皆勞筋苦骨，摧折精神，爲人所役使，去僕隸無幾也。」〔註 87〕磨勘對於選人來說，更爲重要，一旦磨勘改爲京官，則是仕途飛躍，政治地位及經濟待遇都有顯著提高。正因爲如此，宋代官員非常重視磨勘，甚至視同生命。蘇軾指出：「今之君子爭減半年磨勘，雖殺人亦爲之。」〔註 88〕話雖有點誇張，但磨勘對官員仕途的影響由此可見一斑。

宋代磨勘的內容包括磨勘年限、舉主、公私罪、年齡、課績及獎懲辦法等。慶曆元年夏，右正言孫沔上奏：「凡中外官任，咸給印子歷子。或功績可紀，清白有守，過犯度數，舉主姓名，盡得書之，無所遺，俾至闕下，赴院磨勘，第其等而升黜之。」〔註 89〕磨勘公私罪是磨勘制度的重要內容。公罪是指官員任職期間，在履行公職時的失職瀆職等違法犯罪行爲，如失出入人罪、濫用權力、嗜酒廢職等。私罪是指官員任職期間因私而違禮、違法犯罪的行爲，如貪贓枉法、侵佔官物，不孝、姦淫等傷風敗俗行爲。官員犯公私罪由刑部、大理寺、審刑院等司法機關處理，並記入檔案。官員磨勘轉改官時，審官院、流內銓、三班院等機構要審查官員有無犯公私罪記錄。如元祐元年（1086）八月刑部言：「大理卿王孝先奏，因京朝官、選人、大小使臣磨勘並關升，或注授差遣，會問本寺有無過犯公案在寺。」〔註 90〕官員任職期間犯有公私罪，其受到的懲治情況記錄在案，磨勘時，一般要給予展磨勘，且在磨勘年限不得再有所犯。景祐二年（1035）十二月十六日，「審官院言，準敕內外勾當者，京朝官並三年磨勘，因公事移替降差遣者四年，乞今後犯贓者五週年磨勘。從之。」〔註 91〕

磨勘制度對官員懲治的影響在於，通過考覈官員是否符合敘遷、轉改官階的條件，磨勘應格者則予以敘遷，磨勘不應格者則要等到下一次磨勘才有敘遷的機會；如果在磨勘過程中發現有違法違規情況，則要受到相應的制裁。如眞宗大中祥符三年（1010）二月，「吏部銓引對選人，有張祥者，嘗坐贓黜爲江州參軍，復敘至主簿、尉，三任皆有勞績。上曰：『此當爲何官？』王旦

〔註 87〕 蘇洵：《嘉祐集》卷 13，《上韓丞相書》，第 1 頁，景印文淵閣《四庫全書》本。
〔註 88〕 《宋史》卷 338，《蘇軾傳》第 10810 頁；《邵氏聞見錄》卷 12，第 128 頁。
〔註 89〕 彭百川：《太平治迹統類》卷 29，《官制沿革上》，第 50 頁，景印文淵閣《四庫全書》本。
〔註 90〕 《長編》卷 384，元祐元年八月，第 9354 頁。
〔註 91〕 《宋會要》職官 11 之 12，第 2628 頁。

曰：『以資當爲令錄，而轉運使奏舉勘充幕職。』上以前犯止授令錄。」〔註92〕
仁宗至和元年（1054），「益州推官桑澤，在蜀三年，不知其父死。後代還，舉者甚眾，應格當遷。方投牒自陳，人皆知其嘗喪父，莫肯爲作文書。澤知不可，乃去發喪制服，以不得家問爲解。澤既除喪，求磨勘。（知制誥、權判吏部流內銓賈）黜以謂澤三年不與其父通問，亦有人子之愛於其親乎？使澤雖非匿喪，猶爲不孝也。言之於朝，澤坐廢歸田里，不齒終身。」〔註93〕又，「晉州推官李亢，故嘗入錢得官，已而有私罪，默自引去，匿而得官，以白衣應舉及第，積十歲當磨勘，乃自首言其初事。（賈）黜以爲此律所謂罔冒也，奏罷之，奪其勞考。」〔註94〕

三、考課制度與官員懲治

韓非子認爲，治國之要在於「因任而授官，循名而責實，操殺生之柄，課群臣之能者，此人主之所執也。」〔註95〕歷代統治者無不重視對官員的考課，通過加強對官員的考課，來澄清吏治，鞏固專制統治。宋代也不例外。

宋太祖時即有州縣官考課之法。據《長編》記載，建隆三年（962）規定：「州縣官撫育有方，戶口增益者，各準見戶爲十分加一分，刺史、縣令各進考一等，每加一分進一等。其州戶不滿五千，縣戶不滿五百，各準五千、五百戶法爲分。若撫養乖方，戶口減耗，各準增戶法亦減一分，降考一等。主司因循，例不進考，唯按視闕失，不以輕重，便書下考。」又規定：「自今請以減損戶口一分，科納係欠一分已上，並降考一等。如以公事曠遺，有制殿罰者，亦降一等。」〔註96〕同時，又在《宋刑統》中將考課法規定下來：「諸州縣官人撫育有方，戶口增益者，各準見在戶爲十分論，加一分，刺史、縣令各進考一等，每加一分進一等。其州戶不滿五千，縣戶不滿五百，各準五千、五百法爲分。若撫養乖方，戶口減損者，各準增戶法亦減一分降一等，每減一分降一等。其有勸課田農，能使豐殖者，亦準增戶法見地爲十分論，加二分各進考一等，每加二分進一等。其有不加勸課以致減損，一分降考一

〔註92〕《長編》卷73，大中祥符三年二月，第1654頁。
〔註93〕《長編》卷176，至和元年八月甲午，第4270頁；《文獻通考》卷39選舉考12，第376頁。
〔註94〕《長編》卷176，至和元年八月甲午，第4270頁；《文獻通考》卷39選舉考12，第376頁。
〔註95〕《韓非子新校注》卷17，《定法》，第957頁。
〔註96〕《長編》卷3，建隆三年十一月，第75頁。

等，每損一分降一等。若數處有功，並應進考者，亦聽累加。」〔註97〕

太宗即位之初即立三等考課法。開寶九年（976）十一月，即位不久的太宗下詔：「諸道轉運使，各按舉部內知州、通判、監臨物務京朝官等，以三科第其能否，政績尤異者爲上，恪居官次、職務粗治者爲中，臨事弛慢、所涖無狀者爲下，歲終以聞，將大行誅賞焉。」〔註98〕太宗置審官院、考課院，「審官院掌京朝官，考課院掌幕職、州縣官。」〔註99〕雍熙四年（987）三月庚辰，又詔定考課辦法：「天下知州、通判，先給御前印紙，令書課績。自今並條其事迹，凡絕於幾何，凡政有不便於時，改而更張，人獲其利者幾何，及公事不治曾經殿罰，皆具書其狀，令同僚共署，無得隱漏。罷官日，上中書考較。」〔註100〕

眞宗景德初年，「令諸道辨察所部官吏能否，爲三等：公勤廉幹惠及民者爲上，幹事而無廉譽、清白而無治聲者爲次，畏懦貪猥爲下。」〔註101〕

仁宗皇祐元年（1049）二月，詔定五條考課轉運使、副：戶口之增，田土增減，鹽、茶、酒稅統比增虧，上供和糴和買物不虧年額，報應朝省文字及帳案齊足及時與否。符合五條者爲上上考，給予轉官、升差遣；符合三條以上者爲中上考，依舊與合入差遣；若符合三條以上，但應報文字帳案違慢者，爲中下考，差知州；五條中虧四條者爲下上考，差遠小處知州；五條全虧及文帳報應不及時者爲下下考，展磨勘及降差遣〔註102〕。

神宗熙寧二年（1069），定知縣縣令考課法：「凡縣令之課，以斷獄平允、賦入不擾、均役屛盜、勸課農桑、振恤饑窮、導修水利、戶籍增衍、整治簿書爲最，而德義清謹、公平勤恪爲善，參考治行，分定上、中、下等。至其能否尤殊絕者，別立優劣二等，歲上其狀，以詔賞罰。其入優劣者，賞罰尤峻。繼又令：一路長吏，無甚臧否，不須別爲優劣二等，止因上、中、下三等區別以聞。是時，內外官職，各從所隸司以考覈，而中書皆置之籍。每歲竟，或有除授，則稽差殿最，取其尤甚者而進退之。」〔註103〕神宗時又以七事之法考課監司：一曰勸農桑、興治荒廢，二曰招荒亡、增戶口，三曰興利

〔註97〕《宋刑統》卷9，《職制律》，第146頁。
〔註98〕《長編》卷17，開寶九年十一月，第385～386頁。
〔註99〕《宋史》卷160，《選舉志六‧考課》，第3758頁。
〔註100〕《長編》卷28，雍熙四年三月庚辰，第632頁。
〔註101〕《宋史》卷160，《選舉志六‧考課》，第3759頁。
〔註102〕《長編》卷166，皇祐元年二月戊辰，第3984～3985頁。
〔註103〕《宋史》卷160，《選舉志六‧考課》，第3761頁。

除害，四曰劾有罪、平獄訟，五曰失案察，六曰屏賊盜，七曰舉廉能〔註104〕。

哲宗元祐元年（1086），頒監司考績法，「以常賦登耗、郡縣勤惰、刑獄當否、民俗休戚爲之殿最，歲終用此以誅賞。」〔註105〕

高宗紹興二年（1132），「詔監司、守臣舉行考課之法。時郡縣數罹兵燹，又命以『戶口增否』別立守令課，分上、中、下三等，每等分三甲置籍。守倅考縣令，監司考知州，考功會其已成，較其優劣而賞罰之。五年，立縣令四課：曰糾正稅籍，團結民兵，勸課農桑，勸勉孝悌。三歲，就緒者加旌賞，無善狀者汰之。」〔註106〕

《慶元條法事類》所記載考課知州縣令「四善四最」法，與北宋考課之法大同小異。「一善，德義有聞；二善，清謹明著；三善，公平可稱；四善，恪勤匪懈。一生齒之最，民籍增益，進丁入老，批註收落，不失其實；二治事之最，獄訟無冤，催科不擾；三勸課之最，農桑墾殖，水利興修；四養葬之最，屏除奸盜，人獲安處，賑恤困窮，不致流移；雖有流移而能招誘復業，城野遺骸無不掩葬。」〔註107〕考課結果分爲三等，凡「有生齒之最及五事爲上，有生齒之最及二事爲中，餘爲下。」〔註108〕

度宗咸淳三年（1267），「命參酌舊制，凡文武官一是以公勤、廉恪爲主，而又職事修舉，斯爲上等；公勤、廉恪各有一長爲中等；既無廉聲又多繆政者考下等。」〔註109〕

對於考課不實的情況，宋代則令御史臺嚴加監察。仁宗慶曆四年（1044）七月丙戌詔：諸路轉運使副、提點刑獄「察所部知州軍、知縣縣令有治狀者以名聞，議旌擢之。或不如所舉，令御史臺劾奏，並坐上書不實之罪。」〔註110〕神宗熙寧年間，對知縣、縣令考課不實，其轉運使副、提點刑獄及知州、通判並科違制之罪〔註111〕。哲宗元符二年（1099）二月詔吏部：守令課績在優上等者，即關御史臺嚴加考察，如有不實，則重行黜責〔註112〕。徽宗崇寧五年

〔註104〕《宋會要》職官10之20，第2610頁。
〔註105〕《宋史》卷160，《選舉志六・考課》，第3762頁。
〔註106〕《宋史》卷160，《選舉志六・考課》，第3763頁。
〔註107〕《慶元條法事類》卷5，《考課》，第69～70頁。
〔註108〕《慶元條法事類》卷5，《考課》，第67頁。
〔註109〕《宋史》卷160，《選舉志六・考課》，第3765頁。
〔註110〕《長編》卷151，慶曆四年七月丙戌，第3670頁。
〔註111〕《宋會要》職官59之9，第3721頁。
〔註112〕《宋會要》職官59之12，第3723頁。

（1105），針對諸路監司不能據法守正，「觀望附會習以成鳳，交結請託無所忌憚」的現象，詔令御史臺覺察彈劾以聞，並當重行黜責。〔註113〕大觀元年（1107）規定：諸路監司所定守令考課等第，委御史臺重行審察，如有不當，重加黜責，不以赦原〔註114〕。孝宗隆興元年（1163）規定，對監司、郡守考縣令之考課不以實者，令御史臺糾劾〔註115〕。寧宗時期，針對監司、郡守考課官員時多徇私情，「於御史臺別立考課一司，歲終各以能否之實聞於上，以詔升黜。其貪墨、昏懦致臺諫奏劾者，坐監司、郡守以容庇之罪。」〔註116〕按《慶元條法事類》：諸路帥臣、監司分三等考察所部知州，若「徇情不實，御史臺彈奏」；「諸考知州、縣令課績不實者，優劣等徒二年，上等減二等，中下者又減一等。有所求而不實及官司各以違制論。以上若該賞罰者，官吏一等科罪。即保奏違限者，吏人杖一百，當職官減三等。」〔註117〕

宋代官員考課的結果直接影響官員升降與差遣，若考覈在劣等，按規定則要展磨勘、降官、降差遣等。太宗太平興國八年（983）四月辛卯詔：「凡州縣幕職官，差定殿最之狀，分任遠近之地，以為升降，有司蓋有成法。自今京朝官釐務於外，秩滿曾經責罰及弛慢者，授以邊遠，其課績高者任以近地。」〔註118〕仁宗慶曆二年（1042）正月癸亥規定：考課提點刑獄的結果分為三等，上等除授省府判官，轉運使、副；中等除授大藩一任，然後升陟之；下等降任知州〔註119〕。英宗治平四年（1067）規定：知州「如兩考俱在劣等，即展二年（磨勘），與監當差遣。」〔註120〕度宗咸淳三年（1267），考課定為三等，「中者無所賞罰，上者或轉官、或減磨勘，下者降官、展磨勘，各有等差。」〔註121〕宋代官員因考課在劣等而受處分者不乏其人。如英宗治平三年（1066）六月，知磁州李田再考在劣等，被降為監淄州鹽酒稅〔註122〕。治平

〔註113〕《宋會要》職官 59 之 13，第 3723 頁。
〔註114〕《宋會要》職官 59 之 14，第 3724 頁。
〔註115〕《宋會要》職官 59 之 21，第 3727 頁。
〔註116〕《宋史》卷 160，《選舉志六‧考課》，第 3765 頁。
〔註117〕《慶元條法事類》卷 5，第 66 頁。
〔註118〕《長編》卷 24，太平興國八年四月辛卯，第 542 頁。
〔註119〕《長編》卷 135，慶曆二年正月癸亥，第 3218 頁。
〔註120〕《宋會要》職官 59 之 8，第 3721 頁。
〔註121〕《宋史》卷 160，《選舉志六‧考課》，第 3765 頁。
〔註122〕《宋史》卷 160，《選舉志六‧考課》，第 3761 頁；《宋會要》職官 59 之 8，第 3721 頁；《文獻通考》卷 39 選舉考 12，第 376 頁。

四年（1067）閏三月，左藏庫副使李從實因前知階州時第一年考績爲中等，次年爲劣等，「詔展一年磨勘，與州都監差遣。」〔註123〕神宗熙寧三年（1070）五月辛丑，「少府監、新知池州郭永與宮觀，以永知漳州日，課績非優，且衰老故也。」〔註124〕元豐四年（1081）六月辛未，「宣德郎、司農寺主簿孫覽爲通直郎、提舉利州路常平等事。判司農寺舒亶言：『覽因循弛縱，比他官爲甚，不足任事。』詔改覽爲將作監主簿。亶兼知諫院，嗜排擊，欲引覽以自助，覽不從，亶怒，因劾帳司稽違事，乃命覽出使。亶劾覽不置，遂改命。」〔註125〕高宗紹興五年（1135），「歲終比較，宣州、衢州、福州無病死囚，當職官各轉一官。舒州病死及一分，惠州二分六釐，當職官各降一官。」〔註126〕孝宗時，章沖因「前守毗陵，略無善狀，當旱傷之際，措置乖謬，縱吏爲奸，民被其擾」，所以新升任金郎官，即爲臣僚所論列，遂遭免，與外任差遣〔註127〕。

四、司法制度與官員懲治

司法制度與官員懲治直接聯繫在一起，一般情況下，直接決定違法犯罪官員會受到什麼樣的懲治，決定司法公正與否。這裡從集議、奏裁、自首等方面探討司法制度對官員懲治的影響。

（一）集議

又稱雜議，即一些重大、疑難複雜案件，經大理寺、刑部、御史臺審判後，仍然不能定斷者，由皇帝召集朝廷大臣共同審議定罪。「事之最難者，莫如疑獄。夫以州郡不能決而付之大理，大理不能決而付刑部，刑部不能決而後付之御史臺」〔註128〕，仍不能決者，由皇帝臨時決定集議。「天下疑獄，讞有不能決，則下兩制與大臣若臺諫雜議，視其事之大小，無常法，而有司建請論駁者，亦時有焉。」〔註129〕集議對官員懲治的影響在於，通過朝臣集議釐清案情，定罪量刑，決定是維持原有關司法機關的判決，還是加重或減輕處罰。如太平興國八年（983）五月，「威塞節度使、判穎州曹翰在州歲久，專務苛酷掊斂，政事不治。上雖知之，以其有功，故優焉。會汝陰縣令孫崇

〔註123〕《宋會要》職官 59 之 8，第 3721 頁。
〔註124〕《長編》卷 211，熙寧三年五月辛丑，第 5123 頁。
〔註125〕《長編》卷 313，元豐四年六月辛未，第 7590 頁。
〔註126〕《宋史》卷 200，《刑法志二》，第 4993 頁。
〔註127〕《宋會要》職官 72 之 7，第 3991 頁。
〔註128〕《長編》卷 335，元豐六年五月丙戌，第 8066 頁。
〔註129〕《宋史》卷 201，《刑法志三》，第 5005 頁。

望詣闕擊登聞鼓，訟翰部內爲奸贓，私市弓弩、槍劍、長矛、鎧馬、具裝；又發民築烽臺，諸縣有寇盜，令舉烽以應城中；又擅部署牙吏，官賣鹽所得錢銀、民歲輸租粟及絲帛、絹，翰悉取其餘羨；又擅賦斂民以入己，侵官地爲蔬圃果園；判官山元羽掌官麴，翰又取其常額外錢五百萬、絹百疋。詔遣知雜御史滕中正乘傳往鞫之，獄具，法當棄市，百官集議，翰林學士承旨李昉等議，如有司所定。壬申，詔特削奪在身官爵，御史臺遣吏護送登州禁錮，其盜用官物及侵擅賦斂並徵之。」〔註130〕大中祥符元年（1008），知晉州齊化基貪暴成性，眞宗差官置獄審訊，刺配崖州，其子侄流配，「朝議懲其積惡，故令族竄之。」〔註131〕寶元二年（1039），御史臺審理馮士元案，牽涉到諸多朝廷命官，案情錯綜複雜，仁宗「詔宰臣等議決之。」〔註132〕

（二）奏裁

又稱奏讞、讞請等，即定罪量刑有疑慮、情理可憫等案件必須奏請朝廷裁決，這是宋代一項重要的司法制度。宋代規定，流罪以下非死罪案子，如有情輕法重、情重法輕者，以及命官案子，必須上奏朝廷裁決。「在法，大辟情法相當之人，合申提刑司詳覆，依法斷遣。其有刑名疑慮、情理可憫、屍不經驗、殺人無證，見四者，皆許奏裁。」〔註133〕「凡天下獄事，有涉命官者，皆以具獄上請。」〔註134〕有宋一代，奏裁制度行之不廢。至道二年（996），太宗「聞諸州所斷大辟，情可疑者，懼爲有司所駁，不敢上其獄。迺詔死事有可疑者，具獄申轉運司，擇部內詳練格律者令決之，須奏者乃奏。」〔註135〕大中祥符四年（1011）二月，眞宗「令法官愼刑名，有情輕法重者以聞。」〔註136〕仁宗天聖四年（1026）詔：「自今大辟案情理可憫而刑名疑慮者，更不申提點刑獄官，並具案聞奏。」〔註137〕神宗熙寧七年（1074）詔：「品官犯罪，按察之官並奏劾聽旨，毋得擅補繫、罷其職奉。」〔註138〕哲宗元祐三年（1088）六月詔：「命官犯罪，有虧名教，

〔註130〕《長編》卷24，太平興國八年五月，第546頁。
〔註131〕《長編》卷70，大中祥符元年九月辛未，第1563頁。
〔註132〕《長編》卷125，寶元二年十一月丁酉，第2939頁。
〔註133〕樓鑰：《攻媿集》卷27，《繳刑部箚子》，第3頁，景印《四庫全書》本。
〔註134〕《涑水記聞》卷3，《大理寺畏事審刑院》，第57頁。
〔註135〕《宋史》卷199，《刑法志一》，第4972頁。
〔註136〕《宋史》卷8，《眞宗三》，第148頁。
〔註137〕《攻媿集》卷27，《繳刑部箚子》，第7頁。
〔註138〕《宋史》卷199，《刑法志一》，第4980頁。

雖無特旨者，並申尙書省奏裁。」〔註139〕高宗紹興三年（1133）十一月詔：
「諸州大辟應奏者，從提刑司具因依繳奏。」〔註140〕紹興二十五年（1155）
十二月二十一日詔：「命官犯罪，勘鞫已成，具案奏裁。比年以來，多是大
臣便作已奉特旨一面施行，自今後三省將上取旨。」〔註141〕命官犯罪奏裁，
一般會減輕處罰，體現了專制社會官僚的司法特權，也體現專制王朝對官
員的體貌。但也有因奏裁而加重處罰者，如建炎元年宋齊愈案，「法寺以犯
在五月一日赦前，奏裁」，本合該大赦，高宗卻詔定「齊愈謀立異姓，以危
宗社，非受僞命臣僚之比，特不赦，腰斬都市。」〔註142〕

（三）自首

　　自首是指犯罪嫌疑人在犯罪事實被發覺之前主動向司法機關坦白自己的
犯罪情況，並願意接受懲罰。《宋刑統》規定了自首減免刑罰的原則。「諸犯
罪未發而自首者，原其罪。（正贓猶徵如法。）其輕罪雖發，因首重罪者，免
其重罪。即因問所劾之事而別言餘罪者，亦如之。即遣人代首者，若於法得
相容隱者，爲首及相告言者，各聽如罪人身自首法。……即自首不實及不盡
者，以不是不盡之罪罪之，至死者聽減一等。」〔註143〕眞宗大中祥符七年（1014）
三月，殿中侍御史曹定上奏：「諸州長吏有罪，恐爲人所訴，即投牒自首，雖
情狀至重，亦以例免。」眞宗下詔：「自今知州、通判、幕職官、使臣等首罪，
如實未彰露，則以狀報轉運司，雖格當原，亦書於律。」〔註144〕宋代在舉官
保任制度中，鼓勵保舉官陳首，可免於連坐。太宗淳化三年（992），「令內外
官，凡所舉薦有變節逾矩者，自首則原其連坐之罪。」〔註145〕眞宗景德元年
（1004）規定：「內外群官所保舉人，亦有中道遷變，倘或不令上言，必恐負
累滋多。宜令自今此類並許陳首，當懲責其人，特免連坐。」〔註146〕按照上
述規定，官員在違法犯罪行爲沒有被揭發之前自首，可以減輕處罰，甚至免
於處罰，這也是司法制度影響官員懲治的一個重要方面。如太祖時，殿前祗

〔註139〕《長編》卷412，元祐三年六月壬辰，第10020頁。
〔註140〕《繫年要錄》卷70紹興三年十一月庚辰，第14頁。
〔註141〕《宋會要》職官1之51，第2355頁。
〔註142〕《宋史》卷200，《刑法志二》，第5001頁；《繫年要錄》卷7建炎元年七月
　　　　　癸卯，第16～17頁，文字略異。
〔註143〕《宋刑統》卷5，《犯罪未發已發自首》，第71頁。
〔註144〕《長編》卷82，大中祥符七年三月己亥，第1868頁。
〔註145〕《宋史》卷160，《選舉志六·保任》，第3740頁。
〔註146〕《長編》卷57，景德元年九月辛亥，第1259～1260頁。

候李璘以父仇殺員僚陳友，李璘自首，太祖義而釋之〔註147〕。太平興國初，選人有妄冒，事發，牽連到戶部郎中侯陟，「南曹雷德驤將奏劾之，陟造便殿自首，出爲河北轉運使。」〔註148〕大中祥符元年（1008）九月，「御史中丞王嗣宗立班失儀，因自首。上曰：『憲官當守禮法。』然以其性素粗，略不之責。」〔註149〕熙寧三年（1070），「修內司軍士孔用等白晝入內閣盜金銀器物，提舉修內副都知張若水自劾不覺察，詔釋之。」〔註150〕

五、赦宥制度與官員懲治

宋代統治者標榜以忠厚爲本，以寬仁爲治〔註151〕，赦宥之制則是其具體體現。宋代赦宥是赦免有罪和降等處罰的總稱，主要有大赦、曲赦、德音等。「宋朝赦宥之制，其非常覃慶，則常赦不原者咸除之；其次釋雜犯死罪以下，皆謂之『大赦』，或止謂之『赦』。雜犯死減等而餘罪釋之，流以下減等，杖、笞釋之，皆謂之『德音』。亦有釋雜犯罪至死者，其恩霈之及有止於京城、兩京、兩路、一路、數州、一州之地者，則謂之『曲赦』。」〔註152〕又據《宋史·刑法志》記載：「凡大赦及天下，釋雜犯死罪以下，甚則常赦所不原罪，皆除之。凡曲赦，惟一路或一州，或別京，或畿內。凡德音，則死及流罪降等，餘罪釋之，間亦釋流罪。所被廣狹無常。又，天子歲自錄京師繫囚，畿內則遣使，往往雜犯死罪以下，第降等，杖、笞釋之，或徒罪亦得釋。若並及諸路，則命監司錄焉。」〔註153〕大赦、曲赦、德音之間的區別明顯。「大赦者，不以罪大小，皆原。其或某處有災，或車駕行幸，則曰赦某郡以下，謂之曲赦；復有遞減其罪，謂之德音者，比曲赦則恩及天下，比大赦則罪不盡除。」〔註154〕

宋代統治者將赦宥視爲「國之大恩」〔註155〕，皇帝即位等吉慶大典、郊祀、天災、喪葬大禮、平盜復土等都要赦降。宋太祖建隆元年（960）即位大

〔註147〕《宋史》卷1，《太祖一》，第16頁。
〔註148〕《宋史》卷270，《侯陟傳》，第9274頁。
〔註149〕《長編》卷70，第1562頁；《宋史》卷287，《王嗣宗傳》第9649頁。
〔註150〕《長編》卷211，熙寧三年五月戊午，第5139～5140頁。
〔註151〕《宋史》卷199，《刑法志一》，第4961頁。
〔註152〕《文獻通考》卷173刑考12，第1495頁。
〔註153〕《宋史》卷201，《刑法志三》，第5026頁。
〔註154〕王應麟：《玉海》卷67，《詔令·赦宥》，第1頁，景印文淵閣《四庫全書》本。
〔註155〕《宋史》卷201，《刑法志三》，第5027頁。

赦：「常赦所不願者咸赦除之。」〔註 156〕自此成爲宋代慣例。眞宗咸平六年（1003）十二月，以萬安太后服藥，「德音赦天下，死罪降一等，流以下並釋之。」〔註 157〕天聖七年（1029）三月，長期陰雨使麥苗受損，仁宗認爲「此必政事未當天心也」，「赦不欲數，然舍是無以召和氣」，於是大赦天下。〔註 158〕景祐四年（1037）五月，因美人俞氏生皇子，「遂御崇政殿錄繫囚，雜犯死罪降徒流，流以下釋之。」〔註 159〕

綜觀有宋一代，赦降活動極其頻繁，赦降數量極多。「宋自祖宗以來，三歲遇郊則赦，此常制也。世謂三歲一赦，於古無有。」〔註 160〕「徽宗在位二十五年，而大赦二十六，曲赦十四，德音三十七。而南渡之後，紹熙歲至四赦，蓋刑政紊而恩益濫矣。」〔註 161〕據郭東旭先生研究，僅《宋史·本紀》、《長編》、《宋會要·刑法五》、《文獻通考》第一百七十三卷記載，從宋太祖到宋端宗，共有赦降活動 694 次之多，僅宋徽宗元符三年赦降活動就有 9 次之多〔註 162〕。

赦宥制度對官員懲治的影響非常明顯，即違法犯罪官員會因此被減輕處罰，或免於處罰。如乾德四年（966）八月庚戌，「樞密直學士馮瓚、綾錦副使李美、殿中侍御史李楫爲宰相趙普陷，以贓論死，會赦，流沙門島，逢恩不還。」〔註 163〕

除了上述郊祀恩赦等制度化的赦宥外，宋代皇帝還隨時針對個案予以特赦。如乾德五年（967），王全斌等因在破蜀時豪奪子女、擅發府庫、隱沒貨財、擅克削士兵裝錢、殺降致寇等，「法當死，上特赦之。」〔註 164〕開寶七年（974）正月癸亥，「左拾遺秦宣、太子中允呂鵠並坐贓，宥死，杖，除名。」〔註 165〕

〔註 156〕《長編》卷 1，建隆元年正月乙巳，第 4 頁。
〔註 157〕《長編》卷 55，咸平六年十二月戊寅，第 1221 頁。
〔註 158〕《長編》卷 107，天聖七年三月丙戌，第 2506 頁。
〔註 159〕《長編》卷 120，景祐四年五月庚戌，第 2831 頁。
〔註 160〕《宋史》卷 201，《刑法志三》，第 5029 頁。
〔註 161〕《宋史》卷 201，《刑法志三》，第 5028 頁。
〔註 162〕郭東旭：《論宋代赦降制度》，載《宋史研究論文集》1998 年彙編刊，寧夏人民出版社，1999 年版。
〔註 163〕《宋史》卷 2，《太祖二》，第 24 頁。
〔註 164〕《長編》卷 8，乾德五年正月，第 187 頁。
〔註 165〕《宋史》卷 3，《太祖三》，第 41 頁。

　　赦宥之制，是皇權凌駕於法律之上的突出表現。宋代赦降不僅僅是宥罪，而且加恩百官，賞給諸軍，尤其是特赦贓官，致使「無賢不肖，並許敘遷」〔註166〕，破壞了正常的官員獎懲之法，踐踏了法制綱紀，敗壞了吏治。「敗官之罰，不加嚴也。多贖數赦，不問有罪，而典刑之禁，不能行也。」〔註167〕結果導致「猾吏貪縱，大爲奸利，悍民暴橫，侵侮善良，百千之中，敗無一二。幸而發露，率皆亡匿。不過周歲，必遇赦降，則宴然自出，復爲平人。往往指望，謂之熱勑。使願愨之民，憒邑惴恐，凶狡之群，志滿氣揚。」〔註168〕頻繁恩赦，統治者自壞其法，破壞了正常的司法制度，法律綱紀的權威蕩然無存。正如司馬光所言：「今立法以禁之於前，而發赦以勸之於後，則凡國家之令，將使民何信而從乎！」〔註169〕結果是「惠奸長惡」之弊不可勝言〔註170〕。總之，對於吏治而言，「赦者，害多利少，非國家之善政也。」〔註171〕

第二節　影響宋代官員懲治的非制度因素

　　宋代官員懲治深受諸多非制度因素的影響，如皇帝、權臣、禮、血緣關係、官員自身原因等。這實際上是專制社會的普遍現象，亦是人治的重要體現。

一、皇帝

　　這裡所論述的皇帝對官員懲治的影響，是指皇帝以自己的喜怒哀樂及個人好惡等情緒化因素來決定官員懲治，而不是指制度化層面皇帝對官員懲治的影響。趙宋開國功臣趙普有句名言：「刑以懲惡，賞以酬功，古今之通道也。且刑賞者，天下之刑賞，非陛下之刑賞也，豈得以喜怒專之！」〔註172〕話雖是如此說，道理亦合該如此，但實際上，「賞罰者，人主之大柄也」〔註173〕；

〔註166〕《長編》卷42，至道三年九月壬午，第882頁。
〔註167〕《嘉祐集》卷1，《審勢》，第4頁。
〔註168〕《溫國文正司馬公文集》卷18，《論赦及疏決狀》，第192頁。
〔註169〕《長編》卷197，嘉祐七年九月辛亥，第4778頁。
〔註170〕《容齋隨筆·三筆》卷7，《赦恩爲害》，第507頁。
〔註171〕《溫國文正司馬公文集》卷18，《論赦及疏決狀》，第192頁。
〔註172〕《長編》卷14，開寶六年八月，第306頁；《豫章文集》卷2，《遵堯錄一·太祖》，第20頁，文字略異。
〔註173〕《豫章文集》卷2，《遵堯錄一·太祖》，第20頁。

「賞罰操決，天子之權也。」〔註174〕既然如此，賞罰官員當然最終也必操之於人主天子，皇帝擁有司法的最後決定權是專制政治的重要特徵之一。所以，不管道理如何，官員懲治的終決權實際上都掌握在皇帝手上。正如哲宗時的門下侍郎韓維所言：「天下奏案，必斷於大理，詳議於刑部，然後上之中書，決於人主。」〔註175〕而王安石則說得更絕對，「自來斷命官罪，皆以特旨非以法。」〔註176〕趙普說的是道理，韓維、王安石說的是專制社會的實際。皇帝的話是金科玉律，其效力高於法律；皇帝可以一言立法，也可以一言廢法。正如徽宗所說：「出令制法，重輕予奪在上。比降特旨處分，而三省引用敕令，以為妨礙，沮抑不行，是以有司之常守，格人主之威福。夫擅殺生之謂王，能利害之謂王，何格令之有？」〔註177〕所以，雖然從道理上講，刑賞者，天下之刑賞也；但實際上，刑賞者，陛下之刑賞也。皇帝以自己的喜怒哀樂及個人好惡決定臣僚的進退升黜，可以視統治之需要和自己的意志，對違法犯罪的官員作出減刑或加重懲罰的決定，而不必理會大理寺、刑部的判決和百官集議所定結果，這是專制社會的普遍現象。正如唐太宗李世民所言：「自古帝王多任情喜怒，喜則濫賞無功，怒則濫殺無罪。」〔註178〕如太平興國二年（977）二月，「新擬竇州錄事參軍孟蠻避遠宦不之任，詣甌自陳」，太宗一怒，命決杖、流海島。〔註179〕又如，大中祥符六年（1013）三月，直史館、判三司都磨勘司楊嶠「以重法按本司吏，吏訟嶠嘗私役使公人，法當奪官」，真宗不但寬宥楊嶠，反而將訟者決杖停職〔註180〕。

宋代皇帝常撇開司法程序親決獄案，包括命官案。太宗「常躬聽斷，在京獄有疑者，多臨決之，每能燭見隱微。」〔註181〕孝宗「究心庶獄，每歲臨軒慮囚，率先數日令有司進款案披閱，然後決遣。」〔註182〕皇帝通過親自審理命官案，直接決定官員懲治。如真宗咸平年間，有三司軍將趙永昌者，素

〔註174〕《長編》卷121，寶元元年正月丙辰宋祁言，第2854頁。

〔註175〕《長編》卷391，元祐元年十一月丙子，第9520頁。

〔註176〕《長編》卷220，熙寧四年二月癸酉，第5354頁。

〔註177〕《宋史》卷200，《刑法志二》，第4990頁。

〔註178〕《貞觀政要全譯》卷2，《論求諫第四》，第81頁，葉光大等譯注，貴州人民出版社，1991年版。

〔註179〕《長編》卷18，太平興國二年二月，第400頁。

〔註180〕《長編》卷80，大中祥符六年三月戊申，第1820頁。

〔註181〕《宋史》卷199，《刑法志一》，第4968頁；《長編》卷22，太平興國六年四月，第492頁，文字略異。

〔註182〕《宋史》卷200，《刑法志二》，第4993頁。

兇暴，督運江南，多爲奸贓；知饒州韓昌齡廉得其狀，乃移轉運使馮亮，坐決杖停職；趙永昌不服，遂撾登聞鼓，訟韓昌齡與馮亮訕謗朝政，仍僞刻印，作馮亮等求解之狀；「眞宗察其詐，於便殿自臨訊，永昌屈伏，遂斬之。」〔註183〕

內批是宋代皇帝直接懲治官員的又一形式。內批，又稱御筆、御批、內降，「禁中處分軍國事付外者謂之內批」〔註184〕，即皇帝不經中書擬議，繞過封駁，避開臺諫，徑在宮內決斷事務、處理朝政，降旨由禁中交付有關機構和官員執行。如高宗內批，張浚「謫置嶺南」〔註185〕。朱熹因上疏而被黜，「御筆除（朱）熹宮祠，不經宰執，不由給舍，徑使快行，直送熹家。」〔註186〕「右正言黃度欲論（韓）侂冑，謀泄，以內批斥去。」〔註187〕宋代皇帝以內批處罰官員的現象比較多，特別是自莊獻明肅太后垂簾之後，「遂有奔競之輩，貨賂公行，假託皇親，因緣女謁，或於內中下表，或只口爲奏求。」〔註188〕嘉祐三年（1058）七月，權知開封府歐陽修上奏：其上任不到兩個月，十次承準內降，「至於婢妾賤人犯奸濫等事，亦敢上煩聖聰，以求私庇；宦寺小臣，自圖免過，反彰聖君曲法之私。」〔註189〕宋徽宗崇寧六年（1106）詔：「凡御筆斷罪，不許詣尚書省陳訴。如違，並以違御筆論。」〔註190〕孝宗時，「諸將多以賄得。曾覿、王抃招權納賄，進人皆以中批行之。贓吏已經結勘，而內批改正。」〔註191〕寧宗即位未三月，「策免宰相，遷易臺諫，悉出內批。」〔註192〕皇帝以內批升黜官員，破壞法制，敗壞吏治，「是致僥倖日滋，賞罰倒置，法律不能懲有罪，爵祿無以勸立功。」〔註193〕

宋代皇帝影響官員懲治還表現在時常貸命犯死罪的官員，即依法當死者，由皇帝特恩免死。如太平興國七年（982）盧多遜案，大理寺判爲斬刑，百官集議亦當斬刑，而太宗卻詔定流刑〔註194〕。又如，眞宗時，張思鈞任益

〔註183〕《宋史》卷200，《刑法志二》，第4987頁。
〔註184〕《宋史》卷405，《劉黻傳》，第12248頁。
〔註185〕《宋史》卷360，《趙鼎傳》，第11291頁。
〔註186〕《宋史》卷397，《項安世傳》，第12089頁。
〔註187〕《宋史》卷392，《趙汝愚傳》，第11987頁。
〔註188〕《長編》卷123，寶元二年五月己亥，第2904頁。
〔註189〕《長編》卷187，嘉祐三年七月癸巳，第4518～4519頁。
〔註190〕《宋史》卷200，《刑法志二》，第4991頁。
〔註191〕《宋史》卷383，《陳俊卿傳》，第11789頁。
〔註192〕《宋史》卷400，《王介傳》，第12153頁。
〔註193〕《長編》卷123，寶元二年五月己亥，第2904頁。
〔註194〕《長編》卷23，太平興國七年四月，第517頁。

州鈐轄兼綿、漢九州都巡檢使，「巴西尉傅翺有善馬，思鈞求之，翺不與。思鈞平賊，心恃功居多，召翺至，責以轉餉後期，斬之。上聞其事，傳召付御史臺鞫治，罪當斬，特貸之，削籍流封州。」〔註195〕再又，高宗時，王德因擅殺，依法應當處死，「帝命特原之，編管郴州。」〔註196〕

二、權臣

　　權臣政治是北宋後期和南宋時期專制政治的一個重要特點。在權臣當政時期，官員懲治普遍受制於權臣，如第一章第二節、第十三節所述，此處僅略作補充。如高宗時，秦檜獨攬朝綱，任人唯親，凡沾親帶故者一律竊據要津。「高宗所惡之人，秦引而用之，高宗亦無如之何。高宗所欲用之人，秦皆擯去之。」〔註197〕秦檜妻王氏乃北宋宰相王珪的孫女，妻黨甚眾，王氏兄弟、從兄弟等，在官場皆平步青雲，憑藉權勢，恣意不法。秦檜以自己的喜怒好惡決定官員的去留，將官員玩於股掌之上。「每薦執政，必選世無名譽、柔佞易制者」〔註198〕；「附己者立與擢用。自其獨相，至死之日，易執政二十八人，皆世無一譽。柔佞易制者，如孫近、韓肖冑、樓炤、王次翁、范同、万俟卨、程克俊、李文會、楊願、李若谷、何若、段拂、汪勃、詹大方、余堯弼、巫伋、章夏、宋樸、史才、魏師遜、施鉅、鄭仲熊之徒，率拔之冗散，遽躋政地。既共政，則拱默而已。又多自言官聽檜彈擊，輒以政府報之，由中丞、諫議而升者凡十有二人，然甫入即出，或一月，或半年即罷去。」〔註199〕

三、禮

　　本書第二章第十節論述了宋代官員因違禮而受懲治的情況。實際上，在宋代，禮深深影響到官員懲治，既有官員因違禮而受到懲治，也有官員因禮而得以減免處罰。如神宗時，知金州張仲宣坐枉法贓，罪至死，蘇頌認爲，「古者刑不上大夫，仲宣官五品，今貸死而黥之，使與徒隸爲伍，雖其人無可矜，所重者，污辱衣冠耳。」張仲宣遂得以免杖黥，流海外〔註200〕。又如，按照專制社會的禮教，如果犯人父母年老、子女年幼無人照顧、撫養，一般可以

〔註195〕　《宋史》卷280，《張思鈞傳》，第9509頁。
〔註196〕　《宋史》卷368，《王德傳》，第11448頁。
〔註197〕　《朱子語類》卷131，《中興至今日人物上》，第3162頁。
〔註198〕　《宋史》卷380，《楊願傳》，第11715頁。
〔註199〕　《宋史》卷473，《秦檜傳》，第13765頁。
〔註200〕　《宋史》卷340，《劉摯傳》，第10861頁。

減免處罰，留養承祀。如雍熙元年（984）二月，淮南轉運使喬維岳「按部至泗州，慮獄，法掾誤斷囚至死，維岳詰之，法掾俯伏且泣曰：『有母八十餘，今獲罪，則母不能活矣。』維岳閔之，因謂曰：『他日朝制按問，第云轉運使令處茲罪。』法掾如其言，獲免」。〔註201〕咸平六年（1003）二月，屯田員外郎、知普州盛梁受賕枉法，下御史按劾，罪當大辟，「而父年八十，子年十四，法當上請」，因而被免死，黥面、流崖州〔註202〕。

四、血緣關係

在宋代，血緣關係既會使無過無罪官員受到懲治，也可能使有過有罪官員因此而減免懲罰。除了本書第二章第十一節所述宋代官員因血緣關係連坐而被懲治的情況，宋代因血緣關係而被減輕處罰的現象也不鮮見。如太宗時，王淮任殿中丞，曾掌管香藥榷易院，坐贓，法當棄市，因是參知政事王沔之弟，止杖一百，降定遠主簿〔註203〕。又如，紹興二十七年（1157）九月，知處州鄒栩犯入己贓罪，依法當追毀出身以來告敕文字，除名勒停，流三千里，因其是哲宗朝名臣鄒浩之後，特免真決，送吉州編管，仍不收敘〔註204〕。

五、自身原因

宋代官員往往會因躁競、狂率等自身性格原因而受到懲治，如第二章第十三節所述。此外，宋代也有因戰功等原因而被減免處罰者。如高宗時，神武軍統制魯玨坐賊殺不辜，掠良家子女，因其有戰功，貸死，貶瑞州〔註205〕。建炎三年（1129）七月，統制王德擅殺軍將陳彥章，臺鞫當死，高宗以其有戰功，特命原之，編管郴州〔註206〕。又，紹興三十年（1160）六月，前永康軍青城縣酒稅王楊在「任內欠本軍酒課及酒務歷內虛牧錢，及與娼妓踰濫」，依法應「決重杖處死」，因曾有戰功，特貸命，追毀出身以來告敕文字，除名勒停，送靜江府編管〔註207〕。

〔註201〕《長編》卷25，雍熙元年二月，第574頁。
〔註202〕《長編》卷54，咸平六年二月庚寅，第1181～1182頁。
〔註203〕《宋史》卷266，《王沔傳》，第9181～9182頁。
〔註204〕《宋會要》刑法6之33，第6710頁。
〔註205〕《宋史》卷200，《刑法志二》，第5002頁。
〔註206〕《宋史》卷368，《王德傳》，弟11448頁。
〔註207〕《宋會要》刑法6之34，第6710頁。

　　宋代官員違法犯罪，還會因出守邊疆而被減免處罰。如慶曆四年（1044）七月丙寅，洛苑副使、知石州劉舜臣坐盜用公使酒醋，「法當死，上以邊臣特寬之」，止降爲禮賓副使〔註208〕。

〔註208〕《長編》卷151，慶曆四年七月丙寅，第3665頁。

第五章　宋代官員懲治的特點與不足

綜觀宋代官員懲治的基本趨勢、懲治官員的原因、懲治方式、影響官員懲治的相關因素，其特點與不足顯而易見。本章在前四章探討研究的基礎上，對宋代官員懲治特點與不足進行總結分析。

第一節　宋代官員懲治的特點

宋朝是中國專制社會歷史上一個重要的變革時期，其在政治、經濟、文化等方面均發展到一個新的高度，同時內憂外患頻繁，其官員懲治亦因此而具有時代的特點。

第一，治官之法律繁雜，且又變化無常。有宋一代法律不斷完備，「宋法制因唐律、令、格、式，而隨時損益則有《編敕》，一司、一路、一州、一縣又別有《敕》。」〔註1〕到宋仁宗時已是「朝廷法嚴令具，無所不有。」〔註2〕此外，宋代還有許多「家法」，如事親之法，事長之法，治內之法，待外戚之法等，以約束皇室、外戚、宦官等人，防其亂政。正如南宋葉適所指出的那樣：「內外上下，一事之小，一罪之微，皆先有法以待之」〔註3〕；由於法律繁多，以致宋代「法度以密爲累，而治道不舉。」〔註4〕在專制社會裏，「法者，天子之法也。」〔註5〕宋代常常「因一言一事，輒立一法，意苟

〔註1〕《宋史》卷199，《刑法志一》，第4962頁。
〔註2〕《王安石全集》卷1，《上皇帝萬言書》，第1頁。
〔註3〕《葉適集・水心別集》卷10，《實謀》，第767頁。
〔註4〕《葉適集・水心別集》卷10，《實謀》，第768頁。
〔註5〕《嘉祐集》卷5，《用法》，第7頁。

文晦，不足以該事物之情。行之幾時，蓋已屢變。」〔註6〕如哲宗親政後，「不專用元祐近例，稍復熙寧、元豐之制。自是用法以後衝前，改更紛然，而刑制紊矣。」〔註7〕徽宗時，法制紊亂問題更加嚴重。「徽宗每降御筆手詔，變亂舊章。……蔡京當國，欲快己私，請降御筆，出於法令之外，前後牴牾。」〔註8〕南宋時秦檜專權，「牽用都堂批狀、指揮行事，雜入吏部續降條冊之中，修書者有所畏忌，不敢刪削，至與成法並立。」〔註9〕按乾道時臣僚所言：「紹興以來，續降指揮無慮數千，牴牾難以考據。」〔註10〕法律變更無常，使法失信於天下，有法而難守。在實際司法過程中，常常「引例破法」，「當是時，法令雖具，然吏一切以例從事，法當然而無例，則事皆泥而不行，甚至隱例以壞法，賄賂既行，乃為具例。」〔註11〕正如崇寧元年臣僚所言：「有司所守者法，法所不載，然後用例。今引例破法，非理也。」〔註12〕治官之法必須統一簡明，操作性強，易於執行。宋代法令繁多，「朝廷凡降詔令，行之未久，即有改張，故外議紛紜」，「累年以來，此弊尤甚，制敕才下，未逾月而輒更；請奏方行，又隨時而追改。民知命令之不足信，則賞罰何以沮勸乎？」因此，必須「法存劃一，國有常格。」〔註13〕法律本應保持一定的穩定性，不能朝令夕改，以維護其權威性，即「國有常科，吏無敢侮。」〔註14〕儘管宋代法律和制度浩繁，《宋刑統》卷29《斷獄律》對「決罰不如法」也作了明確的處罰規定，但更多的時候只是流於形式，形同空文。「國家每出詔令，常患官吏不能遵行，不知患在朝廷自先壞法。朝廷不能自信，則誰肯信而行之？」〔註15〕

第二，懲治官員的原因、懲治方式的多樣性，以及懲治官員的廣泛性。宋代從開國功臣到新進官僚，從宰執到最基層官員，稍有不慎，即遭懲治。本書第二章、第三章比較詳細論述了宋代懲治官員的原因、懲治方式的多樣

〔註6〕《宋史》卷199，《刑法志一》，第4964頁。
〔註7〕《宋史》卷199，《刑法志一》，第4964頁。
〔註8〕《宋史》卷199，《刑法志一》，第4965頁。
〔註9〕《宋史》卷199，《刑法志一》，第4965頁。
〔註10〕《宋史》卷199，《刑法志一》，第4965頁。
〔註11〕《宋史》卷199，《刑法志一》，第4964、4965～4966頁。
〔註12〕《宋史》卷199，《刑法志一》，第4964頁。
〔註13〕《包拯集校注》卷4，《論詔令數改易》，第255頁。
〔註14〕竇儀：《進刑統表》，載《宋刑統》卷首。
〔註15〕《長編》卷143，慶曆三年九月歐陽修言，第3445頁。

性，從違禮到謀反，官員受懲治的原因林林總總；從貶降到淩遲、夷族，各種懲治方式的輕重程度不同，實踐上往往多種懲治方式並用。最能體現宋代特點的懲治方式一是貶降，二是決杖、刺配。宋代職官制度的最大特色——「官、職、差遣」分授，「官與職殊」、「名與實分」。宋代官制的這個特點在官員懲治上也有具體體現，主要體現在行政懲治方式上，特別是貶降，因之有降官、降差遣、落職之分。決杖、刺配之刑是宋代刑罰的創新，體現了趙宋統治者寬以治官。

第三，總體而言，宋朝寬以治官，但重懲謀反等政治性犯罪。宋太祖、太宗雖以武力奪取天下，但注重以德治國，強調「以寬仁爲治」〔註16〕。太祖認爲，「禁民爲非，乃設法令，臨下以簡，必務哀矜。」〔註17〕太宗有言：「王者雖以武功克受，終須用文德致治。」〔註18〕這種寬仁治官爲宋代歷朝皇帝所遵循。哲宗曾說：「朕遵祖宗遺志，未嘗殺戮大臣。」〔註19〕儘管有宋一代，法律多如牛毛，但「立法之制嚴，而用法之情恕。」〔註20〕在司法過程中往往曲法用情，時常寬宥違法犯罪官員。如徽宗政和二年（1112）臣僚有言：「比來大理迎合觀望，曲法用情，例使幸免。有犯在開封府而願移大理者，至號法寺爲『休和所』。」〔註21〕由此，造成刑罰不足以懲奸，既消弱了法律的權威，又敗壞了吏治。宋代以寬仁待官又並非絕對，尤其是對謀反等政治性犯罪，宋代統治者絕不手軟。趙宋王朝本是代周而立，既無蓋世武功以資立威，又無德澤使四方臣服，故最高統治者始終提心弔膽，唯恐臣僚起而效尤，其對內亂的防範遠遠超過了抵禦外侮，對謀反謀叛始終採取高壓態勢，嚴懲不貸，以維護鞏固趙宋王朝的統治地位。

第四，以文字、言語罪官屢見不鮮。宋代文禍頻繁，常常以「譏訕朝廷」爲名懲治官員，官員因文字、言語而獲罪者頗多。特別是在黨爭中，宋代更是大興文字獄，如第二章第十二節所述。時人稱：「一言語之過差，一文詞之可議，必起大獄。」〔註22〕宋代因文字而受處罰者不勝枚舉。如李光被貶後，

〔註16〕《宋史》卷199，《刑法志一》，第4961頁。
〔註17〕《宋史》卷199，《刑法志一》，第4967頁。
〔註18〕《宋朝事實類苑》卷2，《祖宗聖訓·太宗皇帝》，第20頁。
〔註19〕《宋史》卷200，《刑法志二》，第5000頁。
〔註20〕《宋史》卷199，《刑法志一》，第4961～4962頁。
〔註21〕《文獻通考》卷167刑考6，第1452頁。
〔註22〕《容齋隨筆·三筆》卷4，《禍福有命》，第473頁。

因作私史及作詩譏訕朝政，被告發，由此「一家殘破」〔註23〕。又如，胡銓因反對議和而被一貶再貶，其所作詩中有「萬古嗟無盡，千生笑有窮」之句，因北宋宰相張商英自號「無盡居士」，所以「無盡」被指是影射宰相，紹興十八年（1148）已被貶嶺南的胡銓又被流放海南島〔註24〕。再如，紹興二十三年（1153）三月，左朝郎范彥輝因其《夏日久陰》詩中有「何當日月明，痛洗蒼生病」之句，被殿中侍御史魏師遜劾奏，指其「陰懷異意，謗訕朝廷」，「追毀出身以來告敕文字，除名、勒停，永不收敘，送荊門軍編管。」〔註25〕

第五，宋代不同時期對官員的懲治不同，即因時而異，因政治統治形勢的變化而變化。貫穿北宋的政治主線是危機與變革，貫穿南宋的政治主線是生死存亡之爭，隨著宋代政治大勢的發展，宋代官員懲治的基本趨勢也因之而發展變化。北宋初期，匡正吏治，尤嚴貪墨；中期吏治日漸寬弛；後期政治上變革與反變革鬥爭激烈，黨爭不斷激化，以致惡性循環，吏治頹廢。南宋時期，官員懲治總體上變化起伏不大，懲治官員一般從輕，且受「和」與「戰」之爭的影響。

第六，權臣對官員懲治影響巨大。北宋後期及南宋，形成了權臣政治。北宋徽宗時期蔡京專權二十餘年；南宋從高宗到理宗，大多數時間是權臣當政，其中，秦檜兩據相位共十九年，韓侂冑擅權十三年，史彌遠專政二十六年，史嵩之當國八年，賈似道把持朝政十五年。這些權臣以私意主政，將官員玩弄於股掌之上，黨同伐異，順其者用，逆其者懲。

第二節　宋代官員懲治的不足

儘管宋代建立了比較嚴密的官員選任制度、監察制度、考課制度、司法制度等，制定了《宋刑統》等一系列法律法規，採取了一系列措施來建立皇權之下的權力制約機制，加強對官員的管理，但在宋代官員懲治方面存在明顯的不足之處，主要體現在三個方面。

〔註23〕《宋史》卷363，《李光傳》，第11342頁；《宋宰輔編年錄校補》卷15，第1049頁；《鶴林玉露》乙編卷2，《存問逐客》，第145頁。

〔註24〕《宋史》卷347《胡銓傳》，第11583頁；《揮塵錄·後錄》卷10，第164頁；《獨醒雜誌》卷8，第75～76頁。

〔註25〕《繫年要錄》卷164紹興二十三年三月戊申，第6頁。

一、選擇性執法，治官往往不依法，罪同罰異、罪輕罰重、重罪輕罰、有罪不罰、法外用刑現象普遍存在。

儘管宋代法律相當完備，但實際上治官往往不依法，選擇性執法、執法不嚴、違法不究的現象普遍存在，有法制而無法治。有法而不執行，則不如無法，因爲這踐踏了法律的尊嚴。法貴在公平，執法不公，則法不服眾。對此宋人亦有明確的認識。范仲淹：「貴賤親疏，賞罰唯一。有功者雖憎必賞，有罪者雖愛必罰。捨一心之私，從萬人之望，示天下之公也」〔註26〕。劉摯：「夫法者，天下之至公也。」〔註27〕李覯：「法者，天子所與天下共也。如使同族犯之而不刑殺，是爲君者私其親也；有爵者犯之而不刑殺，是爲臣者私其身也。君私其親，臣私其身，君臣皆自私，則五刑之屬三千止謂民也。賞慶則貴者先得，刑罰則賤者獨當，上不媿於下，下不平於上，豈適治之道邪！」因此，用法要「不辨親疏，不異貴賤，一致於法。」〔註28〕司馬光：「賞不因喜，罰不因怒，賞必有所勸，罰必有所懲，則天下何得不治？喜則濫賞，怒則妄罰，賞加於無功，罰加於無罪，則天下何得不亂？」「有罪則刑之，雖貴爲公卿，親爲兄弟，近在耳目之前，皆不可寬假。」〔註29〕葉適：「人不平而法至平，人有私而法無私，人有存亡而法常在。」〔註30〕楊萬里：「用法自大吏始，而後天下心服。」〔註31〕實際上，要做到有法必依、違法必究、公平執法是非常困難的，尤其在專制社會，更是困難。宋代懲治官員往往不依法依規，體現在多個方面：

一是罪同罰異。如太宗淳化二年（991）三月，祖吉和王淮「侮法受賕，贓數萬計。吉既伏誅，家且籍沒，而淮以參知政事（王）沔之母弟，止杖於私室，仍領定遠主簿。」〔註32〕又如，「錢伯言與黃願皆棄城，呂源與梁揚祖皆擁兵而逃，今願罷官，揚祖落職，而源、伯言未正典刑，非所以勸懲。」〔註33〕更有甚者，「時有果、閬州守臣逃遁而進職，有知遂寧李煒父子足迹

〔註26〕范仲淹：《范仲淹全集・文集》卷9，《奏上時務書》，第176頁，鳳凰出版社，2004年版。
〔註27〕劉摯：《忠肅集》卷6，《乞修敕令疏》，第15頁，景印文淵閣《四庫全書》本。
〔註28〕李覯：《盱江集》卷10，《刑禁第四》，第5～6頁，景印文淵《四庫全書》本。
〔註29〕《溫國文正司馬公文集》卷25，《上皇太后疏》，第234頁、235頁。
〔註30〕《葉適集・水心別集》卷14，《新書》，第807頁。
〔註31〕《誠齋集》卷89，《馭吏上》，第35頁。
〔註32〕《長編》卷32，太宗淳化二年三月，第714頁。
〔註33〕《宋史》399，《鄭穀傳》，第12122頁。

不至邊庭而受賞，僨軍之趙楷、棄城之朱揚祖皆不加罰。」〔註34〕

二是罪輕罰重。如眞宗大中祥符五年（1012）七月，「大理寺丞、知考城縣皮子良貸京師民錢十七萬，到官即自首。上惡子良無行，憲司鞫問，法當贖銅，命停官。」〔註35〕至和二年（1055）二月，廣州司理參軍陳仲約斷案失誤，依法，「公罪，當贖」，仁宗詔令勒停〔註36〕。

三是重罪輕罰。如熙寧十年（1077），右牽牛衛將軍世獎等私接賓客，罪該徒二年，神宗詔：「免追官勒停，聽罰金。」〔註37〕紹興七（1137年）年九月丙戌，右宣教郎李處廉因知永嘉縣時坐以官錢雕《伊川集》板印造與人並他贓，依法當絞，特貸死，除名、新州編管，籍其貲〔註38〕。

四是有罪不罰。如大中祥符五年（1012）六月，駙馬都尉柴宗慶「私使人市馬不輸稅」，河東提點刑獄奏請劾其罪，眞宗「詔釋不問」〔註39〕。又如，「童貫爲三路大帥，敵人侵疆，棄軍而歸，孥戮之有餘罪，朝廷置之不問。」〔註40〕

五是法外用刑。這在刑罰上體現爲於法外施用酷刑，如棄市、腰斬、活釘、臠、凌遲、磔、醢、梟首等等，主要適用於貪贓枉法、謀反謀叛、賊盜重罪等。

二、懲治官員的隨意性，同一官員往往因同一原因而被反覆懲罰

宋代官員因同一原因而被反覆懲罰者並不少見。如蘇軾，因爲在所撰責降呂惠卿的製詞中「語涉譏訕」，紹聖元年（1094）由知定州貶知英州，尚在赴英州的途中接到誥命，貶寧遠軍節度副使，惠州安置；紹聖四年（1097），又責授瓊州別駕、移昌化軍安置〔註41〕。又如曾布，因當初反對蔡京入相，蔡京入相後始終懷恨在心，於是指使臺諫奏劾，一貶曾布分司南京、太平州居住，再貶曾布爲武泰節度副使、衡州安置〔註42〕。再如，寧宗時，陳自強

〔註34〕《宋史》卷408，《吳昌裔傳》，第12303頁。

〔註35〕《長編》卷78，第1776頁。

〔註36〕《長編》卷178，至和二年二月，第4307頁；《宋會要》刑法4之74，第6658頁。

〔註37〕《長編》卷285，熙寧十年十一月己酉，第6987頁。

〔註38〕《繫年要錄》卷114，第26頁。

〔註39〕《長編》卷78，大中祥符五年六月，第1770頁。

〔註40〕《宋史》卷428，《楊時傳》，第12740頁。

〔註41〕《宋史》卷338，《蘇軾傳》，第10816頁、第10817頁；《宋史》卷18，《哲宗二》，第340頁、第346頁。

〔註42〕黃以周等（輯注）：《續資治通鑑長編拾補》卷20，崇寧元年九月丁酉、壬寅，第713頁、第717頁，中華書局，2004年版。

因「阿附充位，不恤國事」，罷右丞相；未幾，追三官，永州居住；又責武泰
軍節度副使、韶州安置；後又被「中書舍人倪思繳奏，乞遠竄，籍其家，詔
從之」；不久，再責復州團練副使、雷州安置〔註43〕。

三、官員可以錢贖罪、以蔭贖罪、以官當罪

宋代法令明確規定可以錢贖罪。《宋刑統》規定：笞由十至五十分為五等，
並聽以銅贖，分別贖銅一斤至五斤〔註44〕；杖刑由杖六十至一百分為五等，
用大杖拷打罪犯的背、臀、腿，且可以用銅贖罪，分別以銅六斤、七斤、八
斤、九斤、十斤贖罪；徒刑由一年至三年分為五等，並分別聽以銅二十斤至
六十斤贖罪；流刑分流二千里、二千五百里、三千里三等，並分別聽以銅八
十斤、九十斤、一百斤贖罪〔註45〕。「諸無官犯罪，有官事發，流罪以下聽贖
論。」〔註46〕大中祥符三年（1070）閏二月規定：「僧尼、道士、女官犯公罪者
聽贖。」〔註47〕大中祥符五年（1012）詔：「貢舉人但曾預南省試者，公罪聽贖。」
〔註48〕熙寧四年規定：「自今吏民犯杖以下情可矜者，聽贖錢，以充助役。」
〔註49〕元豐七年（1084）規定：「公私罪杖，非侵損於人者用贖。」〔註50〕

除了以錢贖罪外，宋代又有「蔭贖」制。《宋刑統》規定：「諸皇太子妃
大功以上親，應議者周以上親及孫，若官爵五品以上犯死罪者請，（請謂條其
所犯及應請之狀，正其刑名別奏請。）流罪以下減一等。」「諸七品以上之官
及官爵得請者之祖父母、父母、兄弟、姊妹、妻、子孫犯流罪以下，各從減
一等之例。」「諸應議請減及九品以上之官，若官品得減者之祖父母、父母、
妻、子孫犯流罪以下聽贖，若應以官當者，自從官當法。」〔註51〕「其有官
犯罪，無官事發；有蔭犯罪，無蔭事發；無蔭犯罪，有蔭事發，並從官蔭法。」
〔註52〕太祖乾德四年（966）規定：「自今犯罪人用祖、父親屬蔭減、贖者，
即須祖、父曾任皇朝官，據品秩得使；前代官，即須有功及國，有惠及民，

〔註43〕《宋史》卷394，《陳自強傳》，第12035頁。
〔註44〕《宋刑統》卷1，《名例律·五刑》，第1頁。
〔註45〕《宋刑統》卷1，《名例律·五刑》，第2頁、第3頁。
〔註46〕《宋刑統》卷2，《名例律·犯罪事發》，第24頁。
〔註47〕《長編》卷73，大中祥符三年閏二月，第1657頁。
〔註48〕《長編》卷77，大中祥符五年二月，第1756頁。
〔註49〕《長編》卷227，熙寧四年十月庚辰，第5534頁。
〔註50〕《長編》卷345，元豐七年五月丁卯，第8294頁。
〔註51〕《宋刑統》卷2，《名例律·請減贖》，第17頁、第18頁。
〔註52〕《宋刑統》卷2，《名例律·犯罪事發》，第24頁。

為時所推，官及三品以上者方可。」〔註53〕太宗淳化元年（990）又規定爵、勳官、散官「不得用以蔭贖」〔註54〕。神宗熙寧七年（1074）詔：「五品以上官之婢有子者坐罪依律，五品以上妾聽贖，犯主情重者依常法。」〔註55〕仁宗至和元年（1054）規定：前代帝王之後曾任宋朝八品以下官者，「其祖父母、父母、妻子犯流以下罪，聽贖。」〔註56〕南宋時，規定八品以上官子孫之婦犯罪，「蔭如其夫」〔註57〕。

宋代還明確規定官員可以官當罪。《宋刑統》規定：「諸犯死罪以官當徒者，（死罪謂私自犯及對制詐不以實、受賕枉法之類。）五品以上一官當徒二年，九品以上一官當徒一年。若犯公罪者，（公罪謂緣公事致罪，而無私曲者。）各加一年當。以官當流者，三流同比徒四年。其有二官，（謂職事官、散官、衛官同為一官，勳官為一官。）先以高者當，次以勳官當，行守者各以本品當，仍各解見任。若有餘罪及更犯者，聽以歷任之官當（歷任謂降所不至者。）其流內官而任流外職犯罪，以流內官當，及贖徒一年者，各解流外任。」又議曰：「各加一年當者，五品以上一官當徒三年，九品以上一官當徒二年。」「品官犯流，不合真配，既須當贖，所以比徒四年。假有八品、九品官犯死罪流，皆以四官當之。官無四者，準徒年當贖，故云三流同比徒四年。」「謂職事、散官、衛官計階等者，既相因而得，故同為一官；其勳官從勳加授，故別為一官，是為二官。若用官當徒者，職事每階各為一官，勳官即正從各為一官。」〔註58〕又據《慶元條法事類》：「諸應以官當者，追見任、次歷任高官；免官者，免見任並歷任內一高官；免所居官者，止免見任。其帶職者，以所帶職別為一官，（謂見任學士，待制，修撰，直閣，帶御器械，閣門舍人，宣贊舍人，閣門祗候，入內內侍兩省都知、副都知、押班。）或以官或以職，奏裁。」〔註59〕

宋代官員以官當罪、以錢贖罪、以蔭贖罪者並不鮮見。如大中祥符九年（1016）二月，河西軍節度、知許州石普坐私藏天文，妄言災異，罪當死，

〔註53〕《長編》卷7，乾德四年三月乙酉，第169頁；《宋史》卷201，《刑法志三》，第5025頁，文字有異。

〔註54〕《長編》卷31，淳化元年正月丙申，第699頁。

〔註55〕《長編》卷250，熙寧七年二月乙酉，第6098頁。

〔註56〕《長編》卷176，至和元年八月丁酉，第4271頁。

〔註57〕《慶元條法事類》卷76，《當贖門·蔭贖》，第814頁。

〔註58〕《宋刑統》卷2，《名例律·以官當徒除名免官免所居官》，第26頁、第27頁。

〔註59〕《慶元條法事類》卷76，《當贖門·追當》，第812～813頁。

以官當，遂除名，貶賀州〔註60〕。又，眞宗時，西京左藏庫副使趙守倫「坐違制移估馬司，當免所居官」，特詔寬其罰，贖金二十斤〔註61〕。次又，嘉祐二年（1057），隨州司理參軍李扶之父李阮毆殺佃客，死罪，按照宋代贖法，李阮不能享受蔭贖，李扶遂納官爲其父贖罪，其父被免死，編管湖南〔註62〕。再又，嘉祐中，碭山縣尉王存立納官贖其父配隸罪，其父得免軍籍〔註63〕。

第三節　宋代官員懲治不徹底的原因

縱觀中國專制社會的歷史，官員違法犯罪的記錄從未間斷，貪官污吏比比皆是，沒有一個專制王朝能夠徹底懲治違規違法犯罪的官員，宋代也是如此。究其總根源，在於專制制度本身。在專制制度下，專制王朝用於懲治官員的各種法律、制度、措施都不可能觸及專制制度本身，因而只能有治標之效，而無治本之功。「歷來確也不乏一些持正不苟的立廉警污的人物出來爲『民族』爭一口氣，挽救頹風，改造『風氣』，但惜其挽救改造之道，只是消極的一己的『清風亮節』，或嚴厲地懲治若干貪官污吏，而根本沒有觸到問題的病根或痛處。」〔註64〕

（一）在專制社會，包括官員懲治在內一切政治統治和行政管理行為，一切法律和制度安排，都要服從和服務於維護、鞏固皇帝一家的專制統治地位這一最高政治目標

皇帝和官僚是中國專制政治的兩個基本因素，皇帝是支配者，官僚是執行者，皇帝和官僚始終具有支配與依附的關係，皇帝對官員具有生殺予奪大權和政治統治的絕對權威。皇權專制統治，並不意味著皇帝一個人治理國家。每個人的精力、能力都是有限的，即使是德才超群的皇帝也不可能獨自治理天下，必須依靠官員的支持，才能穩固自身的統治。「人君雖才，安能獨濟天下之險？」〔註65〕就連宋眞宗也說：「天下至大，人君何由獨治也？」〔註66〕

〔註60〕　《宋史》卷324，《石普傳》，第10474頁。
〔註61〕　《宋史》卷466，《閻承翰傳》，第13611頁。
〔註62〕　《長編》卷185，嘉祐二年四月癸丑，第4474頁；《宋史》卷201，《刑法志三》，第5026頁。
〔註63〕　《長編》卷228，熙寧四年十一月丁酉，第5545頁。
〔註64〕　《中國官僚政治研究》，第119頁。
〔註65〕　《二程集・周易程氏傳》卷2，《習坎》，第848頁。
〔註66〕　《長編》卷86，大中祥符九年二月乙酉，第1972頁。

在家天下的情況下，「以長」而「不以賢」的方式在有限的皇室內部選擇繼承者，根本無法保證繼承者就是有治理天下才能的人。正因爲如此，在中國幾千年的專制社會裏，除了少數「馬上得天下」的開國皇帝外，在繼位者中有君才者屈指可數。宋代即是如此。在實際政治統治過程中，不論是多數人統治還是少數人統治的社會，最高統治者都不可能直接行使所有權力，也沒有能力包攬一切統治活動，必須借助於官僚機器的組織化、制度化、有序化的運轉，才能維護其家天下的統治。離開了官員，皇帝的集權統治也就無從施行。專制王朝懲治官員，絕不是要埋葬專制制度，而是要鞏固皇權專制統治。所以在整肅吏治時，往往是嚴下吏，而寬上官。其結果是法網雖密，但難治權貴重臣。皇帝要求官員的首先是忠君，其次才是廉潔，皇帝往往包庇權貴，以犧牲廉潔來求得官員的忠心，這既嚴重踐踏了法律的尊嚴，使法律成爲權力的奴婢，也助長了權貴的貪墨氣焰。上級官員大肆貪墨，下級必然起而效焉，腐敗成風也就是自然的事情。「大吏不正而責小吏，法略於上而詳於下，天下之不服固也。」〔註67〕

（二）專制權力不受制衡

在專制制度下，權力依單一方向自上而下配置和運行，在每一層級又集中於一個人或幾個人手中，一切政治資源均由權力中心全權控制和支配；官僚分職治事，自上而下地行使權力，既不具有法律上的獨立性，也不具有事實上的獨立性，上級可以隨時干預下級的管治活動；對每一級權力的制約和監督主要來自上級，而橫向的和自下而上的制約、監督則軟弱無力，這既使得處於權力顛峰的人可以大權獨攬，不受制約和監督，也爲執行具體事務的官員提供了自由用權的機會。正如孟德斯鳩所言：「一切有權力的人都容易濫用權力，這是萬古不易的一條經驗。有權力的人們使用權力一直到遇有界限的地方才休止。」〔註68〕自韓非子提出「事在四方，要在中央；聖人執要，四方來效」〔註69〕，秦始皇確立「天下之事無小大，皆決於上」〔註70〕的專制制度，到宋代，「因唐、五季之極弊，收斂藩鎮，權歸於上，一兵之籍，一財之源，一地之守，皆人主自爲之也。」〔註71〕宋代施行分權治事，這並不等於

〔註67〕 《誠齋集》卷89，《馭吏上》，第35頁。
〔註68〕 孟德斯鳩：《論法的精神》（上），第154頁，商務印書館，1961年版。
〔註69〕 《韓非子新校注》卷2，《揚權》，第137頁。
〔註70〕 《史記》卷6，《始皇本紀六》，第258頁。
〔註71〕 《葉適集·水心別集》卷10，《始議二》，第759頁。

分權制衡，實際上只是皇權之下官僚內部的分權制約，其目的只是限制、制約官員的權力，將官員的權力對皇權的威脅降到最低限度，確保趙宋政權的穩固。

宋代的分權治事與現代分權制衡制度有著根本的區別：一是現代分權制衡是整個國家政權範圍內的分權制衡，政權內不存在不受制約的權力。儘管宋代建立了嚴密的官員選任制度、監察制度、考課制度、司法制度等等，採取了一系列措施來建立權力制約機制，但這些制度、機制和各種措施都只是皇權專制統治的工具，所有的權力都來自於皇權，皇權與相權、監察權等權力是絕對不平衡的，儘管監察官可以對百官進行監察，但監察權並不能真正獨立於皇權之外，相權、臺諫權等權力之上有一個絕對的皇權，皇權不受制衡，可以隨時侵入其它權力。二是現代分權制衡是建立在法治基礎上的，一切權力受限於法律，法律支配權力，法律限制和規範一切權力活動，而不是權力支配法律。而宋代的分權制約是人治的工具，皇權不受任何法律支配、限制，相反，皇帝可以隨時立法、隨時廢法，是皇權支配法律。沒有法治，法律在官員懲治中的效力就會大打折扣。儘管宋代立法頻繁，法律相當完備，但並沒有建立真正的法治社會。在官員的觀念中，任官，是受職於君主；領俸，是食君主之祿；致仕，是將官位職事交還於君主。朝廷沒有設置專門機構和成文法律來制約皇權，皇帝對其行使皇權所出現的過錯不負任何責任，皇帝本人也不會受到任何制裁。正如徽宗所言：「出令制法，重輕予奪在上。」〔註72〕皇帝的絕對權威是專制政治的最重要特徵，也是專制政治的致命缺陷，一旦皇帝昏庸無能，就會給國家和社會帶來巨大的災難，這在官員懲治方面也是如此。

（三）統治集團內部、官僚內部的重重關係網，使得官員懲治困難重重

官僚之間有著千絲萬縷的聯繫，各種關係盤根錯節。「今日官吏其內外親屬之有權者，玩法如無法，視監司、長吏如無人。」〔註73〕官僚利益相連，官僚又多考慮自身的利益。「某郡之守嘗為侍從也，則監司幸其復為侍從而有所求；某郡之守嘗為臺諫也，則監司懼其復為臺諫而有所擊；至於縣令之與在朝某官有姻有舊者，皆不敢問。」〔註74〕如宜城令高定，恣橫不法，貪污

〔註72〕《宋史》卷200，《刑法志二》，第4990頁。
〔註73〕《宋會要》職官45之7，第3394頁。
〔註74〕《誠齋集》卷90，《民政中》，第27頁。

害民，但因其弟高宇爲監察御史，「刺舉按察之官非獨不繩其罪，又且薦其材」〔註75〕，更何況宰執、左右近侍之親戚。官僚貪墨是專制官僚政治的伴生物。在君主專制體制下，各級官吏都是君主專制的工具，國家的一切權力都由以皇帝爲核心的當權者所掌握，下屬各級官吏都只受其上司及皇帝的監督，只對其上司和皇帝負責，這種大官管小官，層層相管的體制在實踐中異化爲官大法大，官大權大，官小法小，官小權小，法不治權。於是高級官員可以借助皇帝的恩寵而恣橫暴戾，貪贓枉法；下級官吏以爲身計，就得交結權倖，以行賄來腐蝕監督他們的監察官和上級官員。在君主專制下，宋代實行官僚分職治事、互相制約的官僚體制，也就由官官相制演變成了官官相護。王安石認爲：「制而用之存乎法，推而行之存乎人」〔註76〕；「吏不良，則有法而莫守。」〔註77〕執法腐敗，有法不行，違法不究，使得懲治官員的法律和制度無法自始至終得到有效的貫徹執行。「國家設按刑之司，蓋慮郡縣長吏或不得人，刑罰冤濫，俾之糾察。而大獄出入未嘗按問，細故增減即務舉劾，是小過必察而大罪不訶，何以副聖人欽恤之意哉。」〔註78〕「監司，刺舉之官也」，卻「背公自營，倚令搔衆」〔註79〕，甚至與守令勾結起來，欺壓百姓。「監司守令攘公盜民，以求美遷。」〔註80〕「民訴某守，則執其人、封其辭，以送某守；民訴某令，則下其牒以與某令，是爲守令報仇也。」〔註81〕「監司之不法不義，反甚於州縣。」〔註82〕如此怎會有吏治清明。

（四）人性的弱點與利益驅動

金無足赤、人無完人，人性的弱點是客觀的存在。關於人之初，是性本善還是性本惡，作爲哲學命題，已經爭論了兩千多年。其實，「人的本質並不是單個人所固有的抽象物。在其現實性上，它是一切社會關係的總和。」〔註83〕「人來源於動物界這一事實已經決定了人永遠不能擺脫獸性，所以問題永遠只能在於擺脫得多些或少些，在於獸性或人性程度上的差異。」

〔註75〕《宋會要》職官 45 之 7-8，第 3394～3395 頁。
〔註76〕《王安石全集》卷 36，《周禮義序》，第 321 頁。
〔註77〕《王安石全集》卷 34，《度支副使廳壁題名記》，第 309 頁。
〔註78〕《包拯集校注》卷 1，《請令提刑親按罪人》，第 10 頁。
〔註79〕《宋會要》刑法 2 之 83，第 6537 頁。
〔註80〕《誠齋集》卷 89，《馭吏上》，第 35 頁。
〔註81〕《誠齋集》卷 90，《民政中》，第 27 頁。
〔註82〕《葉適集·水心別集》卷 14，《監司》，第 810 頁。
〔註83〕《馬克思恩格斯全集》第 3 卷，第 5 頁，人民出版社，1965 年版。

〔註84〕人的善性、惡性是與生俱有、普遍存在的，不存在絕對善性的人和絕對惡性的人。由於惡性普遍存在，每個人都有僅憑個人的感情、欲望、要求、衝動來行動的行為傾向。官員違法犯罪是人性惡的一面、貪婪的一面極端膨脹的結果，是人的獸性的具體表現。

　　同時，人都有追求自身利益的本能。「人們奮鬥所爭取的一切，都同他們的利益有關。」〔註85〕「『天下熙熙，皆為利來；天下攘攘，皆為利往。』夫千乘之王，萬家之侯，百室之君，尚猶患貧」〔註86〕。官員同常人一樣，也是經濟人。按照現代經濟人理論，利益驅動是人的行為的最基本最持久最有力的動力，這種動力不會因個人進入政府系統而消失。政府系統可因自身的制度安排而影響個人利益的實現，但不能消滅個人利益。每個人都有自身利益和價值取向，其行為也同經濟主體在市場上的行為目標有某種類似的一面，在可能的條件下，都要追求自身利益的最大化。當一個人在社會活動中面臨若干個不同的選擇機會時，他總是本能地選擇能夠給自己帶來更大利益的那種機會。凡是正常的人，對各種可能的選擇機會的反映，在本質上是沒有差別的，一般說來，總是趨利避害或趨大利而避小利。即使在政府活動過程中，人的行為也不可避免地帶有經濟人的特徵，其行為也是受個人的成本——收益計算原則支配的。對於官員的行為，如果沒有一種行之有效的約束機制，那麼，當大權在握的官員自身利益與公共利益發生矛盾時，受損害的總是公共利益。權力本身是一種強制力，一種支配力量，在權力關係中最突出的特點就是服從，這決定了權力關係中的層級性、不平等性。權力的行使過程就是利益的分配過程，因此，在一定條件下，權力可以用來交換利益，「權力可以用來取得聲望、尊敬、安全、友情、財富和許多別的價值。」〔註87〕這使得公共權力本身是一把雙刃劍，既可以用來安邦定國，造福人民，也可以用來禍國殃民。當權力在自身邊界範圍內規範運行時，就可以治國興邦。而當權力越出邊界無限膨脹、隨意行使時，權力就會異化，公共權力就會成為個人的特權，成為個人為所欲為、謀取私利的工具。對於官員來說，其私人利益主要是陞官和發財，權力是以最小成本快速獲取財富的捷徑，「千里做

〔註84〕《馬克思恩格斯選集》第3卷，第140頁，人民出版社，1972年版。
〔註85〕《馬克思恩格斯全集》第1卷，第82頁，人民出版社，1956年版。
〔註86〕《史記》卷129，《貨殖列傳》，第3256頁。
〔註87〕羅伯特·達爾：《現代政治分析》，第151頁，王滬寧等譯，上海譯文出版社，
　　　　1987年版。

官只爲財」的民諺，就是中國老百姓對這一歷史事實的總結。宋代名臣曹彬有句名言：「人生何必使相，好官亦不過多得錢爾。」〔註88〕官利一體化，有官便有錢，做官即發財，做大官發大財，做小官發小財，大大小小的官員利用一切可能的機會發橫財，腐敗便不斷滋生蔓延，吏治便不可避免墮入黑暗。

（五）道德倫理節制的軟弱性

一個社會沒有道德是萬萬不能的，但僅有道德也是遠遠不夠的。道德不具有國家強制力，主要依靠人的自覺，不能包治社會百病。儘管官僚士大夫都受過嚴格的專制倫理教育，熟讀四書五經，身受儒家倫理的長期薰陶；但步入官場後，在強大的利益誘惑面前，私欲難免膨脹，「義」也就無法抵擋「利」的巨大誘惑。官本位和陞官發財觀念在中國人的頭腦中根深蒂固，尤其是在專制社會，做官是人們改變自身的社會地位和經濟狀況的最好途徑，權力是攫取財富的最好工具。在強大的利益誘惑面前，倫理道德也就顯得異常軟弱，無法約束個人私欲。

〔註88〕《宋史》卷 258，《曹彬傳》，第 8980 頁。

餘　論

　　官員是國家機器的重要組成部分，官員懲治是官員管理的一個重要內容。如何懲治官員，關係到官員隊伍能否健康發展，關係到國家機器能否正常運行，關係到國家和民族的治亂興衰。由於時代不同，歷史條件各異，每一個政府對官員懲治都有自己的做法。「歷史的目的在將過去的眞事實予以新意義或新價值，以供現代人活動之資鑒。」〔註1〕綜觀宋代歷史，在其官員懲治嚴明的時期，國家機器就運行得比較好，尤其是北宋前期。宋代治官的有些做法對今天也仍然可資借鑒，如舉官保任法，官員不但有舉官的權力，更要承擔舉官之責任，被舉薦者任官違法，舉薦者要承擔連帶責任，這對今天的官員選任亦是鑒鏡。有鑒於宋代的官員懲治，聯繫今天的現實，就治官而言，都有一些規律性的東西。

　　第一，治國必先治官，治官務必從嚴。不論是人治，還是法治，治國都離不開官員，歷代先賢對此所見相同。韓非子有言：「官之失能者其國亂」〔註2〕。所以，治國必先治官，古今中外概莫能外。「國有社稷臣，行法自貴近始，天下事尚何不可爲者。」〔註3〕司馬光指出：「夫安危之本在於任人，治亂之機在於賞罰。二者不可不察也。若中外百官各得其人，賢能者進，不肖者退，忠直者親，讒佞者疏，則天下何得不安？ 任職之臣多非其人，賢能者退，不肖者進，忠直者疏，讒佞者親，則天下何得不危？」〔註4〕如何保證爲官者是

〔註 1〕《中國歷史研究法》，第 123 頁。
〔註 2〕《韓非子新校注》卷 2，《有度》，第 91 頁。
〔註 3〕黃震：《黃氏日抄》卷 50，《讀史》，第 4 頁，景印文淵閣《四庫全書》本。
〔註 4〕《宋朝諸臣奏議》卷 26，《上慈聖皇后論任人賞罰要在至公名體禮數當自抑損》，第 249 頁。

賢能之人？其道在於從嚴治官。「有功則賞，有罪則罰。其人苟賢能，雖仇必用；其人苟庸愚，雖親必棄。賞必有所勸，罰必有所懲；賞不以喜，罰不以怒；賞不厚於所愛，罰不重於所憎，必與一國之人同其好惡。是故古者爵人於朝，與士共之；刑人於市，與眾棄之。」〔註5〕從嚴治官，則國必治，反之亦然。

第二，治官必嚴法令，法貴嚴明，重在執行。古之先賢對此已有很多精闢的論述。「法任而國治矣。」〔註6〕「夫立法令者，以廢私也，法令行而私道廢矣。私者，所以亂法也。」〔註7〕「王者所以治天下，惟在法令。」〔註8〕治國理政「當以嚴爲本，而以寬濟之。」「須是令行禁止。若曰令不行，禁不止，而以是爲寬，則非也。」〔註9〕法無貴賤之分，法不阿貴，嚴於上官。法律應具有很強的操作性，能夠獲得普遍的遵從。有法而不用，不若無法，因爲這使得法律徒具一紙空文，損害了法律的權威性，踐踏了法律的尊嚴。只有嚴於執法，才能使法律名副其實，充分發揮法律的應有作用。治官，不僅要懲治於已犯之後，更要防範於未然。「號令既明，刑罰亦不可弛。苟不用刑罰，則號令徒掛牆壁爾。與其不遵以梗吾治，曷若懲其一以戒百？與其核實檢察於其終，曷若嚴其始而使之無犯？」〔註10〕

第三，治官務必公正，無論親疏，切忌感情用事。商鞅有言：「聖人之爲國也，一賞，一刑，一教。」「所謂一刑者，刑無等級，自卿相將軍以至大夫庶人，有不從王令、犯國禁、亂上制者，罪死不赦。」〔註11〕韓非子說：「世之所以不治者，非下之罪，上失其道也。」〔註12〕唐代名臣魏徵有言：「刑賞之本，在乎勸善而懲惡，帝王之所以與天下爲畫一，不以親疏貴賤而輕重者也。」〔註13〕司馬光亦言：「賞不因喜，罰不因怒，賞必有所勸，罰必有所懲，則天下何得不治？喜則濫賞，怒則妄罰，賞加於無功，怒加於無罪，則天下何得不亂？」〔註14〕朱熹說：「法者，天下之大公」，治國者不能「以私恩廢

〔註5〕《溫國文正司馬公文集》卷46，《進修心治國之要箚子》，第355頁。
〔註6〕商鞅：《商君書・慎法》，改革出版社，1998年版，第401頁。
〔註7〕《韓非子新校注》卷17，《詭使》，第997頁。
〔註8〕《溫國文正司馬公文集》卷48，《乞不貸故鬥殺箚子》，第369頁。
〔註9〕《朱子語類》卷108，《論治道》，第2689頁。
〔註10〕《朱子語類》卷108，《論治道》，第2688頁。
〔註11〕《商君書・刑賞》，第274頁、第280頁。
〔註12〕《韓非子新校注》卷17，《詭使》，第988頁。
〔註13〕《舊唐書》卷71，《魏徵傳》，第2553頁。
〔註14〕《宋朝諸臣奏議》卷26，《上慈聖皇后論任人賞罰要在至公名體禮數當自抑損》，第249～250頁。

天下之公法」〔註15〕。宋孝宗亦言:「人有一點私心,法便不可行。」〔註16〕
治官,最怕統治者自壞其法。宋代統治者常常自壞其法乃是前車之鑒。唯有
公正無私,才有公信力,才能取信於民,才能保證吏治清明。

　　第四,治官必須以一貫之,常抓不懈,切不可虎頭蛇尾。在中國幾千年
的歷史長河中,王朝更替、社會動蕩,頻繁而劇烈。大凡一個政權建立之初,
開國者深知前車之鑒,大多勵精圖治,嚴於吏治。隨著承平日久,後繼者往
往沉迷於享樂,吏治逐漸鬆弛而終至頹廢,政權也隨之滅亡,趙宋王朝亦不
例外。治亂興衰,循環往復,其興也勃焉,其亡也忽焉。解決之道,嚴於治
官且絕不鬆懈是其一也。

〔註15〕《晦庵集》卷73,《溫公疑孟下》,第21頁。
〔註16〕《宋史全文》卷27(上),淳熙十年十月丁未,第1883頁。

附錄一　宋代受懲治官員表

序號	受懲治官員	時　間	懲治方式	原　因	史料出處
1	中書舍人趙逢	建隆元年九月	貶房州司戶參軍	坐從征避難	《宋史》卷1《太祖一》，第7頁
2	龍捷指揮石進	建隆元年十月乙酉	棄市	坐不救	《宋史》卷1《太祖一》，第7頁
3	酒坊使左承規	建隆二年三月丙申	棄市	以酒工為盜	《宋史》卷1《太祖一》，第8~9頁
4	酒坊副使田處岩				
5	商河縣令李瑤	建隆二年四月己未	杖死	坐贓	《宋史》卷1《太祖一》，第9頁
6	供奉官李繼昭	建隆二年五月庚寅	棄市	盜賣官船	《宋史》卷1《太祖一》，第9頁
7	大名府永濟主簿郭顗	建隆二年八月	棄市	坐贓	《宋史》卷1《太祖一》，第10頁
8	滑州節度使張建豐	建隆三年二月乙未	免官	坐失火	《宋史》卷1，《太祖一》，第11頁
9	蔡河務綱官王訓	建隆三年八月癸巳	磔於市	以糠土雜軍糧	《宋史》卷1《太祖一》，第12頁
10	吏部郎中鄧守中	乾德三年正月戊子	貶為員外郎	坐試諸司吏書判考覆不當	《長編》卷6，乾德三年正月戊子，第145頁
11	職方員外郎李岳	乾德三年四月癸丑	棄市	坐贓	《宋史》卷2《太祖二》，第22頁

12	殿直成德鈞	乾德三年八月戊午	棄市	坐贓	《宋史》卷2《太祖二》，第22頁
13	太子中舍王治	乾德三年十月己未	棄市	受贓殺人	《宋史》卷2《太祖二》，第23頁
14	劍州刺史張仁謙	乾德三年十一月乙未	貶宋州教練	坐殺降	《宋史》卷2，《太祖二》，第23頁
15	光祿少卿郭玘	乾德四年五月甲戌	棄市	坐贓	《宋史》卷2《太祖二》，第24頁
16	澧州刺史白全紹	乾德四年六月丙午	免官	坐縱紀綱規財部內	《宋史》卷2，《太祖二》，第24頁
17	虎捷指揮使孫進	乾德四年九月	伏誅、夷族	坐黨呂翰亂	《宋史》卷2《太祖二》，第25頁
18	龍衛指揮使吳瑰				
19	供奉官王漢英	乾德五年正月甲午	決杖，配隸蔡州牙前	坐為新津監押日擅用官米	《長編》卷8，第186頁
20	王全斌	乾德五年正月甲寅	責崇義軍節度使	坐伐蜀時黷貨殺降	《宋史》卷2，《太祖二》，第25頁
21	鳳州路行營前軍都監王仁贍	乾德五年正月甲寅	責授右衛大將軍	坐沒入生口財貨、殺降兵致蜀土擾亂	《宋史》卷257，《王仁贍傳》，第8957頁
22	深州刺史陳達	乾德五年三月庚寅	法當死，上特貸之，除名流海島	私蓄兵器，欲走契丹	《長編》卷8，第190頁
23	導江縣令源銑	乾德五年三月	極刑	坐贓	《長編》卷8，第192頁
24	倉部員外郎陳郾	乾德五年九月壬辰	棄市	坐贓	《宋史》卷2《太祖二》，第26頁
25	工部侍郎毋守素	乾德五年十一月乙酉	免	坐居喪娶妾	《宋史》卷2《太祖二》，第26頁
26	監察御史楊士達	開寶元年九月癸未	棄市	坐鞫獄濫殺	《宋史》卷2，《太祖二》，第27頁
27	散指揮都知杜延進	開寶二年十月庚寅	伏誅，夷其族	謀反	《宋史》卷2《太祖二》，第30頁
28	右領軍衛將軍石延祚	開寶三年十一月癸丑	棄市	監倉與吏為奸贓	《宋史》卷2《太祖二》，第32頁

29	右千牛衛大將軍桑進興	開寶四年正月丁未	棄市	坐贓	《宋史》卷2《太祖二》，第32頁
30	監察御史閭丘舜卿	開寶四年四月壬辰	棄市	坐前任盜用官錢	《宋史》卷2《太祖二》，第33頁
31	太子洗馬王元吉	開寶四年十月庚午	棄市	坐贓	《宋史》卷2《太祖二》，第33頁
32	通判姚恕	開寶四年十一月	棄市	河決澶州，不即時上聞	《長編》卷12，開寶四年十一月庚戌
33	殿中侍御史張穆	開寶五年三月乙酉	棄市	坐贓	《宋史》卷3《太祖三》，第38頁
34	右拾遺張恂	開寶五年七月己未	棄市	坐贓	《宋史》卷3《太祖三》，第38頁
35	前攝上蔡主簿劉偉	開寶中	棄市	造僞印	《宋史》卷278《雷有鄰傳》，第9455頁
36	內班董延諤	開寶五年十二月甲寅	杖殺	坐監務盜芻粟	《宋史》卷3《太祖三》，第39頁
37	棣州兵馬監押、殿直傅延翰	開寶六年二月丙戌	伏誅	謀反	《宋史》卷3《太祖三》，第39頁
38	翰林學士、權知貢舉李昉	開寶六年三月	責授太常少卿	取舍失當，錄用「材質最陋」的同鄉武濟川爲進士	《長編》卷14，開寶六年三月辛酉，第297～298頁
39	饒州團練使杜彥圭	開寶六年	責授洛苑使、饒州刺史	坐市竹木矯制免算	《宋史》卷463，《杜彥圭傳》，第13538頁
40	太子中舍胡德沖	開寶七年三月乙巳	棄市	坐隱官錢	《宋史》卷3《太祖三》，第41頁
41	殿中丞趙象	開寶七年八月戊戌	除名	坐擅稅	《宋史》卷3，《太祖三》，第42頁
42	兵部郎中董樞	開寶八年五月	殺	隱沒羨銀	《宋史》卷3《太祖三》，第44頁
43	右贊善大夫孔璘	開寶八年五月	殺	隱沒羨銀	《宋史》卷3《太祖三》，第44頁
44	宋州觀察判官崔絢	開寶八年六月丁未	棄市	坐贓	《宋史》卷3《太祖三》，第44頁

45	錄事參軍馬德休	開寶八年六月丁未	棄市	坐贓	《宋史》卷3《太祖三》，第44頁
46	比部郎中知靈州張全超	太平興國二年二月	決杖流海島	坐濫殺	《長編》卷18，第397頁
47	右千牛衛將軍董繼業	太平興國二年三月	責為本部中郎將	前知辰州，私販鹽賦於民。	《長編》卷18，第401頁
48	蔡州團練使張延範	太平興國二年五月	責為護國行軍司馬	前知廣州，火焚公廨香藥、珠貝、犀象殆盡，奏不以實，縱私奴於部下受賕。	《長編》卷18，第405頁
49	河南府法曹參軍高丕	太平興國二年五月	免官	皆坐罷軟不勝任，惰慢不親事。	《長編》卷18，第404頁
50	伊闕縣主簿翟嶙				
51	榮澤縣令申廷溫				
52	周延峭	太平興國二年七月壬戌	斬	坐齎詔至宋州視官羅，擅離羅所出城飲酒，遺失詔書	《長編》卷18，第406頁
53	京東轉運使和峴	太平興國二年	坐削籍，配隸汝州	嘗以官船載私貨販易規利	《宋史》卷439，《和峴傳》，第13014頁
54	殿直霍瓊	太平興國三年正月	腰斬	坐募兵劫民財	《宋史》卷4《太宗一》，第57頁
55	光祿丞李之才	太平興國三年正月己亥	除名	坐擅入酒邀同列飲殿中	《宋史》卷4，《太宗一》，第57頁
56	泗州錄事參軍徐璧	太平興國三年二月丙寅	棄市	坐監倉受賄出虛券	《宋史》卷4《太宗一》，第58頁
57	監海門戌、殿直武裕	太平興國三年三月辛丑	棄市	坐奸贓	《宋史》卷4《太宗一》，第58頁
58	侍御史趙承嗣	太平興國三年四月辛巳	棄市	坐監市徵隱官錢	《宋史》卷4《太宗一》，第58頁
59	秦州節度判官李若愚	太平興國三年五月	夷其家	其子李飛雄矯制謀叛腰斬	《宋史》卷463《劉文裕傳》，第13547頁

60	中書令史李知古	太平興國三年七月壬子	杖殺	坐受賕擅改刑部所定法	《宋史》卷4《太宗一》，第59頁
61	詹事丞徐選	太平興國三年八月癸酉	杖殺	坐贓	《宋史》卷4《太宗一》，第59頁
62	光州刺史史珪	太平興國四年	責授定武行軍司馬	坐所部逗撓失律	《宋史》卷274《史珪傳》，第9358頁
63	西京留守石守信	太平興國四年八月壬子	貶崇信軍節度使	坐從征失律	《宋史》卷4《太宗一》，第63頁
64	駙馬都尉王承衍	太平興國五年八月	各罰俸一年	違法「市竹木入官」	《宋史》卷257《王仁瞻傳》，第8957頁；卷249《魏咸信傳》，第8805頁；卷250《石保吉傳》，第8812頁；卷250《王承衍傳》，第8817頁；《長編》卷21，第478頁
65	駙馬都尉石保吉				
66	駙馬都尉魏咸信				
67	左衛上將軍張永德	太平興國五年	降爲本衛大將軍	坐市秦、隴竹木所過矯制免關市算	《宋史》卷255，《張永德傳》，第8917頁
68	歸德軍節度推官李承信	太平興國六年四月	棄市	市蔥笤園戶病創死	《長編》卷22，第492頁；《宋史》卷200《刑法志二》，第4986頁
69	王德裔	太平興國六年八月庚午	削兩任，免兩浙東路轉運使，並追奪先前所賜白金千兩	坐簡慢不親事，部內不治。	《長編》卷22，第494頁
70	監察御史張白	太平興國六年十一月丁酉	棄市	坐知蔡州日假官錢糴糶	《宋史》卷4《太宗一》，第67頁
71	膳部郎中兼侍御史知雜事知京朝官考課滕中正	太平興國六年	降爲本曹員外郎，依舊知雜	因所薦舉監察御史張白知蔡州時假貸官錢糴粟麥以射利而連坐	《宋史》卷276《滕中正傳》，第9387頁

72	右監門衛將軍韋進韜	太平興國七年四月己卯	責授右衛率府率	坐前知雄州，鄙吝，不市牛酒犒士卒，延火燒其官舍城門樓，進韜不知覺	《長編》卷23，第518頁
73	中書舍人李穆	太平興國七年四月	責授司封員外郎	與盧多遜雅相親厚。秦王廷美出爲西京留守，其朝辭笏記又穆所草	《長編》卷23，第518頁
74	盧多遜	太平興國七年四月丁丑	褫職流崖州	坐窺伺君親，指斥乘輿，交結藩邸，大逆不道	《宋史》卷4《太宗一》，第68頁；卷264，第9120頁；《宋會要》職官78之2；《長編》卷23，第517頁。
75	前開封推官孫嶼	太平興國七年五月癸巳	降司戶參軍	爲秦王廷美官屬，坐輔導無狀	《宋史》卷244《魏王廷美傳》，頁8668
76	房州團練使田欽祚	太平興國七年	左降	坐販鬻月奉芻粟以規利	《宋史》卷274本傳，第9360頁
77	新建縣令朱靖	太平興國七年閏十二月	杖脊、配沙門島	因怒決部民致死	《長編》卷23，太平興國七年閏十二月甲午，第532頁
78	樞密副使弭德超	太平興國八年四月壬子	削奪在身官爵，配瓊州	坐詬同列，語涉怨望	《宋史》卷4《太宗一》，第70頁，卷376本傳，第13678頁；《宋會要》職官78之2。
79	威塞軍節度使曹翰	太平興國八年	當棄市，上貸其罪，削官爵，流錮登州	私市兵器，所爲多不法	《宋史》卷260，《曹翰傳》，第9015頁；《宋史》卷4，《太宗一》，第70頁
80	忠州錄事參軍卜元幹	雍熙元年十月戊戌	杖殺	坐受賕枉法	《宋史》卷4《太宗一》，第73頁
81	殿前承旨王著	雍熙二年四月己丑	棄市	坐監資州兵爲奸贓	《宋史》卷5《太宗二》，第75頁

82	雄州兵馬總管劉廷讓	雍熙四年	除削在身官爵，商州安置	以疾上聞，不待報，擅離治所	《宋會要》職官 64 之 6，第 3823 頁
83	右領軍衛大將軍陳廷山	端拱元年六月丙辰朔	伏誅	謀反	《宋史》卷 5《太宗二》，第 82 頁
84	比部員外郎洪湛	端拱初，咸平五年三月	先降知容州，後爲削籍流	以受銀，法當死，特貸	《宋史》卷 6《眞宗一》，第 117 頁；卷 441 本傳，第 13059 頁
85	前度支判官宋沆	淳化二年九月辛丑	安置	坐黨呂蒙正	《宋史》卷 287《宋湜傳附》，頁 79646
86	李繼隆	淳化三年	罰俸	受命赴河朔征討，不赴臺辭	《宋史》卷 287，《李昌齡傳》，第 9653 頁
87	都虞候趙咸雍	淳化五年八月	磔於市	劫庫兵爲亂	《宋史》卷 5《太宗二》，第 95 頁
88	知制誥胡旦	至道三年五月、咸平初	除名、削籍流	坐謀立故楚王元佐	《宋史》卷 281《呂端傳》，第 9516 頁；卷 432 本傳，第 12830 頁。
89	開封府推官陳堯佐	咸平初	降通判潮州	坐言事忤旨	《宋史》卷 284 本傳，第 9582 頁
90	知益州牛冕	咸平三年四月壬申	削籍流	戍卒嘯集爲亂，委城奔漢州	《宋史》卷 6，第 112 頁；《長編》卷 47，第 1014 頁
91	西川轉運使張適	咸平三年四月壬申	降連州參軍	戍卒嘯集爲亂，委城奔漢州	《宋史》卷 6，第 112 頁；《長編》卷 47，第 1014 頁
92	綿、漢都巡檢、澄州刺史張思鈞	咸平三年十月壬子	削籍流	坐求巴西尉傅翱善馬，翱不與，尋譖斬之	《宋史》卷 6《眞宗一》，第 113 頁
93	供備庫使賈繼勳	咸平三年十一月庚寅	除名流汝州	坐天雄軍修城不謹，戰棚圮故也	《長編》卷 47，咸平三年十一月庚寅，第 1032 頁
94	靈、環十州軍副都部署兼安撫副使楊瓊	咸平四年閏十二月丁丑	除名流，籍其田宅	西夏陷清遠軍，坐逗撓	《宋史》卷 280《楊瓊傳》，第 9502 頁；卷 466《張繼能傳》，第 13620 頁；卷 324《劉文質傳》，第 10492 頁；
95	都監崇儀使張繼能				

96	都監西京左藏庫使劉文質				《長編》卷50，第1101頁
97	鈐轄內園使馮守規				
98	鈐轄李讓				
99	知榮州褚德臻	咸平五年五月壬寅	棄市	坐盜取官銀	《宋史》卷6《真宗一》，第117頁
100	屯田員外郎盛梁	咸平六年二月庚寅	流崖州	坐受賕枉法	《宋史》卷7《真宗二》，第121頁
101	鎮州副都部署李福	咸平六年五月癸丑	削籍流	坐望都之戰臨陣退衄	《宋史》卷7《真宗二》，第122頁；卷278《王超傳》，第9465頁
102	拱聖軍都指揮使王升	咸平六年五月癸丑	決杖配隸	坐望都之戰臨陣退衄	《宋史》卷278《王超傳》，第9465頁
103	定州鈐轄李繼宣	咸平六年夏	降如京副使	坐逗遛不進	《宋史》卷308《李繼宣傳》，第10147頁；卷22《楊延昭傳》，第9307頁
104	環慶路都監宋沆	咸平中	責授供奉官	與知環州張從古擅發兵襲敵，不與部署葉謀，士卒有死傷	《宋史》卷287《宋湜傳》，第9646頁
105	知徐州洪文顥	咸平年間	責授左武衛大將軍、知漣水軍	坐用刑失入	《宋史》卷483，《陳氏世家》，第13964頁
106	鄭州防禦使魏能	景德二年三月戊午	責授右羽林將軍	坐歸師不整	《宋史》卷7《真宗二》，第128頁
107	樞密直學士劉師道	景德二年四月丁酉	坐考試不公	責授忠武軍行軍司馬	《宋史》卷7，《真宗二》，第128頁
108	右正言、知制誥陳堯咨	景德二年四月丁酉	坐考試不公	單州團練使	《宋史》卷7，《真宗二》，第128頁
109	兩浙轉運使姚鉉	景德三年十月甲午	除名、為連州文學	坐不法	《宋史》卷7《真宗二》，第131頁；《宋史》本傳，第13055頁

110	知晉州齊化基	大中祥符元年九月壬申	削籍流崖州	坐貪暴	《宋史》卷7《眞宗二》，第137頁
111	入內高品江守恩	大中祥符三年九月	杖殺	違制市青苗、私役軍士、擅董丁夫及笞捶役夫致死等	《長編》卷74，大中祥符三年九月癸巳，第1689～1690頁
112	大理寺丞、知考城縣皮子良	大中祥符五年七月	法當贖銅，命停官	貸京師民錢十七萬，到官即自首	《長編》卷78，第1776頁
113	楊光智	大中祥符七年八月丁巳	配隸鄧州	擅領兵出寨，又誣軍中謀殺司馬張從吉	《宋史》卷8《眞宗三》，第156頁
114	河西節度使石普	大中祥符九年十一月	除名流賀州	坐妄言災異	《宋史》卷8《眞宗三》，第161頁
115	翰林學士、工部尚書錢惟演	天禧三年三月癸未	降一官	坐知舉失實	《宋史》卷8，《眞宗三》，第166頁
116	給事中朱巽	天禧四年九月壬戌	謫官	坐不察朱能奸	《宋史》卷8，《眞宗三》，第169頁
117	工部郎中梅詢	天禧四年九月壬戌	謫官	坐不察朱能奸	《宋史》卷8，《眞宗三》，第169頁
118	知華州崔端	眞宗時	置之散秩，摒棄終身	因於部內置買物產	《包拯集校注》卷1，《請法外斷魏兼》，第34頁
119	宰相寇準	乾興元年二月戊辰	貶雷州司戶參軍		《宋史》卷9《仁宗一》，第176頁；卷281本傳，第9533頁
120	宰相丁謂	乾興元年七月辛卯	貶司戶參軍	擅移山陵等	《宋史》卷9《仁宗一》，第176頁；卷283本傳，第9570頁
121	集賢校理尹洙	仁宗時	降通判濠州	擅發兵	《宋史》卷295《尹洙傳》，第9834頁
122	右正言知制誥判吏部流內銓劉沆	仁宗時	出知潭州	奉使契丹失禮	《宋史》卷285《劉沆傳》，第9606頁

123	知滄州葛懷敏	仁宗時	降知滁州	爲王德用妹婿，因王德用貶而連坐。	《宋史》卷289《葛懷敏傳》，第 9701 頁
124	益州路轉運使明鎬	仁宗時	降知同州	坐失察知陵州楚應幾贓罪	《宋史》卷292，《明鎬傳》，第 9769 頁
125	陝西體量安撫使龐籍	仁宗時	降知汝州	令開封府吏馮士元市女口	《宋史》卷311《龐籍傳》，第 10199 頁
126	淮南路轉運使蔣堂	仁宗時	降知越州	坐失按蘄州王蒙正故入部吏死罪	《宋史》卷298《蔣堂傳》，第 9913 頁
127	太常博士楊畋	仁宗時	降知太平州	坐部將胡元戰死	《宋史》卷300《楊畋傳》，第 9964 頁
128	知鄧州劉元瑜	仁宗時	降知隨州	坐在潭州擅補畫工易元吉爲畫助教	《宋史》卷304，《劉元瑜傳》，第 10072 頁
129	鹽鐵副使劉湜	仁宗時	降知沂州	宴紫宸殿，副使當坐殿東廡，不即坐，趣出	《宋史》卷304《劉湜傳》，第 10075 頁
130	三司使張方平	仁宗時	罷	坐買豪民產	《宋史》卷316，《包拯傳》，第 10317 頁
131	知漣水軍鄧餘慶	天聖元年十一月	貸死、杖脊配廣南牢城	犯贓	《長編》卷101，第 2342 頁
132	閤門祇候荊信				
133	監興平縣酒稅何承勳				
134	監進賢鎮鹽酒稅易著明				
135	知福州陳絳	天聖三年六月辛酉	奪兩官，責昭州團練副使	坐犯贓不法	《長編》卷103，第 2382 頁
136	福建路提點刑獄王耿	天聖三年六月辛酉	追一官、安置	坐犯贓不法	《長編》卷103，第 2382 頁
137	知化軍陳覃	天聖三年六月辛酉	監柳州稅	坐犯贓不法	《長編》卷103，第 2382 頁

138	洛苑使、知石州高繼昇	天聖三年九月辛巳	降爲洛苑副使，仍知石州	因受理延州芙村族軍主李都呀等訴訟	《長編》卷 103，第 2389 頁
139	鰲屋縣尉孫周翰	天聖六年五月丙午	杖脊、刺配牢城	因市物決人至死	《長編》卷 106，第 2472 頁
140	同平章事張士遜	天聖七年二月	出知江寧府	坐救曹利用	《宋史》卷 210《宰輔一》，第 5450 頁
141	中書門下平章事王曾	天聖七年六月甲寅	以吏部尚書出知兗州	以昭應宮災故	《宋史》卷 210《宰輔一》，第 5450 頁
142	知隴州孫濟	天聖九年四月戊寅	降雷州參軍	坐誤入人死	《宋史》卷 200《刑法二》，第 4988 頁；《長編》卷 110，第 2556 頁
143	軍事判官李謹言	天聖九年四月戊寅	除名、配廣州牙前	坐誤入人死	《宋史》卷 200《刑法二》，第 4988 頁；《長編》卷 110，第 2556 頁
144	推官李廓				
145	司理參軍嚴九齡				
146	隴安縣尉董元亨				
147	內侍任守忠	仁宗時	降監酒稅	坐交通請謁	《宋史》卷 468 本傳，第 13657 頁
148	知棣州王涉	明道元年四月戊午	配牢城	坐冒請官地爲職田	《宋史》卷 10《仁宗二》，第 193 頁
149	供備庫副使楊安節	明道二年七月辛巳	除名配隸	坐助人挾妖不法	《長編》卷 112，第 2622 頁
150	東染院使張懷德				
151	權御史中丞孔道輔	明道二年十二月丙辰	出知泰州	力諫皇后不當廢	《長編》卷 113，第 2649 頁
152	知諫院孫祖德	明道二年十二月丙辰	罰銅二十斤		
153	集賢校理于靖	仁宗時	落職、監筠州酒稅	上疏論奏得罪皇帝	《宋史》卷 320《余靖傳》，第 10408 頁
154	天章閣待制范仲淹	景祐三年五月丙戌	落職知饒州	坐譏刺大臣	《宋史》卷 10《仁宗二》，第 201 頁

155	洪州別駕王蒙正	景祐四年二月壬子	除名、配廣南編管	與父婢私通，且規取財產	《長編》卷120，第2820頁
156	太常博士曾易占	景祐四年八月戊子	除名、配衙前編管	坐前知玉山縣受賕，墓誌言其坐受誣	《長編》卷120，第2836頁
157	澠池令張詰	寶元初	流嶺南	坐鞫獄故不寔	劉敞《公是集》卷51《先考益州府君行狀》，第27頁
158	尚書比部員外郎師仲說	寶元元年正月丁卯	致仕時特不許官子	知金州時失入人死罪	《長編》卷121，第2857頁；《宋史》卷200《刑法志二》，第4989頁
159	鄜延路兵馬都監黃德和	康定元年四月丙午	腰斬	坐棄軍	《宋史》卷10《仁宗二》，第208頁
160	西頭供奉官薛文仲	康定元年二月己亥	降爲侍禁，與廣南監當	元昊入寇，薛爲鄜延路走馬承受，欲挈族還京師，動搖民心	《長編》卷126，第2976頁
161	鄜延副總管趙振	仁宗時	貶白州團練使、知絳州	坐擁兵不救	《宋史》卷323《趙振傳》，第10462頁；卷304《方偕傳》，第10070頁
162	知光化軍韓綱	慶曆四年二月壬寅	英州編管	不能撫循士卒致兵士嘩變而棄城遁	《宋史》卷315《韓億傳附》，第10299頁
163	監察御史裏行閻詢	慶曆五年六月丁巳	罷臺職，監河陽酒稅	與被勘對象王素聯姻，未迴避	《長編》卷156，第3784頁
164	御史臺主簿楚泰	慶曆五年六月丁巳	罷臺職，送流內銓注外任官	與被勘對象王素聯姻，未迴避	《長編》卷156，第3784頁
165	御史唐介	皇祐三年十月	安置	坐言文彥博	《宋史》卷316本傳，第10327頁
166	殿中丞李仲昌	嘉祐元年	流	坐塞商胡北流入六塔河，不成復決	《宋史》卷91《河渠一》，第2273頁；卷299《李垂傳附》，第9932頁

167	知襄州、兵部員外郎、知制誥賈黯	嘉祐二年八月乙巳	降知鄆州	因父親病重，請解官就養，未等詔准即棄官而去	《長編》卷186，第4486頁
168	前知雄州馬懷德	嘉祐三年七月己丑	降英州刺史		《長編》卷187，第4517頁
169	虔州檢巡王咸孚	嘉祐四年十月癸亥	除名、編管廣南	坐不掩捕鹽賊戴小八	《長編》卷193，第4595頁
170	屯田郎中李曇	仁宗時	貶南恩州別駕	以子學妖術妄言事	《涑水記聞》卷4，第71頁
171	眞定府定州路都總管夏守恩	仁宗時	除名、編管	恃寵驕恣不法	《宋史》卷290，《夏守恩傳》，第9715頁
172	樞密使王德用	仁宗時	罷去	不稱職	《宋史》卷316，《趙抃傳》，第10322頁
173	翰林學士李淑	仁宗時	罷去	不稱職	《宋史》卷316，《趙抃傳》，第10322頁
174	延州通判計用章	仁宗時	配	坐擁兵觀望	《宋史》卷467，《盧守勤傳》，第13637頁
175	文思副使、勾當法酒庫石元孫	仁宗時	追二官	失察部吏盜酒	《宋史》卷250，《石元孫傳》，第8814頁
176	知會稽縣曾公亮	仁宗時	貶爲監湖州酒	因其父「買田境中」	《宋史》卷312，《曾公亮傳》，第10232頁
177	御史中丞王陶	治平四年四月丙寅	降知陳州	以過毀大臣	《宋史》卷14，《神宗一》，第265頁
178	侍御史吳申	治平四年四月丙寅	罰銅二十斤		
179	呂景	治平四年四月丙寅	罰銅二十斤		
180	知房州張仲宣	熙寧二年	免杖、黥流賀州	坐受賂枉法	《宋史》卷154《刑法三》，第5018頁
181	開州團練使沈惟恭	熙寧三年五月庚寅	除名、安置	詛咒、指斥乘輿	《長編》卷211，第5135頁

182	光祿卿知明州苗振	熙寧三年八月辛酉	責降復州團練副使	因與知奉化縣裴士堯有仇隙，以私怨械繫裴士堯下獄	《長編》卷214，第5199頁
183	荔原堡都監郭貴	熙寧三年八月己卯	除名、配廣南牢城	西夏進犯，坐不策應	《長編》卷214，第5218頁
184	知慶州李復圭	熙寧三年十月丙子	貶保靜軍節度副使	擅興兵敗績，誣裨將李信、劉甫、種詠以死	《宋史》卷15《神宗二》，第277頁
185	都官員外郎施邈	熙寧四年三月	勒停	因與已故左藏庫副使高允升妻林氏「私通簡箚約為婚，而林氏夫服未滿」	《長編》卷221，第5383頁
186	前鄜延鈐轄種諤	熙寧四年四月癸酉	賀州別駕	坐陷撫寧堡	《宋史》卷15，第279頁；《長編》卷222
187	兵部郎中天章閣待制知秦州韓縝	熙寧四年七月丙戌	落職，分司西京	三班奉職傅勛夜批酒，誤隨縝入宅，令軍校以鐵裹頭杖杖勛脊百餘，致死	《長編》卷225，第5468頁
188	館閣校勘監察御史裏行劉摯	熙寧四年七月丁酉	落館閣校勘監察御史裏行，監衡州鹽倉	論役法不當	《長編》卷225，第5488頁
189	司天監靈臺郎亢瑛	熙寧五年正月	刺配牢城	引天象言當罷免王安石	《長編》卷229，第5571頁
190	同知諫院唐坰	熙寧五年八月癸卯	初貶潮州別駕，翌日改降監廣州軍資庫	以論王安石用人變法非是	《長編》卷237，第5778頁；《宋史》卷327《唐坰傳》，第10552頁
191	權知楚州駕部員外郎龐元禮	熙寧七年十一月	追一官勒停	坐失入徒配賣私鹽凡五十六人	《長編》卷258，熙寧七年十一月，第6291頁

192	屯田員外郎通判州事魏應臣	熙寧七年十一月	追一官勒停	坐失入徒配賣私鹽凡五十六人	《長編》卷258，熙寧七年十一月，第6291頁
193	錄事參軍盧良臣	熙寧七年十一月	追一官勒停	坐失入徒配賣私鹽凡五十六人	《長編》卷258，熙寧七年十一月，第6291頁
194	司法參軍張裕	熙寧七年十一月	衝替	坐失入徒配賣私鹽凡五十六人	《長編》卷258，熙寧七年十一月，第6291頁
195	河南軍巡判官鄭俠	熙寧八年正月	英州編管	因擅發馬遞，上《流民圖》	《長編》卷254，第6310頁；卷369，第8916頁
196	前餘姚主簿李逢	熙寧八年	凌遲	謀反	《宋史》卷200《刑法志二》，第4998頁
197	宗室秀州團練使世居	熙寧八年	賜死	謀反	《宋史》卷200《刑法志二》，第4998頁
198	河中府觀察推官徐革	熙寧八年	凌遲	謀反	《宋史》卷200《刑法志二》，第4998頁
199	醫官劉育	熙寧八年	凌遲	謀反	《宋史》卷200《刑法志二》，第4998頁
200	將作監主簿張靖	熙寧八年	腰斬	謀反	《宋史》卷200《刑法志二》，第4998頁
201	試將作監主簿鄭膺	熙寧十年正月戊寅	柳州編管		《長編》卷280，第6855頁
202	前原州臨涇縣令張維	熙寧十年二月甲辰	康州編管	以受賂，賒貸官錢帛與人	《長編》卷280，第6867頁
203	右牽牛衛將軍世獎等五人	熙寧十年十一月己酉	免追官勒停，聽罰金	坐私接賓客	《長編》卷285，熙寧十年十一月己酉，第6987頁
204	高陽關路副總管、六宅使、帶御器械卞賫	熙寧十年十一月	落帶御器械	坐高陽關募兵時，不察「契丹陰遣北界刺事人應募」	《長編》卷285，熙寧十年十一月，第6988頁
205	都監供備庫副使劉晟	熙寧十年十一月	追一官勒停		
206	監押西頭供奉官張孝傑	熙寧十年十一月	追一官勒停		

207	衛進	熙寧十年十一月	罰銅二十斤		
208	安撫使張景憲	熙寧十年十一月	罰銅二十斤		
209	右千牛衛將軍世獎	熙寧十年十一月己酉	免追官勒停，聽罰金	坐私接賓客	《長編》卷285，第6987頁
210	正字王鞏	元豐二年十二月庚申	監酒稅	坐黨蘇軾	《宋史》卷320本傳，第10405頁
211	蕃官軍使羅遇	元豐二年五月己巳	配牢城	以擅發兵焚西人新和市，坐體量不實	《長編》卷298，第7240頁
212	審刑院詳議官劉賀	元豐三年九月庚午	展年磨勘	中書比較元豐二年內有失入人死罪	《長編》卷308，第7480頁
213	判刑部杜紘	元豐三年九月丁卯	罰銅十斤	因建州百姓張勝案一年有餘而未決	《長編》卷308，元豐三年九月丁卯，第7480頁
214	詳斷官李世南	元豐三年九月丁卯	罰銅十斤	因建州百姓張勝案一年有餘而未決	《長編》卷308，元豐三年九月丁卯，第7480頁
215	提點開封府界諸縣鎮公事葉溫叟及祥符、長垣韋城知縣、縣丞、主簿、尉、監驛使臣十四人	元豐四年六月癸酉	罰銅	並坐失計置遼使路驛亭	《長編》卷313，第7591頁
216	監察御史裏行王祖道	元豐四年六月	罰銅十斤	失察司農寺	《長編》卷313，元豐四年六月戊辰，第7587頁
217	滿中行	元豐四年六月	罰銅六斤	失察司農寺	《長編》卷313，元豐四年六月戊辰，第7587頁
218	環慶路機密文字張舜民	元豐四年	左降	坐諷靈武之役	《宋史》卷347本傳，第11005頁
219	入內殿頭吳從禮	元豐四年六月癸酉	各展磨勘二年	並坐失計置遼使路驛亭	《長編》卷313，元豐四年六月癸酉，第7591頁

220	張積				
221	史革				
222	內祥符縣主簿王容	元豐四年六月癸酉	差替	並坐失計置遼使路驛亭	《長編》卷313，第7591頁
223	韋城縣主簿姜子年				
224	韓存寶	元豐四年七月甲辰	誅	討瀘夷無功，以逗撓罪	《宋史》卷329《何正臣傳》，第10613頁；卷16《神宗三》，第304頁
225	河東提點刑獄黃廉	元豐五年四月	各展磨勘三年	追官勒停人餘行之以謀逆伏誅，廉等坐嘗遺酒及差人護送	《長編》卷325第7824頁
226	知汾州周覺				
227	知晉州王說				
228	知平定軍康昺				
229	鳳州團練使種諤	元豐五年八月	降文州刺史	以行軍迂道	《宋史》卷16《神宗三》，第308頁
230	鄜延路副都總管曲珍	元豐五年十月	降授皇城使	以城陷敗走	《宋史》卷16《神宗三》，第308頁
231	兩浙路監司蘇舜	元豐六年五月辛巳	罰銅二十斤	坐不舉發知秀州吳安世贓罪	《長編》卷335，元豐六年五月辛巳，第8063頁
232	胡宗師	元豐六年五月辛巳	罰銅二十斤	坐不舉發知秀州吳安世贓罪	《長編》卷335，元豐六年五月辛巳，第8063頁
233	朱明之	元豐六年五月辛巳	罰銅二十斤	坐不舉發知秀州吳安世贓罪	《長編》卷335，元豐六年五月辛巳，第8063頁
234	知滑州俞希旦	元豐七年四月丙戌	衝替	拷無罪人致死	《長編》卷345，第8277頁
235	通直郎李孝謹	元豐七年十二月甲戌	配牢城	坐前知齊州禹城縣受金錢	《長編》卷350，第8394頁
236	戶部尚書王存	元豐七年	各展磨勘年	奏請復開銅禁	《宋史》卷185，第4526頁
237	水部員外郎王諤	元豐八年四月甲申	罰金	非職言事	《宋史》卷17，《哲宗一》，第319頁

238	湖南轉運判官王子韶	神宗時	貶知高郵縣	不葬父母	《宋史》卷329,《王子韶傳》,第10612頁
239	內臣甘承立	元祐元年三月壬午	配牢城	淩虐工匠致死	《長編》卷373,第9034頁
240	章惇	哲宗時	罰金	強市崑山民田	《宋史》卷345,《劉安世傳》,第10952頁
241	觀文殿大學士右正議大夫范純仁	哲宗時	落職知隨州	忤章惇意	《宋史》卷314《范純仁傳》,第10291頁
242	寶文閣待制知廬州楊汲	元祐初	落職知黃州	濫施刑罰	《宋史》卷355《楊汲傳》,第11187頁
243	司勳員外郎何洵直	元祐三年二月	展二年磨勘	丟失司勳印及告身	《長編》卷408,第9929頁
244	廣東兵馬都監童政	元祐三年二月乙巳	伏誅	坐擅殺無辜	《宋史》卷17,《哲宗一》,第326頁;《長編》卷408,第9941頁
245	前宰相蔡確	元祐四年五月丁亥	安置	車蓋亭詩案	《長編》卷427,第10326頁;《宋史》卷17《哲宗一》,第328頁
246	郎官田升卿	元祐中	配流廣南	坐市易錢不明	張舜民《畫墁錄》,全宋筆記第二編一,第199頁
247	簽書潁州公事令時	元祐六年	罰金	坐交通貶官蘇軾	《宋史》卷244《燕王德昭傳》,第8681頁
248	蘇軾	紹聖元年	先貶知英州,後為安置		《宋史》卷18,《哲宗二》:卷338本傳,第10816頁
249	呂公著	紹聖元年	削贈諡,毀所賜碑		《宋史》卷336,《呂公著傳》,第10777頁
250	內臣陳衍	紹聖元年六月、紹聖二年正月	先編管,後配牢城	坐與宰相交結	《長編》卷495,第11774頁;《宋史》卷468本傳,第13650頁

251	前知鼎州胡田	紹聖元年九月十六日	左降	以遺棄官物，擅行斬戮	《宋會要》職官 67 之 10，第 3892 頁
252	轉運使范鍔	紹聖二年十一月戊戌	黜知壽州	言有捕盜功，乞賜章服	《宋史》卷 18《哲宗二》，第 343 頁
253	范祖禹	紹聖三年八月、紹聖四年閏二月、元符元年七月庚午	安置	黨爭	《長編》卷 500，第 11923 頁；《宋史》卷 18《哲宗二》，第 350 頁
254	知南安軍劉安世	紹聖三年八月	安置	黨爭	《長編》卷 500，第 11923 頁；《宋史》卷 18《哲宗二》，第 350 頁；卷 345 本傳，第 10953 頁
255	前門下侍郎蘇轍	紹聖四年二月癸未	安置	黨爭	《宋史》卷 18《哲宗二》，第 346 頁；《宋會要》職官 67 之 15
256	前尚書右臣梁燾	紹聖四年二月	安置	黨爭	《宋史》卷 18《哲宗二》，第 346 頁；《長編》卷 493，第 11705 頁
257	前宰相劉摯	紹聖四年二月癸未	安置	黨爭	《宋史》卷18《哲宗二》，第 346 頁；卷 340 本傳，第 10857 頁；《長編》卷 493，第 11705 頁
258	前宰相呂大防	紹聖四年二月癸未	安置	黨爭	《宋史》卷 18《哲宗二》，第 346 頁
259	秦觀	紹聖四年二月；元符元年九月庚戌	編管	黨爭	《宋史》卷 18《哲宗二》，第 351 頁；卷 444 本傳，第 13113 頁；《長編》卷 502，第 11952 頁
260	監均州酒稅吳安詩	紹聖四年二月	安置		《宋會要》職官 67 之 16，第 3895 頁
261	右司員外郎時彥	紹聖中	坐廢	使遼失職	《宋史》卷 354《時彥傳》，第 11168 頁

262	內臣張士良	紹聖年間；元符元年三月	安置、羈管		《長編》卷490，第11630頁；第11775頁
263	吏部郎中方澤	元符元年三月戊辰	罰金補外	私謁后族宴聚	《宋史》卷18，《哲宗二》，第349頁
264	朝散郎汪衍	元符元年十月己亥	除名勒停、編管	坐元豐末上書詆訕先朝	《長編》卷503，第11982頁
265	瀛州防禦推官余爽	元符元年十月己亥	編管	坐元豐末上書詆訕先朝（實因不附章惇）	《長編》卷503，第11982頁；《宋史》卷333《余良肱傳附》，第10717頁
266	前知湟州王厚	元符元年	貶賀州別駕	坐兵敗	《宋史》卷328，第10583頁
267	權管勾熙州事鍾傳	元符二年三月乙丑	安置	坐白草原冒賞	《長編》卷496，第11792頁；卷507，第13085頁；《宋史》本傳，第11037頁
268	知韶州孔平仲	元符二年五月庚申	安置	以元豐末詆訕先朝政事	《長編》卷510，第12141頁
269	右正言鄒浩	元符二年九月；崇寧二年正月乙酉	除名勒停羈管	以言語狂妄，實因黨爭	《長編》卷515，第12249頁；《宋史》卷18《哲宗二》，第353頁；《宋史》卷345本傳，第10957頁
270	內侍梁知新	元符三年正月	藤州羈管		《長編》卷520，第12381頁
271	知府孫覽	元符三年五月	降二官	濫施刑訊	《宋會要》職官67之30，第3902頁
272	前宰相章惇	建中靖國元年二月丁巳	責授雷州司戶參軍、安置		《宋史》卷19《徽宗一》，第361頁
273	前知河州王瞻	建中靖國元年三月	除名勒停、配昌化軍	以私取貢品，擅殺無辜，掠蕃婦六人為婢	《宋會要》職官67之33-34，第3903頁

274	右司諫陳祐	徽宗時	降通判滁州	坐論章惇、蔡京、蔡卞、郝隨、鄧洵武，忤旨	《宋史》卷 346，《陳祐傳》，第 10988 頁
275	前宰相曾布	崇寧元年十二月癸丑	賀州別駕	坐棄湟州	《宋史》卷 19，第 366 頁
276	陳瓘	崇寧二年	除名、竄	坐元祐黨籍	《宋史》卷 354 本傳，第 10963 頁
277	前侍御史龔夬	崇寧二年	編管	坐元祐黨籍	《宋史》卷 19《徽宗一》，第 366 頁
278	前言官任伯雨	崇寧二年	昌化軍編管	元祐黨人案	《宋史》卷 345 本傳，第 10966 頁
279	朝奉郎、管勾洪州玉隆觀黃庭堅	崇寧二年	除名、羈管	在河北與趙挺之有隙，坐元祐黨籍	《宋史》卷 444 本傳，第 13110 頁
280	張庭堅	崇寧二年	編管	坐嘗談瑤華非辜事	《宋史》卷 346 本傳，第 10982 頁
281	前御史陳次升	崇寧初	除名、編管	以極論蔡京、蔡卞	《宋史》卷 346 本傳，第 10971 頁
282	范正平	崇寧年間	羈管、編管	坐入元祐黨籍	《宋史》卷 314《范純仁傳附》，第 10294 頁
283	知慶州曾孝序	崇寧四年三月	除名勒停、封州編管	違戾詔旨，不與諸路約日出兵	《宋會要》職官 68 之 11，第 3913 頁
284	寶文閣待制知湖州周常	徽宗時	奪職居婺州	蔡京用事，不能容	《宋史》卷 356，《周常傳》，第 11222 頁
285	知密州王資深	大觀元年五月四日	責授衡州司馬、新州安置	坐張懷素謀反事	《宋會要》職官 68 之 14，第 3195 頁
286	知杭州呂惠卿	大觀元年五月四日	責授祁州團練副使、宣州安置	坐張懷素謀反事	《宋會要》職官 68 之 14，第 3195 頁
287	李景直	大觀元年九月辛亥	編管	以上書觀望罪	《宋史》卷 20，《徽宗二》，第 379 頁
288	京畿路提舉常平唐庚	大觀四年九月	安置	坐與張商英交通	《宋史》卷 443 本傳，第 13100 頁

289	知融州張莊	大觀四年	安置	坐擅興師旅，啓釁邀功	《宋史》卷348本傳，第11034頁
290	通判文州家願	大觀四年	左降監英州酒稅	曾入元祐黨籍	《宋史》卷390本傳，第11950頁
291	提舉鹽事胡奕修	大觀中	黥竄，籍沒資財	毀抹鹽鈔作奸	《老學庵筆記》卷4，第54頁
292	戶部侍郎范坦	大觀、政和年間	安置	坐建議鬻田、改常平法、廢元符令及罷夾錫錢	《宋史》卷288《范雍附坦傳》，第9681頁
293	戶部尚書劉昺	徽宗朝	長流	妄言神降，愚弄皇帝	《宋史》卷328《王宗傳》，第10584頁
294	武安軍節度使郭天信	政和元年十月	責昭化軍節度副使、安置	坐交通張商英	《宋史》卷462本傳，第13525頁
295	知溫州虞防	政和二年五月十一日	除名勒停、循州編管	坐妄建言復三錢爲當十錢	《宋會要》職官68之25，第3920頁
296	提舉河東給地牧馬尚中行	政和五年	責授遠小監當官	以奏報稽違，且欲擅更法	《宋史》卷198，《兵志十二·馬政條》，第4945頁
297	秦鳳璐經略安撫使何常	政和六年正月二日	責授昭化軍節度副使、房州安置	擅決罰，大不恭	《宋會要》職官68之35，第3925頁
298	前知信州虞薈	政和六年三月十五日	追毀出身以來文字，除名勒停、編管	以私忿違法	《宋會要》職官68之35，第3925頁
299	武翼郎孫用誠	政和七年五月二十二日	降三官勒停編管	以其職在巡防，弗究事情	《宋會要》職官68之37，第3926頁
300	御史黃葆光	政和中	先降知立山縣，後安置	坐攻擊蔡京	《宋史》卷348本傳，第11029頁
301	御史中丞趙挺之	徽宗時	罰金	以論事不當	《宋史》卷343《陸佃傳》，第10920頁
302	徽猷閣待制鄧之綱	宣和二年八月	韶州安置	以王黼企誘奪其妾	《宋史》卷470《王黼傳》，第13682頁

303	知房州李廌	宣和三年	左降	反對取燕雲之地	《宋史》卷 377《李廌傳》，第 11654 頁
304	知青州趙霆	宣和三年二月庚午	責雷州別駕，吉陽軍安置	坐棄杭州	《宋史》卷 22《徽宗四》，第 407 頁
305	青溪令陳光	宣和三年四月甲戌	伏誅	坐盜發縣內，棄城	《宋史》卷 22，《徽宗四》，第 407 頁
306	朝散郎宋昭	宣和四年九月戊午（《欽宗紀》爲「政和中」）	連州編管	坐上書諫攻遼	《宋史》卷 22《徽宗四》，頁 410；卷 23《欽宗》，第 429 頁
307	劉仲武	徽宗時	流嶺南	坐兵敗	《宋史》卷 350《劉仲武傳》，第 11082 頁
308	太傅楚國公王黼	欽宗靖康元年正月	永州安置，籍沒資產	欺君罔上，蠹國害民	《宋會要》職官 69 之 20，第 3939 頁
309	寧遠軍節度使朱勔	欽宗靖康元年四月	安置	靖康之難，擁上皇南巡	《宋史》23《欽宗》，第 427 頁；卷 470 本傳，第 13686 頁
310	前宰相蔡京	靖康元年四月	安置	擅權誤國	《宋史》卷 23《欽宗》，第 429 頁；卷 472 本傳，第 13727 頁
311	資政殿學士蔡懋	靖康元年六月十八日	落職	詆訾宣仁聖烈皇后，詔附蔡攸	《宋會要》職官 69 之 25，第 3942 頁
312	內侍童貫	靖康元年	安置、梟首	弄權誤國	《宋史》卷 23《欽宗》，第 427、429、430 頁；卷 468 本傳附，第 13661 頁
313	蔡攸	靖康元年	安置	弄權誤國	《宋史》卷 23《欽宗》，第 429、430 頁；卷 472 本傳，第 13732 頁
314	河東制置使姚古	靖康元年六月	廣州安置	坐擁兵逗遛	《宋史》卷 23《欽宗》，第 429 頁
315	知威勝軍詹丕遠	靖康元年七月四日	勒停	坐寇至逃遁	《宋會要》職官 69 之 25，第 3942 頁

316	徽猷閣待制知越州李邴	靖康元年七月二十六日	落職	以言者論其朋附王黼	《宋會要》職官 69之25，第3942頁
317	沁源縣令曹統	靖康元年七月二十九日	勒停	坐虜犯威軍界時逃遁	《宋會要》職官 69之26，第3942頁
318	尚書左丞王宇	靖康元年	新州安置	以尚書左丞副康王使金，憚行丐免	《宋史》卷352本傳，第11132頁
319	前大名府尹王安中	靖康初	象州安置	坐締合王黼、童貫	《宋史》卷352本傳，第11126頁
320	孟昌齡	靖康初	封州安置	以奸贓	《繫年要錄》卷50，第5頁
321	孟揚	靖康初	責海州團練副使	以奸贓	《繫年要錄》卷50，第5頁
322	孟揆	靖康初	責黃州團練副使	以奸贓	《繫年要錄》卷50，第5頁
323	劉韐	靖康元年閏十一月	降五官予祠	坐棄軍	《宋史》卷23《欽宗》，第433頁
324	前宰相李邦彥	建炎元年五月庚子	潯州安置	以靖康大臣主和誤國	《宋史》卷24《高宗一》，第443頁
325	崇信軍節度使吳敏	建炎元年五月庚子	柳州安置	以靖康大臣主和誤國	《宋史》卷24《高宗一》，第443頁；《宋史》卷352本傳，第11124頁；《宋史全文》卷16上，第877頁
326	秘書少監蔡懋	建炎元年五月庚子	英州安置	以靖康大臣主和誤國	《宋史》卷24《高宗一》，第443頁；《宋史全文》卷16上，第877頁
327	李梲	建炎元年五月庚子	惠州安置	以使金請割地	《宋史》卷24《高宗一》，第443頁；《宋史全文》卷16上，第877頁
328	宇文虛中	建炎元年五月庚子	韶州安置	以主和	《宋史》卷371本傳，第11528頁；《宋史全文》卷16上，第877頁

329	鄭望之	建炎元年五月庚子	連州安置	以使金請割地	《宋史》卷24《高宗一》，第443頁；《宋史全文》卷16上，第877頁
330	李鄴	建炎元年五月庚子	賀州安置	以使金請割地	《宋史》卷24《高宗一》，第443頁；《宋史全文》卷16上，第877頁
331	顯謨閣直學士知東平府盧益	建炎元年五月乙巳	落職奉祠	坐不勤王	《繫年要錄》卷5，第25～26頁
332	京東轉運判官閭邱陞	建炎元年五月乙巳	責授濮州團練副使，封州安置	坐戾轅門之令	《繫年要錄》卷5，第25～26頁
333	徐秉哲	建炎元年六月；紹興二年三月	梅州安置，惠州居住		《宋史》卷24《高宗一》，第445頁；卷27《高宗四》，第496頁
334	王時雍	建炎元年六月癸亥	高州安置	坐受僞命	《宋史》卷24《高宗一》，第445頁
335	李擢	建炎元年六月癸亥	柳州安置	坐受僞命	《宋史》卷24《高宗一》，第445頁
336	王紹	建炎元年六月癸亥	除名、容州編管	坐爲張邦昌草勸進表	《繫年要錄》卷6，第13頁
337	太府少卿徐公裕	建炎元年六月一日	降兩官	以臣僚言其市監臨物也	《宋會要》職官70之2，第3945頁
338	錢益	建炎元年六月二十七日	落職、降官分司	因靖康末任制置使逃湖北	《宋會要》職官70之3-4，第3946頁
339	折彥質	建炎元年六月二十七日	責授散官、昌化軍安置	因靖康末任陝西宣撫使乃入川蜀	《宋會要》職官70之3-4，第3946頁
340	金部員外郎丁深	建炎元年七月十一日	勒停	自靖康元年十月被命東南催綱運，至是無一奏報，莫知存亡	《宋會要》職官70之4，第3946頁
341	吳开	建炎元年七月辛；紹興二年三月	先安置韶州，後南雄州居住	坐受僞命	《宋史》卷27《高宗四》，第496頁

342	莫儔	建炎元年七月辛丑，紹興二年三月	先安置，後居住	坐受僞命	《宋史》卷 27《高宗四》，第 496 頁
343	知越州翟汝文	建炎元年七月十一日	降兩官	擅減放和買稅絹綿四十餘萬	《宋會要》職官 70 之 4，第 3946 頁
344	耿南仲	建炎元年八月、建炎二年二月	南雄州安置	坐主和誤國	《宋史》卷 24《高宗一》，第 448 頁；卷 352 本傳，第 11131 頁
345	朝散大夫周懿文	建炎元年八月戊午	英州安置	坐與宮人飲	《繫年要錄》卷 8，第 1 頁
346	朝議大夫張卿材	建炎元年八月戊午	雷州安置	坐與宮人飲	《繫年要錄》卷 8，第 1 頁
347	朝奉郎李彝	建炎元年八月戊午	新州安置	坐與宮人飲	《繫年要錄》卷 8，第 1 頁
348	朝請郎王及之	建炎元年八月戊午	南恩州安置	坐辱寧德皇后女第	《繫年要錄》卷 8，第 1 頁
349	朝散大夫洪芻	建炎元年八月戊午	貸死，長流沙門島	坐納景王寵姬曹氏	《繫年要錄》卷 8，第 1 頁
350	朝散郎陳沖	建炎元年八月戊午	貸死，長流沙門島	括金銀自盜，與宮人摘花飲酒	《繫年要錄》卷 8，第 1 頁
351	朝請郎余大均	建炎元年八月戊午	貸死，長流沙門島	坐盜禁中麝臍，私納喬貴妃侍兒喬氏	《繫年要錄》卷 8，第 1 頁
352	朝散大夫胡思	建炎元年八月戊午	責沂州別駕、連州安置	坐於推擇張邦昌表內添改詔奉之詞	《繫年要錄》卷 8，第 2 頁
353	張所	建炎元年九月壬寅	嶺南安置		《宋史》卷 24《高宗一》，第 449 頁；卷 363 本傳，第 11349 頁
354	廣南東路轉運使陳述	建炎二年正月	除名、英州編管	坐所爲貪酷	《繫年要錄》卷 12，第 2～3 頁
355	環慶路兵馬副總管王機	建炎二年正月	除名、象州編管	坐開邊隙	《繫年要錄》卷 12，第 10 頁

356	內侍邵成章	建炎二年正月辛丑	除名、編管	坐輒言大臣	《宋史》卷 25《高宗二》，第 453 頁；卷 469 本傳，第 13667 頁
357	宗室、知鎮江府趙子崧	建炎二年二月戊寅	南雄州安置	坐前棄鎮江	《宋史》卷 25《高宗二》，第 454 頁；卷 247 本傳，第 8745 頁
358	秘書省正字胡珵	建炎二年二月己卯	梧州編管	坐交接權要，扇搖國是	《宋史》卷 25《高宗二》，第 454 頁
359	前宰相李綱	建炎二年十一月	安置	因主戰	《宋史》卷 25《高宗二》，第 458 頁
360	前宰相范致虛	建炎二年	英州安置	坐南陽之陷	《宋史》卷 362 本傳，第 11329 頁
361	越州守郭仲荀	建炎三年	貶廣州	寇至棄城遁，過行在不朝	《宋史》卷 200《刑法志二》，第 5002 頁
362	知揚州黃顗	建炎三年二月己未	除名、羈管		《繫年要錄》卷 20，第 16 頁
363	慶遠軍節度使范瓊	建炎三年	賜死	以靖康圍城中逼遷上皇，擅殺吳革，迎立張邦昌事	《宋史》卷 377，《王衣傳》，第 11659 頁；卷 25《高宗二》，第 467 頁；卷 200《刑法志二》，第 5002 頁
364	內侍藍珪	建炎三年三月丁亥	竄		《宋史》卷 25，第 462 頁；卷 469《藍珪傳》，第 13669 頁
365	內侍高邈				
366	內侍張去為				
367	內侍張旦				
368	內侍曾擇				
369	內侍陳永錫				
370	前宰相黃潛善	建炎三年三月乙未	英州安置	坐擅權誤國	《宋史》卷 25《高宗二》，第 463 頁；卷 473 本傳，第 13744 頁
371	主管殿前司王元	建炎三年四月甲寅	英州安置	坐明受之變	《宋史》卷 25《高宗二》，第 464 頁

372	主管殿前司左言	建炎三年四月甲寅	賀州安置	坐明受之變	《宋史》卷 25《高宗二》，第 464 頁
373	吏部員外郎范仲熊	建炎三年四月甲寅	除名、編管	坐明受之變	《宋史》卷 25《高宗二》，第 464 頁
374	浙西安撫司主管機宜文字時希孟	建炎三年四月甲寅	除名、編管	坐明受之變	《宋史》卷25《高宗二》，第 464 頁；《繫年要錄》卷 22，第 15 頁
375	杭州兵馬鈐轄張永載	建炎三年四月甲寅	瓊州編管	坐朋附凶邪	《繫年要錄》卷 22，第 15 頁
376	兩浙路兵馬都監鄭大年	建炎三年四月甲寅	英州安置	坐明受之變	《繫年要錄》卷 22，第 15 頁
377	朱勝非	建炎三年七月	落職	苗劉之變，當軸大臣不能身衛社稷	《宋史》卷 25《高宗二》，第 467 頁
378	知鼎州邢倞	建炎三年九月辛酉	英州安置	以靖康中謀結餘堵無成	《宋史》卷 25《高宗二》，第 468 頁
379	越州守郭仲荀	建炎四年正月癸丑	安置	坐寇至棄城遁，過行在不朝	《宋史》卷 26《高宗三》，第 475 頁；卷 200《刑法二》，第 5002 頁
380	朝奉大夫林杞	建炎四年三月甲寅	除名、連州編管	坐任提點福建路刑獄殺張政	《繫年要錄》卷 32，第 6 頁
381	成忠郎呂熙	建炎四年三月甲寅	配惠州牢城	坐殺張政	《繫年要錄》卷 32，第 6 頁
382	秘閣唐愨	建炎四年三月癸丑	落職	坐失荊南	《繫年要錄》卷 32，第 6 頁
383	中大夫徽猷閣待制知明州劉洪道	建炎四年四月癸酉	罷，貶秩二等	坐敵至失守	《繫年要錄》卷 32，第 16 頁
384	中大夫直秘閣知臨江軍吳將之	建炎四年四月癸酉	罷，貶秩二等	坐敵至失守	《繫年要錄》卷 32，第 16 頁
385	知袁州王仲嶷	建炎四年四月	潮州安置	坐投拜之罪	《繫年要錄》卷 32，第 17 頁

386	浙東馬步軍副總管張思正	建炎四年四月戊戌	韶州居住	坐失明州	《繫年要錄》卷32，第27頁
387	右文殿修撰知常州周杞	建炎四年五月	罷，奪其職	坐敵之入犯，棄城走，殘刻害民	《繫年要錄》卷33，第17頁
388	同知樞密院淮南兩浙宣撫使周望	建炎四年五月甲子	降秘書少監，分司橫州居住	脫身先遁，致失蘇杭	《繫年要錄》卷33，第19頁
389	朝散大夫楚州通判賈敦詩	建炎四年五月甲子	除名、連州編管	坐欲爲書降敵	《繫年要錄》卷33，第19頁
390	秉義郎馬士宗	建炎四年五月	韶州編管	坐投拜金人	《繫年要錄》卷33，第21頁
391	宣教郎杜嵩	建炎四年六月戊戌	廣州居住		《繫年要錄》卷34，第21～22頁
392	神武前軍統領官胡仁參	建炎四年七月癸卯	斬於越州市		《繫年要錄》卷35，第1頁
393	宣教郎袁潭	建炎四年七月癸卯	韶州編管	坐謀投拜，擅殺兩浙提點刑獄	《繫年要錄》卷35，第1頁
394	朝請大夫滕康	建炎四年八月戊子	責授秘書少監，分司永州居住	坐失豫章	《繫年要錄》卷36，第17頁
395	朝散大夫劉珏	建炎四年八月戊子	責授秘書少監，分司橫州居住	坐失豫章	《繫年要錄》卷36，第17頁
396	汪若海	建炎四年八月戊子	除名、編管	坐失豫章	《繫年要錄》卷36，第17頁
397	何大圭	建炎四年八月戊子	除名、嶺南編管	坐失豫章	《繫年要錄》卷36，第17頁
398	保義郎劉煥	建炎四年十一月辛亥	除名、配雷州	僞刻尚書省印以造告身差箚	《繫年要錄》卷39，第8頁
399	從政郎權知湖口縣孫咸	建炎四年十一月辛亥	刺配	坐贓	《繫年要錄》卷39，第8頁

400	泰寧縣主簿吳明卓	建炎四年十一月乙卯	降一資	時邵武軍百姓多遷出城以避寇，軍吏丁宗亦遷其孥出，明卓斬其首下吏，當死，上薄其罪	《繫年要錄》卷39，第9頁
401	馮益	建炎年間	昭州編管	坐驗視僞柔福帝姬不實	《宋史》卷469本傳，第13670頁
402	宣教郎范燾	紹興元年二月丁酉	除名、編管	坐屢次上書狂妄，先誣訟孟忠厚及太后，又詆張浚	《宋史》卷26《高宗三》，第486頁
403	李允文	紹興元年十月丁卯	賜死大理獄	恣睢專殺	《宋史》卷26《高宗三》，第491頁
404	右司諫韓璜	紹興元年十一月乙巳	責監潯州稅	黨富直柔	《宋史》卷26《高宗三》，第492頁
405	朝奉大夫曾班	紹興元年十二月	除名勒停、雷州編管	在泰州時植旗降敵	《繫年要錄》卷50，第2頁
406	常州守臣周祀	紹興二年	竄嶺南	屬吏坐贓及殺不辜	《宋史》卷66《五行四》，第1442頁
407	承直郎施逵	紹興二年三月甲午	除名、婺州編管	坐爲范汝爲游說辛企宗	《繫年要錄》卷52，第3頁
408	左朝奉郎孫覿	紹興二年閏四月丁酉、紹興四年八月戊寅朔	除名、羈管	坐前知臨安府贓污	《宋史》卷27《高宗四》，第497頁
409	蘭州文學王鷺	紹興二年五月丙子	昭州編管	坐饋馬進錢糧	《繫年要錄》卷54，第11頁
410	兩浙轉運副使徐康國	紹興二年五月	奪二官	獻銷金屏障	《宋史》卷27，《高宗四》，第498頁
411	傅雱	紹興二年八月	英州羈管	以久在孔彥舟軍中，而孔叛	《宋史》卷27《高宗四》，第500頁
412	監台州酒戊王以寧	紹興二年九月	責永州別駕、潮州安置	專殺、掊斂	《繫年要錄》卷58，第7頁
413	知橫州陳晟	紹興二年九月辛未	除名、雷州編管	坐詐稱戰功，冒請眞俸	《繫年要錄》卷58，第8頁

414	保義郎杜遠	紹興二年十月庚寅	勒停	李勃偽冒徐王，坐資給李勃	《繫年要錄》卷59，第1～2頁
415	敦武郎秦濤	紹興二年十月庚寅	除名、永州編管	李勃偽冒徐王，坐護送李勃，擅留禁兵	《繫年要錄》卷59，第1～2頁
416	內侍趙彥民	紹興二年十月庚寅	除名、英州編管	李勃偽冒徐王，坐驗視故不以實	《繫年要錄》卷59，第1～2頁
417	江西兵馬副鈐轄張忠彥	紹興二年十二月	斬於潭州		《繫年要錄》卷61，第12頁
418	東流令王鮪	紹興三年三月癸酉	除名、新州編管	坐贓	《繫年要錄》卷63，第24頁
419	左承務郎潭州通判張揆	紹興三年三月癸酉	免編配，送韶州收管	坐交通	《繫年要錄》卷63，第24頁
420	內侍賈翊	紹興三年三月戊寅	監英州宜安鎮鹽稅		《繫年要錄》卷63，第26頁
421	江東轉運判官陳敏識	紹興三年三月甲申	監嶺南諸州市徵	坐欲降敵	《繫年要錄》卷63，第29頁
422	左中奉大夫王聲	紹興三年五月丁丑	英州編管	權知岳州受賕	《繫年要錄》卷65，第12頁
423	神武后軍統制巨師古	紹興三年六月甲申朔	除名、編管	違韓世忠節制	《宋史》卷27《高宗四》，第505頁
424	左宣教郎杜岩	紹興三年八月丙午	廣州居住		《繫年要錄》卷67，第21～22頁
425	御史臺主簿陳祖禮	紹興三年十月甲申	罷黜	日登大臣之門	《繫年要錄》卷69，第2頁
426	劉子羽	紹興四年四月	白州安置	坐富平之役	《宋史》卷27《高宗四》，第509頁；卷370《劉子羽傳》，第11507～11508頁
427	內侍李廙	紹興四年七月戊午	杖脊、刺配牢城	坐飲韓世忠家，刃傷弓匠	《宋史》卷376《魏矼傳》，第11631頁
428	右奉議郎呂應問	紹興四年九月丁未朔	貸死，除名、化州編管	前知華亭縣犯自盜贓	《繫年要錄》卷80，第1頁
429	貴池縣丞黃大本	紹興五年四月丙午	杖脊、刺配	坐枉法贓	《宋史》卷28《高宗五》，第519頁

430	知衡州裴廩	紹興五年十一月戊子	除名、編管	坐調夫築城，凍死二千餘人	《宋史》卷28《高宗五》，第523頁
431	承信郎徐如海	紹興六年正月丙子	杖脊、黥隸化州	變姓名至臨安，爲僞齊刺事	《繫年要錄》卷97，第5頁
432	右承議郎程序	紹興六年四月辛丑	杖脊、刺配新州牢城	監新都縣商稅時盜用庫金，法當絞	《繫年要錄》卷100，第3頁
433	秉義郎李絪	紹興六年十月丙申	除名、潯州編管	與劉光世交通	《繫年要錄》卷106，第1頁
434	左護軍使臣林堅	紹興七年八月丙辰	杖脊、刺配海南		《繫年要錄》卷113，第19頁
435	左護軍使臣黃貴	紹興七年八月丙辰	杖脊、刺配海南		《繫年要錄》卷113，第19頁
436	右宣教郎李處廉	紹興七年九月丙戌	特貸死，除名、新州編管，籍其貲	知永嘉縣，坐以官錢雕《伊川集》板印造與人並他贓，當絞	《繫年要錄》卷114，第26頁
437	樞密院編修官胡銓	紹興八年十一月、紹興九年正月、紹興十二年七月、紹興十八年十一月、紹興二十五年十二月	監廣州都鹽倉，後編管	上書直諫，斥和議	《宋史》卷29《高宗六》，第537頁；卷30《高宗七》，第556、569頁；卷374《胡銓傳》，第11583頁
438	澧州軍事推官韓紃	紹興九年六月癸酉	除名勒停、編管	坐上書論講和非計	《宋史》卷29《高宗六》，第540頁
439	威州防禦使溫濟	紹興九年九月戊戌	編管	以其徒耿著陰事告於朝，語連韓世忠	《繫年要錄》卷132，第11頁
440	秦宗道	紹興十年正月辛卯	杖脊、刺配瓊州牢城	於皇城內妖言惑眾	《繫年要錄》卷134，第4頁
441	趙鼎	紹興十年閏六月、紹興十四年九月	安置	遭秦檜陷害	《宋史》卷29《高宗六》，第546頁；卷30《高宗七》，第561頁；卷360《趙鼎傳》，第11294頁

442	徽猷閣待制知信州劉岑	紹興十年十月己丑	落職、提舉江州太平觀	歷守三郡妄費官帑，以市私恩	《繫年要錄》卷138，第 3 頁
443	福建路轉運判官董將	紹興十一年七月壬寅	罷	孫近死黨，自孫近罷政後，陰懷怨望，鼓惑浮言，撼搖軍政	《繫年要錄》卷141，第 1 頁
444	江西路轉運判官孫邦	紹興十一年七月壬寅	罷	孫近死黨，自孫近罷政後，陰懷怨望，鼓惑浮言，撼搖軍政	《繫年要錄》卷141，第 1 頁
445	左武大夫耿著	紹興十一年七月壬寅	杖脊、刺配吉陽軍牢城	以言軍中弊倖，鼓惑眾聽。	《繫年要錄》卷141，第 2 頁
446	李光	徽宗朝；紹興十一年十一月	先左降桂州陽朔令，後皆為安置	不附和議，陰懷怨望	《宋史》卷 29《高宗六》，第 551 頁；卷 30《高宗七》，第 562 頁；卷 363本傳，第 11342頁；《繫年要錄》卷 142，第 14 頁
447	中書舍人朱翌	紹興十一年十一月丁未	責授左承事郎將作少監分司南京，韶州居住		《宋會要》職官 70之 24，第 3956 頁；《繫年要錄》卷 142，第 18 頁
448	宗正寺臣邵大受	紹興十一年十一月丁未	除名勒停，化州編管	以對朝廷除擢浮言無稽	《宋會要》職官 70之 24，第 3956 頁；《繫年要錄》卷 142，第 18 頁
449	左太中大夫范同	紹興十一年十一月丁未	責授左朝奉郎秘書少監筠州居住		《繫年要錄》卷 142，第 18 頁
450	徽猷閣待制劉洪道	紹興十一年十二月丁卯	責授濠州團練副使，柳州安置	以慕媚岳飛	《宋史》卷 29《高宗六》，第 551 頁；《繫年要錄》卷 143，第 2 頁
451	岳飛	紹興十一年十二月癸巳	賜死大理寺		《繫年要錄》卷 143，第 5 頁

452	直秘閣於鵬	紹興十一年十二月癸巳	除名、萬安軍編管，籍其貲	坐從岳飛	《繫年要錄》卷143，第6頁
453	右朝散郎孫革	紹興十一年十二月癸巳	除名、尋州編管，籍其貲	坐從岳飛	《繫年要錄》卷143，第6頁
454	王處仁	紹興十一年	連州編管	坐從岳飛	《朝野雜記》乙集卷12，第704頁
455	蔣世雄	紹興十一年	梧州編管	坐從岳飛	《朝野雜記》乙集卷12，第704頁
456	資政殿學士富直柔	紹興十二年正月戊午	落職	坐前守泉州時誤殺流罪	《繫年要錄》卷144，第5頁
457	尚書右司郎中莊必疆	紹興十二年二月戊辰	罷	為范同所薦引，陰懷異議	《繫年要錄》卷144，第7頁
458	左司員外郎錢葉	紹興十二年二月戊辰	罷	為范同所薦引，陰懷異議	《繫年要錄》卷144，第7頁
459	入內西頭供奉官黃彥節	紹興十二年二月庚午	除名、編管	蓋嘗為岳飛軍中承受	《繫年要錄》卷144，第8頁
460	武經郎馮宜民	紹興十二年八月辛巳	除名、械送英州編管	以對韋太后回歸事妄造言語	《繫年要錄》卷146，第16頁
461	道州通判孫行儉	紹興十二年十月十八日	送吏部與廣南監當	善待貶道州原樞密副使王庶	《宋會要》職官70之26，第3957頁
462	武功大夫、捷勝軍副將楊浩	紹興十三年正月丁未	除名、昭州編管	謗訕朝政及私令人上書詐不實	《繫年要錄》卷148，第3頁
463	閤門宣贊舍人知欽州劉紹先	紹興十三年六月	除名、編管，籍其貲	坐前任統兵官虛召效用，盜請錢米	《繫年要錄》卷149，第11頁
464	右武大夫、內侍白鍔	紹興十四年六月丙申	刺配萬安軍	坐言「變理乖謬」，諷刺時政	《宋史》卷30《高宗七》，第561頁；卷473《秦檜傳》，第13759頁
465	左朝散大夫龔寬	紹興十四年七月甲戌	降三官，永不得堂除與差遣	坐前至潮州日徇私曲法，擅放編置人王文獻	《繫年要錄》卷152，第4頁
466	右承議郎万俟允中	紹興十四年八月丁亥	貸死，配貴州	坐從使金日以禁物博厚利	《繫年要錄》卷152，第7頁

467	左承奉郎陳鵬飛	紹興十五年七月辛亥	除名、惠州編管	敢爲妖言，無所忌憚，大逆不道	《繫年要錄》卷154，第3頁
468	昌州通判魏彥昌	紹興十五年十月戊寅	除名、昭州編管	以交通宰執	《繫年要錄》卷154，第16頁
469	張浚	紹興十六年七月	落節鉞、居住	以上疏論時事	《宋史》卷30《高宗七》，第565頁
470	達州刺史韋訊	紹興十六年十一月丙戌	降武功郎，送吏部與嶺外監當	累有過犯，以皇太后有旨	《繫年要錄》卷155，第31頁
471	潮州錄事參軍石恮	紹興十七年四月己未	除名、編管	坐待遇趙鼎甚厚	《宋史》卷30《高宗七》，第566頁
472	洪皓	紹興十七年五月、紹興二十五年六月	英州編管	坐牾秦檜	《宋史》30《高宗七》，第566頁；卷373本傳，第11562頁；卷473《秦檜傳》，第13761頁
473	從義郎禹珪	紹興十七年九月丁丑	貸死，除名、萬安軍編管	盜用庫金，懼罪走北界，法當死	《繫年要錄》卷156，第27頁
474	呂摭	紹興十七年九月	貶梧州司戶參軍，後又竄藤州	以秦檜追恨呂頤浩	《宋史》卷473《秦檜傳》，第13761頁
475	尚書省令史李師中	紹興十七年十月己酉	追二官、南雄州編管	坐以朝廷行遣次第告之秦檜	《繫年要錄》卷156，第31頁
476	右朝散大夫閻大均	紹興十七年十月己酉	追一官勒停，鼎州編管	坐以朝廷行遣次第告之秦檜	《繫年要錄》卷156，第31頁
478	右宣教郎監南雄州保昌縣溪塘鎮周茜	紹興十八年五月戊辰	追三官、昭州編管	以上書論事狂妄	《繫年要錄》卷157，第12頁
479	右武大夫閤門宣贊舍人賀仔	紹興十八年五月壬申	除名、橫州編管	坐訟鄭剛中功績，尚書省奏其欺罔	《繫年要錄》卷157，第13頁
480	右武大夫平海軍承宣使蔡德	紹興十九年三月乙丑	除名、廣州編管	冒請錢糧，法當死	《繫年要錄》卷159，第4～5頁

481	鄭剛中	紹興十九年三月甲辰	封州安置	坐與秦檜有隙	《宋史》卷 30《高宗七》，第 569 頁
482	右承務郎鄭良嗣（鄭剛中之子）	紹興十九年三月甲辰	除名、柳州編管	株連	《繫年要錄》卷 159，第 7 頁
483	右朝請郎張漢之	紹興十九年三月甲辰	除名、賓州編管	坐依隨鄭剛中	《繫年要錄》卷 159，第 7 頁
484	右武大夫御前中部統領官張仲	紹興十九年三月甲辰	追橫行一官，勒停	坐依隨鄭剛中	《繫年要錄》卷 159，第 7 頁
485	右奉議郎趙士禨	紹興十九年三月甲辰	除名	嘗通判荊南府，坐不即拘收鄭剛中隨軍錢物	《繫年要錄》卷 159，第 7 頁
486	湖南副總管辛永宗	紹興十九年十月己未	編置	坐不附和議	《宋史》卷 30《高宗七》，第 570 頁；卷 473《秦檜傳》，第 13759 頁
487	光山縣尉兼主簿都飛虎	紹興二十年正月庚子	除名、廣州編管	坐受商人貨物，縱令渡淮及被差捕賊，不即迎敵，致令出界	《繫年要錄》卷 161，第 2 頁
488	胡寅	紹興二十年三月壬寅	安置	因忤秦檜	《宋史》卷 30《高宗七》，第 571 頁；卷 435 本傳，第 12922 頁
489	吳元美	紹興二十年九月甲申	除名、編管	以與李光交通，譏毀大臣	《宋史》卷 30《高宗七》，第 572 頁
490	右迪功郎安誠	紹興二十年十月戊辰	除名、編管	坐文字謗訕	《宋史》卷 30《高宗七》，第 572 頁
491	進義副尉劉允中	紹興二十一年	棄市	坐指斥謗訕	《宋史》卷 30《高宗七》，第 574 頁
492	直龍圖閣葉三省	紹興二十二年三月	落職，筠州居住	通書趙鼎，力詆和議，言涉謗訕	《宋史》卷 30《高宗七》，第 574 頁
493	右承務郎王之奇	紹興二十二年三月	除名、編管	坐謗毀朝政	《宋史》卷 30《高宗七》，第 574 頁

494	監都作院王遠	紹興二十二年三月	除名、編管	坐通書趙鼎、王庶，力詆和議	《宋史》卷 30《高宗七》，第 574 頁
495	楊煒	紹興二十二年十月庚辰	除名、編管	詆和議	《宋史》卷 30《高宗七》，第 575 頁
496	入內東頭供奉官裴詠	紹興二十三年六月丙寅	除名、編管，永不放還	坐私市北貨，指斥	《宋史》卷 473《秦檜傳》，第 13762 頁
497	右朝請大夫劉領	紹興二十三年七月癸卯	除名勒停、編管、籍沒家財	坐前知郴州枉殺土豪蕭汝霖	《繫年要錄》卷 165，第 4 頁
498	將士郎劉紘	紹興二十三年七月癸卯	追毀所授文書、惠州編管	受其父劉領株連	《繫年要錄》卷 165，第 4 頁
499	永興縣尉孟導	紹興二十三年七月癸卯	除名、韶州編管	坐枉殺土豪蕭汝霖	《繫年要錄》卷 165，第 4 頁
500	左宣教郎王孝廉	紹興二十三年八月丙寅	伏誅	謀據成都叛	《宋史》卷 31《高宗八》，第 578 頁
501	進士黃友龍	紹興二十三年閏十二月	黥配	坐謗訕	《宋史》卷 473《秦檜傳》，第 13762 頁
502	前左從政郎楊炬	紹興二十四年二月丁亥	編管	坐其弟煒嘗上書誹謗	《宋史》卷 31《高宗八》，第 579 頁；卷 473《秦檜傳》，第 13762 頁
503	何兌	紹興二十四年二月	英州編管	坐言馬伸存趙氏	《宋史》卷 473《秦檜傳》，第 13762 頁
504	前知建康府王循友	紹興二十四年六月辛丑	藤州安置	以前知建康嘗斷配秦檜族人	《宋史》卷 31《高宗八》，第 580 頁；卷 473《秦檜傳》，第 13763 頁；《繫年要錄》卷 166，第 16～17 頁
505	前江南東路安撫司主管書寫機宜文字王浤	紹興二十四年六月辛丑	除名勒停	受其父王循友株連	《繫年要錄》卷 166，第 17 頁
506	新奉國軍節度推官王循訓	紹興二十四年六月辛丑	除名勒停、雷州編管	受其兄王循友株連	《繫年要錄》卷 166，第 17 頁

507	右朝散郎、添差饒州通判韓參	紹興二十四年六月辛丑	除名、德安府編管		《繫年要錄》卷166，第17頁
508	湘潭縣丞鄭杞	紹興二十四年八月丙午	竄容州	以有嘲謔講和之語	《宋史》卷31《高宗八》第580頁；卷473《秦檜傳》，第13763頁
509	湘潭縣主簿賈子展	紹興二十四年八月丙午	竄德慶府	以有嘲謔講和之語	《宋史》卷31《高宗八》第580頁；卷473《秦檜傳》，第13763頁
510	京西轉運副使魏安行	紹興二十四年十二月丙戌	編置欽州	以廣傳程瑀《論語解》	《宋史》卷31《高宗八》，第581頁；卷473《秦檜傳》，第13761頁
511	知饒州洪興祖	紹興二十四年十二月丙戌	編置昭州	以廣傳程瑀《論語解》	《宋史》卷31《高宗八》，第581頁；卷433本傳，第12856頁；卷473《秦檜傳》，第13761頁
512	知鄞縣程緯	紹興二十四年十二月	除名、編管，永不收敘	因縣丞王肇誣告緯慢上	《宋史》卷31《高宗八》，第581頁
513	通判常州沈長卿	紹興二十五年二月壬寅	除名、編管	坐作詩譏訕	《宋史》卷31《高宗八》，第581頁；卷473《秦檜傳》，第13763頁
514	忠訓郎世雄	紹興二十五年六月戊戌	追毀出身以來文字、除名勒停、決脊杖二十、配牢城	心懷怨望，譏訕朝政，作詩有指斥語	《繫年要錄》卷168，第20頁
515	戶部侍郎知臨安府曹泳	紹興二十五年十月丁酉、紹興二十六年正月丙寅	先安置，後編管	坐爲秦檜姻黨，附秦檜	《宋史》卷31《高宗八》，第584頁
516	張常先	紹興二十五年十二月壬午	除名勒停、編管	坐秦檜當權日告訐	《宋史》卷31《高宗八》，第583頁；《繫年要錄》卷170，第201～21頁
517	汪召錫				
518	莫汲				

519	范洵				
520	陸升之				
522	王洧				
523	王肇				
524	雍端行				
525	鄭煒				
526	右朝奉大夫王會	紹興二十五年十二月	停官、編管	以恃爲秦檜親黨，肆爲貪橫	《宋史》卷 31《高宗八》，第 583、586 頁
527	右宣教郎徐樗	紹興二十五年十二月	除名勒停、高州編管	贓污告訕	《繫年要錄》卷 170，第 36 頁
528	福建路安撫司主管機宜文字康與之	紹興二十五年十二月、紹興二十八年四月丙辰	先欽州編管，後配牢城	贓污告訕	《繫年要錄》卷 170，第 36 頁，卷 179，第 22 頁
529	高登	紹興年間	容州編管	坐策閩、浙水災所致之由	《宋史》卷 36《光宗》，第 701 頁；卷 399 本傳，第 12131 頁
530	進士林東	紹興二十六年二月乙酉	英州編管	坐追詔秦檜，上書狂妄	《宋史》卷 31《高宗八》，第 584 頁
531	右朝奉郎林一飛	紹興二十六年二月乙酉	責監高州鹽稅	坐指使林東	《宋史》卷 31《高宗八》，第 584 頁
532	直徽猷閣呂願中	紹興二十六年二月庚子	安置	坐貪虐附檜	《宋史》卷 31《高宗八》，第 584 頁
533	東平府進士梁勳	紹興二十六年三月乙丑	千里外州軍編管	坐上書論北事甚詳，且言金人必舉兵	《繫年要錄》卷 172
534	永祐陵攢宮都監鄧友	紹興二十六年六月辛卯	杖脊、刺配瓊州牢城	坐盜伐陵木以葺私舍	《繫年要錄》卷 173，第 11 頁
535	右朝請郎蔡樗	紹興二十六年六月乙未	送吏部與監當	所至暴虐	《繫年要錄》卷 173，第 11 頁
536	右奉議郎薛仲邕	紹興二十六年七月丙午	勒停、編管	以附和曹泳	《宋史》卷 31《高宗八》，第 585 頁
537	右宣奉大夫宋貺	紹興二十六年十月乙未	梅州安置	以黨附秦檜	《宋史》卷 31《高宗八》，第 586 頁

538	右承議郎劉伯英	紹興二十六年閏十月	勒停、連州編管	任提舉湖南常平時私意枉法	《宋會要》職官 70 之 46，第 3967 頁
539	右朝散大夫張子華	紹興二十七年二月丁未	除名勒停、萬安軍編管、籍沒家財	坐前提舉廣南市舶日贓污不法	《繫年要錄》卷 176，第 6 頁
540	左朝散大夫符行中	紹興二十七年三月辛卯	在蜀中專恣暴橫，多以庫金互送	成州團練副使，南雄州安置	《繫年要錄》卷 176，第 19 頁
541	右朝散大夫鄭靄令	紹興二十七年三月辛卯		送吏部與遠小監當	《繫年要錄》卷 176，第 19 頁
542	右承議郎黃敏行	紹興二十七年三月辛卯	配貴州牢城	坐前守江陰日盜庫金入己，法當死，特貸	《繫年要錄》卷 176，第 19 頁
543	符行中	紹興二十七年三月壬辰	南雄州安置	以前在蜀恣橫	《宋史》卷 31《高宗八》，第 587 頁
544	從義郎、閤門祗候王彥升	紹興二十七年	特降兩官	不毀銷金服飾，爲女使所告	《宋會要》職官 70 之 47，第 3968 頁
545	入內修武郎蔣堯輔	紹興二十八年六月壬辰	除名、不刺面配新州牢城	爲永祐陵都監日以不法屬吏，當死	《繫年要錄》卷 179，第 29 頁
546	右武大夫荊州湖南路馬步軍副總管傅選	紹興二十九年正月丙寅	責靖州團練副使、惠州安置	貪暴	《繫年要錄》卷 181，第 1 頁
547	昭化軍承宣使提舉萬壽宮錢愷	紹興二十九五月壬戌	降授舒州觀察使，提舉台州崇道觀	以私財託軍中回易	《繫年要錄》卷 182，第 3 頁
548	劉汜	紹興三十一年十一月	英州編管	金人南侵，棄城逃走	《宋史》卷 32《高宗九》，第 605 頁
549	王權	紹興三十一年十一月	瓊州編管	金人南侵，棄城逃走	《宋史》卷 32《高宗九》，第 605 頁
550	左奉議郎通州通判趙不晦	紹興三十二年六月二十三日	降兩官放罷	坐虜騎度淮，首先逃遁	《宋會要》職官 71 之 1，第 3972 頁

551	知鎮江府方滋可	隆興元年正月七日	放罷	以言者論其附權臣，納賄求進，黷貨無厭	《宋會要》職官 71 之 1-2，第 3972 頁
552	中亮大夫忠州團練使王則	隆興元年四月五日	降兩官	坐治軍不職，散失軍器	《宋會要》職官 71 之 2，第 3972 頁
553	太尉寧國軍節度使李顯忠	隆興元年六月二十日	責果州團練副使、潭州安置	以符離用師，率先奔潰	《宋會要》職官 71 之 3-4，第 3973 頁
554	建康府統制官周宏	隆興元年七月	除名勒停、編管		《宋會要》職官 71 之 4，第 3973 頁
555	隆興府添差通判韓玉	隆興二年九月	勒停、羈管	公肆慢言，無所忌憚，被命之後不肯之任，徘徊江上，意若不滿	《宋會要》職官 71 之 8，第 3975 頁
556	知盱眙軍郭淑	隆興二年十一月	勒停、編管	以金騎渡淮，望風而逃	《宋會要》職官 71 之 8-9，第 3975～3976 頁
557	淮西安撫知廬州韓璉	乾道元年正月丁巳	勒停、編管	坐虜兵未至而先逃遁	《宋史》卷 33《孝宗一》，第 630 頁
558	都指揮副使劉寶	乾道元年正月甲戌	瓊州安置	坐虜騎渡淮望風逃遁	《宋史》卷 33《孝宗一》，第 630 頁
559	淮西守將頓遇	乾道元年正月丙子	刺配牢城	坐遇敵棄城	《宋史》卷 33《孝宗一》，第 630 頁
560	淮西守將孔福	乾道元年正月	伏誅	棄城	《宋史》卷 33《孝宗一》，第 630 頁
561	知上元縣李允升	乾道二年九月甲辰	杖脊、刺配惠州牢城	坐犯贓	《宋史》卷 33《孝宗一》，第 635 頁
562	知鄂州汪澈	乾道二年九月丙午	特降兩官	以所薦舉的李允升犯贓罪	《宋史全文》卷 24，第 1681 頁
563	前廣東提刑石敦義	乾道三年二月戊戌	刺配柳州	坐犯贓	《宋史》卷 34《孝宗二》，第 639 頁
564	右承奉郎、監饒州永平監兼物料庫嚴琯	乾道三年五月	降兩官放罷	在任減克物料，私鑄銅器	《宋會要》職官 43 之 160，第 3353 頁

565	東宮醫官杜楫	乾道三年七月己酉	編管	以供應莊文太子湯藥無效	《宋史》卷 34《孝宗二》，第 640 頁
566	內侍陳瑤	乾道三年八月	除名勒停、脊杖、配循州	以廣受管庫賄賂	《宋會要》職官 71 之 19，第 3981 頁
567	內侍陳瑜	乾道三年八月丁酉	除名、決杖、黥配	坐交結戚方受賂	《宋史》卷 34《孝宗二》，第 641 頁
568	知潮州曾造	乾道六年五月丁丑	除名勒停，南雄州編管，籍沒家財	坐犯贓	《宋史》卷 34《孝宗二》，第 648 頁；《宋史全文》卷 25 上，第 1725 頁
569	前知梧州皇甫謹	乾道六年閏五月壬午	刺配梧州	以侵盜官物入己	《宋史全文》卷 25 上，第 1725 頁
570	江南西路兵馬總管賈和仲	淳熙二年八月丙辰	除名、編管	以捕茶寇失律	《宋史》卷 34《孝宗二》，第 659 頁
571	前知光州滕瑞	淳熙二年九月	靜江府羈管	坐在任不法	《宋會要》職官 72 之 14，第 3995 頁
572	湯邦彥	淳熙三年四月丁酉	除名、編管	坐奉使無狀	《宋史》卷 34《孝宗二》，第 661 頁
573	龔茂良	淳熙四年七月癸丑	英州安置		《宋史》卷 34《孝宗二》，第 663 頁；卷 385 本傳，第 11845 頁
574	鬱林州守臣李端卿	淳熙六年六月辛亥	除名勒停、編管	妖賊李接破鬱林州，棄城遁	《宋史》卷 35《孝宗三》，第 670 頁
575	大理寺孫寺丞	孝宗朝	黥面配廣南	坐匿服不丁母憂	《貴耳集》卷下，第 10 頁
576	和州防禦使、內侍省押班黃邁	紹熙二年十二月甲辰	決杖、編管撫州	私相朋附	《宋史》卷 36，《光宗》，第 702 頁
577	監文思院常良孫	紹熙三年七月壬申	配海外	坐贓	《宋史》卷 36，《光宗》，第 703 頁
578	益國公周必大	紹熙三年七月壬申	降容陽郡公	坐繆舉監文思院常良孫	《宋史》卷 36，《光宗》，第 703 頁
579	前隨州隨縣尉邢彥文	紹熙三年十月十八日	降一官	坐在任日透漏白鑞、銅錢	《宋會要》職官 73 之 13，第 4023 頁

580	太府寺丞呂祖儉	慶元元年四月丁巳	韶州安置	坐上疏留趙汝愚及論不當黜朱熹、彭龜年等，忤韓侂冑	《宋史》卷 37《寧宗一》，第 719 頁
581	前內侍押班王德謙	嘉泰二年二月	新州居住	竊弄威柄	《宋會要》職官 73 之 31，第 4032 頁
582	李汝翼	開禧二年	瓊州編管	以在開禧北伐中兵敗喪師	《宋史》卷 474《韓侂冑傳》，第 13775 頁
583	江州都統王大節	開禧二年六月壬子	除名勒停、安置	以在開禧北伐中兵敗	《宋史》卷 38《寧宗二》，第 741 頁；卷 474《韓侂冑傳》，第 13775 頁；《宋會要》職官 74 之 21，第 4061 頁
584	江州統制官王澤	開禧二年六月二日	除名勒停、安置	以迎敵不進，軍無紀律	《宋會要》職官 74 之 21，第 4061 頁
585	安遠軍節度副使蘇師旦	開禧二年七月辛巳	除名勒停、安置	以力贊出兵而致喪師，韓侂冑知其誤己	《宋史》卷 38《寧宗二》，第 741 頁
586	前建康府都統李爽	開禧二年八月戊辰	南雄州安置	以開禧北伐失敗	《宋史》卷 38《寧宗二》，第 742 頁；卷 474《韓侂冑傳》，第 13775 頁
587	福建路總管兼延祥水軍統制商榮	開禧三年二月壬子	削奪官爵、柳州安置		《宋史》卷 38《寧宗二》，第 743 頁
588	奉直大夫陳景俊	開禧三年十一月	編管	僞造命書，激成兵端，促成韓侂冑用兵	《宋會要》職官 73 之 38，第 4035 頁
589	鄧友龍	開禧三年十一月辛巳	安置	以附會韓侂冑	《宋史》卷 38《寧宗二》，第 746 頁
590	團練副使郭倪	開禧三年十一月戊子	除名、安置	以附會韓侂冑	《宋史》卷 38《寧宗二》，第 746 頁
591	鎮江同統制郭僎	開禧三年十一月戊子	除名、連州安置	以附會韓侂冑	《宋史》卷 38《寧宗二》，第 746 頁
592	文州刺史鄭挺	開禧三年十一月十九日	追兩官、南雄州安置	附會韓侂冑，引惹邊事，震動一方	《宋會要》職官 73 之 39，第 4036 頁

593	禮部尙書易袚	開禧三年十一月十九日	追三官、融州安置	朋奸誤國	《宋會要》職官73之39，第4036頁
594	吏部侍郎朱質	開禧三年十一月十九日	追兩官惠州安置	朋奸誤國	《宋會要》職官73之39，第4036頁
595	太府少卿林行可	開禧三年十一月十九日	追兩官、潮州安置	朋奸誤國	《宋會要》職官73之39，第4036頁
596	保寧軍承宣使李爽	開禧三年十一月	除名勒停、編管	交結韓侂冑	《宋會要》職官73之39，第4036頁
597	武德大夫皇甫斌	開禧三年十二月九日	追五官勒停、英德府安置	謀啓邊釁	《宋會要》職官74之27，第4064頁
598	通議大夫薛叔似	開禧三年十二月九日	降兩官福州居住	迎合韓侂冑，妄開兵端	《宋會要》職官74之27，第4064頁
699	銀青光祿大夫許及之	開禧三年十二月九日	降兩官、泉州居住	諂事韓侂冑	《宋會要》職官74之27，第4064頁
600	陳自強	開禧、嘉定年間	安置	坐阿附韓侂冑	《宋史》卷39《寧宗三》，第750頁；卷394本傳，第12035頁
601	直秘閣、知鎭江府錢廷玉	嘉定元年正月	宜州羈管	以迎合韓侂冑	《宋會要》職官75之38，第4093頁
602	知成都府兼四川制置使程松	嘉定元年二月戊午	賓州安置	以吳曦叛逆，輕棄全蜀	《宋史》卷39《寧宗三》，第749頁；卷396本傳，第12078頁
603	刑部郎官陳廣壽	嘉定元年二月二十五日	放罷	以監察御史章燮言其專事豪奪，所至貪取	《宋會要》職官73之40，第4036頁
604	韓侂冑	嘉定元年三月辛卯	梟首		《宋史》卷39，《寧宗三》，第749頁
605	知崇慶府杜源	嘉定元年八月十四日	除名勒停、編管賀州	以表賀吳曦，爲臣叛逆	《宋會要》職官74之31，第4066頁
606	知湖州王炎	嘉定二年正月二十四日	放罷	救荒無策	《宋會要》職官74之32，第4066頁
607	新任湖南提舉張大猷	嘉定二年二月二十二日	罷新任	昏耄貪暴	《宋會要》職官74之32，第4066頁

608	御史臺六察點檢文字楊浩	嘉定元年	黥配萬安軍	坐致臨安府失火	《宋史》卷 63《五行二》，第 1382 頁
609	程銳	嘉定二年五月戊戌	決重杖，處死	謀反	《續編兩朝綱目備要》卷 11，第 206 頁
610	殿前司中軍訓練官楊明	嘉定二年五月戊戌	斬	謀反	《續編兩朝綱目備要》卷 11，第 206 頁
611	沔州統制張林	嘉定二年十一月辛卯	廣南羈管	坐謀作亂	《宋史》卷 39《寧宗三》，第 754 頁
612	奉議郎張鎡	嘉定四年十二月辛巳	除名、羈管象州	坐扇搖國本	《宋史》卷 39《寧宗三》，第 757 頁
613	太府寺丞張鎬	嘉定六年六月二十八日	放罷	專事苛斂，運銅下海，為人所持	《宋會要》職官 73 之 46，第 4039 頁
614	何致	嘉定八年三月辛巳	配牢城	坐妄造事端、營惑眾聽。	《宋史》卷 39《寧宗三》，第 762 頁
615	沔州都統劉昌祖	嘉定十一年九月丙申	奪五官、安置韶州	金攻西和州和成州，焚城而遁	《宋史》卷 40《寧宗四》，第 770 頁
616	鳳州守臣雷雲	嘉定十二年閏三月己未	追三官、安置梅州	金人攻鳳州，棄城	《宋史》卷 40《寧宗四》，第 772 頁
617	新任知州勾廷永	嘉定十四年七月三日	罷新命	以監察御史方獻言廷永居官所至，椎剝百姓傾陷同僚	《宋會要》職官 75 之 28-29，第 4088 頁
618	危稹	嘉定中	降知潮州	柴中行去國，賦詩送之，忤宰相	《宋史》卷 415 本傳，第 12453 頁
619	諫官王居安	寧宗時	奪一官，罷	因御史中丞雷孝友論其越職	《宋史》卷 405，《王居安傳》，第 12253 頁
620	大理評事胡夢昱	寶慶元年	編管	坐上書言濟王不當廢	《宋史》卷 422《李知孝傳》，第 12622 頁
621	大理少卿徐瑄	寶慶二年三月	象州居住	以上書救胡夢昱	《宋史》卷 422《梁成大傳》，第 12621 頁

622	棗陽同統制郭勝	理宗時	除名、拘管廣州	因所部兵行劫，坐不發覺	《宋史》卷41《理宗一》，第800頁
623	京西忠順統制江海	理宗時	除名、拘管廣州	因所部兵行劫，坐不發覺	《宋史》卷41《理宗一》，第800頁
624	江淮、荊襄諸路都大提點坑冶吳淵	端平元年四月	落右文殿修撰，放罷	恃才貪虐，籍人家貲以數百萬計，掩爲己有	《宋史》卷41《理宗一》，第801頁
625	梁成大	端平元年五月乙卯	潮州居住		《宋史》卷41《理宗一》，第802頁
626	制置使趙範	端平三年三月	削官三秩，落龍圖閣學士，仍制置職任	坐失撫御，致南北軍交爭造亂	《宋史》卷42《理宗二》，第810頁
627	光州司戶柳臣舉	嘉熙二年十二月丙午	配雷州		《宋史》卷42《理宗二》，第817頁
629	李心傳	嘉熙年間	奉祠居潮州	以言去	《宋史》卷438本傳，第12985頁
629	通州守臣杜霆	淳祐二年十二月己未	追毀出身以來文字，竄南雄州	坐棄城載私帑遁	《宋史》卷42《理宗二》，第824頁
630	知廣州張公明	淳祐七年四月丁酉	南安軍居住	貪暴不法	《宋史全文》卷34，第2276頁
631	陳垓	寶祐元年二月戊辰	竄潮州	坐貪贓不法	《宋史》卷43《理宗三》，第847頁
632	秦檜	開禧二年，寶祐二年二月甲辰	追奪王爵、改謚繆狠		《宋史》卷473，《秦檜傳》，第13764、13765頁；卷44《理宗四》，第851頁
633	知賓州呂振龍	開慶元年正月庚申	追毀出身以來文字，竄遠郡	兵至聞風先遁	《宋史》卷44《理宗四》，第864頁
634	知象州呂必勝	開慶元年正月庚申	追毀出身以來文字，竄遠郡	兵至聞風先遁	《宋史》卷44《理宗四》，第864頁

635	知江州袁玠	開慶元年十月、十一月	先削五秩，竄南雄州；後追毀出身以來文字、除名，移萬安軍	貪贓不悛，殘賊州邑	《宋史》卷 44《理宗四》，第 868 頁
636	瑞州守臣陳昌世	景定元年二月甲寅	削三秩勒停	兵至民擁之以逃，棄城失守	《宋史》卷 45《理宗五》，第 872 頁
637	李虎	景定元年五月乙亥	竄鬱林州	坐馭軍無律	《宋史》卷 45《理宗五》，第 874 頁
638	吳潛	景定元年十月壬戌、景定二年	奪觀文殿大學士，罷祠，安置	坐密奏忠王（即度宗）無陛下之福	《宋史》卷 45《理宗五》，第 875、877、881 頁；卷 418 本傳，第 12519 頁
639	秦九韶	景定元年	左降	以追隨吳潛	《癸辛雜識》續集卷下，第 170 頁
640	餘思忠	景定二年四月癸巳	除名勒停、竄新州		《宋史》卷 45《理宗五》，第 877 頁
641	丁大全	景定元年、景定二年	削秩、竄、安置		《宋史》卷 45《理宗五》，第 875、877 頁；卷 474 本傳，第 13779 頁
642	制置使蒲擇之	景定二年七月辛未	竄萬安軍	坐密通蠟書叛賊羅顯	《宋史》卷 45《理宗五》，第 877 頁
643	知嘉興縣段濬	景定四年四月丙寅	罷免	因買公田不遵元制	《宋史》45，《理宗五》，第 884 頁
644	知宜興縣葉哲佐				
645	知衢州謝塈	景定五年六月甲辰	削三秩、褫職不敘	因寇焚掠常山縣，棄城遁	《宋史》卷 45《理宗五》，第 887 頁
646	謝方叔	咸淳四年四月庚寅	削四秩，奪觀文殿大學士、惠國公	擅進金器諸物，且以先帝手澤，每繫之跋，率多包藏，至以先帝行事為己功，殊失大臣體	《宋史》卷 46《度宗》，第 900 頁

647	蘇劉義	咸淳六年	貶廣南	坐失襄陽	《宋史》卷 421《李庭芝傳》，第 12601 頁
648	范友信	咸淳六年	貶廣南	坐失襄陽	《宋史》卷 421《李庭芝傳》，第 12601 頁
649	朱善孫	咸淳七年六月	詔特貸死，配三千里，禁錮不赦	督綱運受贓四萬五千	《宋史》卷 46，《度宗》，第 907 頁
650	俞大忠	咸淳九年六月癸卯	除名、拘管		《宋史》卷 46《度宗紀》，第 915 頁
651	翁應龍	德祐元年三月己卯	刺配吉陽軍	坐附賈似道	《宋史》卷 47《瀛國公》第 927 頁
652	令狐概	德祐元年四月庚申	除名、配牢城、籍其家		《宋史》卷 47《瀛國公》，第 929 頁
653	廖瑩中	德祐元年七月甲戌	除名、貶昭州		《宋史》卷 47《瀛國公》，第 932 頁
654	王庭	德祐元年七月甲戌	除名、貶梅州		《宋史》卷 47《瀛國公》，第 932 頁
655	賈似道	德祐元年七月庚寅	安置	權奸誤國	《宋史》卷 47《瀛國公》，第 932 頁；卷 474 本傳，第 13786 頁
656	史嵩之	德祐初	奪諡	以開慶兵禍追罪	《宋史》卷 414，《史嵩之傳》，第 12428 頁；卷 47，《瀛國公》，第 933 頁
657	胡玉	德祐元年七月乙未	除名		《宋史》卷 47《瀛國公》，第 933 頁
658	婺州通判張鎮孫	德祐元年七月乙未	罷其官	聞兵遁	《宋史》卷 47《瀛國公》，第 933 頁
659	林鐘	德祐元年七月乙未	除名		《宋史》卷 47《瀛國公》，第 933 頁
660	李玨	德祐元年七月	削兩官、貶潮州		《宋史》卷 47《瀛國公》，第 933 頁

附錄二　徵引文獻

1. （先秦）《禮記譯注》，楊天宇譯注，上海：上海古籍出版社，2004 年版。
2. （先秦）韓非：《韓非子新校注》，陳奇猷校注，上海：上海古籍出版社，2000 年版。
3. （先秦）《五經四書全譯》，陳襄民等注譯，鄭州：中州古籍出版社，2000 年版。
4. （先秦）《左傳譯注》，李夢生譯注，上海：上海古籍出版社 2004 年版。
5. （先秦）商鞅：《商君書》，北京：改革出版社，1998 年版。
6. （先秦）荀況：《荀子校釋》，王天海校釋，上海：上海古籍出版社 2005 年版。
7. （先秦）《四書全譯》，劉俊田等譯注，貴陽：貴州人民出版社，1988 年版。
8. （西漢）司馬遷：《史記》，北京：中華書局，1959 年版。
9. （東漢）班固：《漢書》，北京：中華書局，1962 年版。
10. （南朝宋）范曄：《後漢書》，北京：中華書局，1965 年版。
11. （後晉）劉昫等：《舊唐書》，北京：中華書局，1975 年版。
12. （唐）魏徵：《隋書》，北京：中華書局，1973 年版。
13. （宋）王溥：《唐會要》，《叢書集成初編》本。
14. （宋）歐陽修、宋祁：《新唐書》，北京：中華書局，1975 年版。
15. （宋）薛居正等：《舊五代史》，北京：中華書局 1976 年版。
16. （宋）歐陽修：《新五代史》，北京：中華書局，1974 年版。
17. （宋）司馬光：《資治通鑒》，北京：中華書局，1956 年版。
18. （唐）吳兢：《貞觀政要全譯》，葉光大等譯注，貴陽：貴州人民出版社，1991 年版。

19.（宋）李燾：《續資治通鑑長編》，北京：中華書局，2004 年版。

20.（元）脫脫：《宋史》，北京：中華書局，1985 年版。

21.（宋）陳均：《九朝編年備要》，景印文淵閣《四庫全書》本。

22.（宋）楊仲良：《續資治通鑑長編紀事本末》，北京：北京圖書館出版社，2003 年版。

23.（宋）呂祖謙：《宋文鑑》，北京：中華書局，1992 年版。

24.（宋）呂中：《宋大事記講義》，景印文淵閣《四庫全書》本。

25.（宋）江少虞：《宋朝事實類苑》，上海：上海古籍出版社，1981 年版。

26.（宋）佚名：《中興兩朝聖政》，載《續修四庫全書》第 348 冊，上海：上海古籍出版社，2002 年版。

27.（宋）佚名：《續編兩朝綱目備要》，北京：中華書局，1995 年版。

28.（宋）李心傳：《建炎以來繫年要錄》，景印文淵閣《四庫全書》本。

29.（元）佚名：《宋季三朝政要》，景印文淵閣《四庫全書》本。

30.（宋）彭百川：《太平治迹統類》，景印文淵閣《四庫全書》本。

31.（宋）趙汝愚：《宋朝諸臣奏議》，北京：中華書局，1999 年版。

32.（宋）王應麟：《玉海》，景印文淵閣《四庫全書》本。

33.（元）佚名：《宋史全文》，哈爾濱：黑龍江人民出版社，2004 年版。

34.（明）黃淮、楊士奇：《歷代名臣奏議》，景印文淵閣《四庫全書》本。

35.（宋）佚名：《太平寶訓政事紀年》，臺灣文海出版社，1981 年影印本。

36.（清）徐松（輯）：《宋會要輯稿》，北京：中華書局，1957 年影印本。

37.（宋）王稱：《東都事略》，景印文淵閣《四庫全書》本。

38.（宋）謝維新：《古今合璧事類備要》，景印文淵閣《四庫全書》本。

39.（宋）孫逢吉：《職官分紀》，景印文淵閣《四庫全書》本。

40.（宋）林駉、黃履翁：《古今源流至論》，景印文淵閣《四庫全書》本。

41.（清）黃以周等（輯注）：《續資治通鑑長編拾補》，北京：中華書局，2004 年版。

42.（宋）曾公亮、丁度：《武經總要》，景印文淵閣《四庫全書》本。

43.（元）馬端臨：《文獻通考》，北京：中華書局，1986 年影印本。

44.（宋）李攸：《宋朝事實》，北京：中華書局，1955 年版。

45.（宋）佚名：《宋大詔令集》，北京：中華書局，1962 年版。

46.（宋）竇儀等：《宋刑統》，北京：中華書局，1984 年版。

47.（宋）謝深甫：《慶元條法事類》，載楊一凡、田濤主編《中國珍稀法律典籍續編》第一冊，哈爾濱：黑龍江人民出版社，2002 年版。

48. （宋）《吏部條法》，載楊一凡、田濤主編《中國珍稀法律典籍續編》第二冊，哈爾濱：黑龍江人民出版社，2002 年版。

49. （宋）佚名：《名公書判清明集》，北京：中華書局，1987 年版。

50. （宋）鄭克：《折獄龜鑒譯注》，劉俊文譯注，上海：上海古籍出版社，1988 年版。

51. （宋）王欽若、楊億等：《冊府元龜》，景印文淵閣《四庫全書》本。

52. （宋）王安石：《王安石全集》，上海：上海古籍出版社，1999 年版。

53. （宋）王禹偁：《小畜集》，《四部叢刊初編》本。

54. （宋）彭龜年：《止堂集》，景印文淵閣《四庫全書》本。

55. （宋）杜範：《清獻集》，景印文淵閣《四庫全書》本。

56. （宋）石介：《徂徠石先生文集》，北京：中華書局，1984 年版。

57. （宋）洪適：《盤州文集》，景印文淵閣《四庫全書》本。

58. （宋）袁燮：《絜齋集》，景印文淵閣《四庫全書》本。

59. （宋）李覯：《旴江集》，景印文淵閣《四庫全書》本。

60. （宋）周必大：《文忠集》，景印文淵閣《四庫全書》本。

61. （宋）朱熹：《晦庵集》，景印文淵閣《四庫全書》本。

62. （宋）劉摯：《忠肅集》，景印文淵閣《四庫全書》本。

63. （宋）高斯得：《恥堂存稿》，景印文淵閣《四庫全書》本。

64. （宋）蘇舜欽：《蘇舜欽集編年校注》，傅平驤、胡問陶校注，成都：巴蜀書社，1991 年版。

65. （宋）蘇洵：《嘉祐集》，景印文淵閣《四庫全書》本。

66. （宋）包拯：《包拯集校注》，楊國宜校注，黃山：黃山書社，1999 年版。

67. （宋）范仲淹：《范仲淹全集》，南京：鳳凰出版社，2004 年版。

68. （宋）歐陽修：《歐陽修全集》，北京：中華書局，2001 年版。

69. （宋）曾鞏：《曾鞏集》，北京：中華書局，1984 年版。

70. （宋）蘇轍：《蘇轍集》，北京：中華書局，1990 年版。

71. （宋）張方平：《張方平集》，鄭州：中州古籍出版社，1992 年版。

72. （宋）羅從彥：《豫章文集》，景印文淵閣《四庫全書》本。

73. （宋）劉敞：《公是集》，景印文淵閣《四庫全書》本。

74. （宋）司馬光：《溫國文正司馬公文集》，《四部叢刊初編》本。

75. （宋）張守：《毗陵集》，景印文淵閣《四庫全書》本。

76. （宋）劉克莊：《後村先生大全集》，《四部叢刊初編》本。

77. （宋）張端義：《貴耳集》，景印文淵閣《四庫全書》本。

78. （宋）蘇軾：《蘇軾全集》，上海：上海古籍出版社，2000 年版。

79. （宋）程灝、程頤：《二程集》，北京：中華書局，2004 年版。

80. （宋）楊萬里：《誠齋集》，景印文淵閣《四庫全書》本。

81. （宋）魏了翁：《鶴山先生大全文集》，《四部叢刊初編》本。

82. （宋）秦觀：《秦觀集編年校注》，周義敢等編注，北京：人民文學出版社，2001 年版。

83. （宋）李光：《莊簡集》，景印文淵閣《四庫全書》本。

84. （宋）葉適：《葉適集》，北京：中華書局，1961 年版。

85. （宋）樓鑰：《攻媿集》，景印文淵閣《四庫全書》本。

86. （宋）趙抃：《清獻集》，景印文淵閣《四庫全書》本。

87. （宋）汪應辰：《文定集》，景印文淵閣《四庫全書》本。

88. （宋）晁補之：《雞肋集》，《四部叢刊初編》本。

89. （宋）陳次升：《讜論集》，景印文淵閣《四庫全書》本。

90. （宋）胡太初：《晝簾緒論》，《叢書集成初編》本。

91. （宋）洪邁：《夷堅志》，北京：中華書局，1981 年版。

92. （宋）張舜民：《畫墁錄》，《全宋筆記》第二編一，鄭州：大象出版社，2006 年版。

93. （宋）沈括：《夢溪筆談》，《全宋筆記》第二編三，鄭州：大象出版社，2006 年版。

94. （宋）黃震：《黃氏日抄》，景印文淵閣《四庫全書》本。

95. （宋）趙升：《朝野類要》，北京：中華書局，2007 年點校本。

96. （宋）李心傳：《建炎以來朝野雜記》，北京：中華書局，2000 年版。

97. （宋）洪邁：《容齋隨筆》，北京：中華書局，2005 年版。

98. （宋）魏泰：《東軒筆錄》，北京：中華書局，1983 年版。

99. （宋）王辟之：《澠水燕談錄》，北京：中華書局，1981 年版。

100. （宋）吳處厚：《青箱雜記》，北京：中華書局，1985 年版。

101. （宋）張邦基：《墨莊漫錄》，北京：中華書局，2002 年版。

102. （宋）黎靖德（編）：《朱子語類》，北京：中華書局，1986 年版。

103. （宋）蘇轍：《龍川略志》，北京：中華書局，1982 年版。

104. （宋）朱弁：《曲洧舊聞》，北京：中華書局，2002 年版。

105. （宋）葉夢得：《石林燕語》，北京：中華書局，1984 年版。

106. （宋）莊綽：《雞肋編》，北京：中華書局，1983 年版。

107. （宋）岳珂：《桯史》，北京：中華書局，1981 年版。

108. （宋）羅大經：《鶴林玉露》，北京：中華書局，1983 年版。

109. （宋）司馬光：《涑水記聞》，北京：中華書局，1989 年版。

110. （宋）葉紹翁：《四朝見聞錄》，北京：中華書局，1989 年版。

111. （宋）陸游：《老學庵筆記》，北京：中華書局，1979 年版。

112. （宋）朱彧：《萍洲可談》，上海：上海古籍出版社，1989 年版。

113. （宋）曾敏行：《獨醒雜誌》，上海：上海古籍出版社，1986 年版。

114. （宋）李心傳：《舊聞證誤》，北京：中華書局，1981 年版。

115. （宋）邵伯溫：《邵氏聞見錄》，北京：中華書局，1983 年版。

116. （宋）王栐：《燕翼詒謀錄》，北京：中華書局，1981 年版。

117. （宋）宋敏求：《春明退朝錄》，北京：中華書局，1997 年版。

118. （宋）周密：《癸辛雜識》，北京：中華書局，1988 年版。

119. （宋）王明清：《揮麈錄》，上海：上海書店出版社，2001 年版。

120. （明）田汝成：《西湖遊覽志餘》，上海：上海古籍出版社，1998 年版。

121. （清）王夫之：《宋論》，北京：中華書局，1964 年版。

122. （清）趙翼：《廿二史札記校證》，王樹民校證，北京：中華書局，1984 年版。

123. （清）俞樾：《茶香室叢鈔》，北京：中華書局，1995 年版。

124. （清）董誥等（纂修）：《全唐文》，北京：中華書局，1983 年版。

125. 《全宋文》第七冊，成都：巴蜀書社，1992 年版。

126. 嚴復：《嚴復集》，北京：中華書局，1986 年版。

127. 梁啓超：《中國歷史研究法》，石家莊：河北教育出版社，2003 年版。

128. 王亞楠：《中國古代官僚政治研究》，北京：中國社會科學出版社，1981 年版。

129. 傅斯年：《傅斯年全集》，歐陽哲生主編，長沙：湖南教育出版社，2003 年版。

130. 金毓黻：《宋遼金史》，上海：上海商務印書館，1946 年版。

131. 張其凡：《兩宋歷史文化概論》，廣州：廣東人民出版社，2002 年版。

132. 龔延明：《宋代官制辭典》，北京：中華書局，1997 年版。

133. 《漢語大詞典》第 1 卷、第 10 卷，北京：漢語大詞典出版社，1986 年、1992 年版。

134. 《辭源》第 3 冊、第 4 冊，北京：商務印書館，1981 年、1983 年版。

135. （法國）孟德斯鳩：《論法的精神》，北京：商務印書館，1961 年版。

136. （德國）馬克思、恩格斯：《馬克思恩格斯全集》第 1 卷，北京：人民出版社，1956 年版。

137. （德國）馬克思、恩格斯：《馬克思恩格斯全集》第 3 卷、第 6 卷，北京：人民出版社，1965 年版。

138. （德國）馬克思、恩格斯：《馬克思恩格斯選集》第 3 卷，北京：人民出版社，1972 年版。

139. （美國）A.H.馬斯洛：《洞察未來》，許金聲譯，北京：改革出版社，1998 年版。

140. （美國）羅伯特·達爾：《現代政治分析》，王滬寧等譯，上海：上海譯文出版社，1987 年版。

141. 鄧廣銘：《關於宋史研究的幾個問題》，《社會科學戰線》1986 年第 2 期。

142. 張其凡：《「皇帝與士大夫共治天下」試析——北宋政治架構探微》，《暨南學報》2001 年第 6 期。

143. 郭東旭：《論宋代赦宥制度》，載《宋史研究論文集》，寧夏人民出版社 1999 年版。

附錄三　參考文獻

1. 陳寅恪：《金明館從稿》，上海：上海古籍出版社，1980 年版。

2. （意大利）馬基雅維里：《君主論》，北京：商務印書館，1996 年版。

3. 趙家祥：《歷史哲學》，北京：中共中央黨校出版社，2003 年版。

4. 劉澤華（主編）：《中國古代政治思想史》，天津：南開大學出版社，1992 年版。

5. 余英時：《中國思想傳統的現代詮釋》，南京：江蘇人民出版社，1989 年版。

6. 盧廣森、王進國（主編）：《中國古代行政管理概論》，鄭州：河南人民出版社，1993 年版。

7. 李孔懷：《中國古代政治與行政制度》，上海：復旦大學出版社，1993 年版。

8. 陳友冰：《中國古代管理概論》，合肥：安徽人民出版社，1991 年版。

9. 王建學：《中國行政管理史》，瀋陽：遼寧人民出版社，1989 年版。

10. 霍雨佳：《治策》，北京：中國經濟出版社，1997 年版。

11. 許樹安：《古代選士任官制度與社會》，天津：天津人民出版社，1988 年版。

12. 彭安玉：《中國古代吏治研究》，南京：南京大學出版社，1995 年版。

13. 李治安、杜家驥：《中國古代官僚政治》，北京：書目文獻出版社，1993 年版。

14. 劉廣明：《宗法中國》，上海：三聯書店，1993 年版。

15. 徐揚傑：《宋明家族制度史》，北京：中華書局，1995 年版。

16. 王漢昌（主編）：《中國古代人事制度》，北京：勞動人事出版社，1986 年版。

17. 任立達、薛希洪：《中國官吏考選制度史》，青島：青島出版社，2003 年版。

18. 邱寶林、吳仕龍：《中國歷代官員考覈》，昆明：雲南教育出版社，1996 年版。

19. 單遠慕、劉益安：《中國廉政史》，鄭州：中州古籍出版社，1991 年版。

20. 余華青（主編）：《中國古代廉政制度史》，西安：西北大學出版社，1991 年版。

21. 王春瑜（主編）：《中國反貪史》，成都：四川人民出版社，2000 年版。

22. 李興盛：《中國流人史》，哈爾濱：黑龍江人民出版社，1995 年版。

23. 林劍鳴：《法與中國社會》，長春：吉林文史出版社，1988 年版。

24. 蒲堅：《中國古代行政立法》，北京：北京大學出版社，1990 年版。

25. 王士偉：《中國行政法制史》，西安：陝西人民出版社，1993 年版。

26. 張晉藩、李鐵：《中國行政法史》，北京：中國政法大學出版社，1991 年版。

27. 張分田：《亦主亦奴——中國古代官僚社會人格》，杭州：浙江人民出版社，2000 年版。

28. 錢穆：《中國歷代政治得失》，臺灣東大圖書股份有限公司，1987 年版。

29. 白盾：《歷史的磨道——論中華帝制》，合肥：安徽人民出版社，2000 年版。

30. 周良霄：《皇帝與皇權》，上海：上海古籍出版社，1999 年版。

31. 劉澤華等：《專制權力與中國社會》，長春：吉林文史出版社，1988 年版。

32. 許倬雲：《歷史的分光鏡》，上海：上海文藝出版社，1998 年版。

33. 張曉虎：《歷史的迴旋》，鄭州：中州古籍出版社，1991 年版。

34. 黃惠賢、陳鋒（主編）：《中國俸祿制度史》，武漢：武漢大學出版社，2005 年版。

35. 依川強（日本）：《宋代文官俸給制度》，臺灣商務印書館，1977 年版。

36. 陳樂素：《求是集》（第一集），廣州：廣東人民出版社，1986 年版。

37. 陳樂素：《求是集》（第二集），廣州：廣東人民出版社，1984 年版。

38. 鄧廣銘：《鄧廣銘治史叢稿》，北京：北京大學出版社，1997 年版。

39. 漆俠：《求實集》，天津：天津人民出版社，1982 年版。

40. 張其凡：《宋代史》，澳門：澳亞周刊出版有限公司，2004 年版。

41. 陳振：《宋史》，上海：上海人民出版社，2003 年版。

42. 朱瑞熙 張其凡：《中國政治制度史》（宋代卷），北京：人民出版社，1996 年版。

43. 周寶珠、陳振：《簡明宋史》，北京：人民出版社，1985 年版。

44. 張希清等：《宋朝典章制度》，長春：吉林文史出版社，2001 年版。

45. 譚平：《宋朝與明朝治官的對比研究》，成都：電子科技大學出版社，2005 年版。

46. 游彪：《宋代蔭補制度研究》，北京：中國社會科學出版社，2001 年版。

47. 陳戌國：《中國禮制史》（宋遼金夏卷），長沙：湖南教育出版社，2001 年版。

48. 諸葛憶兵：《宋代文史考論》，北京：中華書局，2002 年版。

49. 侯外廬等（編）：《宋明理學史》，北京：人民出版社，1997 年版。

50. 范立舟：《宋代思想學術史論稿》，澳門：澳亞周刊出版有限公司，2004 年版。

51. 陳植鍔：《北宋文化史述論》，北京：中國社會科學出版社，1992 年版。

52. 雷學華：《忠——忠君思想的歷史考察》，南寧：廣西人民出版社，1996 年版。

53. 王子今：《忠觀念研究——一種政治道德的文化源流與歷史演變》，長春：吉林教育出版社，1999 年版。

54. 王子今：《權力的黑光——中國封建政治迷信批判》，北京：中共中央黨校出版社，1994 年版。

55. 范忠信　鄭定　詹學農：《情理法與中國人——中國傳統法律文化探微》，北京：中國人民大學出版社，1992 年版。

56. 張邦煒：《宋代婚姻家族史論》，北京：人民出版社，2003 年版。

57. 張邦煒：《宋代皇親與政治》，成都：四川人民出版社，1993 年版。

58. 何忠禮、徐吉軍：《南宋史稿》，杭州：杭州大學出版社，1999 年版。

59. （日本）寺地遵：《南宋初期政治史研究》，臺北：稻禾出版社，1995 年版。

60. 楊樹藩：《宋代中央政治制度》，臺灣商務印書館，1977 年版。

61. 張其凡：《宋初政治探研》，廣州：暨南大學出版社，1995 年版。

62. 羅家祥：《朋黨之爭與北宋政治》，上海：華中師範大學出版社，2002 年版。

63. 何冠環：《宋初朋黨與太平興國三年進士》，北京：中華書局，1994 年版。

64. 朱子彥、陳生民：《朋黨政治研究》，上海：華東師範大學出版社，1992 年版。

65. 楊樹藩：《中國文官制度》，臺北：黎明文化事業公司，1983 年版。

66. 李鐵：《中國文官制度》，北京：中國政法大學出版社，1989 年版。

67. 龔延明：《宋史職官志補正》，杭州：浙江古籍出版社，1991 年版。

68. 王德毅：《宋史研究論集》，臺灣商務印書館，1993 年版。

69. 鄧小南：《宋代文官選任制度諸層面》，石家莊：河北教育出版社，1993 年版。

70. 苗書梅：《宋代官員選任和管理制度》，開封：河南大學出版社，1996 年版。

71. 皮純協、潘毅周、王英昌：《中外監察制度簡史》，鄭州：中州古籍出版社，1991 年版。

72. 夏書章（主編）：《行政效率研究》，廣州：中山大學出版社，1996 年版。

73. 彭勃、龔飛：《中國監察制度史》，北京：中國政法大學出版社，1989 年版。

74. 賈玉英：《中國古代監察制度發展史》，北京：人民出版社，2004 年版。

75. 賈玉英：《宋代監察制度》，開封：河南大學出版社，1996 年版。

76. 虞雲國：《宋代臺諫制度研究》，上海：上海社會科學院出版社，2001 年版。

77. 刁忠民：《宋代臺諫制度研究》，成都：巴蜀書社，1999 年版。

78. 張晉藩（主編）：《中國法制通史》（第五卷），北京：法律出版社，1999 年版。

79. 張晉藩：《中國古代法律制度》，北京：中國廣播電視出版社，1992 年版。

80. 楊鶴臯：《宋元明清法律思想研究》，北京：北京大學出版社，2001 年版。

81. 郭東旭：《宋代法制研究》，保定：河北大學出版社，2000 年版。

82. 郭東旭：《宋代法律史論》，保定：河北大學出版社，2001 年版。

83. 趙曉耕：《宋代官商及其法律調整》，北京：中國人民大學出版社，2001 年版。

84. 趙曉耕：《宋代法制研究》，北京：中國政法大學出版社，1994 年版。

85. 薛梅卿、趙曉耕（主編）：《兩宋法制通論》，北京：法律出版社，2002 年版。

86. 薛梅卿：《宋刑統研究》，北京：法律出版社，1997 年版。

87. 王雲海（主編）：《宋代司法制度》，開封：河南大學出版社，1992 年版。

88. 周密：《宋代刑法史》，北京：法律出版社，2002 年版。

89. 戴建國：《宋代法制初探》，哈爾濱：黑龍江人民出版社，2000 年版。

90. 汪漢卿（主編）：《包拯的法律思想與實踐》，合肥：安徽大學出版社，

2000 年版。

91. 呂志興：《宋代法制特點研究》，成都：四川大學出版社，2001 年版。

92. 龔延明：《中國古代職官科舉研究》，北京：中華書局，2006 年版。

93. 李勇先：《宋代添差官制度研究》，成都：天地出版社，2000 年版。

94. 汪聖鐸：《兩宋財政史》，北京：中華書局，1995 年版。

95. 汪聖鐸：《兩宋貨幣史》，北京：社會科學文獻出版社，2003 年版。

96. 曹家齊：《宋代交通管理制度研究》，開封：河南大學出版社，2002 年版。

97. 李華瑞：《宋代酒的生產和征榷》，保定：河北大學出版社，2001 年版。

98. 王瑞明：《宋代政治史概要》，武漢：華中師範大學出版社，1989 年版。

99. 周寶珠：《宋代東京研究》，開封：河南大學出版社，1992 年版。

100. 張其凡：《宋太宗》，長春：吉林文史出版社，1997 年版。

101. 汪聖鐸：《宋眞宗》，長春：吉林文史出版社，1996 年版。

102. 黃燕生：《宋仁宗宋英宗》，長春：吉林文史出版社，1997 年版。

103. 仲偉民：《宋神宗》，長春：吉林文史出版社，1997 年版。

104. 王菡：《宋哲宗》，長春：吉林文史出版社，1997 年版。

105. 任崇岳：《宋徽宗宋欽宗》，長春：吉林文史出版社，1996 年版。

106. 胡昭曦、蔡東洲：《宋理宗宋度宗》，長春：吉林文史出版社，1997 年版。

107. 張其凡：《趙普評傳》，北京：北京出版社，1988 年版。

108. 李昌憲：《司馬光評傳》，南京：南京大學出版社，1998 年版。

109. 鄧廣銘：《北宋政治改革家王安石》，北京：人民出版社，1997 年版。

110. 陳榮照：《范仲淹研究》，三聯書店香港分店，1987 年版。

111. 漆俠：《宋代經濟史》，上海：上海人民出版社，1988 年版。

112. 朱瑞熙：《宋代社會研究》，鄭州：中州書畫社，1983 年版。

113. 朱瑞熙、張邦煒等：《遼宋西夏金社會生活史》，北京：中國社會科學出版社，1998 年版。

114. 王棣：《宋代經濟史稿》，長春：長春出版社，2001 年版。

115. 鄧小南（主編）：《唐宋女性與社會》，上海：上海辭書出版社，2003 年版。

116. 梁天錫：《宋代樞密院制度》，臺北黎明文化事業公司，1981 年版。

117. 王曾瑜：《宋朝兵制初探》，北京：中華書局，1983 年版。

118. 錢大群、孫國華：《職務犯罪研究》，南京：南京大學出版社，1996 年版。

119. 鄧廣銘、酈家駒（主編）：《宋史研究論文集》（1982 年會編刊），鄭州：河南人民出版社，1984 年版。

120. 鄧廣銘、徐規等（主編）：《宋史研究論文集》（1984 年會編刊），杭州：

浙江人民出版社，1987 年版。

121. 鄧廣銘、王雲海等（主編）：《宋史研究論文集》（1992 年會編刊），開封：河南大學出版社，1993 年版。

122. 漆俠、胡昭曦（主編）：《宋史研究論文集》（1994 年會編刊），保定：河北大學出版社，1996 年版。

123. 漆俠、李埏（主編）：《宋史研究論文集》（1996 年會編刊），昆明：雲南民族出版社，1997 年版。

124. 徐規（主編）：《宋史研究集刊》，杭州：浙江古籍出版社，1986 年版。

125. 黃寶華：《黃庭堅評傳》，南京：南京大學出版社，1998 年版。

126. 王魯單、姬文清：《千古名相寇準傳》，北京：中國檔案出版社，1998 年版。

127. （日本）池澤滋子：《丁謂研究》，成都：巴蜀書社，1998 年版。

128. 鄧廣銘、程應鏐：《中國歷史大辭典·宋史》，上海：上海辭書出版社，1984 年版。

129. 姜錫東：《宋代商人和商業資本》，北京：中華書局，2002 年版。

130. 胡世凱：《明主治吏不治民——中國傳統法律中的官吏瀆職罪研究》，北京：中國政法大學出版社，2002 年版。

131. 趙中天：《管理心理學》，北京：中共中央黨校出版社，1996 年版。

132. 徐頌陶、徐理明（主編）：《走向卓越的中國公共行政》，北京：中國人事出版社，1996 年版。

133. 金圓：《宋代封駁制度考》，《上海師院學報》1980 年第 1 期。

134. 李家驥：《南宋和戰與黨爭商榷》，《華東師大學報》1981 年 1 期。

135. 宋衍申：《慶曆新政時期的諫官》，《東北師大學報》1982 年第 4 期。

136. 卓帆：《宋朝法官的選拔和任用》，《江西大學學報》1982 年第 4 期。

137. 金圓：《宋代監司監察地方官撮談》，《上海師院學報》1982 年第 3 期。

138. 史旺成：《宋初嚴法治貪官》，《法學》1983 年第 7 期。

139. 朱瑞熙：《宋代官員致仕制度概述》，《南開學報》1983 年第 3 期。

140. 魏天安等：《宋代閒官制度述略》，《中州學刊》1983 年第 6 期。

141. 金圓：《宋代州縣守令的考覈制度》，載《宋史研究論文集》，杭州：浙江人民出版社 1987 年版。

142. 羅家祥：《試論兩宋黨爭》，《華中師院學報》1984 年 2 期。

143. 金圓：《宋代監察制度特點》，載《宋史研究論文集》，鄭州：河南人民出版社 1984 年版。

144. 劉坤太：《宋朝添差官制度初探》，《河南大學學報》1984 年第 4 期。

145. 江必新：《兩宋消弭官吏犯贓心理的法律對策》，《法學與實踐》1985 年第 4 期。

146. 史旺成：《宋初對官吏貪污受賄的懲處》，《中州學刊》1985 年第 2 期。

147. 齊源：《淺論宋初嚴法治贓吏》，《青海社會科學》1985 年第 6 期。

148. 羅家祥：《試論兩宋黨爭》，《華中師院學報》1985 年第 5 期。

149. 喬宗傳：《趙匡胤重視法治的原因和策略》，《史學集刊》1985 年第 4 期。

150. 王瑞來：《論宋代相權》，《歷史研究》1985 年 2 期。

151. 倪士毅：《宋代宰相出身和任期的研究》（杭州大學學報 1986 年 4 期）

152. 鄧小南：《北宋文官考課制度考述》，《社會科學戰線》1986 年第 3 期。

153. 張邦煒：《宋代官吏經濟違法問題考察》，《社會科學研究》1986 年第 1 期。

154. 穆朝慶：《論宋代致仕思想的發展與士大夫的致仕活動》，《史學月刊》1986 年第 4 期。

155. 張邦煒：《宋代避親避籍制度述評》，《四川大學學報》1986 年第 1 期。

156. 江必新：《宋代嚴貪墨之罪述論》，《西南師大學報》1986 年第 2 期。

157. 柳立言：《南宋政治初探——高宗陰影下的孝宗》，載臺灣《中央研究院歷史語言研究所集刊》第 57 本，1986 年出版。

158. 陳振：《中國歷史上官吏任用的迴避制度》，《中州學刊》1986 年第 5 期。

159. （美國）郝若貝：《對於中國宋代官僚派別活動的新探討：一種假說》，《宋史研究通訊》1987 年第 11 期。

160. 曾小華：《宋代磨勘制度研究》，載《宋史研究集刊》，浙江古籍出版社 1986 年版。

161. 薛梅卿：《宋朝寬典治吏於風不清芻議》，《法制建設》1987 年第 5 期。

162. 曹海科：《試論北宋初年的法制與吏治》，《蘭州大學學報》1987 年第 4 期。

163. 張其凡：《宋太宗論》，《歷史研究》1987 年第 2 期。

164. 張其凡：《三司、臺諫、中書事權——宋初中書事權再探》，《暨南大學學報》1987 年第 3 期。

165. 張序：《我國古代官員監察彈劾制度之演變》，《政治學研究》1987 年第 3 期。

166. 侯河清：《中國封建監察制度的演變及其利弊》，《求索》1988 年第 4 期。

169. 姚瀛艇：《論慶曆新政對宋代吏治的改革》，《文史月刊》1988 年第 1 期。

170. 吳衛生：《中國古代監察制度的發展規律及其弊端》，《政治學研究資料》1988 年第 4 期。

171. 金圓：《宋代祠祿官的幾個問題》，《中國史研究》1988 年的 2 期。

172. 郭開農：《淺談宋代的臺諫制度》，《求實》1989 年第 2 期。

173. 王德忠：《孝宗加強專制集權淺論》，《東北師大學報》1989 年 1 期。

174. 王凱：《李覯以廉政爲核心的吏治觀》，《求是學刊》1989 年第 2 期。

175. 羅家祥：《試論北宋仁英兩朝的臺諫》，《西南師範大學學報》1989 年第 1期。

176. 董伯庸：《試論包拯關於整頓吏治的主張》，《安徽史學》1989 年第 3 期。

177. 穆朝慶：《論宋代官員致仕制度》，《許昌師專學報》1989 年第 2 期。

178. 王瑞來：《論宋代皇權》，《歷史研究》1989 年 1 期。

179. 劉子健：《宋太宗與宋初兩次篡位》，《中國史研究》1990 年第 1 期。

180. 曲家源：《論司馬光的吏治思想》，《山西師大學報》1989 年第 3 期。

181. 戴建國：《宋代的提點刑獄司》，《上海師大學報》1989 年第 2 期。

182. 曾小華：《宋代薦舉制度初探》，《中國史研究》1989 年第 2 期。

183. 曾小華：《中國封建時代監察制度的基本特點及歷史作用》，《中共浙江省委黨校學報》1989 年第 1 期。

184. 李興盛：《本世紀流人史、流人文化研究綜述及展望》，《中國史研究動態》1990 年第 5 期。

185. 龔延明、李盛清：《宋代御史臺述略》，《文獻》1990 年第 1 期。

186. 苗書梅：《宋代通判及其重要職能》，《河北學刊》1990 年第 2 期。

187. 史繼剛：《宋代宰執的謁禁制度》，《西南師大學報》1990 年第 3 期。

188. 王世農：《宋代通判論略》，《山東師大學報》1990 年第 3 期。

189. 史繼剛：《宋代軍用物資保障研究》，杭州大學 1996 年博士學位論文。

190. 龔延明：《宋代官品制度及其意義》，《西南師範大學學報》1990 年第 1 期。

191. 龔延明：《北宋元豐官制改革論》，《中國史研究》1990 年第 1 期。

192. 苗書梅：《宋代黜降官敘復之法》，《河北大學學報》1990 年第 3 期。

193. 宋采義：《宋代懲治貪官的鬥爭》，《史學月刊》1990 年第 5 期。

194. 姜國華：《北宋監察制度的特點與弊端》，《實事求是》1990 年第 5 期。

195. 周寶珠：《宋代忠義思想在反民族壓迫鬥爭中的作用》，《河南大學學報》1990 年第 4 期。

196. 張希清：《論宋代恩蔭之濫》，載《中日宋史研討會中方論文選編》，河北大學出版社 1991 年版。

197. 龔延明：《宋代官吏的管理制度》，《歷史研究》1991 年第 6 期。

198. 王永貞：《宋朝預防官吏經濟犯罪的法律措施》，《聊城師院學報》1991

年第 2 期。

199. 俞兆鵬：《論朱熹按劾唐仲友事件：兼論朱熹的政治思想》，《江西社會科學》1991 年 2 期。

200. 季懷銀：《宋代司法中的限期督催制度》，《史學月刊》1991 年的 2 期。

201. 朱瑞熙：《宋代官員迴避制度》，《中華文史論叢》1991 年總 48 期。

202. 苗書梅：《宋代官吏迴避法述論》，《河南大學學報》1991 年第 1 期。

203. 殷嘯虎：《北宋前期司法監督制度考察》，《中國史研究》1991 年第 2 期。

204. 吳曉萍：《宋代御史推鞫制度述論》，《安徽師大學報》1991 年第 4 期。

205. 吳曉萍：《宋代中央行政監察制度與宋代社會政治》，《齊魯學刊》1991 年第 5 期。

206. 史繼剛：《宋代官吏謁禁制度述論》，《青海師範大學學報》1992 年第 3 期。

207. 金中樞：《宋初嚴懲贓吏》，載《宋史研究集》第 22 輯，臺北國立編譯館 1992 版。

208. 盧明明：《中國古代官吏選任迴避制度的產生與發展》，《華東師範大學學報》1992 年第 2 期。

209. 賈志揚（美國）：《宋朝宗室的歷史意義》，載《國際宋史研討會論文選集》，河北大學出版社 1992 年版。

210. 龔延明：《兩宋官制源流變遷》，《西南師範大學學報》1992 年第 3 期。

211. 漆俠：《范仲淹集團與慶曆新政》，《歷史研究》1992 年第 3 期。

212. 季盛清：《宋代臺諫合一考述》，《杭州大學學報》1992 年第 2 期。

213. 蕭建新：《論宋朝御史的素質》，《安徽師大學報》1992 第 4 期。

214. 虞雲周：《宋代言官選任制度述論》，載《宋史研究論文集》，河南大學出版社 1993 年版。

215. 陳麗：《慶元黨禁及其起因探析》，《河北師院學報》1993 年 3 期。

216. 季懷銀：《宋代法官責任制度初探》，《中州學刊》1993 年第 1 期。

217. 薛梅卿：《宋朝矜貸贓吏之法介評》，《法學評論》1993 年第 4 期。

218. 何忠禮：《宋代的封建統治與贓吏》，《浙江大學學報》1993 年第 1 期。

219. 蕭建新：《宋朝御史制度與監察的獨立性問題》，《安徽師大學報》1993 年第 4 期。

220. 邵紅霞：《宋代官僚的俸祿與國家財政》，《江海學刊》1993 年第 6 期。

221. 楊渭生：《論趙宋之統一與整治》，《杭州大學學報》1994 年 3 月第 23 卷第 1 期。

222. 徐黎麗：《略論兩宋的賜田》，《北方工業大學學報》1994 年第 4 期。

223. 何忠禮：《宋代官吏的俸祿》，《歷史研究》1994 年第 3 期。

224. 江曉敏：《宋代中央政府對地方官員的任用、管理與監察》，《南開學報》1994 年第 1 期。

225. 金圓：《宋代監司制度述論》，《上海師範大學學報》1994 年第 3 期。

226. 汪聖鐸：《宋朝如何抑制官員貪贓的幾個問題》，《西南師範大學學報》1994 年第 2 期。

227. 宿志丕：《中國古代御史、諫官制度的特點及作用》，《清華大學學報》1994 年第 2 期。

228. 王麗娟：《談中國古代的依法治吏》，《遼寧大學學報》1994 年第 4 期。

229. 馮昀：《中國封建社會理冤制度述論》，《社會科學輯刊》1994 年第 3 期。

230. 王曾瑜：《北宋晚期政治簡論》，《中國史研究》1994 年第 4 期。

231. 艾光國：《略論北宋強化專制主義中央集權制度的利弊得失》，《青海社會科學》1994 年第 6 期。

232. 馬先彥：《中國封建社會官吏貪污總根源探析》，《貴州教育學院學報》1994 年第 3 期。

233. 張邦煒：《兩宋無內朝論》，《河北學刊》1994 年第 1 期。

234. 張邦煒：《論宋代的皇權和相權》，《四川師範大學學報》1994 年第 2 期。

235. 宋晞：《宋代官府官吏兼營商業及其影響》，載《宋史研究集》第 23 輯，臺北國立編譯館 1995 年版。

236. 張建國：《懲貪肅賄法制的歷史考察》，《中外法學》1995 年第 6 期。

237. 羅益章：《宋代官吏的私鹽販賣》，《鹽業史研究》1995 年第 2 期。

238. 苗書梅：《宋代宗室、外戚與宦官任用制度述論》，《史學月刊》1995 年第 5 期。

239. 虞雲國：《宋代臺諫系統的破壞與君權相權之關係》，《學術月刊》1995 年第 11 期。

240. 顧吉辰：《宋太祖加強中央集權的舉措》，《學術月刊》1995 年第 7 期。

241. 俞兆鵬：《朱熹的反腐倡廉思想》，《江西社會科學》1995 年第 6 期。

242. 蕭建新：《論宋朝的彈劾制度》，《河北學刊》1996 年第 2 期。

243. 陳益民、劉莉萍：《宋代吏治整頓及其效果》，《歷史教學》1996 年第 3 期。

244. 陳寒鳴：《南宋道學與反道學之爭及啓示》，《歷史教學》1996 年 5 期。

245. 梁鳳榮：《論北宋前期治吏懲貪的特點》，《史學月刊》1996 年第 5 期。

246. 苗書梅：《宋代任官制度中的薦舉保任法》，《河南師範大學學》1996 年第 5 期。

247. 郭東旭：《論宋代防治官吏經濟犯罪》，載《宋史研究論文集》，河北大學
　　　出版社 1996 年版。

248. 龔延明：《從岳飛周必大封爵看宋代爵制》，《岳飛研究》第 4 輯，中華書
　　　局 1996 年版。

249. 郭東旭：《宋代財政監督法述論》，《河北大學學報》1996 年第 1 期。

250. 譚學書：《宋王朝反腐敗簡論》，《社會科學》1996 年第 4 期。

251. 賈玉英：《臺諫與宋代權臣當政》，《河南大學學報》1996 年第 3 期。

252. 吳以寧：《宋代朝省集議制度述論》，《學術月刊》1996 年第 10 期。

253. 何忠禮：《「紹興和議」簽訂以後的南宋政治》，《杭州大學學報》1997 年
　　　第 3 期。

254. 高聰明：《從「羨餘」看北宋中央與地方財政關係》，《中國史研究》1997
　　　年第 4 期。

255. 李清淩：《宋代的職田制度與廉政措施》，《西北師大學報》1997 年第 1
　　　期。

256. 張俊超：《俸祿厚薄與吏治清濁》，《武漢大學學報》1997 年第 6 期。

257. 朱瑞熙：《宋朝官員行政獎懲制度》，《上海師範大學學報》1997 年第 2
　　　期。

258. 張全明：《也論宋代官員的俸祿》，《歷史研究》1997 年第 2 期。

259. 虞雲國：《試論宋代對臺諫系統的監控》，《史林》1997 年第 3 期。

260. 祝建平：《北宋官僚丁憂持服制度初探》，《學術月刊》1997 年第 3 期。

261. 李俊清：《宋代對政府官員的法律監督》，《中國行政管理》1998 年第 3
　　　期。

261. 王曉勇：《我國封建法律懲治行賄罪的規定及特點》，《史學月刊》1998
　　　年第 5 期。

263. 孫光妍：《略論中國古代的強政治吏》，《行政法學研究》1998 年第 4 期。

264. 方健：《從范仲淹的交遊看朋黨之爭》，《蘇州大學學報》1998 年第 4 期。

265. 王志強：《南宋司法裁判中的價值取向》，《中國社會科學》1998 年第 6
　　　期。

266. 汪聖鐸：《關於宋代祠祿制度的幾個問題》，《中國史研究》1998 年第 4
　　　期。

267. 苗書梅：《宋代知州及其職能》，《史學月刊》1998 年第 6 期。

268. 李丕祺：《宋朝法制與專制制度》，《西北第二民族學院學報》1999 年第 1
　　　期。

269. 夏揚、郭世東：《試論包拯的吏治思想》，《中外法學》1999 年第 5 期。

270. 朱瑞熙：《宋代官員公費用餐制度概述》，《上海師範大學學報》第 28 卷（1999 年）。

271. 黃雲明：《宋明綱常思想簡論》，《社會科學戰線》1999 年第 6 期。

272. 王增平：《中國古代的廉政建設》，《齊魯學刊》1999 年第 4 期。

273. 梁鳳榮：《論中國古代防治管理贓罪的對策》，《鄭州大學學報》1999 年第 5 期。

274. 刁忠民：《論北宋天禧至元豐間之臺諫制度》，《四川大學學報》1999 年第 3 期。

275. 程民生：《論宋代士大夫政治對皇權的限制》，《河南大學學報》1999 年第 3 期。

276. 郭瑩：《中國古代的官吏經商》，《史學月刊》1999 年第 4 期。

277. 鄧小南：《「正家之法」與趙宋的「祖宗家法」》，《北京大學學報》2000 年第 4 期。

278. 王曾瑜：《宋欽宗和他的四名宰執》，《學習與探索》1999 年第 6 期。

279. 謝文鈞：《中國古代職務過失犯罪研究》，《學術交流》2000 年第 5 期。

280. 方寶璋：《略論宋代財經監督機制》，《福建師範大學學報》2000 年第 2 期。

281. 包偉民：《近二十年來的美國宋史研究》，《光明日報》2000 年 11 月 3 日。

282. 賀達、邱書林：《宋代官員外貿走私腐敗探析》，《河北大學學報》2000 年第 4 期。

283. 呂志興：《宋代司法中的分權與監督制度初探》，《中央政法管理幹部學院學報》2000 年第 3 期。

284. 童向飛：《尹焞、陳亮、呂祖謙、朱熹、周必大等與韓元吉交遊考略》，《徐州師範大學學報》2000 年 1 期。

285. 張邦煒：《北宋亡國與權力膨脹》，《天府新論》2000 年第 1 期。

286. 路育松：《北宋忠節觀的重構》，南京大學 2000 年博士學位論文。

287. 張全明：《包拯的反貪理論與實踐探微》，《華中師大學報》2001 年第 1 期。

288. 程兆奇：《宋初收權得失略論》，《上海行政學院學報》2001 年第 3 期。

289. 王振國：《論包拯的吏治思想》，《鄭州大學學報》2001 年第 3 期。

290. 蕭守庫：《中國古代懲貪治吏之法得失芻議》，《張家口師專學報》2001 年第 5 期。

291. 卓子洪：《封建法典嚴懲官吏選任中的瀆職行為述論》，《江西社會科學》2001 年第 11 期。

292. 朱瑞熙：《宋代官員禮品饋贈管理制度》，《學術月刊》2001 年第 2 期。

293. 李青魁：《以法懲貪重典治吏——古代廉政法制思想述評》,《陝西省政法管理幹部學院學報》2001 年第 3 期。

294. 周樹志：《中國古代反腐倡廉研究》,《中州學刊》2002 年第 6 期。

295. 洪仁傑：《論包拯的職官管理思想》,《安徽史學》2002 年第 1 期。

296. 淮建利：《北宋初年懲貪措施述論》,《鄭州大學學報》2002 年第 3 期。

297. 林久貴：《宋開國五十年之吏治》,《武漢交通管理幹部學院學報》2002 年第 3 期。

298. 吳遠：《宋代監察體制述論》,《聊城大學學報》2002 年第 3 期。

299. 賈玉英：《略論宋代御史六察制度》,《史學月刊》2002 年第 12 期。

300. 郭東旭：《宋朝以贓致罪法略述》,《河北大學學報》2002 年第 3 期。

301. 周啓志：《宋代的「益俸」政策及反思》,《南京林業大學學報》2002 年第 2 卷第 1 期。

302. 張明富、張穎超：《中國古代官吏懲戒制度述論》,《探索》2003 年第 6 期。

303. 譚鳳娥：《宋代的俸祿制度與宋代的滅亡》,《甘肅社會科學》2003 年第 5 期。

304. 陳志剛：《南宋初年的黨爭及其影響》,《淮北煤炭師範學院學報》2003 年的 1 期。

305. 張維迎、鄧峰：《信息、激勵與連帶責任——對中國古代連坐、保甲制度的法和經濟學解釋》,《中國社會科學》2003 年第 3 期。

306. 劉萬雲：《中國古代治貪懲腐的經驗及其啓示》,《中南民族大學學報》2003 年第 6 期。

307. 單于華：《以德治吏的歷史反思》,《齊魯學刊》2003 年第 3 期。

308. 劉守芬等：《對中國古代廉政法律制度的歷史考察》,《北京大學學報》2003 年第 3 期。

309. 趙彥龍：《夏宋公文稽緩制度淺論》,《寧夏大學學報》2003 年第 1 期。

310. 高良荃：《宋初四朝官員貶謫研究》,山東大學 2003 年博士學位論文。

311. 張其凡、金強：《宋朝「謫宦」類型分析》,《青海社會科學》2004 年第 2 期。

312. 金強：《宋代嶺南謫宦研究》,暨南大學 2004 年博士學位論文。

313. 許正文：《宋代官員的退休制度》,《陝西師範大學學報》2004 年第 3 期。

314. 戴建國：《宋代刑法研究》,四川大學 2004 年博士學位論文。

315. 范立舟、蔣啓俊：《兩宋赦免制度新探》,《暨南學報》2005 年第 1 期。

316. 王曾瑜：《宋孝宗時的佞倖政治》,中國宋史研究會第十屆年會論文。

317. 高紀春：《淳熙末至紹熙間道學與反道學鬥爭的加劇——道學朋黨的形成與黨爭的激化》,紀念岳飛誕辰 900 週年國際學術研討會論文。

後 記

　　2003 年，我有幸考入暨南大學，以魯鈍之資，添列宋史名家張其凡先生門下，研習宋史，攻讀博士學位。業師以其碩德高學，言傳身教、耳提面命，令我受益無窮，使我得窺治學之路徑。在業師的悉心指導下，我選定宋代官員懲治作爲研究課題，從選題立意到謀篇布局直至成文定稿，字字句句，無不凝聚著業師的心血和智慧，使我得以順利完成了博士學位論文，並順利通過了答辯。本書便是在我的博士學位論文的基礎上略作修改而成。沒有導師的細心指導、精心斧正，就不可能有我博士學位論文和這本小書的問世。對此，我心中充滿無限感恩！

　　深深感謝范立舟教授。在暨南大學求學期間，聆聽范教授的教誨，眞是很快意的享受。我的課程論文、博士學位論文，范教授均仔細閱改。尤其是我的博士學位論文，我數易其稿，范教授數次審改，付出了大量心血和智慧，提出了許多眞知灼見，爲我的博士學位論文增色頗多。

　　感謝中山大學曹家齊教授、暨南大學勾利軍教授、華南師範大學王棣教授和陳長琦教授等史學專家，在論文答辯過程中，諸位教授提出了不少寶貴的意見和建議，對我修改完善文稿大有裨益。

　　感謝暨南大學中國文化史籍研究所的陳應潮老師，爲我查閱資料提供諸多方便。感謝所有同門師兄弟姐妹，在宋史研習、資料查閱校對等方面給予我諸多幫助。感謝我的家人，在背後給予堅定的支持，這是我得以順利完成學業和本書稿不可或缺的前提條件。

　　感謝臺灣花木蘭文化出版社。謹乘馬年吉祥，承蒙花木蘭文化出版社垂青，拙作得以出版，誠摯感謝花木蘭文化出版社爲本書出版而付出辛勞和智慧的所有人員！

　　所有的指導、幫助、鼓勵、支持，我都將永遠銘記，永遠感恩！

　　最後，在書稿即將付梓之際，我心中仍深感不安，如履薄冰。畢竟宋代官員懲治問題尚須深入研究，本書只是初步成果，錯漏紕繆之處在所難免，敬請學界專家不吝賜教。

　　　　　　　　　　　　　　　　　　　　　　　　陳駿程
　　　　　　　　　　　　　　　　2014 年 9 月於廣州雲海通津齋